아시아공동체론

시민정치연구소 총서 2

아시아공동체론

1판1쇄 찍은날 2021년 8월 25일
펴낸날 2021년 8월 30일
지은이 이현출 · 문흥안 · 신복룡 · 박상도 · 최희식 · 신종호
박진수 · 정진한 · 김상철 · 배영자 · 박인휘
펴낸이 전영재
기획총괄 유상우
편집 임경희
펴낸곳 건국대학교출판부
등록 / 제 4-3 호(1971. 6. 21)
주소 / 05029, 서울특별시 광진구 능동로 120
전화 / 편집팀_(02) 450-3891~2 영업팀_(02) 450-3893
팩스 / (02)457-7202
홈페이지 / http://press.konkuk.ac.kr
e-mail / press@konkuk.ac.kr
찍은곳 네오프린텍(주)

정가 19,000원

ISBN 978-89-7107-762-7 93340

▌시민정치연구소 총서 2

아시아공동체론

이현출 편

건국대학교출판부

머리말

오늘날은 21세기 세계의 질서가 신냉전으로 몰아넣는 상황에서 각국이 신뢰와 가치를 외치면서도 실제로는 철저한 개별국가 이익에 따라 행동하고, 국제기구가 와해되고, 국제질서가 파괴되고, 동맹의 균열이 우려되는 위험한 혼돈의 세계 속으로 빠져들고 있다. 이러한 상황은 우리가 바라는 평화와 번영을 더욱 어렵게 하고 있다. 이 같은 혼란 속에서 우리가 머물러 온 민족주의(nationalism)의 둥지 속에서는 세계의 평화와 번영은 기대하기 어렵다. 우리 모두가 21세기 주역으로서 세계시민으로서 거듭나려는 노력이 절실하게 요구되는 시점이라고 할 수 있다. 그동안 세계화(globalism)를 향한 거대한 움직임이 새로운 뉴노멀 현상의 등장으로 퇴조하고 있는 이때 지역주의(regionalism), 즉 아시아 지역 내 국가들 간의 평화와 번영을 위한 새로운 노력을 시도하는 것도 대안이 될 수 있을 것이다.

오늘날 세계화의 흐름은 급격히 퇴조하고 민족주의의 그림자가 세계에 드리우고 있다. 이러한 선택의 기로에서 세계적인 재난 극복을 위하여 글로벌리즘으로 급격히 발전하지는 못하더라도 지리적으로 가까운 이웃 간에 서로 협력을 강화하여 세기적 재난 극복과 인간 안보를 추구하기 위한 지역주의의 필요성이 그 어느 때보다 부각되고 있다고 할 수 있다. 이러한 측면에서 아시아공동체론은 또다시 우리 아시아 시민들에게 공명을 자아내고 있다.

그것이 바로 이 책에서 추구하고 있는 아시아공동체에 대한 지적 호기심이다. 아시아공동체 논의는 현 단계에서 유럽연합과 같은 국제기구 차원으로 발전하기에는 한계가 있을 것이다. 그러나 역내 아시아 시민들의 평화와 번영을 위한 다양한 노력은 오늘날 신냉전의 조류 속에서 더 늦출 수 없는 과제로 부상하고 있다. 물론 아시아공동체 논의에는 많은 내재적 한계가 존재한다. 무엇보다 아시아의 정체성을 어떻게 설정할 것인가의 문제에서부터 식민지와 냉전의 상처로부터 생겨난 이념적 · 지리적 · 역사적 갈등과 적대감이 팽배해 있다.

그러나 다양한 도전에도 불구하고 아시아공동체론은 21세기 새로운 국제정세 속에서 아시아의 안전과 평화와 번영을 위하여 매우 중요한 의미가 있다. 유럽연합과 같이 초국가적 정치단위체로 발전하기는 어렵다고 하더라도 동아시아, 중앙아시아, 서아시아 지역 단위의 작은 공동체들이 서로의 비전과 전략을 내놓으며 공존을 모색할 때 이른바 신냉전시대 강대국에 이끌려가지 않고 선제적으로 아시아의 평화와 번영을 추구할 수 있는 길이 열리게 될 것이다.

오늘날 코로나19 팬데믹의 위험은 우리에게 새로운 기회를 제공할 수 있을 것이다. 강대국의 실질적 위협에 대한 공동대응의 차원뿐만 아니라 코로나 팬데믹과 같은 전염병, 쓰나미나 지진과 같은 자연재난, 기후변화와 같은 중장기적 과제에 대한 대처, 대량살상무기 통제와 테러 대책 등 지구촌과 아시아의 지속가능성을 위협하는 요인들을 관리하기 위해서는 아시아인의 지혜와 협력이 절실하게 요구된다.

이러한 문제의식에서 아시아 각국의 번영을 위한 방안을 함께 모색하기 위하여 2010년부터 500여 아시아 주요 대학은 유라시아재단(이사장 사토 요지, 佐藤洋治)의 지원을 받아 아시아공동체 관련 교과목을 개설하여 운영하고 있다. 수업을 통하여 미래세대의 주역인 대학생들에게 국가, 민족, 이념, 사상, 종교 등의 장벽이나 편견에서 벗어나 아시아인으로서의 공통점과 다양성에 대한 이해의 지평을 넓히려고 노력해 왔다. 국내뿐만 아니라 아시아의 여러 대학에서 아시아공동체 의식을 함양하고 공동의 평화와 번영을 위한 미래설계를 고민하여 왔다. 이 책도 이러한 노력의 일환으로 기획되었다.

제1장에서는 뉴노멀 시대의 아시아와 아시아공동체론이라는 주제를 다룬다. 19세기 서구의 식민지 지배에 저항하며 태동된 범아시아주의(pan asianism)와 오늘날 21세기 뉴노멀 시대의 다양한 위협에 대처하기 위한 아시아공동체론의 필요성을 논하고 있다.

제2장에서는 아시아 각국의 번영을 위한 공동의 노력을 소개한다. 아울러 유라시아재단 중심으로 아시아 각국 400여 대학의 아시아공동체론 수업과 관련된 지식네트워크의 활동상과 향후의 과제를 소개한다.

제3장은 아시아적 가치로서의 유교는 아직 유효한가라는 주제를 19세기 한국 근대화 과정에서의 유교의 순기능과 역기능을 중심으로 고찰한다. 근대화가 갖는 의미를 조명하고 그 과정에서의 유교는 양날의 칼이었음을 지적하고 있다.

제4장에서는 중국과 아시아공동체와의 관계를 다룬다. 중국을 읽는 키워드로 중국몽을 제시하며, 정치외교적 · 경제적 · 문화적 측면에서 중국을 설명한다. 나아가 21세기 중국의 굴기와 아시아 평화번영을 위한 중국의 역할을 조명한다.

제5장에서는 일본과 아시아공동체의 관계를 다룬다. 오늘날 일본을 읽는 키워드로 보수화, 영토분쟁, 저출산 · 고령화 · 저성장의 문제를 제시하며 현대 일본의 문제의식과 그에 따른 국가전략의 방향성을 살펴본다. 나아가 해양국가 일본의 대아시아 전략을 소개하고 일본과 한반도 평화번영의 문제를 다룬다.

제6장에서는 한국 역대 정부에서의 아시아 정책과 현 정부의 신북방 · 신남방 정책을 다룬다. 한국의 아시아 정책은 중장기 국가비전에 기초하여야 하지만, 글로벌 가치(평화, 번영, 민주, 통합, 인권 등)와 규범에 부합하는 방향으로

이루어져야 함을 강조하고 있다.

제7장에서는 동아시아공동체와 아세안을 다루고 있다. 1990년대 이후 동아시아공동체 논의의 중심적 역할을 해온 아세안을 중심으로 공동체 논의의 성공조건을 살피고, 미중 경쟁시대의 아시아공동체 논의의 향방을 전망한다.

제8장에서는 서아시아와 아시아공동체를 다룬다. 우리에게 익숙하지 않은 서아시아의 지리와 역사, 한국과의 관계에 대한 설명과 함께 서아시아에서의 아시아공동체를 위한 논의와 노력을 정리하고 있다.

제9장에서는 중앙아시아와 아시아공동체를 다루고 있다. 중앙아시아의 역사와 지리상의 특성과 체제 전환의 경험에서 나온 하이브리드적인 특성을 설명하고 대외관계의 특성을 고찰한다. 이와 함께 중앙아시아의 현안과 과제를 심층적으로 다룬다.

제10장에서는 유럽통합과정을 분석하며 지역협력 이론들을 개관한다. 지역협력 이론과 단계를 고찰하며 아시아공동체의 비전과 전략을 정리하고 있다. 이와 함께 미중경쟁이 가속화되고 민족주의적 성향이 강한 아시아에서의 공동체 논의 전망과 한국의 역할 방향을 모색한다.

제11장에서는 미국과 동아시아공동체를 다룬다. 동아시아에의 미국 개입의 역사와 과정, 그리고 지역의 공동체 논의에 대한 미국의 입장 및 대응전략을 고찰하고 있다. 대양세력과 해양세력이 만나는 완충지대, 서구문명과 비서구문명의 경계선에서 다양한 현안 해결과정에서의 지역주의의 필요성과 미국의 상호작용을 심도 있게 살핀다.

이 책은 그동안 아시아공동체론 강의를 맡아준 교수님들의 강의내용을 종합하여 단행본으로 출판한 것이다. 이 책의 내용은 21세기 국제정세의 변화 속에 국가 간 대립과 불평들을 넘어 아시아 시민이 국가를 초월한 공통의 비전 아래 평화와 번영을 구가하는 공동체 건설이라는 큰 관점에서 논의된 것이다. 연구진에 참여하여 강의와 원고작성에 노고를 아끼지 않으신 필진 교수님께 다시 한번 경의를 표한다. 아울러 이 책이 출판되기까지 각별한 관심과 지적 자극을 주신 사토 요지(佐藤洋治) 유라시아재단 이사장님과 정준곤 수석연구원님의 지원에 깊은 감사의 뜻을 전한다. 아울러 출판 전 과정에 내 일처럼 도와준 장보원 박사와 김경태 박사과정생에게도 고마움을 전한다. 끝으로 열악한 출판환경에도 불구하고 기꺼이 출판을 허락해 주신 건국대학교 출판부에 감사드린다.

2021년 8월
저자들을 대신하여
이현출

차 례

1장 뉴노멀시대의 아시아와 아시아공동체론

이현출(건국대학교)

1장

뉴노멀시대의 아시아와 아시아공동체론

1. 뉴노멀시대의 아시아 평화와 번영

2020년 초 세계로 확산된 코로나19 바이러스 감염증의 확산은 오늘날 국제질서를 이해하고 전망하는 데에 매우 중요한 변수가 되고 있다. 코로나19는 인류의 건강에 대한 위협뿐만 아니라 국내외의 정치, 경제, 사회, 문화의 영역에 많은 영향을 미치고 있다. 세계의 많은 전문가들은 코로나19가 국제질서에 미치는 영향에 주목하고 있다. 2020년 코로나19가 확산되면서 전문가들은 국제질서가 변화할 것이라는 전망, 변화하지 않을 것이라는 전망, 그리고 이미 일어난 변화가 가속화할 것이라는 전망으로 나뉘어지고 있다.(이현출, 2021) 다만 전반적으로 미국이 국제사회에서 충분한 리더십을 발휘하지 못하고 있다는 데에는 인식을 같이하고 있는 듯하다.

첫째, 국제질서가 크게 변화할 것이라는 입장은 키신저(Henry Kissinger)의 견해를 통해 알 수 있다. 그는 "코로나19 팬데믹은 세계질서를 영원히 바꿀 것이다."라는 기고문에서 국가들은 지금까지의 제도가 대재앙을 예측하여 그 피해를 막고, 안정을 회복할 수 있을 것이라고 믿으며 공존과 번영을 누려왔지만, 팬데믹이 끝나면 제도의 대부분은 실패한 것으로 평가될 것이라고 말하고 있다. 또한 지도자들은 위기에 대해 주로 국가 단위로 대응하지만, 코로나19에 의한 사회계약의 상실은 국경을 넘어서도 적용될 것으로 전망한다. 코로나19로 인한 인류 건강의 위기는 일시적으로 끝날 수 있을지 모르지만 정치적 · 경제적 파장은 세대를 넘어 계속될 것으로 보고 있다.

둘째, 국제질서에서의 큰 변화는 없을 것이라는 전망이다. 국제질서가 크게 변화하지 않을 것이라고 주장하는 전문가 중 한 사람이 바로 나이(Joseph Nye) 교수이다. 그가 기고한 "코로나바이러스는 세계질서를 바꾸지 못한다."는 칼럼에서 그는 코로나19로 인한 지정학적 영향으로서, 세계화의 종언(the end of an era of globalization)이나 중국에 의해 미국의 패권이 위협받을 것이라고 예측하는 논자들의 견해를 부정하고 있다. 세계화는 교통 · 수송 및 정보기술의 진화로 결코 멈추지 않고 있으며, 경제적 세계화에 있어서도 무역은 축소되지만, 자금 흐름은 많이 감소하지 않는다고 분석하고 있다. 따라서 소프트파워와 경제력 · 군사력 등 하드파워 모든 측면에서 미국은 중국을 앞서고 있다고 주장한다.

셋째, 이미 일어난 변화가 가속화된다는 주장이다. 많은 전문가는 국제사회에 있어서 미국의 리더십 저하, 미중 대립 심화, 지정학적 긴장 고조 등은 코로나19 발생 전부터 이미 일어난 변화라며, 코로나로 인하여 국제질서를 규정하는 큰 변화는 일어나지 않았다고 인식하고 있다. 리처드 하스(Richard Haass) 미국 외교협회 회장은 기고에서 "코로나19는 세계사의 기본적인 흐름과 방향성을 바꾸는 것보다도 이를 가속화할 것"이라고 주장한다. 또한 미국의 주도력 저하, 국제협력의 정체 등과 같은 현상은 이미 국제사회에서 나타나고 있는 현상이지만 팬데믹에 대응하는 것은 국제사회가 아니라 국가 또는 지방이며 위기가 지나면 저마다

자국의 부흥을 향해 치닫게 될 것이라는 점에서 국제사회나 글로벌 과제에 대한 관심은 상대적으로 시들해질 것이라고 지적하고 있다. 그는 미중 대립의 격화, 핵 확산, 난민의 증대, 내셔널리즘의 대두, 국제사회에서의 미국 역할의 저하라는 글로벌 지형은 지속되고 있으며, 이는 팬데믹에 의해 일어난 것이 아니라 기존에 존재하던 현상이 팬데믹에 의해 더욱 가속화되었다고 보고 있다.

큰 변화가 없을 것이라는 일부 전망과는 달리 많은 전문가들은 코로나 팬데믹 사태를 우리 세대가 직면한 최대의 위기로 평가하고 있는 듯하다. 팬데믹 대응과정에서 국경의 장벽이 높아지고 있으며, 이 과정에서 주목할 것은 민족주의적 고립(nationalist isolation)과 지구촌 연대(global solidarity) 사이에서의 선택의 문제(Harari, 2020)가 관심을 모으고 있다. 그러나 리차드 하스의 논의와 같이 국제사회나 글로벌 과제에 대한 관심은 매우 약화되고 글로벌 지속가능성에 악영향을 미칠 다양한 위협요인에 대한 대비가 제대로 이루어지지 못하고 있는 것이 현실이다.

세계 최대 대륙인 아시아의 경우에도 예외가 아니다. '아시아 패러독스(Asia's Paradox)' 현상, 즉 역내 경제적 상호의존은 증가하였지만 정치·안보협력은 뒤처져 있고, 지정학적 위협은 더욱 심화되는 경향을 보이고 있다. 아시아의 안보를 공고히 하면서 공동의 번영을 열어가기 위한 지역협력과 지역통합의 필요성이 더욱 절실한 시점에 있다고 해도 과언이 아니다. 과거 서구중심의 국제질서하에서 한걸음 뒤처져 있던 아시아였지만, 이제 세계의 주요 싱크탱크가 '아시아의 세기' 도래를 예고하고 있다. 2050년에는 한국, 중국, 인도, 인도네시아, 일본 등 아시아 7개국이 전 세계 GDP의 절반을 차지할 것으로 전망되기도 한다.

아시아는 다양한 종교, 경제력 차이, 상이한 정치체제의 공존, 민족주의와 국가주의 관념이 강한 지역으로서의 특성을 내포하고 있다. 다른 한편으로 아시아에는 역사·영토 분쟁, 군비경쟁 등 평화와 번영의 아시아 건설에 장애가 되는 갈등도 계속되고 있다. 갈등과 대립을 잠재우고 평화와 번영의 선순환 역사를 만들기 위해서는 '하나된 아시아'라는 공동의 비전이 필요하다.

하나 된 아시아, 평화로운 아시아, 번영하는 아시아, 즉 평화, 번영, 자유, 소통의 아시아라는 비전을 공유하는 것이 필요하다. 무엇보다 아시아에 대한 인식확장이 요구된다. 20세기의 재원확보와 패권획득을 위한 전쟁의 역사를 되풀이하지 않기 위하여 인류는 공생과 다양성, 특히 아시아 국가의 사회시스템과 문화에 대한 인식을 높여야 한다. 향후 공동체 형성의 전제가 되는 상호 이해와 인정, 갈등 극복과 협력의 중요성을 인식하는 계기를 제공하는 데 아시아공동체론의 목적이 있다. 인류 보편적 가치인 인권과 평화를 기반으로 다양한 문화에 대한 관용의 정신을 키워 구시대의 갈등을 극복하고 새로운 패러다임을 열어가는 것이 아시아공동체론의 목표이다.

이 장에서는 세계화 시대의 다자주의와 새롭게 부상하는 지역주의에 관한 기본 개념을 이해하고, 오늘날 글로벌리즘(globalism)이 퇴조하고 민족주의(nationalism)가 부상하는 가운데 아시아 나아가 지구촌의 지속 가능한 발전을 위한 대안으로 지역주의로서의 아시아공동체를 모색하고자 한다.

2절에서는 다자주의와 지역주의에 관한 이론을 검토한다. 3절에서는 19세기 제국주의 팽창기에 제기된 아시아공동체론을 검토하고 현대적 함의를 찾아본다. 4절에서는 오늘날 아시아를 둘러싼 국제정세를 살펴보고 아시아 지역주의의 필요성을 모색한다. 5절에서는 단원의 요약과 아시아공동체론 전개의 한계를 고찰한다.

2. 국제질서와 아시아 그리고 한국: 다자주의, 지역주의, 양자주의

세계화, 개방화, 국제화는 모두 경제활동이 한 국민경제의 국경을 벗어나 확대되는 현상을 나타내는 것이지만, 원래의 의미에서는 반드시 경제활동으로 한정할 필요도 없고 한정되지도 않는 개념이다. 경제활동의 초국경화는 16세기 이후 지구상의 발견과 함께 전개된 중상주의적 경제활동 등에서 이미 시작되었다. 그러나 세계화, 개방화, 국제화, 전 지구화 등이 경제활동의 초국경화라는 행위를 의미하지만 반드시 동일한 현상을 나타내는 것은 아니다. 세계화, 개방화, 전 지구화 현상이 결과를 나타낸다면, 국제화는 과정을 나타내는 의미가 강하다.(박번순 · 전영재, 2001) 개방과 세계화가 경제활동이 전 세계적으로 일어나고 있는 현상을 이야기한다면 지역화의 정의는 경제활동이 일부 지역을 대상으로 심화 · 확대되는 현상이라고 할 수 있다.

오늘날 국제정치경제학에서는 국제무역질서를 분석하는 틀로 다자주의(mulilateralism), 지역주의(regionalism), 양자주의(bi-lateralism), 일방주의(unilateralism) 등을 말한다. 다자주의는 GATT/WTO와 같은 전 세계적 국제제도/기구를 중심으로 대다수 국가가 참가하여 형성하는 질서를 의미하는데, 회원국의 보편성과 대우의 비차별성(non-discrimination), 무역자유화 등이 그 핵심적 특징이다.(문돈, 2007) 반면 지역주의는 지리적 분포에 기초하여 동일지역 혹은 인접지역에 속한 국가들 사이에 경제적 · 정치적 · 사회적으로 긴밀하고 집중화된 교류가 일어나는 현상을 지칭하거나(이는 지역화regionalization의 개념과 유사), 또는 이를 실현하기 위하여 국가들 간에 정책을 조율하고 특혜적인 관계를 형성하는 인위적이고 정치적인 과정(이는 지역주의regionalism의 개념에 해당)을 의미한다.(Mansfield, 1998) 유럽연합(EU), NAFTA, ASEAN, 동아프리카공동체 등이 이에 해당한다. 이러한 지역주의는 대체로 '지역화', '지역포럼', '국가주도 지역협력', '관세동맹 및 공동무역정책', '경제통합', 그리고 '지역결합' 등의 단계로 결집되고 공고화된다.(Telò, 2014) 한편 지역주의 가운데 지리적 인접성을 뛰어넘어 형성되는 양 국가 간의 FTA와 같은 무역협정을 두고 양자주의로 따로 개념화하여 칭하기도 한다.(문돈, 2007)

20세기 후반에 거세게 몰아친 세계화(globalism)라 불리는 개방화와 자유화의 물결 가운데에서 다자주의는 세계경제의 일체화와 전 지구적 발전이라는 목표를 추구해왔다. 그러나 EU나 NAFTA의 사례에서 보는 바와 같은 지역주의 흐름은 지역경제 통합과 지역의 이익보호를 추구하기 위한 시도라고 할 수 있다. 크루그만(Krugman, 1993)은 지역주의 등장의 요인으로 첫째, 다자간 협상 참가국 수가 증가함에 따라 상호교섭이 어려워지고 무임승차자 통제가 어려워졌다는 점, 둘째, 반덤핑 및 수출자율규제가 확대됨에 따라 협상이 더 어려워졌다는 점, 셋째, 미국의 주도권 약화로 다자체제를 효율적으로 유지하기가 어려워졌다는 점, 넷째, 주요국 간의 경제체제의 차이가 협상을 더욱 복잡하게 한다는 점 등을 지적하고 있다. 아시아에서의 이러한 지역주의 시도는 1990년대 후반 아시아 경제위기를 겪으며 본격화되기 시작하였다. 금융위기 당시 미국이 주도하는 APEC이 별 도움이 되지 않았고, 오히려 동남아 금융위기의 원인 중의 하나로 자유화와 개방화의 역효과가 지목되면서 동아시아 지역 구성원 간의 상호협력 필요성이 높아졌기 때문이다.(임반석·조은영, 2005) 아울러 IMF의 구제금융으로 대표되는 가혹한 경제위기 비용으로, 동아시아 국가들은 그동안의 경제발전모형에 대해 반성하고 전염효과(contagion effect)의 심각성을 깨달았으며 동아시아 국가들 간 협력과 공동대응의 필요성을 절감하게 되었다. 이후 동아시아 지역 내 여러 경제협력 이니셔티브가 발현되었는데, 이것이 동아시아 차원의 경제적 지역주의의 성장으로 알려지고 있다.

이처럼 강력한 세계 경제의 통합경향에도 불구하고 다자주의의 틀 속에 세계경제를 하나로 묶기에는 복잡한 배경이 있다. 국제정치경제의 주요 주체는 여전히 '국가'이기 때문이다. 어느 국가도 자국의 경제 의사결정권을 초국가적 조직에 순순히 넘겨주려 하지 않고 있으며, 자국의 민감한 산업(농업 등)에 대한 보호조치를 포기하기는 결코 쉽지 않은 일이다. 이러한 측면에서 글로벌리즘(globalism)-지역주의(Regionalism)-민족주의(Nationalism)의 스펙트럼 속 어느 지점에 국가의 대외정책 방향을 정할 것인가는 결코 쉽지 않은 문제이다. 시대의 흐름에 따라 일종의 변증법적 경향이 작용하여 세계경제 통합을 향한 원심력과 구심력이 순환적으로 작용하기도 한다. 신자유주의 시기에는 세계경제 통합을 향한 구심력이 강하게 작용한다면 신자유주의의 부정적 측면과 반작용이 강하게 드러날 때에는 원심력이 더욱 강하게 작용할 것이다.

정치경제 통합에도 소극적(negative) 통합과 적극적인(positive) 통합이 있다. 소극적 통합이란 지역적 무역자유화 과정에서 발생하는 차별 및 이동장벽의 제거와 관련된 지역경제의 통합을 말하며, 적극적인 통합은 시장의 기능을 효율적으로 만들거나 지역 내 광범위한 정책목표를 달성하기 위하여 기존의 기구나 제도를 개편하거나 새롭게 구축하는 보다 높은 단계의 통합을 말한다. 발라사(Balassa, 1962)에 따르면 경제통합의 단계도 통합의 수준에 따라 자유무역지대(free trade area), 관세동맹(customs union), 공동시장(common market), 경제동맹(economic union), 완전한 경제통합(complete economic integration) 다섯 단계로 구분된다.

3. 19세기 범아시아주의

1839~1842년에 발생한 아편전쟁에서 영국이 승리함에 따라 동아시아 전역에서는 유럽을 공동의 위협으로 인식하게 되었다. 그리고 이러

한 위협에 대응하기 위하여 동아시아의 지식인들은 '아시아'의 정의와 아시아연대에 대한 구상을 고려하기 시작하였다. 즉, '아시아'라는 용어는 아편전쟁 이후 동아시아에서 서구 열강의 외교적 · 군사적 · 경제적 위협이 직접적으로 대두된 19세기 중반부터 일반적으로 사용되기 시작한 것이다.(Szpilman and Saaler, 2011)

당시 서구 제국주의의 위협 속에서 아시아의 지식인들은 문화적 공통성과 공유된 역사적 유산, 지리적 근접성, 인종적 통일성(Hannaford, 1996; Dikötter, 1997) 등을 바탕으로 아시아연대를 모색하였다. 특히 중국에 반서구 정서를 전파하기 위해 일본의 정치학자 오야마 이쿠오(1880~1995)가 '범아시아주의(Pan Asianism)'라는 용어를 새로 만들어내며 본격적인 논의가 이루어지기 시작하였다. 이후 범아시아주의 및 아시아연대 운동은 식민지 국가의 독립운동으로 발전하였다.

안중근의 동양평화론

범아시아주의를 기반으로 하는 연대 강화 방안을 최초로 제시한 지식인 중 하나는 안중근이었다. 1879년 황해도 해주에서 출생한 안중근은 1905년 일제가 대한제국의 외교권을 강탈한 을사늑약이 체결되자, 삼흥학교와 돈의학교를 운영하는 등 애국계몽운동을 전개하였고, 1907년 국채보상운동이 시작되자 국채보상기성회 관서지부를 조직해 적극적으로 참여하였다. 그러나 1907년 광무황제 강제퇴위와 대한제국 군대 해산 등을 보며 국내 항일운동에 한계를 느끼고 국외 독립전쟁에 참여하기 위해 러시아 연해주로 망명하였다. 이후 1909년 9월 초대 통감을 지낸 이토 히로부미가 만주에 온다는 소식을 듣고, 대한제국을 침략하고 동양의 평화를 깨뜨린 이토 히로부미를 처단하기로 결심한 안중근은 10월 26일 하얼빈역에 도착한 이토 히로부미를 처단하였다. 러시아 헌병에 체포된 안중근은 뤼순에 위치한 일본 관동도독부 지방법원에서 재판을 받았다. 당시 법정에서 안중근은 이토 히로부미의 15가지 죄를 지적하고, 자신의 의거가 정당했음을 주장했으나 일본 법원은 사형을 선고함에 따라 1910년 3월 뤼순감옥에서 순국하였다.

이처럼 안중근이 활동한 20세기 초는 사회진화론이 정당화된 시기로, 약소국가에 대한 서양열강의 침략과 점령이 정당화되었고 동아시아에서는 자강운동의 논리가 대두된 제국주의의 시기였다. 이러한 시대적 흐름 속에서 안중근은 서양 열강, 특히 러시아의 동아시아로의 침략에 대해 경계하였고 이에 대항하기 위해서는 아시아 내에서 당시 문명화 수준이 높은 일본을 중심으로 한중일이 공동체를 형성해 동아시아를 비롯한 아시아 전체를 지켜나가야 한다고 생각하였다. 그러나 러일전쟁 이후 일본의 한반도 침략이 가시화되자 안중근은 한중일의 동양평화 실현을 위해 이토 히로부미를 저격하고, 동양평화론을 집필하여 지역주의의 개념을 재차 강조하였다.(박광득, 2012; 김진호, 2014; 신운용, 2005)

안중근의 동양평화론은 원래 (1) 서(序) (2) 전감(前鑑) (3) 현상(現狀) (4) 복선(伏線) (5) 문답(問答) 등으로 구성됐으나, 안중근의 갑작스러운 사형집행으로 인하여 실제 집필된 부분은 대략 서론에 해당하는 (1) 서(序)와 (2)전감(前鑑)의 일부분이다. 서문에서는 19세기 제국주의시대 약육강식, 적자생존의 논리하에 국제사회 안에서 한중일을 위협하는 서양 제국주의 국가들 특히, 러시아의 침략성과 폭력성을 규탄하였다. 전감에서는 19세기 말~20세기 초 청일전쟁과 러일전쟁의 과정을 분석하면서 급변하는 동아시아 지역에 초점을 맞춰 동아시아 국가들의 흐름에 대해 서술하였다.

안중근이 동양평화론에서 제시하고 있는 동아시아 지역의 협력 및 평화체제 구축방안을 살펴보면, “첫째, 뤼순을 개방하여 한중일이 공동으로 관리하는 근거지의 군항으로 만든다. 둘째, 한중일 3국이 동양평화회의를 구성한다. 셋째, 재정확보에 있어서 3국 공동은행을 설립하고, 공동 화폐를 발행한다. 넷째, 3국의 공동 군단을 편성한다."이다. 이외에도 2개 국어 교육과 평화군 양성, 상공업 발전과 공동 경제발전, 삼국 황제의 로마 교황청을 통한 승인 등을 협력 방안으로 제시하고 있다.(김진호, 2014; 신운용, 2005)

이 중에서 공동의 항구, 공동의 화폐, 공동의 은행, 공동의 언어 등 국가를 형성하는 데 중요한 구성요소들을 서로 하나로 응집하여 공유하자는 것은 기존의 인종주의에 기반하는 것이 아닌 열린 지역주의의 입장에서 동아시아 3국이 초월적 국가주의 공동체를 설립하자는 취지를 담고 있다.(현광호, 2013; 박광득, 2012; 김진호, 2014) 이는 1993년 출범한 유럽연합EU이 실행한 것으로, 유럽은 유럽중앙은행 설립, 유로의 발행 등을 통해 성공적으로 정치 · 군사 · 경제 · 문화 등에 있어서 많은 교류와 의존을 통해 지역 공동체를 이루고 평화를 정착시켰다.

최근 동아시아는 일본의 우경화와 중국의 경제대국으로의 부상, 미일 동맹의 견고화와 미중 갈등의 확산, 한중일 간 역사 및 영토문제 등으로 100여 년 전과 유사한 대립구도에 빠져 있다. 따라서 20세기에 쓰인 안중근의 '동양평화론'은 동아시아 삼국의 평화공동체 실현목적과 구체적인 실현방안까지 제시하고 있다는 점에서 21세기 동아시아 지역의 패권 문제를 해결하고 평화공동체를 실현하는 데 있어서 여전히 커다란 의의와 가치를 지니고 있다.(현광호, 2013; 이홍규, 2020)

손문의 대아시아주의

중국의 대표적인 범아시아주의 이론가는 아시아와 서구의 문화적 차이점을 기반으로 아시아 민족이 연대하자고 주장한 손문이다. 손문은 1866년 광둥성에서 평범한 농부의 아들로 태어났다. 이후 1894년 청일전쟁 때 미국 하와이에서 흥중회를 조직한 뒤 화교들을 모아 거병하였으나 실패하고 일본으로 망명하였다. 이후 1911년 10월 신해혁명이 발생하자 임시 대총통에 추대되어 1912년 1월 1일 중화민국을 발족시켰다. 그러나 곧바로 북부의 군벌들과 타협하여 정권을 위안스카이에게 넘겨주었다. 그리고 1919년 5·4 운동이 일어나자 공산당과 제휴(국공합작)하여, 노동자·농민과의 결속을 꾀하였다. 이후 국민혁명을 추진하기 위해 장병을 양성하고 북벌을 준비하던 중, 1925년 3월 12일 베이징에서 사망하였다.(양순창, 2005; 배경한, 2011)

손문이 대아시아주의를 제시한 1924년은 시기적으로 중국 국내의 군벌할거에 의해 신해혁명의 성과들이 수포로 돌아간 혼란의 시기였다. 그리고 국제적으로는 제1차 세계대전을 계기로 이미 중국에 영향력을 확보하고 있던 유럽 열강들의 중국침략이 일시 약화된 틈을 타 일본이 중국 내 영향력을 확대하고 있었다. 또한 제1차 세계대전이 끝난 후 파리강화회의에서 중국의 요구가 수용되지 않고 오히려 일본의 21개조 요구가 관철되는 등 열강들의 침략 의도가 여실히 드러나면서, 중국 내부의 문제 해결을 위해 제국주의 열강에 의존하고자 했던 손문과 국민당의 계획이 난관에 빠진 시기였다.(양순창, 2005; 김현주, 2014)

따라서 전통적인 중화세계관은 군사력과 경제력의 우위에 바탕을 둔 서구 열강의 중국 분할정책으로 인해 위기를 맞게 되었고, 느슨한 문화권으로 형성되어 있었던 중국 중심의 아시아 질서는 완전히 붕괴되었다. 이에 손문은 주변국가와 상호 간의 연대를 추구하는 '대아시아주의'를 주장하게 되었다. 손문은 아시아가 세계에서 가장 오래된 문화의 발상지로서 수천 년 전에 이미 높은 문화수준에 도달하였으며, 그리스-로마 등과 같은 서양의 고전문화들도 모두 아시아로부터 전해진 것이라고 주장하였다.(양순창, 2005)

그러므로 당시의 국제정치 구조를 서양과 동양의 전쟁, 제국주의와 반제국주의의 전쟁으로 보면서, 이러한 구도를 군사력에 바탕을 둔 서양의 패권주의와 인의도덕에 바탕을 둔 동양의 왕도주의의 대결로 간주하였다. 즉, 서양의 패도는 강대한 힘을 기르자마자 타민족을 억압한 데 비하여, 동양의 왕도는 오랜 기간 강력한 힘을 가지고 있었음에도 불구하고 타민족을 압박하지 않고 인의도덕에 기초하여 타민족을 포용하는 방법으로 다른 민족들과 우호적인 관계를 유지해왔다고 주장하였다.(양순창, 2005; 배경한, 2011)

손문은 대아시아주의의 기초가 동양의 인의도덕에 기초한 왕도문화의 공통적 인식이라고 보았다. 그리고 이러한 인의도덕이 단순한 저항의 이데올로기가 아니라 보다 적극적인 방책으로써 아시아 제 민족을 결속시키고 아시아에서 서구 제국주의 세력에 대항하는 수단이라고 보았다. 그러므로 손문은 중국과 일본 양국이 중심이 되어 아시아의 평화에 공헌할 것을 호소하였다. 그리고 이를 위해서 중국이 일본을 본받아 유럽 국가들과의 불평등조약을 폐지하고, 국가의 완전한 주권을 회복하며, 나아가 일본이 서구의 패권주의를 버리고 동양의 왕도를 회복해야 한다고 주장하였다.(양순창, 2005; 배경한, 1996; 배경한, 2011)

이처럼 손문의 '대아시아주의'는 아시아 민족이 인종적 · 문화적 및 역사적 측면에서 서구의 민족과 다르다는 인식에 기초하여 아시아의 모든 민족이 대동단결함으로써 새로운 아시아를 건설하자는 논리이다. 또한 아시아에서 서구 국가의 패권주의뿐만 아니라 아시아 국가들의 패권추구도 반대한다는 점에서 그의 아시아 연대론은 다자주의적 지향성을 가지고 있다.(양순창, 2005; 배경한, 2011)

오늘날 세계적으로 지역적 블록화 현상이 심화되고, 세계경제의 중심이 아시아 지역으로 전이되는 과정에서 동아시아 지역 내 다자협력의 필요성이 증대되고 있으며, 이에 상응하여 다양한 분야의 지역다자협력 문제가 연구되고 있다. 따라서 '대아시아주의'에 대한 연구는 과거 동북아 지역에서 제기되었던 범아시아주의에 대한 이론적 문제를 해결하는 데 일조할 수 있을 것이며, 나아가 동북아 균형자 내지 동북아 중심

국가로 자리 잡고자 하는 우리 국가의 외교전략 모색과 관련해서도 유용한 정보를 제공할 수 있다.

타고르의 범아시아주의

다음으로 인도의 타고르는 제국주의로부터의 독립뿐만 아니라, 민족주의에서 벗어나 동양적 가치를 모색하고 서양 중심의 질서를 재편할 수 있는 새로운 공동체 창출에 관심을 보였다. 타고르의 범아시아주의(Pan-Asianism)는 민족주의(Nationalism)로부터의 탈피이자 아시아 국가 간 연대를 통한 서양에의 대항이라고 할 수 있다. 그는 20세기 초 제국주의가 전개될 무렵 피지배국가의 독립을 위한 이념적 토대로 민족주의를 제시한 기존의 통념과 달리, 새로운 형태의 대안인 범아시아주의를 제안하였다. 타고르의 범아시아주의는 민족주의에 관한 비판과 서양 중심의 국제정치 질서에 관한 회의가 결합되어 나타났다. 그는 민족주의 역시 서양적 이데올로기로 간주하였다. 인도와 아시아의 민족주의자들이 정치적 자유를 얻기 위해 투쟁하였던 극단적 민족주의 운동을 서양의 사상과 유사하다고 생각한 것이다.(손석주, 2017, 48) 당시 인도는 영국의 식민지였음에도 불구하고 타고르는 제국주의로부터의 독립뿐만 아니라, 민족주의에서 벗어나 동양적 가치를 모색하고 서양 중심의 질서를 재편할 수 있는 새로운 공동체 창출에 관심을 보였다. 타고르의 범아시아주의 주창은 제국주의로 대표되는 당대적 질서에 대한 저항과 이를 위한 아시아적 가치 탐색의 과정에서 나왔다고 평가할 수 있다.

타고르는 연대를 통해 아시아적 가치를 높일 수 있다고 보았으며, 그 연대의 대상을 단일국가가 아닌 아시아 전체로 확장하였다. 범아시아주의의 배경에는 인도의 역사적 배경에서 기인한 타고르의 환멸이 자리 잡고 있으며, 그는 국가조직에 관한 회의를 느끼고 있었다.(백지운, 2015, 194) 인도에서 일어난 스와데시(Swadeshi) 운동은 독립운동이 힌두교와 이슬람교 간 종교분쟁으로 귀결되고 있음을 보여주었고(조길태, 1996, 120), 타고르는 민족주의에 내재되어 있는 이데올로기적 특성에 주목하였다. 타고르에게 국가(Nation)는 정치적이고 경제적인 성격을 지닌, 기계적인 목적을 위해 조직된 양상이었다.(Tagore, 1918, 110) 타고르는 국가조직의 구조적 한계를 인도의 독립운동에서 발견하였고 이를 극복하기 위한 방법으로 공동체를 제안하였다.(Chatteriee, 2011, 272)

타고르는 국가 형성 이전에 존재하였던 공동체를 생각하고 있었다. 타고르에게 공동체란 인간과 인간이 함께 삶의 이상을 발전시키기 위해 협력하는 것을 의미했다.(Tagore, 1918, 9) 특히, 타고르는 서양 중심적인 제국주의, 식민주의에 맞서 동양의 국가들이 정신적 가치를 추구하며 서로 연대하기를 바랐다.(최성우, 2019, 295) 한편, 타고르의 범아시아주의는 오카쿠라 텐신(Okakura Tenshin)의 사상으로부터 시작하였다고 할 수 있다. 텐신은 아시아의 통합가능성을 제시하며 아시아의 정신적 위대함과 단결을 강조하였다.(Stolte, 2012, 77) 특히, 일본의 제국주의 전개는 동양적 가치 제고에 긍정적인 영향을 미쳤다. 타고르는 텐신의 사상에 수용적이었으며, 이에 더해 독자적인 이론적 토대를 쌓았다. 우선 그는 서양을 영혼이 없고, 물질적이라고 묘사하며 아시아 민족을 위협한다고 지적하였다. 특히, 동양의 세계사적 역할을 강조하였는데 이는 아시아가 서구 문명에 활력을 불어넣어 주고 파괴된 세계를 구원한다는 의미를 담고 있다.(Fischer-Tine, 2006) 이 밖에도 타고르의 범아시아주의는 반근대주의와 평화주의의 특성을 띠고 있으며, 타고르는 제국주의시대에 식민지화되었던 열등 국가들을 대표하고자 하였다.(Hay, 1970, 116-118) 타고르의 범아시아주의는 세계사의 질서를 동양 중심으로 재편하고 제국주의의 희생 국가를 구원하여, 물질적인 서양적 가치를 아시아적 가치로 대체하는 데 목적을 두었다.

일본에서의 아시아공동체론

초기 형태의 범아시아주의는 동등한 관계에서의 협력으로 구상되었다. 그러나 손문의 주장에서 보듯이 근대화에 성공한 일본의 영향력이 아시아 내에서 점차 증가됨에 따라 과거 중국이 담당했던 아시아의 지도자 역할을 일본이 수행하도록 요구하기도 하였다. 즉, 일본과 중국을 중심축으로 하여 아시아연대를 구축하려는 시도였다. 그리고 이러한 주장은 1905년 러일전쟁에서 일본이 승리하며 더욱 가속화되었다. 그러나 이후 일본이 아시아 내 식민지 확보에 착수하며, 다자성을 지닌 범아시아주의는 일방적 침략을 옹호하는 대동아공영권으로 변질되었고 일본의 영토 확대와 식민 확장을 정당화하는 수단으로 사용되었다. 그 결과 범아시아주의는 식민통치 이데올로기라는 부정적인 개념으로 인식되었다.(김경일, 2005)

그러나 제2차 세계대전 이후 하토야마 이치로 정권 시대에는 역대 일본정권 중 아시아 지역주의에 대한 구상이 가장 적극적으로 모색되었다. 실제로 1950년대와 60년대의 일본 역대 정권은 여러 가지의 다국적 연대를 위한 제도의 틀을 구축하기 위해 노력하였다. 구체적으로는 동남아시아경제개발기금, 아시아결제동맹, 지역개발기금, 단기결제금융기구, 아시아개발금융기관, 아시아개발기금, 동남아시아개발기금, 서태평양우호대, 동남아시아개발각료회의가 당시 정부에 의해 제창되었고, 이 제안 중 실제 5개(아시아결제동맹, 지역개발기금, 단기결제금융기구, 아시아개발금융기관, 아시아개발기금)가 하토야마 이치로정권에서 구상되었다.(야마모토, 2009)

하토야마 이치로는 구덴호브 칼레르기의 저서『자유와 인생』에서 등장한 '우애'의 개념을 가장 중요한 정치이념으로 내세웠다. 여기서 우애란 과도한 자유와 평등에 대응하는 개념이다. 즉, 자유를 과도하게 강조한 자본주의는 부의 불평등과 같은 폐해를 가져오고, 과도한 평등은 자유를 억압하는 공산주의를 낳는다고 보았다. 이처럼 양자의 폐해를 방지하는 차원의 개념으로 우애를 제시하였다. 이 같은 우애의 개념은 아시아지역주의의 기반이 되었고, 하토야마 이치로의 주장은 그의 손자 하토야마 유키오의 동아시아공동체론으로 이어졌다.(야마모토, 2009)

4. 아시아공동체 논의의 새로운 흐름

19세기 아시아공동체 논의

아시아공동체론이 처음으로 제기된 19세기는 서구 제국주의가 아시아에 직접적인 위협으로 대두된 시기였다. 이에 한국, 일본, 중국, 인도, 인도네시아 등 아시아 전역의 지식인들은 지리적 근접성과 문화적 동질성을 기반으로 아시아 민족이 협력 · 연대함으로써 서구의 제국주의 침략에 대항하려는 공동체론을 구상하였다.(강진구, 2013; 정희석, 2009; 김경일, 2005; 현광호, 2013) 당시 아시아공동체론을 구체적으로 살펴보면, 정치적으로는 국가 간 침략을 반대하고, 내정불간섭, 주권존중, 자주독립에 대한 원칙을 강조하였다.(정희석, 2009; 현광호, 2013) 그리고 경제적 측면에서는 물류의 활성화를 비롯한 경제협력 등을 주장함으로써 지역 내 공영의 실현을 주장하였다. 이처럼 수평적 연대와 평화주의에 근거한 아시아공동체론은 당시 제국주의적 시대상황 속에서 분명히 진보적인 사상이었다.(강진구, 2013; 이홍규, 2020; 정희석, 2009; 야마모토, 2009)

한편 19세기에 제기된 추상적인 아시아연대론은 마침내 손문의 '대아시아주의', 안중근의 '동양평화론', 나카에 죠민, 우에키 에모리 등 일본 초기 급진적인 자유민권론자들의 '아시아지역 평화사상' 등과 같이 구체적인 이데올로기 또는 정책으로 발전하였다.(이홍규, 2020; 정희석, 2009; 박광득, 2012; 양순창, 2005) 이를 구체적으로 살펴보면 다음과 같다. 1924년 일본에 체류 중이던 손문은 중국 내 군벌의 할거와 서구세력의 간섭으로 신해혁명이 실패하자 아시아의 지위를 회복하기 위해서는 오로지 인의 도덕을 기초로 하여 아시아 민족이 연대해야 한다고 강조하였다. 손문은 인의도덕이 단순히 저항의 이데올로기가 아닌 아시아 민족들을 결속시키고 나아가 서구 제국주의 세력에 대항하는 수단임을 강조하였다.(정희석, 2009; 양순창, 2005)

한국의 안중근은 아시아 전역에서 서구 열강의 제국주의 침탈이 가속화되자, 한중일 3국간 동양이라는 지리적 접근성과 인종적 동질성, 정서적 유대의식을 바탕으로 협력체제를 구축하여 제국주의의 위협에 대항해야 한다고 주장하였다. 따라서 일본의 한국침략은 동양평화를 방해하는 행위라고 규탄하였다.(김진호, 2014; 박광득, 2012)

일본의 자유민권론자들 역시 서양과의 불평등조약 체결에 따른 국권 침해에 능동적으로 대응하기 위해 아시아지역 평화사상을 기반으로 동북아 여러 국가와의 연대 및 협력을 추진하였다. 이들은 천부인권적인 자유평등의 원리를 국제관계로까지 확대하여 아시아 민족이 단합하여 서구에 대항할 것을 강조하였다. 따라서 일본의 군비확대를 통한 대국주의 노선에도 분명한 반대 입장을 표명하였다.(이홍규, 2020; 야마모토, 2009)

다만 이 시기 동북아에서 주장된 아시아공동체론에는 몇 가지 한계가 존재한다. 먼저, 지역 내 국가들 간의 연대를 통해 평화와 공동번영을 달성하기 위한 목적과 함께 각 국가들의 국권 회복 내지는 유지 수단으로 이용된 측면이 있다. 따라서 각 국가별 정치상황이 변할 경우 아시아공동체론은 쇠퇴할 수밖에 없었다. 둘째, 아시아공동체론은 인종주의적 성격을 가지고 있었으나, 근대국가 형성과정에서 점차 국가와 민족이 강조됨에 따라 인종적 정체성을 통해 지역적 정체성을 확보하는 데 한계가 있었다. 셋째, 대부분의 아시아공동체론은 당시 국제상황을 반영하여 특정 국가들 간의 연대 강화에 치중하였다. 이는 자국중심주의

내지는 대국주의에서 아직 벗어나지 못한 당시 지식인들의 한계를 보여주고 있다.(정희석, 2009; 이홍규, 2020)

한편 이 같은 내용상의 한계뿐만 아니라 당시 서구의 제국주의적 시대상황과 아시아공동체론의 주요 연대 대상국이었던 일본 역시 제국주의 국가 대열에 참여함으로써 아시아공동체론은 그 실현이 불가능하게 되었다. 또한 당시 아시아 국가와 민족들은 문화적 전통을 공유하고 있기는 했지만, 공동의 번영을 위한 구체적인 정책 또는 공동의 이익을 도출할 만큼 연대감이 강하지 않았다. 따라서 각국의 지식인들은 자국의 국익에 유리한 방향으로 연대론을 제시하였다. 결국 당시 아시아에서는 평화, 다자협력 등의 보편적 가치가 실현될 수 없는 한계가 있었다.(정희석, 2009; 이상우, 2015)

이처럼 19세기부터 20세기 초반에 제시된 아시아공동체론은 서구중심주의와 제국주의가 만연했던 시대에 평화지향적이고 다자주의적인 성격의 아시아 연대를 모색했다는 것에 큰 의의가 있다. 그러나 시대상황과 내용적인 측면에서 많은 한계를 가지고 있었다는 것을 알 수 있다.

21세기 아시아공동체 논의

앞서 살펴본 바와 같이 19세기 말에서 20세기 초 아시아 지역에서도 연대를 위한 이념적 기반이 태동하였다. 실제 이 시기에 제시된 아시아 연대론은 침략적 속성을 지닌 일방성보다는 협력적인 다자주의적 입장이 강조되었다.(김경일, 2005) 하지만 아시아 연대론은 대부분의 아시아 국가들이 서구의 식민지로 전락함에 따라 제대로 실현되지 못하거나 혹은 일부 국가에서 국가정책을 통해 구체화되는 과정에서 일방성만이 발현되는 방향으로 변질되었다.(김경일, 2005; 야마모토, 2009) 이에 아시아에서는 한동안 지역협력에 대한 새로운 주장이 부재하였고, 기존의 논의마저 그 진의를 의심받게 되었다.

1989년 냉전이 종식되면서 동북아시아를 중심으로 지역적 불안정성을 해소하기 위한 노력의 일환으로 지역협력체제에 대한 관심이 급증하였다. 그러나 동북아시아를 비롯한 대부분의 아시아 지역은 여전히 냉전의 후유증으로 영토분쟁, 핵개발, 강대국 사이의 지역패권전쟁, 역사왜곡 등 다양한 이해관계 속에서 갈등을 겪고 있다. 따라서 지역협력의 필요성과 유용성에 대한 높은 공감대에도 불구하고, 지역적 공통 이념을 도출하기 어려워 협력체제 구축에 대한 실질적인 논의가 이루어지고 있지 않다. 현재 아시아-태평양안보협력협의회(CSCAP), 동북아협력대화(NEACD), 아시아-태평양경제협력체(APEC), 아세안지역포럼(ARF) 등 대화체 수준의 지역협력 모색이 진행되고 있을 뿐이다. 즉, 높은 경제적 상호의존성과 문화교류 확대에도 불구하고 정치-외교적인 갈등은 점차 높아지는 아시안 패러독스(Asian Paradox) 현상이 지속되고 있다.(김경일, 2005; 이상우, 2015) 그러므로 아시아 국가들 간의 갈등을 해소하고 평화를 정착시키기 위해서는 지역민들의 연대의식과 함께 공통된 이념을 구축하는 작업이 우선되어야 한다.

다만 아시아 지역은 많은 저해 요인에도 불구하고 다른 대륙에서 볼 수 없는 협력의 긍정적인 환경 조건도 존재한다. 아시아 국가들은 지리적 인접성을 가지고 있을 뿐만 아니라 유교문화와 불교문화 등 다양한 생활양식을 공유하고 있다. 또한 비슷한 근대화 과정을 거쳐 산업 체계의 유사성이 많고 교역에서의 상호의존성이 높다.(이상우, 2015) 따라서 정치적 갈등 속에서도 각국의 지도자들은 서로 협력이 불가피함을 인정하고 있다.

그러나 2020년 코로나19 사태 속에서 기존의 국제 체제나 레짐은 그 영향력이 크게 쇠퇴하였다. 반면 개인의 불안과 불안정, 집단 간 갈등은 일상화된 '뉴 노멀' 상황을 초래하였다. 또한 반세계화 추세가 확산되었고, 인종과 종교 갈등이 증폭되었으며, 포퓰리즘이 성행하고 민족주의가 강화되었다. 더 심각한 문제는 이러한 갈등 양상이 국가 간 양상이 아닌 개인, 사회, 민족, 인종, 종교 간 갈등으로 확산되었다는 것이다.(아산정책연구원, 2020)

특히 미-중 간의 패권경쟁으로 인한 무역분쟁, 홍콩의 민주주의와 인권문제, 남중국해의 안보문제, 코로나19의 발원지 등을 둘러싼 갈등과 분열이 더욱 심화되었다.(아산정책연구원, 2016) 따라서 아시아 지역은 높은 경제적 상호의존성과 문화교류 확대에도 불구하고 정치-외교적인 갈등은 점차 높아지고 있는 것이다.(이상우, 2015) 아시아 지역에서 첨예한 갈등을 이어가고 있는 미-중 경쟁은 과거의 냉전시대와 유사한 측면이 있다. 다만 신냉전시대에는 이념보다는 국익을 우선시하고, 국제 거버넌스 내 주도권을 둘러싼 경쟁이 심화되며, 주요 국가들의 세력권이 불분명해지고, 블록의 결속력이 약화되며, 무인화 · 로봇화 · 우주전력 강화 등 새로운 군비경쟁이 심화될 것으로 전망된다.(아산정책연구원, 2020)

미중 양국에게 2020년 가장 중요한 사건은 코로나19와 미중 무역갈등이었다. 코로나19 팬데믹은 미중이 그나마 유지해왔던 제한적 공존의 구조적 한계를 현실적 충돌로 확산시켰다. 트럼프 행정부는 취임

〈표〉 신구 냉전 비교

구 분	구舊냉전	신新냉전
궁극적 목표	상대 진영 소멸	상대 진영 소멸 혹은 체제변환
경쟁 대상	이념	국가이익
국제 거버넌스	명목상 존재 (블록 대결로 질서 유지)	거버넌스의 혼란 (거버넌스 내 주도권 추구)
블록(Bloc)의 생활권	강한 결속력	느슨한 단합력
경쟁 영역	정치 및 군사	전방위

*자료: 아산정책연구원, 2020, 『아산 국제정세 전망 2021, 혼돈의 시대』

이후 양국 관계를 본격적인 '새로운 경쟁 시대'로 규정하고, 중국이라는 거대시장에 서구의 보편가치를 이식해 중국을 미국 중심 국제사회의 일원으로 편입시키겠다는 미국의 희망은 이제 기대하기 어렵다고 판단했다. 이어 '미국 우선주의(America First)'를 앞세워 중국을 도전자의 반열에서 탈락시키겠다는 전제하에 무역전쟁을 시작했다.

2021년 취임한 바이든 행정부는 앞으로 미국의 글로벌 리더십을 어떻게 회복할 것인지, 미국이 주도해온 글로벌 거버넌스와 다자주의, 그리고 자유주의 국제질서를 지탱해온 레짐의 복원 등의 과제를 안고 있다. 바이든 대통령은 취임 직후부터 국제사회 주도권 회복과 동맹강화를 천명하였다. 동맹과의 연대를 강조하는 바이든 행정부는 미국이 추구하는 가치에 동맹국의 동참을 요청하고 있다. 특히 바이든은 미국과 중국 사이의 문제를 이념경쟁, 체제경쟁, 가치경쟁의 문제로 보고 있다. 이러한 논리는 트럼프 대통령 시기부터 지속되어온 것이지만 바이든 행정부에서 크게 변화할 가능성은 낮아 보인다.

중국도 미중 갈등이 확산됨에 따라 중국 특색 사회주의 제도의 정비와 현대화를 강조하며 서방 민주주의 국가들과 정치체제 경쟁을 시도하고 있다. 중국은 미중 간의 무역전쟁을 통하여 집단적인 자신감을 길렀으며, 코로나19의 효율적 대처로 책임 있는 대국의 모습을 보여주었다고 자평하고 있다. 특히 32개국에 의료 전문가를 파견하고, 150개국에 의료 물품을 지원했음을 내세우면서 '대국으로서의 책임감'과 '국제적 헌신'을 강조했다.

중국은 미국의 정권교체가 이루어지더라도 대중국 강경노선이 쉽게 변하지 않을 것으로 전망하였다. 이러한 전망 속에 '쌍순환(雙循環)' 정책을 제시하며 수출과 내수를 통한 경제 부양전략을 모색하고 있다. 쌍순환 전략은 미중 경쟁의 장기화를 염두에 둔 고차원 전략으로 볼 수 있다. 내수는 차치하고라도 중국 주도의 '보건 실크로드'와 '디지털 실크로드'

라는 중국식(中國方案) 다자협력 플랫폼으로 미국에 대항하겠다면서 포스트 코로나 시대에 미국을 대신하는 초강대국으로 자리매김하겠다는 의지를 표출하고 있다. 최근에는 자국을 견제하는 통상 조직인 환태평양경제동반자협정(TPP)에 맞서 세계 최대의 자유무역협정(FTA)인 '역내포괄적 경제동반자협정(RCEP)'을 타결시켰다.

이미 국제무대의 중심국가로 성장한 중국은 당초 미국이 구상한 '미국 주도 질서 내의 중국' 범위를 초월했고 양국 관계는 불가피하게 새로운 경쟁 시대로 접어들었다. 코로나19 발생으로 그 원인을 둘러싸고 진행된 미중 간 갈등이 기존에 진행 중인 무역전쟁에서 여론전 · 심리전으로 확전되는 양상을 보여주고 있는 것도 이러한 연유이다. 코로나19를 계기로 미중 간 탈동조화(decoupling) 우려는 현실화되는 느낌이며 세계를 친중국과 반중국 진영으로 나누려는 시도도 가속화될 것으로 보인다.(이현출, 2021)

이러한 시공간적 맥락에서 최근 현실주의 담론이 주장하는 강대국 정치 특징들이 국제정치와 아시아에서 재부상하고 있다. 첫째, 지정학의 귀환이다. 러시아와 중국의 부상과 더불어 이들 두 강대국이 세력권을 형성하는 과정에서 부각된 시리아, 우크라이나, 남중국해 등에 지정학적 관심이 집중되고 있다. 결과적으로 지구화와 국가 간 상호의존성의 증대로 인한 평화 대신 '역사의 종언'이나 '홉스적 세계의 도래'를 의미하는 것이 아닌가 하는 우려(신종호 외, 2020, 101)가 대두되기도 한다. 둘째, 중국의 급격한 국력신장에 직면한 상황에서 미중 간에 일어날 미래의 위험성에 대한 우려가 고조되고 있다. 미국에 대한 중국의 패권도전과 연관한 이른바 '투키디데스 함정'* 논의는 역사의 반복과 비극이라는

* 오늘날 국제정치에서 지배적인 이슈는 중국의 부상이며 지배적인 담론은 '투키디데스의 함정(Thucydides Trap)'이다. 고대 그리스 시대 패권전쟁이었던 펠로폰네소스 전쟁을 '불가피'하게 만든 원인이 "(도전국인) 아테네의 힘의 성장과 그에 대한 (지배국인) 스파르타의 두려움"이었다는 투키디데스의 주장에 빗대어 20세기를 지배해

고전적 현실주의의 세계관을 본격적으로 부활시켰다.

이 같은 갈등과 반목에도 불구하고 최근 비약적인 교통·통신의 발전으로 세계화와 각 산업의 국제적 분업이 더욱 가속화됨에 따라 국가 간의 밀접한 협력이 불가피해졌다. 따라서 국가 간 연대와 협력의 필요성이 강조되고 있고, 이를 실현하기 위한 새로운 접근 방향과 수단도 모색되고 있다. 탈냉전 이후 지속적으로 전개되어 온 민주주의와 시장경제체제의 확산, 상호의존성의 심화, 초국적 행위자의 등장 등과 같은 국제환경의 변화는 국가 간의 경쟁과 갈등을 완화하고 협력을 촉진시킬 가능성을 높이고 있다.(김경일, 2005) 코로나19는 국제적 인적 교류를 차단했으나, 역설적으로 아시아 국가 간의 협력이 얼마나 중요한지 깨닫게 되는 계기도 되었다. 코로나19와 같은 전염병, 기후변화, 테러 등과 같은 아시아와 지구촌 전체의 위협요인에 대한 공동의 대응이 절실해졌다. 동아시아와 서아시아 그리고 중앙아시아 등 소권역별 연대를 추구하거나 대권역 연대를 추구하거나 아시아의 지속가능한 번영과 안보를 위협하는 요소에 대항하기 위한 연대가 그 어느 때보다 절실하다고 하겠다. 이러한 시기에 범아시아주의에 내포된 다자성을 활용한 다자주의의 외연적 확대를 이룰 수 있다면 이 지역 다자협력체제 형성에 확고한 토대가 될 수 있을 것이다. 19세기의 사례와 같이 사후적 아시아연대 논의보다는 오늘날 전개되는 국제정세와 우리 앞에 닥친 다양한 재난에 선제적 대비 차원에서 아시아 시민들의 새로운 연대가 절실한 시점이다.

온 미국과 13억의 인구를 단위로 급속히 성장한 중국 사이에 패권전쟁이 '불가피'한지를 둘러싼 담론이다. 그 주장을 연장하면 제1차 세계대전을 '불가피'하게 만든 것은 독일의 힘의 성장과 그것이 영국에 야기한 두려움이었다. 그리고 중국의 힘의 성장과 그것이 미국에 야기한 두려움이 미래의 세계대전을 '불가피'하게 만들 수도 있다는 경고인 것이다.(김태현, 2017)

5. 나가며

범아시아주의적 사고방식은 외교 정책과 아시아 정체성에 대한 논쟁에서 항상 등장하는 주제이다. 19세기에 등장한 여러 종류의 범아시아주의 간의 공통점이 있다면, 그것은 서양에 대한 반대였다. 즉, 아시아에서 서양의 제국주의 침략에 대한 반대, 서양 문화와 가치에 대한 반대였으며, 반대로 아시아 문화와 아시아 가치의 중요성과 우월성에 대한 강조였다. 그러나 범아시아주의에 대한 공명에도 불구하고 확장성을 갖지 못한 것은 일방성을 극복하고 다자성으로 발전하지 못했다는 데에 있다. 사실 반서구주의가 범아시아주의의 근간이라고 주장할 수 있다. 대부분의 아시아공동체 논의는 '서구'에 대한 반대로서의 아시아를 구상하고 있었다. 이렇게 구상된 아시아의 이미지는 매우 다양하였다. 그들은 시간이 지남에 따라 바뀌었고 다른 장소와 다른 주창자에 의해 각기 다른 모습으로 등장하였다. 그러나 모든 범아시아론자들은 '하나의 아시아'의 존재를 가정하고 논의를 전개하였다. 지리적 근접성(아시아, 동아시아, 동양), 문화적 통일성(인도 및 중국 문명 등), 역사적 상호 연결성(중국 중심 문화권, 조공 관계, 무역 네트워크 등), 인종적 유사성(황색 인종 등), 가치와 영적 성격 측면에서 아시아 문명의 통일성(유교, 정의, 자비 대 서구 물질주의 및 합리주의), 공동 운명(서구 제국주의와 식민통치 경험) 등이 그 바탕이 되었다.

그러나 오늘날은 21세기 세계의 질서가 신냉전으로 몰아넣는 상황에서 각국이 신뢰와 가치를 외치면서도 실제로는 철저한 개별 국가 이익에 따라 행동하고, 국제기구가 와해되고, 국제질서가 파괴되고, 동맹의 균열이 우려되는 위험한 혼돈의 세계 속으로 빠져들고 있다. 이러한 상황은 우리가 바라는 평화와 번영을 더욱 어렵게 하고 있다. 이러한 혼란 속에서 우리가 머물러온 민족주의(nationalism)의 둥지 속에서는 세계의 평화와 번영은 기대하기 어렵다. 우리가 모두 21세기 주역으로서 세계

시민으로서 거듭나려는 노력이 절실하게 요구되는 시점이라고 할 수 있다. 그동안 세계화(globalism)를 향한 거대한 움직임이 새로운 뉴노멀 현상의 등장으로 퇴조하고 있는 이때에 지역주의(regionalism), 즉 아시아 지역 내 국가들 간의 평화와 번영을 위한 새로운 노력을 시도하는 것도 대안이 될 수 있을 것이다. 지난 세계화의 흐름은 급격히 퇴조하고 민족주의의 그림자가 세계에 드리우고 있다. 이러한 선택의 기로에서 세계적인 재난 극복을 위하여 글로벌리즘으로 급격히 발전하지는 못하더라도 지리적으로 가까운 이웃 간에 서로 협력을 강화하여 세기적 재난 극복과 인간 안보를 추구하기 위한 지역주의의 필요성이 그 어느 때보다 부각되고 있다고 할 수 있다. 이러한 측면에서 아시아공동체론은 또 다시 우리 아시아 시민들에게 공명을 자아내고 있다.

그것이 바로 이 책에서 추구하고 있는 아시아공동체에 대한 지적 호기심이다. 아시아공동체 논의는 현 단계에서 유럽연합과 같은 국제기구 차원으로 발전하기에는 한계가 있을 것이다. 그러나 역내 아시아 시민들의 평화와 번영을 위한 다양한 노력은 오늘날 신냉전의 조류 속에서 더 늦출 수 없는 과제로 부상하고 있다. 물론 아시아공동체 논의에는 많은 내재적 한계가 존재한다. 무엇보다 아시아의 정체성을 어떻게 설정할 것인가의 문제가 제기된다. 제2차 세계대전 이후, 전후질서를 재편하는 과정에서 아시아, 특히 동아시아는 냉전의 최전선에서 이념적 · 지리적으로 분단되어 있었다. 일본을 중심으로 자본주의 진영에 편입된 경제권은 미국, 서유럽 등 동아시아 역외시장과의 급속한 시장통합으로 지역 내 상호 공존공영의 경험을 축적할 기회가 없었다. 1970년대 중국의 개혁개방이 있었으나, 유럽이 1990년대 이후 공산권의 몰락으로 인해 겪은 시장통합과는 비교할 수 없을 정도로 동아시아 지역은 제도적 통합이 이루어지지 않았다. 아울러 과거에 하나의 아시아를 상정하고 공동체 논의가 전개되었지만 속을 들여다보면 동아시아,

남아시아, 중앙아시아 등으로 그 정체성이 확연히 다른 권역들이 공존하고 있음을 알 수 있다. 다음으로 강한 민족주의적 성향을 들 수 있다. 아시아 지역 국가들은 20세기 진행되었던 제국주의 식민전쟁의 경험이 지역 내 적대감으로 자리 잡고 있어 빈번히 영토문제나 역사갈등으로 부상하여 긴장과 갈등을 고조시키는 요인으로 작동하고 있다.

그러나 다양한 도전에도 불구하고 아시아공동체론이 21세기 새로운 국제정세 속에서 아시아의 안전과 평화와 번영을 위하여 매우 중요한 의미가 있을 것이라고 본다. 물론 유럽연합과 같이 초국가적 정치 단위체로 발전하기는 어렵다고 하더라도 동아시아, 중앙아시아, 서아시아 지역단위의 작은 공동체들이 서로의 비전과 전략을 내놓으며 공존을 모색할 때 이른바 신냉전 시대 강대국에 이끌려가지 않고 선제적으로 아시아의 평화와 번영을 추구할 수 있는 길이 될 것이다.

하나의 예로 러시아, 중국, 미국, 유럽연합 등 강대국들이 중앙아시아의 자원 확보를 둘러싸고 경쟁을 벌이고 있는 상황에서 '중앙아시아 자원 국민주의' 사례를 들 수 있다. 미국은 대테러 및 안보문제 해결에, 중국은 일대일로를 통한 경제 관여에, 러시아는 안보협력과 지역통합 문제에, 유럽연합은 원조 제공에 초점을 맞추어 중앙아시아에 접근하였다. 중앙아시아 국가들은 외부의 압력으로부터 자주성을 확보하고, 과거 소연방의 경험으로부터 러시아를 대신할 만한 패권국의 영향력을 배제하기 위한 노력을 지속하였다. 이들 국가는 자원보유국으로서 외국기업과의 제로섬적 경쟁을 전제로 해당 국가가 자원에 대한 통제권을 확보하도록 공동의 노력을 기울여 왔다. 이처럼 개별 국가 차원의 대응보다 지역주의를 취함으로써 강대국의 거대 게임 속에서 일방적으로 끌려다니지 않고 대응전략을 수립하는 것이 가능하다는 것을 보여주었다.(신종호 외, 2020)

오늘날 팬데믹 재난의 위험은 우리에게 새로운 기회를 제공할 수 있을 것이다. 앞에서 언급한 강대국의 실질적 위협에 대한 공동대응의 차원에서뿐만 아니라 코로나 팬데믹과 같은 전염병에 대한 대처, 쓰나미나 지진과 같은 자연재난에 대한 대처, 기후변화와 같은 중장기적 과제에 대한 대처, 대량살상무기 통제와 테러 대책 등 지구촌과 아시아의 지속가능성을 위협하는 요인들을 관리하기 위해서는 아시아인의 지혜와 협력이 절실하게 요구된다.

참고문헌

강진구. 2013. “다문화주의 관점에서 본 아시아연대론.” 『다문화콘텐츠연구』 15.

김경일. 2005. “범아시아주의의 ‘다자성’과 동북아시아 지역다자협력.” 『한국동북아논총』 37.

김진호. 2014. “안중근 의사의 ‘동양평화론(東洋平和論)’에 대한 국제정치적 함의(含意): 동아시아 공동체의 실현방안 모색.” 한국평화연구학회 학술회의.

김태현. 2017. “투키디데스의 이중 함정: 중국의 부상과 현대 국제정치학.” 『국제정치논총』 57(2).

김현주. 2014. “손문의 ‘중화주의적’ 민족주의의 본질과 한계.” 『東方學』 31.

김흥종. 2015. “지역경제협력으로 본 동아시아 지역주의의 현황과 전망.” 「JPI정책포럼」 2015-21.

문 돈. 2007. “국제무역질서의 변화와 한국: 다자주의, 지역주의, 양자주의 그리고 한국.” 『한국정치연구』 제16집 제2호.

박광득. 2012.“제4장 안중근의 동양평화론의 내용과 성격에 관한 연구.” 『민족사상』 6(3).

박번순 · 전영재. 2001. 『세계화와 지역화』. 서울: 삼성경제연구소.

배경한. 1996. “손문의 ‘대아시아주의’와 한국.” 『역사와 경계』 30.

_____. 2011. “신해혁명 전후시기 孫文의 아시아 인식.” 『중국근현대사연구』 52.

백지운. 2015. 네이션 너머의 통일: 타고르의 내셔널리즘 비판의 아포리아. 『아세아연구』 58(1).

손석주. 2017. “내셔널리즘과 여성문제를 통해서 본 타고르의 『집과 세상』”. 『영미어문학』 126.

신운용. 2005. “安重根의 ‘東洋平和論’과 伊藤博文의 ‘極東平和論’.” 『역사문화연구』 제23집.

신종호 외. 2020. 『강대국 경쟁과 관련국의 대응: 역사적 사례와 시사점』. 서울: 통일연구원.

아산정책연구원. 2020. 『혼돈의 시대: 강대국 일방주의와 신냉전의 심화, 국제기구의 형해화, 그리고 국제규범과 질서의 붕괴』. 서울: 아산정책연구원.

안희경. 2020. 『오늘부터의 세계』. 서울: 메디치미디어.
야마모토 가쯔야. 2009. "하토야마정권의 동아시아 공동체 구상과 아시아 지역주의." 『입법과 정책』 1(1).
양순창. 2005. "손문의 대아시아주의에 나타난 일방성과 다자성." 『대한정치학회보』 제13집 2호.
우정엽. 2020. "미국정세와 한미관계." 세종연구소. 『정세와 정책』 통권 334호.
원아시아재단 · 아시아공동체연구센터 공편. 2015. 『아시아의 꿈과 신아시아인 육성을 위한 교육』. 경기 고양: 문우사.
이상우. 2015. 『동북아 평화체제 구축을 위한 행정부와 의회 간의 협력체계 구축방안』. 국회입법조사처 정책연구용역보고서.
이성현. 2020. "중국정세와 한중관계." 세종연구소. 『정세와 정책』 통권 334호.
이찬수 외. 2020. 『아시아공동체와 평화: 열 가지 시선』. 서울: 모시는 사람들.
이현출. 2021. "미중 패권 경쟁 속의 한국: 행정부 단독 접근보다 국회의 초당적 외교 중요." 『월간 헌정』 464호.
이홍구. 2020. "동아시아지역주의와 평화: 역사, 구조, 함의." 『아시아연구』 23(4).
임반석 · 조은영. 2015. "지역화, 지역주의, 동아시아 경제통합," 『동북아논총』 35집.
정희석. 2009. "동북아 지역의 평화지향적 범아시아주의 연구." 『대한정치학회보』 17집 2호.
조길태. 1996. 인도 스와데시 운동의 성격에 관한 연구. 『국제지역연구』 4(4), 120.
최성우. 2019. "타고르 번역과 수용에 나타난 민족주의 수사학—「동방의 등불」 번역에 관한 수사학적 분석." 『수사학』 36.
현광호. 2013. "안중근의 동양평화론의 연구 현황과 연구 과제." 『한국민족운동사연구』 75.
Chatterjee, Partha. 2011. Tagore, China and the Critique of Nationalism. *Inter-Asia Cultural Studies*. 12(2).
Harald Fischer-Tiné. 2006. 'Deep Occidentalism'—Europa und der Westen in der Wahrnehmung hinduistischer Intellektueller und Reformer (ca. 1890~1930), *Journal of Modern European History*, 4(2).
Harari, Yuval Noah. 2020. "The World after Coronavirus." *Financial*

Times. March 20. https://www.ft.com/content/19d90308-6858-11ea-a3c9-1fe6fedcca75

Hay, Stephen. 1970. *Asian Ideas of East and West: Tagore and His Critics in Japan, China, and India.* Harvard University Press.

Henry Kissinger. "The Coronavirus Pandemic Will Forever Alter the World Order," *Wall Street Journal.* 4 April, 2020.

Joseph S. Nye Jr. "No, the Coronavirus Will Not Change the Global Order." *Foreign Policy.* April 16, 2020.

Mohan, Pankaj. 2010. "Tagore's Idea of Pan-Asian Solidarity and Its Influence in East Asia." *Globalization, Localization, and Japanese Studies in the Asia-Pacific Region.* volume 1.

Richard Haass, "The Pandemic Will Accelerate History Rather Than Reshape It." *Foreign Affairs.* April 7, 2020.

Saaler, Sven and Christopher W. A. Szpilman(eds.). 2011. *Pan-Asianism: A Documentary History.* Vol. 1: 1850~1920. Lanham, Maryland: Rowman & Littlefield Publishers.

Stolte, Carolien. 2012. Imagining Asia in India: Nationalism and Internationalism (ca. 1905~1940). *Comparative Studies in Society and History.* 54(1).

Szpilman, Christopher W. A. and Sven Saaler. 2011. "Pan-Asianism as an Ideal of Asian Identity and Solidarity, 1850~Present アジアの主体性・団結の理想としての汎アジア主義－1850年から今日まで." *The Asia- Pacific Journal: Japan Focus.* 9(17).

Tagore, Rabindranath. 1918. *Nationalism.* Macmillan and Co. 110.

Telò, Mario. 2014. *European Union and New Regionalism: Competing Regionalism and Global Governance in a Post-Hegemonic Era.* London: Routledge.

2장 아시아 각국의 번영을 위한 공동 노력

문흥안(건국대학교)

2장

아시아 각국의 번영을 위한 공동 노력

1. 필요성

2020년을 강타한 코로나바이러스 사태는 과학적인 문제보다 더 다양한 정치적 의제를 야기하였다. 전 세계 많은 국가에서 입국 제한 조치를 실시하고 통행금지 명령을 내리는 등 팬데믹에 대한 대응은 기존의 국경을 강화하는 방법으로 진행되었다.(Klatt, 2020; Meninno and Wolff, 2020; Järv, O. et al, 2021) 그러나 이러한 조치에도 불구하고 코로나바이러스는 전 세계적으로 빠르게 확산되었으며 미국과 유럽 등의 제약회사에서 개발된 백신이 보급되고 나서야 극복에 대한 기대가 커지고 있다.

이처럼 현대사회에서 어느 한 국가의 문제는 그 지역 내에 머무르지 않고 세계적인 이슈로 확대된다. 따라서 국가 단위를 넘어 지역적 연대와 협력의 중요성이 강조되고 있다. 아시아의 경우 정치 · 경제 · 사회 · 문화 등 여러 분야에서 세계적으로 주목받는 지역으로 부상하고 있으나 아시아의 근현대 역사를 고찰해보면 국가라는 벽을 뛰어넘지 못하고 있음을 알 수 있다. 아시아의 다양한 국가들은 문화적 · 역사적 · 사회적 측면에서 공통점을 공유함과 동시에 이질적인 측면도 내포하고 있다. 특히 산업화가 상대적으로 늦었던 아시아 국가들은 빈곤, 저개발, 정치적 불안정 등 많은 문제를 가지고 있다.

이러한 문제의식으로부터 아시아 각국의 번영을 위한 방안을 함께 고민할 필요성이 제기된다. 아시아 국가들의 공통된 과제는 빈부격차, 교육, 건강 보건, 기아, 기후, 환경, 탄소배출 등 다양하다. 이런 문제들은 아시아인들이 현재 당면하고 있는 것으로 그 해결방안에 대해서도 아시아인들이 가장 실천적인 대안을 공유할 수 있을 것이다. 다만 아시아의 각 국가들이 자체적으로 해결할 수 없는 초국가적 이슈에 대해서는 역내 여러 나라들의 상호협조를 통해 그 해결을 모색할 필요가 있다.

우리 대학을 비롯하여 국내 주요 대학들은 아시아공동체 관련 교과목을 개설하여 아시아적 문제에 대한 대학생들의 이해를 증진시키기 위해 노력하고 있다. 아시아의 구성원들이 국가, 민족, 이념, 사상, 종교 등에 의한 선입견이나 편견에서 벗어나 아세안으로서의 공통점과 다양성을 체계적으로 연구하고 교육하고자 한다. 이를 통해 국경을 초월하여 사람, 물류, 자본, 정보, 문화, 사상 등의 자유로운 교류에 이바지함으로써 아시아인들의 공동체 의식 및 삶의 질 향상에 기여할 수 있는 방안에 대하여 함께 고민하는 것을 목적으로 한다. 이러한 강의는 국내 대학에서뿐만 아니라 아시아를 비롯한 유럽 등의 대학에서도 개설하여 지역공동체에 대한 문제의식을 가질 수 있도록 돕는 것이 중요하다.

이러한 활동의 하나로 컨벤션(convention)을 통하여 교육방법과 더 나은 아시아를 위한 논의가 매년 진행되고 있다. 2019년 건국대학교 주관으로 서울 컨벤션(Seoul Convention)이 개최되어 2박 3일간 35개국 650여 명의 교수 등 전문가들이 참가하여 성황리에 행사를 마친 바 있다. 컨벤션은 유라시아재단 사토 요지(Sato Yoji) 이사장의 재정적 지원으로 2011년 도쿄대회를 시작으로 인천, 반둥, 제주, 상하이, 프놈펜, 나고야, 하노이 등을 순회하며 매년 8월 초에 개최된다. 전 세계적으로 아시아 문제에 관심이 많은 학자들이 모여 '아시아적 문제'에 대해 상호 학술적 의견을 나누는 자리이며, 2019년 서울 컨벤션은 제9회 대회였다. 매년 컨벤션에서 논의된 내용은 아시아 각 나라의 대학생들에게 공동의 관심사에 대하여 생각할 수 있는 자료로 활용된다. 이러한 학술 자료들을 바탕으로 대학생의 시각에서 아시아 각 국가의 경제무역, 환경, 문화, 사회적 통합에 기여할 수 있는 방안을 도출해 볼 수 있을 것이다. 나아가 대학 생활 동안 아시아를 화두로 여러 문제를 고민해 본다면 대학 졸업 후 사회적 리더로서 아시아의 상생에 대한 대안을 제시할 수 있을 것으로 기대된다.

아시아의 여러 나라들은 이미 유엔 아시아 · 태평양 경제사회위원회(United Nations Economics and Social Commission for Asia and the Pacific, UN ESCAP)*의 아시안 하이웨이(Asian Highway) 등과 같은 범아시아적 사업을 조직하여 활발하게 그 임무를 수행하고 있다. 앞으로 긴밀한 공생과 협력을 통한 초국가적 사업이 더 많아질 것이다. 그만큼 아시아의 여러 협력체의 활동과 그 범위는 더욱 증대될 것이고 영향력도 커질 것으로 전망된다. 아시아 여러 나라들의 공생과 협력은 아시아 역내의 문제뿐만 아니라 전 세계적인 문제에 대해서 아시아 국가들이 갈등의 중재자로서의 입지를 견고히 하는 데 도움이 될 것이다. 산업화가 빨랐던 선진국으로부터 도움을 받았던 아시아의 여러 나라가 서로 협력하여, 세계의 중심에 서서 조정

* ESCAP는 UN의 경제사회이사회 산하 Regional Commissions 중 하나로 1947년 ECAFE(Economic Commission for Asia and the Far East)로 설립되었다가, 1974년 현재의 명칭으로 변경되었다. 매년 1회 가맹국 도시에서 총회를 개최하고, 사무국은 태국 방콕에 소재하고 있다. 2014년 현재 정회원 53개국과 준회원 9개국을 포함한 62개국이 소속되어 활동하고 있다. ESCAP의 활동은 정보통신기술 발전 방향, 재해위험 관리 및 감소방안, 환경보호, 사회발전, 통계학, 거시경제정책 개발, 자유무역 확대와 투자 활성화, 교통 관련 발전, 지속 가능한 개발 현실화 방안 연구 등을 하고 있다.

자료서의 역할을 준비할 시점이 다가오고 있다. 바야흐로 21세기를 아시아의 시대로 이끌 책무가 우리의 사명이라는 의식이 필요한 시점이다.

2. 아시아에 대한 이해

아시아에 대한 개념적 이해

아시아의 사전적 정의는 동반구의 북부에 있으며 유라시아 대륙의 중부와 동부를 차지하는 대륙이다. 아시아의 어원은 분명하지 않지만 본래 아시아라는 말은 그리스인들이 자신의 나라 동쪽에 있는 터키 지역을 가리킬 때 사용하는 명칭이었다. 터키 아나톨리아 반도의 아수와(Assuwa)라는 도시국가연합에서 유래했다는 학설과 동쪽이라는 뜻의 아수(Asu)에서 유래했다는 설이 있다. 결국 고대 그리스인들은 에게해 동쪽의 아나톨리아 지역을 아시아라고 부르게 된 것이고, 이후 에게해와 지중해 동쪽 대륙 전체를 아시아라고 부르게 되었음을 알 수 있다. 그리고 그 의미는 점차 확장되어 유라시아에서 유럽을 뺀 나머지 지역을 지칭하는 말로 바뀌었다. 오늘날 우랄산맥과 카스피해에서 동쪽으로 태평양 연안을 이르는 전 대륙을 포괄하는 용어로 사용된다.

현재 아시아는 국제사회에서 가장 활발하고 광범위한 경제 단위이다. 아시아의 많은 국가가 폭발적으로 성장하고 있으며 정치, 경제, 문화적으로 큰 잠재력을 내포하고 있다. 아시아의 자율성과 정체성이 증가하고 있다는 방증이다. 그러나 이처럼 아시아의 국제적인 비중이 회복되고 있음에도 불구하고 아시아는 공동체적 성격이 가장 적은 지역 중 하나이다. 무엇보다 아시아는 유럽과 달리 인종, 언어, 종교, 문화 등이 상이한 지역들의 집합이며 서로 역사적인 연관 관계가 상대적으로 적은 편이다. 유럽공동체가 보이는 제도적 블록의 체계도 조직하지 못했다. 북미의 언어 및 문화적 통합성이나 아프리카와 남미에서 보여지는 저항성 측면의 일관된 모습을 보이지 못하고 있다. 실제로 아시아는 국제사회 중 가장 약한 고리로 평가되고 있으며 이러한 느슨한 아시아 정체성은 광범위한 지역을 하나로 엮어내기에 부족한 실정이다.

현재 아시아는 유라시아 대륙에서 유럽을 뺀 전체를 일컫는 말이지만 일반적으로 '아시아'가 어느 문화권을 지칭하는지는 지역별로 이해를 달리하는 경향이 있다. 예를 들어 미국에서 아시아는 일반적으로 동아시아를 말하지만, 영국에서 아시아는 지리적으로 더 가까운 인도권을 뜻하기 때문이다. 애초에 아시아라는 지명이 아나톨리아 반도를 지칭하는 단어였다가 점차 확장된 점을 생각해보면 아시아적 정체성을 규정하기 어려운 면이 있다. 아시아적 가치 혹은 정체성 등의 구체적인 내용은 시대와 논지에 따라 변화하는 개념으로 사용되고 있다. 흔히 아시아적 가치 논쟁은 서구적 가치와 아시아적 가치, 산업자본주의와 유교자본주의, 자유민주주의와 유교민주주의와 같은 여러 대립 항의 어느 한쪽에 가담하는 형태를 띤다.

21세기 아시아에 대한 인식은 과거의 논의를 넘어 새로운 맥락에서 정체성을 형성하고 구성되어야 할 필요성이 끊임없이 제기되고 있다. 아시아를 새로 인식하는 것은 아시아의 여러 국가들, 그 자체에 초점을 맞추어야 함을 의미한다. 아시아에 대한 개념적 이해를 돕는 것은 아시아 국가들의 다양성을 인정함과 동시에 아시아적 통합성에 관한 이념을 산출하는 과정이라고 할 수 있다. 아시아공동체 형성의 필요성과 가능성, 전략과 비전을 고민함으로써 아시아공동체 형성에 대한 통합적 시각을 갖는 것이 필요하다.

아시아에 대한 지리적 이해

아시아는 세계적으로 큰 비중을 차지한다. 전 세계 국가들 총면적의 24%, 인구의 60%, 명목상 GDP의 38%, 구매력 기준 GDP의 46%를 차지하고 있다. 이러한 수치는 아시아가 세계의 중심 지역으로 부상할 수밖에 없음을 증명한다.(Tu, 2002; Mahbubani, 2008) 그러나 아시아라고 통칭되는 지역은 매우 넓을 뿐만 아니라 경제발전 격차에 따른 이질적이고 분열적인 요소를 모두 가짐으로써 하나의 정체성으로 포착하기에 어려움이 따른다.(신범식, 2021)

〈표 1〉 세계 지역 통계

구분	국가 수		총면적 (백만㎢)		총인구수 (백만 명)		명목 GDP (US Billion $)		PPP GDP (Billion $)	
	합	비율	합	비율	합	비율	합	비율	합	비율
유럽	43	21%	23,049	17%	746	10%	21,614	26%	30,359	23%
북미	23	11%	22,524	17%	583	8%	24,981	30%	26,833	20%
남미	12	6%	17,706	13%	426	6%	1,634	2%	6,488	5%
오세아니아	18	9%	8,489	6%	41	1%	1,646	2%	1,601	1%
아프리카	55	27%	28,836	22%	1,214	16%	2,763	3%	6,477	5%
아시아	51	25%	31,954	24%	4,601	60%	31,793	38%	60,155	46%
전체	202		132,558		7,611		84,431		131,913	

*자료: 신범식, 2021.

그럼에도 불구하고 '아시아'라는 지역을 연구하기 위해서는 지리적 개념 정의가 필수적이다. 아시아는 우리 모두 잘 알고 있듯이 유라시아 대륙의 중부와 동부를 차지하는 세계 최대의 대륙으로 동서의 길이가 약 9,700㎞, 남북의 길이는 약 8,690㎞, 해안선의 길이는 12만 9,077㎞이고, 면적은 4,397만 6,000㎢이다. 이렇게 지리적으로 광범위하게 정의되는 아시아는 다시 세부 지역으로 구분될 수 있으며, 각각의 지역은 면적이나 인구에 따라 큰 차이를 나타낸다.

일반적으로 아시아는 동북아시아, 동남아시아, 중앙아시아, 남아시아, 서아시아로 나눌 수 있다. 먼저 '동북아시아'는 중국, 일본, 몽골, 대만, 북한, 한국 등의 국가로 17억 명에 가까운 인구로 구성되어 있다. 동북아시아에는 세계적으로 군사력과 경제력이 강력한 한중일이 속해 있으며 넓게 보면 시베리아 지역까지 동북아시아 국가로 편입된다고 볼 수 있기 때문에, 사실상 5개 아시아 지역 중 가장 넓은 면적을 차지한다. 반면 정치적인 성향은 매우 다양하다는 것을 확인할 수 있다.

〈표 2〉 동북아시아 지역 통계

구분	총면적(㎢)	총인구수(천 명)	수도	정치체제
중국	9,640,821	1,450,000	베이징	인민민주공화제
일본	378,000	126,260	도쿄	입헌군주제
몽골	1,564,100	3,290	울란바토르	공화제
대만	36,000	23,570	타이페이	공화제
북한	120,000	25,281	평양	인민공화제
남한	100,033	51,709	서울	공화제
합계	11,838,954	1,680,110		

'동남아시아'는 지리적으로 크게 인도차이나반도를 포함하는 육지부와 말레이제도를 포함하는 도서부로 나눌 수 있다. 동남아시아에 속하는 국가는 브루나이, 캄보디아, 인도네시아, 라오스, 말레이시아, 미얀마, 필리핀, 타이, 동티모르, 베트남, 싱가포르 등으로 약 5억 7천만 명의 인구가 세계 인구의 8%가량을 차지한다. 역내 국가 중 싱가포르를 제외한 모든 국가가 개발도상국인 동시에 빈부격차가 큰 편이기 때문에 경제발전 이슈가 주요하게 지목된다.

〈표 3〉 동남아시아 지역 통계

구분	총면적(㎢)	총인구수(천 명)	수도	정치체제
브루나이	5,765	441	반다르스리브가완	입헌군주제
캄보디아	181,000	16,946	프놈펜	입헌군주제
인도네시아	1,890,000	276,361	자카르타	공화제
라오스	240,000	7,379	비엔티안	인민민주공화제
말레이시아	330,000	32,776	쿠알라룸푸르	입헌군주제
미얀마	680,000	54,806	네피도	군사체제
필리핀	299,404	111,046	마닐라	공화제
타이	514,000	69,950	방콕	입헌군주제
동티모르	14,900	1,343	딜리	공화제
베트남	329,241	98,168	하노이	사회주의공화국
싱가포르	707	5,896	싱가포르	공화제
합계	4,485,017	675,112		

'남아시아'는 방글라데시, 부탄, 인도, 몰디브, 네팔, 파키스탄, 스리랑카를 포함하는 지역으로 15억여 명의 인구로 구성되어 있다. 일반적으로 아시아 남쪽에 위치한 인도 반도 중심의 지역을 말한다. 힌두교와 불교의 발상지로 이후 세력 다툼을 위한 분쟁이 있었으나, 결국 힌두교가 우세하지만 이슬람과 불교가 남아있는 다종교적 구성을 띤다. 남아시아 국가들은 네팔을 제외하고 모두 영국의 식민지 경험을 가지고 있으며, 이 국가들은 제조업보다 서비스업이 높은 비중을 차지한다는 공통점을 갖는다.

〈표 4〉 남아시아 지역 통계

구분	총면적(㎢)	총인구수(천 명)	수도	정치체제
방글라데시	144,000	166,303	다카	공화제
부탄	38,394	779	팀부	입헌군주제
인도	3,287,263	1,393,409	뉴델리	공화제
몰디브	298	543	말레	공화제
네팔	147,000	29,674	카트만두	연방공화제
파키스탄	796,000	225,199	이슬라마바드	연방공화제
스리랑카	65,607	21,497	콜롬보	공화제
합계	4,478,562	1,837,404		

'중앙아시아'의 지리적 경계에 대한 초기의 제한된 정의는 소련의 공식적 개념으로서 우즈베키스탄, 키르기스스탄, 타지키스탄, 투르크메니스탄만을 포함하는 중간아시아(Middle Asia)였다. 보다 광범위하게 역사적으로 러시아의 일부였던 적이 없었던 지역까지 아우르는 중앙아시아(Central Asia)의 개념도 존재했다. 그러나 이들 4개의 구소련 중앙아시아 연방국가의 독립 이후 이 나라 정상들이 중앙아시아의 개념에 카자흐스탄이 포함되어야 한다고 선언함으로써 그 이후로는 다섯 개 스탄 국가를 가리키는 중앙아시아가 보편적인 개념이 되었다.(염구호, 2012)

역사적으로 중앙아시아는 투르크계 유목민들이 주도권을 쥐었으며 페르시아의 영향을 받았다. 현재 전 세계에서 아프리카와 함께 미국과의 정치적 접점이 가장 약한 지역이라고 볼 수 있다. 정치적인 영역 이외에도 경제, 과학기술, 문화 등 많은 분야에서 미국의 영향을 크게 받지 않은 지역이다. 그러나 2000년대 이후 미국이 중앙아시아의 전략적 중요성을 재인식하게 되면서 다각적인 차원에서 중앙아시아 5개국과 안보협력을 강화시키고자 하는 의지를 보이고 있다.

〈표 5〉 중앙아시아 지역 통계

구분	총면적(㎢)	총인구수(천 명)	수도	정치체제
카자흐스탄	2,724,900	18,994	누르술탄	공화제
키르기스스탄	198,500	6,628	비슈케크	공화제
타지키스탄	143,100	9,749	두샨베	공화제
투르크메니스탄	488,000	6,117	아슈하바트	공화제
우즈베키스탄	447,400	33,935	타슈켄트	공화제
합계	4,001,900	75,423		

'서아시아'는 기록상 가장 오래된 문명인 메소포타미아문명의 발흥지이다. 아시아의 남서쪽 지방으로 유럽 대륙을 접하는 길목에 있는 국가들이다. 서아시아에 속하는 국가들로는 터키, 시리아, 이란, 키프로스, 이스라엘, 이라크, 레바논, 사우디아라비아, 쿠웨이트, 바레인, 예멘, 팔레스타인, 요르단, 카타르, 오만, 아랍에미리트가 있다. 개념적으로 중동과 혼용될 수 있으나 중동은 이집트 등 북아프리카를 포함하지만, 서아시아는 지리적으로 아시아에 속한 국가만 지칭한다.

〈표 6〉 서아시아 지역 통계

구분	총면적(㎢)	총인구수(천 명)	수도	정치체제
레바논	10,452	6,769	베이루트	공화제
바레인	665	1,748	마나마	입헌군주제
사우디아라비아	2,149,690	35,340	리야드	군주제
시리아	185,180	18,275	다마스쿠스	공화제
아랍에미리트	83,600	9,991	아부다비	전제군주제
예멘	527,968	30,490	사나	
오만	212,460	5,223	무스카트	군주제
요르단	92,300	10,269	암만	입헌군주제
이라크	438,317	41,179	바그다드	공화제
이란	1,648,195	85,028	테헤란	공화제
이스라엘	20,770	8,789	예루살렘	공화제

구분	총면적(㎢)	총인구수(천 명)	수도	정치체제
카타르	11,437	2,930	도하	전제군주제
쿠웨이트	17,818	4,328	쿠웨이트시티	입헌군주제
키프로스	9,251	1,215	니코시아	공화제
터키	783,562	85,042	앙카라	공화제
팔레스타인	6,020	5,222	라말라	공화제
합계	6,197,685	351,838		

3. 아시아 국가들의 정치적 · 경제적 이슈

패러다임의 전환

현대사회에서 필수적인 스마트폰의 등장은 한때 길 한 모퉁이를 차지했던 공중전화 부스를 애물단지로 만들어 버렸다. 우리나라에서 전화기의 보급이 일반에 널리 확산된 것은 1970년 말부터 1980년대 초이다. 그 이후 무선전화기, 호출기(삐삐), 휴대폰 시대를 거쳐 스마트폰이 등장한 것이 채 10여 년에 불과하다. 과학기술의 발전은 이렇게 빠르게 진행되고 있다. 앞으로 10년 뒤, 우리들의 소통수단이 또 어떻게 변해있을지는 아무도 모른다. 예를 들어 호출기 시장이 폭발적으로 늘어날 때 A는 호출기 제조업으로 큰돈을 벌고 있다고 생각해보자. 그런데 갑자기 호출기 주문량이 급격히 떨어지기 시작했다. 과학의 발전에 둔감한 A는 자신이 생산하는 호출기의 기능이나 모양, 혹은 색상이 좋지 않아 주문이 크게 줄어든다고 생각하고, 많은 돈을 들여 호출기의 기능을 업그레이드하기 위해 연구비를 많이 들여 새로운 제품을 내놓는다. 그렇다고 A가 생산하는 호출기의 매출이 다시 호황기의 매출을 회복할 수 있을까? 정답은 아니다. 왜 그럴까? 휴대폰이 보급되기 시작했고, 휴대폰 가격이 점점 하락하고 있는 상황에서 호출기를 사용할 필요가 없어졌기 때문이다. 만일 A가 시장의 변화를 읽을 수 있었다면, A는 과감히 호출기 공장을 휴대폰 생산라인으로 개조하는 것이 정답이다. 이렇게 통신에 의한 소통수단이 근본적으로 바뀌는 것처럼 그 근본이 바뀌는 것을 패러다임의 전환(paradigm shift)이라고 한다.

서양에서 폭발적인 근대화가 시작되었던 19세기 중반 일찍이 서양문물을 받아들여 근대화를 도모하였던 일본을 제외한 아시아의 여러 나라들은 대부분 쇄국정책을 바탕으로 한 농업사회에 안주하고 있었다. 서양문물을 배척하며 전통사회에서 벗어나지 못한 아시아의 여러 나라들은 1945년 제2차 세계대전이 종료될 때까지 유럽 및 일본 제국주의의 식민지로 전락하였다. 식민지배에서 벗어난 아시아의 여러 나라들은 이후, 서구의 발전된 과학문명을 과감히 도입한 나라들과 여전히 농경사회에 안주한 나라의 상황이 극명하게 갈리게 되었다. 바로 산업의 큰 틀이 바뀌는 시대사조를 제대로 읽어내지 못한 결과라 볼 수 있다.

근세 이전의 아시아

세계 문명은 우리가 이미 잘 알고 있듯이 황하문명, 인더스문명, 메소포타미아문명, 이집트문명 등 4대 발상지를 통하여 널리 펴졌다. 동양권에서 문명이 발생하였다 하여도 과언이 아니다. 동양권이 문명의 발상지라는 것은 이 지역을 중심으로 사람들이 모이고 그에 따라 권력과 재물이 집결된다는 것을 의미한다.

르네상스로 서양문화가 발흥하기 이전, 우리나라가 속한 아시아의 문명을 간단히 살펴보면 그 위력을 실감할 수 있을 것이다. 서기 1000년경 황하문명권(중국)과 메소포타미아문명(중동)은 이미 상당히 도시화되어 있었음이 여러 문헌을 통하여 입증되고 있다. 당시 로마의 인구는 45만여 명에서 3만 5천 명으로 쇠락하고 있었지만, 이슬람이 지배하는 스페인의 코르도바는 50만여 명의 주민이 생활하였다고 한다. 또 9세기에서 13세기에 이르는 동안 바그다드의 '지혜의 집(House of Wisdom)'은 그리스·페르시아·인도 문명의 정수를 담은 서적을 수집·번역·종합하였다고 한다. 이러한 지식은 이후 유럽의 과학기술 혁명의 원동력이 되었을 것이다. 이 당시 고대 우리나라는 신라시대로 장보고 함대가 해상무역을 통하여 문물의 교류가 활발히 진행되고 있었을 때이기도 하다.

중국의 정화(鄭和) 함대는 1405년부터 1433년까지 60여 척의 대형 함선과 100여 척의 소형선박에 연 2만 7천여 명의 장병을 통솔하며, 30여 년간 7차례에 걸쳐 동남아시아에서 아라비아를 거쳐 아프리카 동부 등 30여 개 나라와 교류하였다고 한다. 정화함대가 가져온 것은 사자, 기린, 얼룩말 등과 같은 중국에서 볼 수 없는 이국적인 동물, 거북이 등 껍질처럼 진귀한 물품 등이었다. 이에 비해 콜럼버스가 신대륙을 식민지로 정복하고 유럽으로 가져온 것은 보석, 사금 등과 같은 값비싼 재화나 감자와 같은 귀중한 식물 등이었다. 이렇게 비슷한 시기 유럽의 여러 나라들이 식민지를 확보하기 위해 침략을 일삼은 것과 대조적으로, 정화함대는 식민지 건설에 전혀 관심을 두지 않았다는 점이 동양과 서양 문화의 차이를 보여준다.

당시 중국 정부는 국내 교역은 강조했지만, 민간의 해상무역은 제한하고 있었다. 이는 외국과의 교역을 통한 부의 축적보다는 국내시장을 중시하였으며, 북방 이민족의 침입에 대처하려는 중국 내부의 사정에 기인한 정책이었다. 무슬림 상인들의 왕성한 해상통상에 대한 의욕을 국가의 해군력이 뒷받침하지 못한 결과 중국은 정치적인 힘의 논리가 시장(경제적)의 논리와 별도로 작동되면서 영토적 확장과 부의 축적은 분리될 수밖에 없었다.

근현대 사회에서 지배력의 변화

15세기 중반 중국의 해상통상 제한 정책은 유럽의 대항해와 함께 아시아에서 유럽으로의 헤게모니 이동을 가져오는 결정적 계기가 되었다. 유럽의 발전은 무력에 의한 힘의 논리에 의해 안팎으로 영토적 확장을 꾀하면서, 제국주의적 시장의 논리에 의해 부의 축적을 확대하면서 이루어졌다. 즉 유럽에서의 자본주의 형성은 군사력에 입각한 영토적 확장을 시도하면서 동시에 부의 축적의 확대가 제국주의를 가져온 중요한 이유였다. 서양인들은 콜럼버스를 가장 좋아하고, 칭기즈칸을 가장 싫어한다는 이야기가 있다. 신대륙을 발견한 콜럼버스에 대한 경의의 표시이자 유럽을 유린한 칭기즈칸에 대한 증오의 표현일 것이다.(하지만 인권의식이 높아진 오늘날 서양인들도 콜럼버스에 대한 적대감을 노골적으로 표현하는 일도 비일비재하다.) 고대의 로마제국, 페르시아제국, 무굴제국 등 강대국들은 육상세력과 해상세력을 동시에 장악하여 세계적인 국가로 발돋움할 수 있었다.

유럽의 제국주의적 침략을 통한 식민지배는 아시아인들에게 유럽중심의 사고思考를 할 수 있는 계기가 되었다. 근대 이후, 서구 열강의 제국주의적 침략에 호되게 당한 아시아인들은 서양의 척도로 자신을 돌아보는 것에 익숙해지면서, 서양인들의 이성과 과학문명, 지적인 전통을 지나치게 우월하게 여기는 정서 혹은 관점이 보편화되었다. 아시아의 발달된 과학문명, 문화유산은 정체되어 있었던 반면, 1500년대 이후 유럽은 자신들의 문화에 비해 선진화되어 있던 아시아의 문화를 과학기술의 혁명과 지리상의 발견으로 그 명맥을 이어감으로써 대외적 팽창을 도모할 수 있었다. 그 결과 제국주의의 희생양으로 아시아 나라들은 유럽에 예속되는 신세가 되었다.

제국주의의 멸망과 유럽의 통합 그리고 아시아의 해방

경제적 부의 축적을 향한 끝없는 탐욕은 국력이 뒷받침되는 국가들이 경쟁적으로 다른 약소국들을 침략하였다. 유럽 여러 나라들의 경쟁적 식민지 확보를 위한 전쟁과 착취로 전 세계는 폭력이 난무하는 지구촌이 되었다. 그 결과가 제1차, 제2차 세계대전이다. 제2차 세계대전 이후 미국, 영국, 프랑스, 소련 등 유럽의 열강들은 인류에게 끔직한 재앙을 초래하는 전쟁을 막기 위하여 UN 창설을 주창한다. 이후 유럽은 유럽공동체를 통한 상호 협력과 발전이라는 공동의 목표를 통하여 하나의 유럽을 실현해 가는 중이다. 최근 영국이 유럽의 단일화에서 탈퇴했지만, 유럽공동체의 큰 틀은 그대로 유지되고 있다.

반면 유럽의 식민지로 예속되어 있었던 아시아의 여러 나라들은 해방의 기쁨 속에서 새로운 국가 건설과 함께 아시아 공동의 노력과 협력을 통한 발전의 의지를 다졌다. 인도네시아 반둥에서 개최된 반둥회의가 대표적이다. 한편 각 국가는 나라에 따라 전통과 현대의 간극을 조정하는 데 많은 어려움을 겪으면서 발전의 기틀을 다져 나가고 있다.

인도네시아는 독립영웅 수카르노 대통령의 영도하에 인도네시아의 기틀을 다시 세우면서 발전의 기초를 닦았다. 싱가포르는 리칸유의 강력한 리더십에 의해 아시아에서 가장 안정적으로 경쟁력 있는 지속적 발전을 이루어나가고 있다. 중국은 모택동의 공산주의와 장개석의 민주주의가 충돌하면서 내전을 겪기도 했으나, 중국 본토는 모택동의 공산주의 체제로 대만은 장개석의 민주주의 체제로 자리 잡으면서 비약적인 성장을 하고 있다. 특히 중국은 등소평의 개혁개방 정책에 힘입어 신사회주의 경제질서를 통하여 G2 국가의 반열에 오르면서, 미국과 무역전쟁을 치르고 있다. 베트남은 민주주의의 남베트남과 사회주의의 북베트남으로 나뉘었으나, 1970년대 초 베트남의 독립영웅 호치민의 주도하에 남북전쟁에서 승리함으로써 사회주의 체제 국가로 통일하였다.

이후 1990년대 개혁개방의 도이모이 정책을 취하면서 자본주의적 요소를 받아들이면서 비약적인 경제발전을 이어가고 있다.

우리나라는 한국사 시간을 통하여 이미 공부한 바와 같이 해방 후, 미국 지원의 남한과 소련 지원의 북한이 38선을 경계로 남북분단하에 남과 북이 각각 정부를 수립하였다. 이후 북한의 남침에 의한 6 · 25 전쟁으로 이념전쟁, 민족 간 살육 등의 아픈 경험을 가지고, 남과 북이 대치하면서 각자도생을 하는 중이다. 북한은 일찍이 김일성을 정점으로 공산주의 체계하에서 김정일, 김정은으로 이어지는 세습통치를 지속해 오고 있다. 이에 비해 남한은 국민들의 자유, 비밀선거에 의해 이승만 초대 대통령을 필두로 윤보선, 박정희, 전두환, 노태우, 김영삼, 김대중, 노무현, 이명박, 박근혜, 문재인 대통령 등이 나라를 대표하고 있다. 이러한 변혁에 있어서 경제적인 면만을 본다면 박정희의 근대화 산업혁명은 당시 북한보다 낮은 경제적 지표를 역전시키며, 오늘날 중진국으로의 발전에 기반이 될 수 있는 산업구조의 초석을 닦았다고 할 수 있다.

이렇게 본다면 아시아의 각 나라들은 시차는 있지만, 지도력 있는 지도자의 역량에 의해 경제적 부흥을 이룬 것으로 평가할 수 있겠다. 이들 국가의 지도자들의 특징은 강력한 리더십을 갖추고 국가의 나가야 할 방향에 대한 명쾌한 목표를 제시하고 내부적 단결을 통하여 긍정적인 마인드를 형성하는 한편, 개혁개방을 통하여 외국의 발전된 산업을 적극적으로 수용하여 자국의 산업을 발전시키고 있다는 공통점이 있다. 하지만 아직 아시아의 여러 나라들이나 아프리카 대다수의 국가들은 국가의 발전뿐만 아니라 국민들의 배고픔마저 해결해 주지 못하는 빈곤국의 상태에 머물고 있다.

4. 세계화 속의 아시아

세계화의 의미

세계화란 세계 전체가 국경의 벽을 넘어 하나의 단위가 되는 것을 의미한다. 세계화에서는 자본, 노동, 상품, 지식, 문화, 정보 등이 국경을 넘어 거래되고 있다. 세계화가 되면 경제적으로는 국제적 무역 및 생산의 확대, 자본의 이동이 수월해지게 된다. 정치적으로는 국가들 사이의 협력과 갈등이 혼재되므로 국가 간의 갈등을 해결하려는 방안이 필요하다. 그 결과 무역분쟁을 해결하기 위한 국제기구가 필요하다. 사회적으로는 노동력의 이동이 국경을 넘어 자유로워져야 하므로, 그에 따라 국제결혼의 증가, 외국인 노동자의 출현, 난민의 증가, 관광객이 증가하게 된다. 문화적으로는 세계는 하나라는 지구의식(Global consciousness)이 등장하게 된다. 결국 세계화는 자본의 초국가적 흐름을 중심으로 한 세계시장과 자유무역의 확대를 가져오게 된다. 그러므로 세계화는 자본주의를 모태로 하여 산업적 발전에서 점차 금융적 축적의 방향으로 발전하게 된다.

세계화의 직접적 원인은 이윤의 실현을 확대하려는 자본의 논리가 전 지구적 연결망을 가능케 하는 과학기술과 정보통신의 혁신에 힘입어 초국가적 기업이 등장하게 되었고, 이러한 기업의 활동이 자본주의의 전 지구적 확산을 가져온 것으로 볼 수 있다. 세계화로 전 세계는 네트워킹Networking 시대에 접어들었다. 세계의 모든 사건이나 현상이 시간과 공간을 초월하여 같은 시간대에 TGIF(Twitter, Google, iphone, Facebook) 라는 정보통신기기를 갖춘 사람들에게 공유됨으로써 모바일 혁명 시대를 이끌고 있다. 모바일 혁명은 일반 민중을 수동적에서 능동적으로 바꾸고 있다. 지난 20세기가 자동차로 고속도로를 달리는 시대였다면, 21세기는 모바일로 네트워크를 달리는 시대라고 할 수 있다. 그만큼 전 세계는 좁아지고 있다고 볼 수 있다.

그러나 세계화에 대하여는 빈곤한 국가의 저렴한 노동력을 이용한 자본이윤의 극대화를 도모하려는 경제적으로 부유한 국가를 위한 논리로, 새로운 경제적 식민지 시대에 접어들었다는 비판도 있다. 세계화에 대한 논의는 성장과 분배, 민주와 공화, 보수와 진보의 논리와 일치한다. 따라서 세계화의 옹호론자들은 세계화가 자유로운 교역과 거래를 통하여 지구 전체의 부를 늘림으로써 개발도상국들이 후진국에서 탈피할 수 있다고 주장한다. 세계화를 반대하는 반대론자들은 초국가적 자본에 의해 주도되는 세계화가 이른바 '20 대 80'이라는 빈부의 격차를 가져온다고 비판한다. 대안적 세계화론자들은 세계화의 경제적인 측면에서의 모순을 직시하고 이를 극복하기 위한 인간적 세계화를 위해 풀뿌리 시민의 역할과 정부의 적절한 개입을 강조한다.

변혁의 흐름을 읽지 못한 아시아의 굴욕

근세 동아시아의 중국, 일본, 한국은 쇄국정책으로 국경을 굳게 걸어 잠그고 있었다. 중국은 당시 명나라 시대로 14세기부터, 일본은 도쿠가와 시대로 17세기 전반부터, 한국은 조선 시대로 15세기 초반부터 각각 쇄국정책으로 우물 안 개구리 신세가 되어 있었다. 19세기 후반 이후 무력을 동원한 서구의 개방 압력을 견디지 못한 동아시아 3국은 타율적 개방을 할 수밖에 없었다.

당시 유럽의 외향적 팽창주의에 대응한 동아시아 3국의 정책은 각각 상이하였고, 그 결과는 이후 극명한 차이를 보이며 그 영향이 현재까지 이어지고 있다. 당시 일본은 이등박문이 유럽과 미국의 새로운 문물과 제도에 감동하여, 탈아입구(脫亞入歐)를 표방하며 근대 서양문물을 받아들여 산업구조의 근대화를 도모하였다. 일본은 이에 머물지 않고 아시아 지역을 신동아공영권의 질서에 편입시켜 아시아를 지배하려는 제국주의적 야욕을 키웠다. 즉, 일본은 아시아주의를 표방하며 아시아 대륙에 식민지를 건설하려는 후발 제국주의를 추구했다. 중국은 이홍장이 청나라의 군사력을 선진화 하려는 계획을 세우고 국가 개조를 위해 뒤늦게 노력했으나, 서구 제국주의의 침탈로부터 아시아 3국 중 가장 먼저 피해를 보고 결국 유럽과 일본의 제국주의에 굴복하였다. 한국은 이하응(대원군)의 주도하에 쇄국주의를 통한 개혁을 시도했으나 실패하였고, 1905년 미국과 일본의 '가쓰라-테프트 밀약'에 의해 미국은 필리핀을 일본은 한국을 각각 식민지화한다는 약속에 따라 한국은 1910년 일본의 식민지로 전락함으로써 국민들은 36년간 치욕적인 삶을 영위할 수밖에 없었고, 그 비극의 여운은 아직도 진행 중이다.

1945년 제2차 세계대전이 종료된 이후 패전국 일본은 미군정 주도하에 국가 개조를 진행하던 중 한반도에서 1950년 6월 25일 전쟁이 발발하자 미군의 병참기지로서 군수산업의 발전을 기반으로 경제회복과 부흥의 발판을 마련하여 오늘날의 번영을 구가할 수 있는 계기가 되었다. 당시 일본은 정부의 지도 아래 기업을 매개로 수출을 통한 대외지향적 발전을 도모하였다. 중국은 등소평 시대 이후 개혁 · 개방을 통한 수정사회주의 경제를 과감히 도입하여 산업화의 기반을 닦았고, 특히 1990년대부터 현재까지 산업화를 통한 지속적 경제성장을 하고 있다. 한국은 6 · 25 전쟁의 폐허를 딛고, 일본의 발전주의 모델을 적극 수용하여 1970년대부터 1990년대 급속한 발전을 통하여 중진국의 반열에 들 수 있는 기반을 마련하였다. 하지만 경제성장에 초점을 맞춘 개발독재는 이후 민주화 시대에 역행하는 것으로 폄하되는 등 우여곡절을 겪고 있으나, 그 평가는 후세 역사가들의 몫으로 남겨 놓는다.

이러한 동아시아 3국의 개방에 따른 공통점은 국가 주도하에 수출증진을 통한 산업화라 할 수 있다. 정부의 개입과 지도뿐만 아니라 정부의 장기적인 경제개발 수립을 통하여 전략적인 산업과 금융정책, 훌륭한 교육제도로 산업화에 최적화된 인재를 양성함으로써 값싸고 풍부한 양질의 노동력 공급을 통하여 급속하고 지속적인 경제성장을 달성하고 있다.

아시아의 특성 — 다양성

오늘날 유럽이 유럽연합 등의 공동체를 형성할 수 있었던 배경에는 문화가 다른 지역이라도 오랜 시간에 걸쳐 만들어져 온 문화적 교류와 공감대의 형성이 있었다. 서로 이질적인 부분에 대한 교류와 공감대 형성을 통해 강한 네트워크를 통한 공동체의 유지가 가능할 수 있었다.

유럽이 오랜 역사적 교류를 통해 하나의 동일한 문명지대(civilization zone)로 구성되어 있는 것과 달리 아시아는 다양한 언어, 인종, 종교가 공존하는 지역이다. 유구한 역사성을 갖는 종교만 보더라도 중국, 한국, 일본. 베트남, 대만, 싱가포르에서는 유교적 유산이 널리 퍼져 있고, 인도는 힌두교, 태국, 미얀마, 베트남, 한국 등에서는 불교가 널리 퍼져 있다. 반면 인도네시아, 말레이시아, 파키스탄 등의 국가는 이슬람교를 신봉하고 필리핀은 가톨릭 국가로 알려져 있을 만큼 매우 다양하다.

이렇게 아시아는 지역적으로 널리 퍼져 있고, 그 속에서 다양한 민족들이 다양한 삶을 영위하고 있어 어떤 특징이 '아시아적'인지 가늠해 보기 매우 어렵다. 그만큼 아시아의 공통적인 이해관계를 도출하여 협력과 상생을 도모하기에 어려움이 있는 것이 사실이다. 하지만 시각을 바꾸어 보면 바로 '다양성' 그것이 아시아의 특성이고, 서로 다름을 인정하면서 공동의 목표로 나아간다면 단일문화권에서보다 훨씬 합리적인 목표달성을 위한 노력이 모아질 수 있을 것이다. 서로 여건과 상황을 달리해 온 국가들의 지역 협력, 공동체 구상, 상호 이해와 협력의 분위기 조성을 위해서는 다름을 인정하고 교류를 촉진할 수 있는 문화적인

다양성 인식과 공감대 형성이 필요하다.(김다원, 2011)

이러한 장점을 살려 나가기 위한 조그마한 노력이 바로 '아시아공동체론'이 달성하고자 하는 목표이다. 물론 국가적 차원에서 이미 아시아인들은 아래의 도표에서 보는 바와 같이, 다양한 협력체를 구성하여 상호 소통과 협력을 통한 상생의 방안을 마련하고 있지만 아직 해결하여야 할 과제도 많다.

〈표 7〉 아시아의 협력체

협력체	구성국	목표	문제점
APEC	한국, 미국, 일본, 캐나다, 호주, 뉴질렌드, 태국, 말레이시아, 인도네시아, 싱가포르, 필리핀, 브루나이, 중국, 대만, 홍콩, 멕시코, 파푸아뉴기니, 칠레, 러시아, 베트남, 페루(21개국)	개방적 지역주의와 아시아 태평양 지역 간 경제공동체의 점진적 달성, 역내 무역, 투자 자유화, 경제 기술협력을 통한 공동번영을 목표로 느슨한 경제협력체	아시아 지역의 경제적 주도권을 장악하려는 미국과 중국의 입장 차이로 APEC의 발전적 제도화가 지체되고 있음
ASEAN	베트남, 브루나이, 캄보디아, 인도네시아, 라오스, 미얀마, 말레이시아, 필리핀, 싱가포르, 태국(10개국)	동남아시아의 경제협력을 통하여 경제적 기반을 비롯하여, 사회, 문화 등 각 분야의 기반을 확립하고, 외국의 간섭을 배제하고 역내의 평화와 안정을 구축하고자 함	회원국들 사이의 경쟁으로 인해 소기의 성과를 거두지 못하고 있음
ASEAN+3 (10개국+3개국)	ASEAN+Korea, Japan, China(13개국)	아시아 금융위기에 대처하기 위해, 한국, 중국, 일본이 가담하는 형식	의사결정권이 없이 의견을 교환하는 정도의 포럼 형태

21세기 지식기반 사회로의 진입

산업화 시기 상대적으로 대응이 느렸던 우리나라를 비롯한 아시아의 여러 나라들은 21세기 지식기반 사회에 발 빠르게 적응하고 있다. 과거 산업사회에 편승했던 세계는 이제 산업사회를 넘어 지식을 생산하고 배포 및 이용하는 지식기반산업에 기반을 둔 지식경제사회로 진입하고 있다. 이러한 지식경제사회의 핵심 가치인 과학기술은 아시아의 각 국가와 시기에 따라 그 발전 정도가 달랐다. 과거에 과학기술의 발전에 기여한 아시아 문명은 인도, 중국, 서아시아 국가들이라고 할 수 있지만, 현재 아시아에서 주목할 만한 과학기술의 성장을 이끄는 국가들은 동북아시아라고 할 수 있다.

아시아 지역의 과학기술력은 아시아 국가들에서 발표하는 논문 수나 국제공동연구, 특허 수 등으로 파악할 수 있는데 이러한 분야에서 아시아의 성장은 눈에 띈다. 아시아 지역의 논문 수는 EU나 미국에 비해 빠른 증가세를 보이고 있는데 아시아 내에서도 한국과 중국의 비중이 빠르게 증가하고 있다. 또한 아시아 국가들의 공동연구 네트워크가 다양해지고 있으며 특히 인도네시아, 필리핀, 태국 등 상대적으로 과학기술 능력이 낙후한 국가들은 공동연구의 비중을 높임으로써 과학기술 이전에 따른 국가적 발전을 도모하고 있다. 아시아의 하이테크 산업의 부가가치도 주목할 필요가 있는데 일본, 싱가포르, 대만, 한국 등이 하이테크 제조업의 수출 비중을 늘려왔다.

이처럼 지난 수십 년 동안 아시아 국가들의 괄목할 만한 성장은 유례를 찾아볼 수 없을 만큼 압축적인 성장이었다. 앞에서 설명한 바와 같이 아시아라는 광범위한 지역에서 컴퓨터와 인터넷의 보급, 디지털 산업의 발달을 통하여 활발한 소셜네트워크 서비스를 활용한 다양한 소통이 이루어지고 있다. 스마트폰 사업, 반도체 산업, 다양한 네트워크 기반 사업이 날로 번창하고 있다. 그 결과 아시아는 전 세계 생산량의 절반 이상을 차지하고 있으며, 그중에서도 동북아시아의 비중은 80%에 가까울 만큼 절대적인 영향을 미치고 있다는 사실은 아시아의 바람직한 미래를 위해 이들 나라의 협력이 필수적이라는 것을 의미한다.

5. 공생과 동반 번영을 위한 과제

아시아의 부상은 새로운 인성, 환경친화적인 지속 가능한 발전의 패러다임 시대를 열 수 있을 것으로 기대된다. 다만 우려되는 점은 한국과 일본의 독도문제, 일본과 중국의 센카쿠 문제, 중국과 베트남의 남중국해 문제 등에서 보여주는 태도이다. 일본이나 중국이 서구의 외향적 팽창주의를 답습하여 아시아 시장을 지배하려는 것이 아닌지 우려하고 있는 아시아 여러 나라들의 의구심을 해소시켜 주지 못하고 있다는 점은 아시아의 공존과 공생에 부정적 영향을 주고 있다.

시각을 아시아 밖으로 돌려보면, 전 세계인의 생존무대인 지구는 현재 중병에 걸려 있다고 해도 과언이 아니다. 과거 산업혁명 시대를 견인하였던 화석연료로 인한 대기오염과 이로 인한 온실가스의 영향은 45억 4천만 년을 견뎌 온 지구의 위기를 초래하고 있다. 지구 표면의 기압이 수시로 바뀌고 있으며, 수시로 발생하는 강진은 자연재해를 유발하여 대규모로 귀중한 목숨을 앗아가고 있다. 지구의 혈액인 바다가 기름과 쓰레기, 방사능으로 오염되고 강물과 바닷물의 정화작용을 하는 습지와 갯벌의 파괴는 마치 사람의 간과 신장의 기능이 나빠지는 것과 유사하다. 지구의 허파인 아마존의 산림파괴는 인간의 폐기능의 약화, 북극과 남극 상공의 오존층 손상은 지구의 표면에서 생활하는 인간을 포함한 모든 동식물의 피부 내지 표피에 큰 영향을 주고 있다.

자연을 사랑하며 온화한 인성을 지닌 아시아인들이 지역적인 이기주의에서 벗어나 심각한 지구적인 문제의 해결을 위해 상호 협력하여야 할 많은 어젠다(Agenda)가 기다리고 있다.

1970년대 중반 중국의 등소평과 인도의 간디의 만남에서 아시아의 세기(Asian Century)에 대한 담론이 있었다. 아시아 여러 나라들은 그 나름대로 잠재력을 보유하고 있다는 자신감의 표현일 수도 있다. 일본은 범유럽 이외의 지역에서 최초의 근대화를 이루고 경제대국으로 성장하였고, 아시아에는 한국, 홍콩, 대만, 싱가포르 등 4마리의 용이 비약적인 경제발전을 이룩하였다. 또한 베트남, 말레이시아, 태국, 인도네시아, 필리핀 등이 경제발전의 기반을 마련하였고, CHINDI로 불리는 중국과 인도는 각각 10억 이상의 인구를 배경으로 향후 아시아 시대를 견인할 수 있는 잠재력을 갖추고 있다.

하지만 아시아의 공생과 동반 번영은 국가의 문제로 국한할 일이 아니다. 모든 아시아인 특히 사회에 영향을 줄 수 있는 지식인층이며

〈표 8〉 아시아의 과제

분야	앞으로 진행될 것으로 예상되는 과제
정치	비국가적 행위자(non-state actors)의 권력 강화와 국가에 대한 도전 무력과 협상을 병행하는 스마트 파워(Smart Power) 전략의 유효성 증대 세계 리더십(Leadership)의 변화로 인한 혼선
기술	개방 네트워크(Network) 출현으로 전 세계 전문가들 사이의 접근성 증대 나노(Nano) 기술의 확산으로 산업 및 사회 전반에 엄청난 영향 정보 과잉으로 소중한 정보가 사이버 더스트(Cyber-dust)가 될 위험에 있음
사회	고령화로 인한 국가 재정 부담의 증대 소셜 네트워킹(Social Networking)으로 인한 인간관계 개념의 전면적인 변화 소비자의 사회적 영향력 증대
경제	중국이 장기적으로 세계 경제 대국 지위를 유지 지식이 가장 중요한 자본으로 변화 경제에서 장소의 중요성이 점차 소멸
환경	기후변화로 다수의 국가가 갈등에 노출 환경문제에 대한 인식이 높아져 집단행동이 증가 글로벌(Global) 기업들의 환경문제에 대한 책임성 증대

미래 각 국가를 이끌어갈 인재들인 대학생들이 아시아 공존과 공동번영에 대한 문제의식을 갖추는 노력이 있어야 달성할 수 있을 것이다. 우선 아시아의 다양성과 공통성의 존재를 찾아 나가려는 노력이 필요하다. 아시아의 가치를 공유하며 아시아인의 시각에서 세계적 문제를 볼 수 있는 능력을 키워야 한다. 물질적인 풍요로움 못지않게 정신적인 풍요로움의 축적이 필요하다. 물질의 노예가 아니라 인본주의에 바탕을 둔 인간성 회복을 위한 다양한 노력이 필요하다. 또 현재진행형인 지식기반 사회에 대한 적극적인 인식하에 지식습득의 노력을 게을리하지 말아야 한다. 아시아 각국의 경제사정이 다름에 따라 새로운 기회를 얻기 위한 노동력의 이동이 더욱 빈번해질 것이고, 노동력을 매개로 한 저개발국 여성들의 결혼이주가 더욱 빈발해질 것이다. 이에 따라 다문화에 대한 이해가 가정뿐만 아니라 사회 안정의 기반이 될 것이다. 특히 우리나라에는 동남아시아에서 국제결혼을 통하여 이주해 오는 여성이 전체 결혼인구의 약 10%를 차지하고 있다. 국제결혼을 통한 국민과 국가의 이해와 협조는 사돈지간의 형제애를 바탕으로 새로운 협력시대를 여는 기회가 될 수 있을 것이다. 그리고 이 국제결혼을 통해 출생한 자녀들은 사돈관계를 맺은 두 국가를 매개할 수 있는 민간외교관으로 아시아의 유대를 더욱 공고히 할 수 있을 것으로 생각한다. 우리가 다문화가정에 더욱 애정 어린 관심을 가져야 할 필요가 있다.

우리나라도 일제 식민지에서 벗어나 6·25 전쟁을 겪으면서 경제발전을 해오는 과정에서 많은 국가와 외국의 도움을 받았다. 우리의 발전경험을 아시아 여러 나라들에게 전수함으로써 우리가 겪었던 시행착오 없이 발전할 수 있는 비법의 전수도 우리만이 할 수 있는 협력의 방안이 될 수 있을 것이다. 현재 우리나라의 눈부신 발전의 결과가 우리만의 노력이 아니라 이웃나라들의 도움과 협력에 기반하고 있다는 것을 늘 기억하여야 할 것이다. 오늘날과 같이 전 세계가 긴밀히 연결되어 있는 초연결사회의 현실에서 우리나라의 눈부신 미래는 바로 이웃나라 특히 아시아의 여러 나라 및 그 국민과의 상호협력이 필수적이다.

다른 한편 우리는 다른 나라에서는 그 유례를 찾아보기 어려운 '동포'에 대한 숙제가 있다. 일제의 한반도 강점에 의하여 야기된 중국 동북3성(랴오닝성, 지린성, 헤리룽장성)에 주로 이주하였던 재중 동포, 남북분단이 고착화된 현실에서 북한을 이탈하여 남한에 정착한 북한 이탈 주민들과의 포용적 삶은 이 시대 우리에게 주어진 의무임을 잊지 말아야 할 것이다.

참고문헌

김다원. 2011. "동아시아 상호 이해를 위한 문화 다양성 교육의 시론적 연구: 「인간관계와 생활습관」 문화를 중심으로." 『대한지리학회지』.

김한규. 2005. "역사상의 중국과 중국사의 범주." 『동아시아 민족주의의 장벽을 넘어』. 성균관대학교출판부.

문흥안. 2013. "베트남 결혼이주여성의 혼인의 특징과 국제결혼의 제도적 개선방안." 『법제연구』 제44호.

신범식. 2021. "부상하는 메가아시아: 역사와 개념." 『아시아 브리프』 1권 15호.

엄구호. 2012. "한국의 중앙아시아 연구 동향." 『아시아리뷰』 제2권 제1호.

하영선 외. 2008. 『동아시아 공동체: 신화와 현실』. 동아시아연구원.

하영선. 2015. "복합화 시대의 동아시아 신질서 건축." EAI 하영선 칼럼.

Järv, O., Tominga, A., Müürisepp, K., and Silm, S. 2021. "The impact of COVID-19 on daily lives of transnational people based on smartphone data: Estonians in Finland." *Journal of Location Based Services.*

Klatt, M. 2020. "What has happened to our cross-border regions? Corona, unfamiliarity and transnational borderland activism in the Danish-German border-region." *Borders in Perspective*, 4.

Mahbubani, Kishore. 2008. *The New Asian Hemisphere: The Irresistible Shift of Global Power to the East.* New York: Public Affairs.

Meninno, Raffaella, and Guntram Wolff. 2020. "As coronavirus spreads, can the EU afford to close its borders?" Baldwin, Richard and Beatrice Weder di Mauro (eds.). *Economics in the Time of COVID-19.* London: CEPR Press.

Tu Weiming. 2002. "Implications of the Rise of 'Confucian' East Asia." *Daedalus* 129(1).

3장 아시아적 가치로서의 유교는 아직 유효한가?

신복룡(건국대학교)

3장

아시아적 가치로서의 유교는 아직 유효한가?

1. 들어가며

역사는 진보하는가? 사람들은 그렇게 믿고 있다. 좀 더 정확하게 말하면 그렇게 믿고 싶어 한다. 어제보다 오늘이 낫고, 오늘보다 내일이 나으리라는 희망마저 없었더라면 우리의 삶은 더욱 힘들었을 것이다. 정치학은 그런 소망 속에 길을 찾으려고 끊임없이 노력했다. 그러나 그러한 노력에도 불구하고 역사가 반드시 진보했는지는 확실하지 않다. 선(善)이 발전한 것과 똑같이 악(惡)도 진화했기 때문이었다.

국가 경영을 고민한 학자들은 어찌하면 더 좋은 삶을 살 수 있을까에 대한 많은 대답을 제시했다. 그 가운데 대표적인 저술의 하나가 곧 애덤 스미스(Adam Smith)의 『국부론』(1776)이었다. 그는 좀 더 좋은 삶을 살기 위한 조건으로서 다음과 같은 국가 경영의 3대 요소를 제시했다.

(1) 세금이 가벼워야 하고(easy tax)

---

* 이 글에서 인용된 일부 원전은 필자의 다른 글에서 인용된 바 있음.

(2) 법이 예측 가능해야 하고(predictable law)

(3) 통치권이 안정되어야 한다.(stable government)

(자료: Kennedy, 1987, 20; Mankiw, 2007, 229)

그 뒤로 240년이 흐르기까지 그가 예언하고 소망했던 사회를 이루려던 노력은 이제 자본주의라는 이름으로 우리 앞에 정리되었다. 적어도 지금의 시각에서 보면 생산성이 삶을 윤택하게 해준다는 명제를 바꾸지 않는 한 그의 주장은 더 오래 계속될 것이다. 이 글의 문제의식은 선학들이 고민했던 "더 좋은 삶(better life)"이란 무엇이었을까를 유념하면서, 19세기라는 한국의 역사 상황에서 그 꿈을 이루어 주리라는 기대 속에 우리에게 다가온 근대화란 어떤 의미가 있는 것이었으며, 그것을 받아들이는 과정에서 유교는 어떤 순기능과 역기능을 수행했는가를 되돌아보고자 하는 것이다.

2. 19세기의 역사 상황

세계사적인 조류에 비추어 볼 때 1860~1905년의 서유럽은 이미 산업혁명을 거쳐 초기 자본주의의 단계로 돌입하고 있었으나 조선조 후기는 내재적인 모순과 지정학적인 궁벽성(窮僻性)으로 말미암아 근대화에 어두운 실정이었다. 일본과 서구 세력이 밀려오고 민중의 의식이 개명되자 위정자들은 자신의 호오(好惡)와는 관계없이 문호를 개방하고 서구의 물질문명을 도입함으로써 근대화를 위한 발판을 마련하고자 했다. 이와 같은 가치 변동의 사회(value-shift society)를 가리켜 우리는 흔히 전환기라고 부른다. 동아시아 사회에서 이런 변동의 시기에 나타나는 현상은 다음과 같다.

(1) 전통사회로부터 산업사회로의 이동하면서 자본주의의 도입이 이뤄지고,
(2) 유교적 가치에 대한 도전으로 기독교 윤리와 자본주의가 등장하며,
(3) 왕조의 멸망과 함께 서구라파에 의한 식민지 시대로 이행 과정을 겪는다.

흔히 개항기 또는 개화기라고 부르는 이 시기에는 단일 인자가 아닌 여러 가지 사고가 혼합되어 나타나는 과정을 거치기 마련인데, 이를테면 당시 조선 사회에서 소외되었던 불우한 지식인들이 자신의 역경에 좌절하지 않고 이를 승화시켜 하나의 사상 체계를 이룩한 실학(實學)을 비롯하여, 한청관계를 통하여 전래된 청조의 자강(自强)운동과 개명 문화, 1882년의 한미수호통상조약을 계기로 주한 미국 사절이나 견미(遣美) 사절을 통하여 도입된 서구 문물, 일본의 메이지유신(明治維新)에 대한 선망(羨望)과 일본을 통하여 여과된 유럽 문화를 받아들인 초기 개화파의 사상 등이 이에 속한다.(신복룡, 1987, 15-35; 신복룡, 1997, 114-117)

한국사에서 근대화는 무엇인가?

전환기 사회의 주도 세력들에게는 역사의 진보를 위해 맡아야 할 책무가 주어지는데, 그것은 다음과 같은 세 가지로 요약될 수 있다.

(1) 근대적 변화가 전통을 고수하는 것보다 유익하다는 사실을 입증한다.
(2) 자유로운 경쟁을 하는 데 방해가 되는 제도적 속박에서 벗어나야 한다.
(3) 근대적인 것을 받아들이지 않은 사람들의 미래가 낙관적이지 않다는 것을 입증한다.

(자료: Migdal, 1974, 7)

당대 지식인들의 그와 같은 작업을 우리는 흔히 근대화라고 부른다. 근대화 이론가인 파이(Lucian W. Pye)의 정의에 따르면, 근대화(modernization)라 함은

(1) 통치와 정치 구조에서의 특수한 분화(differentiation) 현상이 일어날 것
(2) 정치 참여와 이익의 할당이라는 측면에서 시민의 평등이 증진할 것
(3) 사회적 · 경제적 변화를 유발할 수 있는 능력이 증대할 것

(자료: Pye, 1966, 45-47)

을 뜻한다. 그러나 위와 같은 규범적 정의는 서구중심주의의 논리일 뿐이다. 바꿔 말해서 동아시아의 근대화 모델은 파이의 그것과 다소 다르다. 그렇다고 해서 자아준거적 정치학자나 민족주의 사관에 심취한 역사학자들은 "근대화는 서구화가 아니다."라고 강변할지라도, 아시아 국가의 탈식민지 시대나 탈군주정 시대에서의 근대화란 서구 문물과 사조의 도입과 떼어 생각할 수 없다. 따라서 동아시아 모델에 맞는 근대화의 정의를 다시 정리해 보면 이렇다.

(1) 비트포겔(Karl A. Wittfogel)이 말한 동양적 전제주의로부터 공화주의로의 이행을 담고 있어야 한다.
(2) 동양의 전통주의로부터 서구 합리주의로의 이행을 담아야 한다. 여기에서 합리주의란 인습과 비과학적 추정과 입증되지 않은 경험적 설명에서 벗어나 진정한 수요(necessity)와 보편성(universality)에 입각한 판단을 의미한다.(Frilof, 1980, 350)
(3) 신분 질서의 재편을 수반해야 한다. 멍에와 같은 신분 사회에서 기회균등의 사회로 이행이 없이 근대화란 무의미하다.
(4) 생산성이 중요 가치로 등장함으로써 집단 생산을 통한 빈곤의 퇴치가 가능해야 한다. 이는 사회경제제도가 자본주의로 이행하는 것을 뜻한다.
(5) 과학화가 이뤄져야 한다.(Collingwood, 1978, 2-3) 자연과학의 생활화는 수공업에서 기계화로의 이행을 의미한다. 이는 농법의 개량으

로서 천수답의 농법으로부터 관개 · 경지 정리 · 파종법의 진보에 따른 대량 생산 체제를 이루고, 우마(牛馬)에 의한 운송으로부터 도로와 가솔린에 의한 운송 기구의 개선을 의미한다. 이러한 일련의 작업은 자연과학의 문제이다. 철학이 무엇인가에 관하여 성찰하려면 자연과학이 먼저 일어나야 한다.

위와 같은 보편 이론에서 더 나아가 정치학의 시각에서 본다면 근대화는 좀 더 정교한 작업을 요구한다. 흔히 신생국가에서 정치적 통합을 의미하는 이러한 작업은 다음과 같은 내용의 변화를 요구한다.

(1) 문화적 · 사회적으로 괴리된 집단을 영토적으로 결속하여 민족동질성을 확립하고,
(2) 저차원적 정치 집단이나 지방에 대하여 중앙 정부의 권위를 수립하고,
(3) 지배 계급과 피지배계급을 결속시킴으로써 엘리트와 대중 사이의 간격을 좁히고,
(4) 사회의 질서를 유지하는 데 필요한 최소한의 가치 공감을 이룩하고,
(5) 사회 안에서 구성원의 공통된 목적을 조직화한다.

(자료: Weiner, 1967, 161)

그러나 말이 쉽지 위와 같은 작업을 이루는 데에는 많은 고통과 시행착오가 따른다. 위와 같은 꿈이 모두 이루어진 사회는 유토피아지 현실이 아니다. 문명 가치를 바꾼다는 것이 그리 쉬운 일도 아니고 짧은 시간에 이루어지는 것도 아니었다. 그런 점에서 근대화는 슬프고도 아픈 축복이었다.

한국인의 심성은 제노포비아인가?

근대화 과정에서 먼저 겪어야 할 고통은 정서적 가치의 포기와 그에 따른 상실감이었다. 그런데 이 문제를 논의하는 과정에서 먼저 짚고 넘어가야 할 점은, 우리 민족이 그렇게 폐쇄적이고 외국에 대하여 배타적이었던가 하는 문제이다. 어느 민족을 가릴 것 없이 그들의 심중에는 외국인에 대한 섬뜩함(xenophobia)과 반가움(xenophilia)이 공존하며 정도의 차이가 있을 뿐이다. 한국의 근현대사를 논의하면서 이 문제를 다룰 수밖에 없는 이유는 이것이 한국 근현대사의 쟁점인 배외심과 근대화와의 상관관계를 어떻게 평가할 것인가의 문제와 직접 연루되어 있기 때문이다.

한국인이 서구인을 만난 최초의 기록인 『하멜표류기』(1653)에 따르면, 한국인들에게 서양인의 출현은 좋은 구경거리였으며 호기심의 대상이었다.(Hamel, 1813, 210; 신복룡(역주), 2019f, 17-18) 한국인의 대외 인식에 대한 서구인들의 기록에도 한국인들이 외국인에 대하여 호의적이었으며 결코 적대적이지 않았다. 예컨대 1816년에 서해안을 탐사한 영국의 탐험가 홀(Basil Hall)의 기록에 따르면, 그 일행을 맞는 주민들의 태도가 한결같이 우호적이었다. 홀이 서해안에서 만난 현감은 그 일행과 함께 술을 마시고 그들이 타고 온 알세스트호(Alcest)를 돌아보기도 했다. 현감의 도포 소매는 여러 가지 선물로 묵직했다. 선상에 올라간 현감은 함포를 발사하자 놀라며 즐거워했다.(Hall, 1818, 33; 신복룡 역주, 2019e, 27)

개항기의 최대 · 최악의 사건이라 할 수 있는 신미양요(辛未洋擾, 1972) 전후까지만 해도 외국인에 대한 한국인의 적개심이나 배외심이 그리 심각한 수준은 아니었다. 이를테면 사건 직전에 대원군이 진무사(鎭撫使)를 시켜 미국 함대에 보낸 편지와 이에 대해 미군 측이 보낸 회신(『高宗實錄』 8/4/17) 어디에도 쇄국이나 외국인에 대한 기피 심리는 보이지 않는다. 대원군으로서는 할 만큼 했다. 당시 서구인과의 갈등은 그 접촉 과정에서 빚어진 상처로 말미암은 결과적 현상일 뿐이며, 배외심이 한국인의 보편적 정서는 아니었다. 당시 서구인과의 갈등은 모화에 젖은 지배 계급의 오판이 빚은 실수였을 뿐이다.

그런데 여기에서 우리가 세심하게 주목해야 할 점은 프랑스 신부와 천주교도에 대한 박해의 본질이다. 당시의 위정자들이 처음부터 천주교도를 박해한 것은 아니라는 점이 중요하다. 이 점은 당시 베르뇌(Siméon F. Berneux) 주교가 파리외방전교회에 보낸 편지(달레, 1979, 359-361)에 잘 나타나고 있다. 이 부분은 먼저 프랑스외방전교회가 저지른 백색우월주의에 문제가 있었다.(신복룡, 2011, 273-304) 비교문명사의 시각에서 어느 문명이 다른 문명보다 우수하다거나 열등하다고 설명하는 것처럼 위험한 것은 없다. 따라서 서구 문명에 매몰되어 우리의 것을 비하하는 것은 우리의 문명에 대한 과찬과 미화로 말미암아 다른 문화를 비하하는 것보다 위험한 일이다.

쇄국정책의 실체

위에서 논의한 한국인의 배외심과 관련하여 정치사에서 문제되는 것은 쇄국정책을 어떻게 이해할 것인가의 문제이다. 종래의 학설에 따르면 쇄국정책이란 대원군(大院君)의 모화(慕華)가 빚은 실수였다. 그리고 그 바닥에는 외국인에 대한 기피 심리가 전제되어 근대화로 가는 길의 장애 요소가 되었다고 한다.

대외 문제에서 쇄국으로 발전하게 된 것은 1866년의 일련의 사건, 곧 병인양요(丙寅洋擾)와 제너럴 셔먼호(General Sherman) 사건과 오페르트(Ernst J. Oppert)의 남연군(南延君) 묘 굴총 사건이 중첩되어 벌어진 이후였다. 이때부터 대원군은 해안 방어(海防)와 쇄국을 고민하기 시작했다. 이러한 고민은 1871년이 신미양요를 통하여 반서구로 생각이 정리될 때까지 계속되었다. 그들이 외국과의 통교라는 시류를 몰랐던 것은 아니었다. 그러나 이러한 일련의 사건 뒤에 벌어진 불행한 관계는 민족심리의 문제가 아니라 지배 계급의 정책적 고려 사항이었을 뿐이다. 따라서 19세기의 상황에서 지배 계급의 사대, 그리고 그에 따른 쇄국과 민중의 대외친화력 사이에 깊은 괴리가 존재했음을 고려하지 않는다면 시대 상황을 이해하는 데 혼란이 일어날 수 있다.

그 무렵에 조정이 외세에 대하여 위기의식을 느끼고 있었던 것은 사실이다. 그 두려움의 정체는 무엇이었을까? 그것은 서구의 과학 문명, 이를테면 병기나 의학에 대한 경이로움이 끝내는 불안과 두려움으로 전이된 것이다. 그리고 그 이면에는 그러한 과학 문명과 함께 들어올는지도 모르는 해로운 양물洋物(아편)이나 금서禁書(천주학)에 대한 두려움이 자리 잡고 있었다.(『高宗實錄』 11/1/28) 서구인을 처음 본 한국인의 느낌은 망연자실함이었다. 한국인들이 서구인을 만났을 때 오랑캐로 인식했다는 설명에는 문제점이 있다. 그 망연자실함은 두려움으로 다가왔다.

여기에 중국에서 벌어진 일련의 비극적 사건들이 한국인의 대외 인식에 충격을 주었다. 조선은 지정학적으로나 문화교류의 탓으로 오랫동안 중국에 종속적인 관계를 면치 못하고 있었다. 따라서 중원의 운명은 결코 남의 일이 아니라 자신의 것과 같다고 한국인들은 오랫동안 믿고 있었다. 그러던 차에 아편전쟁(1839~1842)이 일어나 굴욕적인 남경(南京)조약을 체결하고 이어서 애로우호 사건(1856)과 태평천국의 난(1850~1864)을 바라보며 한국 조야(朝野)의 놀라움은 더욱 컸으며, 그 뒤에 계속된 영·불 연합군의 북경 함락과 북경조약의 체결 등은 한국인의 위기의식을 더욱 굳게 만들었다. 이러한 사건들은 한국인의 중화의식과 어우러져 상승효과를 가져왔다.(신복룡, 2006, 108-110)

위정척사파들은 이와 같은 현상을 민족 보전이라는 이름으로 설명하려 했다. 그리고 그들의 사고는 근대화를 반대하는 형태로 변질되었다. 이런 점에서 개항을 외면한 것은 위정척사파의 실수였다. 개항을 통한 근대화가 이뤄지지 않은 상황에서 민족 보전은 불가능하다는 사실을 그들은 깨닫지 못했다. 1876년의 타율적인 개항 이후 위정척사파의 불만과 배외심 그리고 쇄국의 논리는 청조의 비극을 피하는 데 불가피했다는 논리로 합리화되었다. 그러나 결과적으로 그것은 시대를 역행하는 결과를 가져왔다.

요컨대 대원군의 '쇄국정책'은 과장되고 왜곡되었다. 대원군은 처음부터 쇄국을 고집한 바도 없고 배외심에 투철한 인물도 아니었다. 그리고 한국인들은 기본적으로 대외 기피 심리가 강하지 않음에도 '쇄국론자들'은 이를 왜곡했다. 이능화(李能和)를 비롯한 많은 사가(史家)들이 대원군을 그토록 비하했던 것은, 일본의 조선 진출에 대하여 남달리 거세게 저항했던 대원군의 국수주의적 성격을 의도적으로 폄하(貶下)하던 식민지 사관의 유산이다.(신복룡, 2011, 483) 그리고 유생들의 척사(斥邪) 논리가 그들에게 좋은 빌미를 제공했다.

3. 유교에 담겨 있는 변혁의 장애 요인

전환 시대의 기본 가치는 변화이다. 그렇다면 이 주제와 관련하여 유교는 어떤 변혁의 논리를 가지고 있을까? 이에 대한 대답으로서 유교는 분명히 개혁의 의지와 논리를 내장(內裝)하고 있었다. 그럼에도 유교가 보수주의 이념으로 보인 데에는 두 가지 까닭이 있다. 첫째는 신진 세력이 늘 노회(老獪)한 훈구 세력에게 패배하여 개혁이 좌절되었기 때문이며, 둘째로 유교 국가에서는 변화에 대처하는 제도가 작동하지 못했기 때문이었다. 그들은 도덕에 매몰된 탓에 제도를 간과하는 실수를 저질렀다.

유교가 담고 있는 개혁 논리의 근원은 『주역(周易)』에 담겨 있다. 『주역』을 영어로 번역할 때 *Theory of Change* 또는 *Book of Changes*라고 부르는 것은 의미 있는 일이다. 『주역』에 담겨 있는 내용 가운데에는 다음과 같은 사실이 변혁의 논리를 제공했다.

(1) 『주역』은 우주의 지속적인 변화(change)를 전제로 한다.[1] 따라서 『주역』은 우주 질서의 정체(停滯)라든가 절대성이나 숙명성을 부정한다. 이러한 변화 의지는 중국 철학의 오랜 전통이었다. 그들은 순환을 믿는다.

(2) 『주역』은 우주를 이원론(dualism)으로 파악한다. 우주에는 하늘과 땅이 있고 음양이 있고 명암(明暗)이 있고 고저와 대소가 있다. 우주에 이렇게 음양이 구분된 것이 곧 도(道)이며, 이러한 도를 잘 이어받는 것이 곧 선(善)이다.[2] 이러한 이원론이 정치 권력으로 전이될 때 그것은 권력의 상대론적 관계설로 발전할 수 있고 여기에서 치자[君]와 피치자[民]라는 정치 또는 권력의 이분법적인 확대 해석이 나오게 된다.

(3) 『주역』은 우주 질서를 이원론적으로 보고 있으면서도 음양이나 건곤(乾坤)이나 천지나 남녀를 대립적 존재로 보지 않고, 이 양자는 끊임없이 조화(harmony)를 이루며 지속한다고 본다. 세상을 이원론적으로 보려는 사람들에게는 대결 의식이 강한 법인데, 『주역』은 그러한 대결을 거부한다.

(4) 『주역』에 따르면 인간은 우주의 한 부분이다. 따라서 인간은 작은 우주(small cosmos)라고 본다. 우주에 건곤·천지·음양이 있듯이 인간의 세계에는 남녀 · 노소 · 장유가 있다.

(5) 『주역』의 이원론은 불평등(inequality)의 개념 위에 서 있다. 하늘은 항상 높은 데서 낮은 곳을 비추며, 땅은 낮으므로 항상 위를 우러러 보아야 한다.[3] 하늘의 운수가 이렇듯이 소우주인 인간의 세계에서도 마찬가지로 높낮이가 이루어져 있다. 양은 음보다 높듯이 남자는 여자보다 높고, 늙은이는 젊은이보다 높다. 따라서 올라가는 것은 거스름[逆]이요 내려가는 것은 순함[順]이다.[4]

---

1) 『周易』 上經 乾條云: “乾道變化”
2) 『周易』 繫辭傳(上): “一陰一陽之謂道 繼之者善也”
3) 『周易』 卦爻(15) 上經 謙條: “天道下濟而光明 地道卑而上行”
4) 『周易』 卦爻(62) 下經 小過條: “上逆而下順也”

공자가 책(竹片)을 맨(編) 가죽 끈(韋)이 세 번 끊어지도록 탐독(韋編三絶)한 이 『주역』은 동양인의 사고를 깊이 지배하고 있다. 이것은 『주역』을 믿는 사람이든 믿지 않는 사람이든 그러한 의식으로부터 자유로울 수 없음을 의미한다. 이러한 논리를 정치학에 도입할 때 동양 사상사에서 개혁은 미덕이었다.

공화정을 바라보는 눈: 두려움의 정체

천하의 주인은 누구인가? 왕인가, 백성인가? 고대 그리스와 로마에서 공화주의의 싹이 보였던 것은 사실이지만, 적어도 계몽주의 이전까지 통치 주체는 군주라는 데 상하의 암묵적 동의가 이루어져 있었다. 더욱이 동양 사회에서는 서세동점기인 19세기 말엽 이전까지 군주제는 아무런 도전을 받지 않은 채 굳건히 지탱되었다. 군주가 타락했을 때 이를 몰아낸다는 폭군추방설(*vindiciae contra tyrannos*)이 예로부터 있었으나 그것은 악덕의 군주를 "교체한다"는 뜻이었지 군주의 주권이 민중에게 돌아와야 한다는 뜻은 아니었다. 따라서 인민 주권이 동양 사회에서 자리 잡기까지에는 오랜 기다림이 필요했다.

동양에서 폭군추방설의 이론적 근거를 제시한 것은 『주역』의 순환이론이었다. 폭군은 권력에 대한 주체할 수 없는 욕망에서 비롯된다. 따라서 폭정은 늘 도전의 대상이 되었다. 왜 동양은 전제국가로 흘렀을까에 대한 대답은 그리 간단하지 않다. 고전적 이론에 따르면, 해양제국은 민주주의의 어머니이지만 농경 민족에게는 과두정치가 덜 역겹다.(*Plutarch's Lives*: Themistocles, § 19) 동양의 농경 민족에게 전제가 익숙하게 된 바탕에는 인륜에 바탕을 두고 있는 군·민 관계를 천륜에 바탕을 두고 있는 부모·자식 관계로 풀이함으로써 군주의 다스림을 설득하기가 쉬웠다는 점과 관련이 있다.

군주들은 금과옥조처럼 "백성이 나라의 근본"[5]이며, "백성이 귀하다."[6]는 말로 민중을 어루만지려 했지만, 백성이 귀하다는 것이 곧 백성이 나라의 주인이라는 뜻은 아니었다. 선정은 지배 계급의 시혜(施惠, being about to share)이었지 의무 사항(ought to share)은 아니었으며, 그것은 전적으로 지배자의 결심 사항이었다. 민중이거나 백성들은 국가의 주인으로서의 의식을 가질 만큼 지적(知的)으로 성숙하지도 않았고, 또 지배 계급이 그것을 허락하지도 않았다. 이런 점에서 본다면 정치사는 공화주의에 대한 요구와 이를 저지하려는 군주권의 긴 싸움이었다.

농경에 뿌리를 두고 있는 동양의 정치는 전제정치와 친화력을 가지고 있었다. 여기에 철인왕의 정치(philosopher king; Sabine, 1961, 73), 원로정치(gerontocracy; Lasswell, 1952, 210), 성인(聖人)정치(hagiocracy), 그리고 우민(愚民)의 논리가 전제정치를 위한 이론에 가세했다. 백성에 대한 유교의 인식이 매우 호의적이고 긍정적이었다는 사실에도 불구하고, 그들의 인식을 높이 평가하기는 어렵다. 그들은 기본적으로 왕권신수설의 범주를 벗어나지 못하고 있었다. 유학은 지배자의 덕목이며 피치자의 의무 규정에 몰두했다. 따라서 유학은 충군·근왕 사상에 기초하여, "백성은 우매하기 때문에 위에서 무슨 일이든 하라고 시킬 따름이지 그 시키게 된 까닭을 알아듣도록 설명할 수는 없다."[7]는 생각을 근저에 깔고 있다.

군주 주권이 안고 있는 가장 약한 고리, 곧 왕실이 늘 현자(賢者)로 이어지는 것은 아니며, 세습에 의한 왕계(王系)에는 고르지 못한 인간이 출생할 수 있다는 위험성에 대한 논의를 입막음하고자 등장한 것이 곧 재상론(宰相論)이다. 그러한 주장의 중심에 놓여 있던 정도전(鄭道傳)의 인식의 바탕에는 군주가 저지를 수 있는 잘못과 실수에 대한 우려와 그 대응 논리를 깔고 있다. 그의 재상론은 왕도 인간적인 실수를 저지를 수 있고, 혼자의

5) 『書經』 夏書 五子之歌: "民惟邦本 本固邦寧"
6) 『孟子』 盡心章句(下): "民爲貴 社稷次之 君爲輕"
7) 『論語』 泰伯篇: "民可使由之 不可使知之"

힘으로는 할 수 없는 일임을 알아야 한다고 주장한다.[8)]

그런데 한국사에서는 한 가지 설명하고 넘어가야 할 부분이 있다. 다름이 아니라 공화정을 납득하는 것이 한국인은 왜 그리 어려웠을까 하는 점이다. 이에 대하여 준비된 대답이 곧 시민사회 또는 시민 혁명의 이론이다. 곧 시민 혁명이라는 역사적 체험을 갖지 않은 한국의 근현대사에서는 외래적인 모형에 따라 제도를 변경하는 것이 낯설게 느껴지지 않을 수 없었다는 것이다. 서구의 정치 전통과는 달리, 한국은 시민 혁명을 거치지 않고 시민사회로 돌입했기 때문에 공동체 훈련을 기쁘게 수용할 수 있는 경험이나 기회가 없었다.

이 점에서 한국의 근현대사는 같은 동양 문화권이면서도 메이지유신(明治維新, 1868)을 겪은 일본이나 신해혁명(辛亥革命, 1911)을 겪은 중국의 경우와 다르다.(신복룡, 2011, 822-823) 한국 사회에서는 시민 혁명의 경험을 결여한 채 바로 망국으로 접어들었기 때문에 서구 근대화의 유산을 받아들이면서 힘들어했다. 그뿐만 아니라 민주주의의 훈련을 받은 경험이 없는 사회에서 서구민주주의의 도입은 "피상적 접목(superficial graft)"이었다.(Seligman, 1971, 330)

근대화를 논의하는 과정에서 공화정의 도입 여부가 왜 중요한가? 본디 공화주의자들은 "모두에게 영향을 미치는 것은 모두에 의해 결정되어야 한다."는 로마법의 원리(principle of *quod omnes tangit*)로부터 자치의 원리를 도출했다.(Viroli, 2002, 4, 27) 공동체의 정치 과정에 참여하고, 토론에 참가하고, 회의에서 자신의 의견을 피력하고, 대표를 선출하고, 대표들이 일하는 것을 감시하는 시민들은 공공선이 남의 것이 아니라 자신의 것이라고 느끼게 됨으로써 공공선에 대하여 마치 자신의 소유물에 대하여 느끼는 것과 같은 애정을 갖게 된다.(Viroli, 2002, 101)

공화정이 가지는 미덕은 정치적 가치의 공평한 배분에 있다. 경제적 가치는 그 다음의 문제이다. 모든 사람이 다 같이 동등하게 접근할 수

8) 『三峰集』(13) 「朝鮮經國典」(上) 治典 官制

있는 토대 위에 가치를 배분하는 어떤 정식(定式)을 실효적으로 적용하는 정도에 따라 지배는 공평할 수도 있고 공평하지 않을 수도 있다. 그것이 공평할 때 이를 공화정이라 한다. 따라서 어떤 지배의 공평성은 그 지배의 공화정치적 성격에 따라 바뀐다.(Lasswell, 1952, 232) 가치의 분배에 대한 요구를 억압하는 것은 공화주의가 피해야 할 악덕이었다. 군주와 대신들의 멍에 아래에서 국가에 헌신하고자 하는 열정이 국민에게서 피어날 수 없다.(Viroli, 2002, 15) 그뿐만 아니라 민주적 제도는 부패한 정치인의 탐욕을 억제해 준다.(Jung and Hwang, 2003, 6)

한국 근대사에서 공화주의의 기원을 살펴보면, 개화파 이전으로까지 거슬러 올라가기는 어렵다. 개화파 가운데에서 최초로 공화제를 주창한 인물은 박제형(朴齊炯)이었다. 갑신정변에도 참여한 바 있는 그는 일본 유학의 경험도 있던 터라 서구의 공화제, 그 가운데에서도 대통령중심제를 이해하고 있었다.(조일문·신복룡, 2006, 68, 75, 113) 그는 "미국의 대통령 선거가 만고에 지극히 공의로운 법"(朴齊炯, 1886, 9左-10右)이라고 주장한다. 실패한 혁명가의 꿈이 그 시대에 반영되었다고 볼 수는 없지만, 박제형은 그 시대에 최초로 공화제의 대통령제를 꿈꾸던 지식인이었다.

그 뒤를 이어 한국 공화주의 논쟁사에서 독특한 입장을 차지하고 있는 인물은 해학(海鶴) 이기(李沂)이다. 학통으로 보면 실학(實學)의 학맥을 잇고 있으면서 동학(東學)농민혁명을 지지했고, 대한자강회(大韓自强會)와 대종교(大倧敎)에 관계하는 등, 사상적 편력이 다양했던 그는 공화제를 지지하지는 않았지만, 그 가치를 충분히 인지하고 있던 인물이었다. 저작 연대를 알 수 없는 "국제(國制)에 관한 글"에서 "정체는 크게 세 가지이니 첫째는 공화정이며, 둘째는 입헌제이며, 셋째는 전제군주제이다. 그 세 가지 가운데 공화정이 가장 훌륭했고, 전제군주제가 가장 나빴지만, (지금 우리는) 입헌제를 채택할 만하다."[9]고 주장했다.

9) 李沂, 『海鶴遺書』(2) 急務八制議 國制(1)

위의 두 인물이 그 시대에 독자들에게 호소력이 없는 유고(遺稿)에서 대통령제를 설명했거나 지지한 것과는 달리 구체적이고도 적극적으로 공화제의 시행을 요구한 공간은 만민공동회(萬民共同會)였다. 회의에서 오간 많은 논의 가운데 발설자도 알 수 없고 작성자도 알 수 없는 익명서(匿名書, 1898)가 독립문에 내걸리는 사건이 벌어졌다. 그 내용은 "이제 민심이 하나로 돌아와 백성과 하늘의 뜻이 같아 종로 큰길에 만민이 함께 큰 집에 모여 회의를 하는데 모든 권한을 대통령에게 주고 바른 정치를 하자."(尹致昊, 1926, 59)는 것이다.

서희경(徐希慶, 2012, 41)은 "이 익명서가 게재된 만민공동회가 한국 공화주의의 맹아(萌芽)"라는 논리를 전개하고 있다. 이 글이 가지는 의미는 높다. 그러나 이 글을 익명의 벽보(掛書)로 발표할 수밖에 없었던 당시의 정황과 이 글이 발표된 뒤, 『독립신문』(1899. 8. 23.)에서 근왕적 논설을 강력하게 게재했다는 사실이 눈길을 끈다.

이 일련의 논의가 가지는 의미는 19세기의 상황에서 공화제나 대통령제에 대한 길항(拮抗)과 진보주의자들의 정치 인식의 얼개와 한계를 읽을 수 있다는 사실이다. 곧, 그들이 공화주의나 대통령제에 대한 문제의식을 가지고 있었음은 분명한 일이지만, 그것은 공개적인 자리에서 나누어진 담론이 아니었고, 아직 "숨어서 이야기할 수밖에 없는 위험한 사조"로 받아들여지고 있었다는 사실이다. 그 시대로서는 진보적이던 애국계몽기의 지식인들의 생각이 거기까지였다면, 당시 민중의 보편적 정서는 아직 공화주의로부터 멀리 있었을 것이다.

민족사의 백내장: 중화주의

중국의 문명이 찬란하고 유구하며 방대했기 때문에 주변 국가의 국민이 그에게 복속하고 경도했던 것은 있을 수 있는 일이었다. 그러나 그러한 자아의 매몰 기간이 길었고, 그러한 탓에 중국 이외의 서방 세계와 절연하며 살았던 지배 계급의 논리는 바람직한 것이 아니었다. 화이관과 경이로운 서구 문명 사이에서 한국인들은 상당히 혼란스러웠다. 주자학적 세계관에 묘사된 바와 같이 서구는 과연 오랑캐인가? 중국은 정말로 세계의 중심 국가(中國)인가? 조선은 과연 소중화(小中華)인가? 역사상 그토록 비하하던 왜(倭)가 서구 문물로 무장하고 다가오는 것을 어떻게 받아들여야 하나?

사태를 더욱 악화시킨 것은 서세동점기의 조선이 지방 분권이 이뤄지지 않은 채 중앙집권제였던 탓으로 변방의 방백 수령들에게는 서구인들을 만나 교섭하는 것이 국법으로 금지되어 있었다는 점이었다. 현장에서 외국인을 만났던 방백 수령들의 태도는 매우 호의적이었다. 그러면서도 그들은 척양(斥洋)이라는 중앙 정부의 지침을 어길 수도 없었다. 그들은 서구인들을 만나 심정적으로 반가우면서도 중앙 정부의 견제로 말미암아 겁에 질려 있었다.(Hall, 35; 신복룡·정성자(역주), 2019e. 29)

명나라를 숭상해야 한다는 논리로 요약될 수 있는 사대의 문제는 오래전 역사로 거슬러 올라가야 한다. 정도전은 이 문제를 제기하면서 "작은 나라가 큰 나라를 섬겨야 한다."는 이른바 맹자(孟子)의 이소사대[以小事大; 『孟子』 梁惠王章句(下)]를 빙자하여 숭명을 설명하려고 했다. 본디 맹자가 말하고자 한 것은 큰 나라와 작은 나라가 '서로' 존중해야 한다는 뜻이었음에도 존화론자(尊華論者)들은 작은 나라의 의무만을 강조함으로써 맹자의 뜻을 왜곡했다. 고려왕조의 훈구 관료가 명나라를 정벌할 것을 요청했을 때 이성계는 그를 반대하면서 "네 가지 불가한 이유"10)를 제시했던 것도 그러한 예에 속한다.

사대와 숭명의 문제는 기본적으로 조선조 개국 공신들의 자아 인식(self-identity)과 관련이 있다. 알동(斡東)에 세거(世居)했던 변방 무사 출신으로서 여진족의 후손인 이성계(李成桂)11)는 스스로가 화하(華夏) 문명으로부터 비켜

10) 『高麗史』 列傳 辛禑 14년 4월

서 있는 주변부 의식에 빠져 있었을 뿐만 아니라 고려의 사대부로부터 홀대받는 자신의 처지에서 벗어나 밖으로는 중화에, 안으로는 호족 중심의 지배층 주류에 합류함으로써 명실상부한 지배자가 되고 싶었다. 그는 동이족으로서의 자기정체성을 잊고 싶었다.

이런 점에서 본다면, 사대는 숭명의 외연(外延)이지 전략적 선택은 아니었다. 사대를 치욕으로 보려는 사람들은 그것이 생존의 전략이었지 이데올로기는 아니었다고 설명함으로써 그 욕스러움을 덜려고 했다. 그러나 이 문제는 국가적 자존(自尊)의 문제를 떠나 좀 더 정직한 설명이 필요하다. 사대는 칭신(稱臣)과 책봉과 조공과 정기적 연하(年賀)와 연호(年號)의 공유를 뜻한다. 심할 때는 부마국(駙馬國)이 되어야 했다.

유교문명권에서 중국의 황제는 천자로서 하늘의 명(天命)을 받아 천하를 다스리는 가장 높은 존재로 여겨졌던 만큼, 봉신국의 국왕이 연하와 조공을 바치고 연호와 책력을 쓰는 것은 당연했다. 그에 대한 반대급부로서의 책봉은 왕조 교체와 왕위 계승의 경우에 국왕의 지위를 정식 승인하는 절차로서, 피봉국의 왕은 그 정통성을 인정받고 나아가 유교문명권의 일원으로 공인되는 것을 뜻했다. 조선왕조의 건국은 정통성이 취약한 무사의 집권이었기 때문에 중국 황제에 의한 책봉을 통해 새로운 왕조로서 승인을 받고 양국 사이의 우호 관계를 유지해야 할 현실적 필요성이 컸다.(권선홍, 2004, 19)

그렇다면 무엇이 한국의 지배 계급이 중화 질서에 그토록 집착하도록 만들었을까? 그 맨 앞에는 기자(箕子)의 그림자가 어른거린다. 조선은 중국의 성현인 기자가 동쪽으로 건너와 건국한 나라이므로 조선이 곧 중국 성현의 나라라고 믿는 "기자동래설(箕子東來說)"은 한국사를 업장(業障)처럼 눌러왔다.(『龍飛御天歌』(1) 제9장) 이러한 논리는 이미 김종직(金宗直)의 시대에서부터 보편화하여 송시열(宋時烈)을 거쳐 유인석(柳麟錫)의 시대에 정점을 이루

11) 『太祖實錄』 總序 先代의 家系

었다.[12)]

세계사를 돌아볼 때 통일된 국가로서의 제국적 전통이라는 면에서 중국에 비교할 만한 나라가 일찍이 없었다. 중국은 영토의 방대함, 오랜 문화유산, 그리고 그들 특유의 대륙적 민족성을 바탕으로 동아시아를 복속시켜 왔다. 문화적으로는 사해에 영향을 끼쳤으며, 정치적으로는 남만(南蠻; 월남·라오스·캄보디아)·북적(北狄; 몽골)·동이(東夷; 조선·일본)·서융(西戎; 신장·티베트)을 질타하면서 이웃 나라의 예속을 강요했다.(『禮記』(5) 王制) 이러는 가운데 그들에게 중화사상이 형성되었다.

중국의 역사에는 칭송받을 부분이 있는 것은 사실이다. 중국은 "오대주(五大洲) 가운데서 가장 큰 주이며, 세계 인구 가운데서 3분의 1을 차지하고 있는 나라이다. 4천여 년의 역사가 일찍이 한 번도 중단되지 않은 나라는 다섯 나라인데 그 가운데 넷은 나라가 멸망하였고 홀로 중국만이 독립하여 끊이지 않고 오랫동안 계속 발전하여 오늘에 이르렀다."(梁啓超, 1979, 155)는 사실은 중국인들의 자부심이자 주변 국가의 경외를 사기에 충분했다.

여기에 더하여 한국 안에서 중화사상을 가속한 것이 곧 임진왜란 시기에 국가의 멸망으로부터 자신을 구출해 주었다는 보은(再造之恩)의 심리[13)]와 병자호란의 국치였다. 그 관념의 첫머리에는 송시열이 서 있다. 그런데 송시열의 국치 인식은 병자호란 때 조선이 삼전도(三田渡)에서 '항복'하였다는 사실 그 자체가 치욕이 아니라 그 상대가 오랑캐인 청나라라는 사실이었다. 효종(孝宗)과 송시열의 북벌 논쟁에 '과장'이 있는 것은 사실이지만(신복룡, 2011, 210-222) 송시열의 정치적 비중과 그에 대한 존숭은 중화주의를 확대재생산했다.

중화에 대한 송시열의 존숭은 지극했다. 그는 은퇴한 뒤에도 "중화의

---

12) 『佔畢齋集』(1) 序 送李國耳赴京師序
13) 『勉菴集』 疏 丙寅擬疏

햇살이 내리쪼이는 계곡(華陽洞)"에 머물며 일상생활은 되도록 중국의 생활 방식에 따라 명나라 옷과 평정건(平頂巾)을 썼다. 부인에게도 명나라 여자처럼 쪽을 찌게 하고, 아이들에게는 머리를 쌍갈래로 땋아 내리게 하였으며 명나라 의종(毅宗)의 글씨인 "비례부동(非禮不動)"을 화양동 절벽에 새겨 숭앙의 뜻을 표시하였다. 아침에 일어나면 우선 『맹자』와 『대학』의 주자(朱子) 서문을 읽는 것으로 일과를 시작했다.[14] 송시열이 죽자 권상하(權尙夏)를 비롯한 그의 제자들은 그의 뜻을 받들어 화양동에 만동묘(萬東廟)를 세워 명나라 신종(神宗)과 의종이 임진왜란 때 우리나라를 도와준 데 대한 보답을 표시했다. 만동묘의 계단은 '개처럼' 기어 올라가야 할 만큼 경사가 가파르다. 이는 "우리나라의 풀 한 포기, 나무 한 그루, 백성이 머리털 하나까지도 황은(皇恩)을 입었기 때문"[15]이었다.

이와 같은 맹목에서 눈뜨기 시작한 무리가 곧 후기 실학자들이었다. 그들은 서구 문명을 통하여 지구원형설,[16] 만유인력설,[17] 지구자전설[18]을 알았다. 이러한 발견들이 지니는 의미는 그들의 입지에 대한 고민이 끝내는 중화주의로부터 해방을 유도했다는 데 있다. 더욱이 조선 후기 지식인들은 중원 지역을 돌아봄으로써 우리의 옛 영토에 대한 그들의 관심이 고조되었다. 고대사에 관한 관심과 인식의 변화는 전통적인 중화관념과 그에 바탕을 둔 역사 서술로부터 탈피함으로써 가능해졌다.(유미림, 2002, 311)

그뿐만 아니라 후기 실학자들이 세계 지도를 보고 천문을 살핌으로써 세계관을 넓힌 것은 베이컨(F. Bacon)이 말한 "동굴의 우상(*idola specus*; Bacon, 1980, 109)"에서 해방이라고 말할 수 있다. 세계 지도와 함께 중국의 선교사

14) 『白湖全書』(5) 疏箚 甲寅封事疏(갑인년 7월 1일)
15) 『宋子大全』(5) 封事 己丑封事(8월)
16) 『湛軒書』 內集 補遺(4) 毉山問答, p. 19a; 정약용, 1962, 渌水(1). 6
17) 『湛軒書』 內集 補遺(4) 毉山問答, p. 20b
18) 『湛軒書』 內集 補遺(4) 毉山問答, pp. 19a-20b

들이 제작한 지구의(地球儀)를 보았을 때, 그들의 세계관에는 엄청난 변화가 일어나 결국 중국이 '세상의 중심(Central Country)'이 아님을 깨닫게 해주었다.[19] "중국이 동방이라 하지만 지구의의 어느 쪽에서 보느냐에 따라서 동이 서가 되고 서가 동이 되는 것이며"[20], 가운데(正界)에 있을 수도 있고 변두리(倒界)에 있을 수도 있었다.[21]

이와 같은 중화사상의 선악에 대하여 본격적인 논의가 벌어진 것은 아이러니하게도 개항기 한국에 주재하고 있던 외교가에서였다. 먼저 문제가 된 것은 박정양(朴定陽)이 초대 주미 공사로 부임할 때 원세개(袁世凱)는 그에게 '영약삼단(另約三端)'을 요구한 것이었다.[22] 이러한 문제가 벌어지자 외국인들 곧 고종의 정치 고문인 데니(Owen N. Denny)와 묄렌도르프(Georg von Moellendorff) 사이에 중화 질서를 둘러싼 격렬한 논쟁이 벌어졌다. 독일인으로서 통리아문(統理衙門)의 참판에 임명되었던 묄렌도르프는 조선이 청국의 속방이라고 확신했고(Moellendorff, 1930, *passim*; 신복룡, 2019h, 145-159) 미국인으로서 외아문(外衙門)의 고문이었던 데니는 조선이 독립국이라고 강변했다.(Denny, 1884, *passim*; 신복룡, 2019c, 3-42) 그러나 그로부터 1세기가 넘게 지난 지금, 우리는 그들을 평가하면서 주의해야 할 한 가지 사실이 있다. 그것은 다름이 아니라 우리를 중국의 속방이라고 말한 묄렌도르프는 우리의 적이오, 우리를 옹호한 데니는 우리의 동지라는 논리가 성립되는 것은 아니라는

19) 『星湖僿說類選』(6/1상): "今中國者 過大地中一片土"
20) 『與猶堂全書』(1/13) 送韓敎理致應使燕序
21) 『湛軒書』 內集 補遺(4) 毉山問答, p. 21b
22) 영약삼단(另約三端)이라 함은 조선의 사신이 외국에 파견될 때 지켜야 한다고 원세개가 조선 정부에 요구한 3개조로서, (1) 해외에 파견되는 조선의 사절은 먼저 현지의 중국공사관을 방문하여 그를 통해 주재국 외무성에 신임장을 제정하며, (2) 조선의 사절은 모든 공식적 · 사교적 외교 모임에서 중국 공사에게 윗자리를 양보해야 하며, (3) 조선의 외교 사절은 외교 문제를 처리하면서 현지의 중국 공사와 협의해야 한다는 점이다. "H. N Allen to the Secretary of State"(Nov. 4, 1893), No. 479, in Spencer J. Palmer(ed.), 1963, 108; Denny, 1888, 26; 신복룡, 2019c, 25-26

사실이다.

이와 같은 논쟁 속에서도 유생들에게 개화니 진보니 하는 것들은 받아들일 수 없는 금기였다. 그 무렵 개명지식인이었던 김윤식(金允植)의 다음과 같은 주장은 여전히 전근대적이었다.

> 나는 개화라는 말을 몹시 괴이하게 생각한다. 듣자니 구라파의 풍습이 이 나라의 습속을 천천히 개혁하는 것을 개화라고 한다는데 이 문명의 땅에 어찌 다시 개화할 일이 있겠는가? 이는 가히 천하의 이치를 끊는 것이요, 관(冠)을 발에 신고 짚신(屨)을 머리에 쓰는 것과 같다.[23]

요컨대, 위정척사파들은 민족 보전에 몰두하는 동안 근대화의 문제를 소홀히 여겼다. 그들은 끝까지 근왕사상과 소중화의 끈을 놓지 않으려 했다. 그것은 분명히 근대화의 장애 요인이었다.

신분의 벽

유교는 윤리와 도덕에 기초하여 바른 삶에 대한 도덕적 규범을 제공함으로써 제왕학(聖學)의 성립에 이바지했다는 칭송을 받을 만하다. 그러나 제왕학은 기본적으로 지배 계급의 규범이지 피지배계급을 두둔할 뜻을 가진 것은 아니었다. 그것은 상명(尙名)이라는 이름의 계급주의를 벗어나지 못했다. 이런 까닭으로 유학은 본질에서 신분 질서의 벽을 허물 뜻이 없었다.

신분의 철저함은 이미 『예기(禮記)』에 명시적으로 기록된 계율이었다. 곧 "예(禮)는 서인(庶人)에게 내려가지 않고 형벌은 대부(大夫)에게 올라가지 않는다."[24] 공자가 사회를 바르게 하려고 고민한 가치는 "질서를 지키

23) 『續陰晴史』(上), 서울: 국사편찬위원회, 1970, 156(고종 28년 신묘 2월자)
24) 『禮記』(1) 曲禮(上): "禮不下庶人 刑不上大夫"

는 일(序)"이었다. 예치는 서구의 '자유'의 관념과 일정한 거리가 있고(최영성, 2003, 5, 6-7) 예라는 것이 본디 속박의 의미가 있는 것이어서 개인주의나 자유 의지와는 다른 뜻을 가지는 것이다.

유교가 안고 있는 큰 아픔은 그것이 출신의 귀천을 전제로 한다는 점이다.[25] "귀천의 질서가 없어지면 어떻게 나라를 다스릴 것인가?"[26] 라고 공자는 묻고 있다. 이 대목에서 공자가 정치에 관하여 진실로 하고 싶었던 말은 아마도 "천하에 도가 있으면 서민들은 정치에 대하여 의론할 일도 없다."[27]는 말일 것이다. 이어서 공자는 "그 직위에 있지 않거든 정치를 도모하지 말라."[28]고 충고한다. 이는 남의 영역을 넘보는 일에 대한 경고이다. 이는 '차등' 또는 '차별'을 뜻한다. 유교에서 '평등'을 말하지 않는 것은 아니지만, 그것은 어디까지나 인간의 도덕적 본성이 평등함을 말한 것이다. 유교에서는 원리론적 평등보다도 실제적 차등과 차별을 중시한다.(최영성, 2003, 6-7) 차별은 인간관계에서 따름과 좇음(隨從)을 뜻한다. 이는 유교에서 물러설 수 없는 명제였다.

한국 사회를 '유교국가론'으로 정의할 수 있는지는 논란의 여지가 있지만, 조선시대만 하더라도 『경국대전(經國大典)』은 유교적 예치(禮治)를 구현하기 위한 '신분법'이었다. 조선의 지배층이 바라던 것은 주(周)나라 성군의 시대를 구현하려는 것이었다. 조선조의 지배층은 그와 같은 율법으로부터 추호도 물러설 뜻이 없었다. 그들은 신분에 따른 '칸막이(compartmentalization)'와 '담장 치기(walling)'였다. 백성에게 신분은 우리(籬, fence)와 같은 것이었다.

강상명분론(綱常名分論)에 따르면 양인(良人)과 천인(賤人), 양반과 상민 사이에서는 결코 침범할 수 없는 차등 관계가 존재하며, 이로부터 발생하는

---

25)『禮記』(25) 祭統: "骨有貴賤 …… 是故貴者取貴骨 賤者取賤骨 示均也"
26)『春秋』 昭公(7) 29년 겨울: "仲尼曰 貴賤無序 何以爲國"
27)『論語』 季氏: "天下有道 則庶人不議"
28)『論語』 憲問: "子曰 不在其位 不謀其政"

지배와 복종의 불평등 관계는 마땅히 받아들여야 하는 윤리요 운명이었다. 지배층은 백성을 상대로 차등적 신분 질서를 불변의 관념으로 받아들이도록 설득했으며, 그 구체적인 노력이 교화(敎化)로 나타나게 되었다. 교화는 신분 계급 관계를 관철하려는 정권의 의지였다.(원재린, 2003, 83)

더 나아가 유자들은 "백성의 마음은 정사(政事)에 의하여 좌우될 수 있다."[29]고 생각했다. 그들이 보기에, "군자(위정자)의 덕(德)은 바람이요, 소인(백성)의 덕은 풀이니, 풀 위에 바람이 불면 풀은 반드시 바람 부는 대로 쓸린다."[30] "백성이 귀하다."는 그들의 주장에도 불구하고, 성인이 임금이 되어(南面) 천하를 다스리는 덕목 가운데 백성은 들어 있지 않았다.[31] 유학의 정치에서 백성은 결코 주인이 아니었다. 이런 점에서 보면 유학의 교학 사상을 민본이라든가 민주주의로 유추하는 데에는 일정한 한계가 있다.

사대부 사회에서 그와 같은 신분의 차등을 가장 확실하게 보장하는 방법은 전토(田土)를 상속하는 공신전(功臣田)이었다. 공신전은 자손에게 전수(傳受)한다.[32] 공신전은 왕위의 유지에 이바지한 여러 신하에게 은급으로 주던 사전(賜田)을 말한다. 이는 이미 고려 시대부터 있었던 것이지만 이성계의 왕위 찬탈의 부도덕성을 호도하고 충성을 독점하려는 방법으로 광범위하게 시행되었다가, 그 뒤 사직의 보위라는 이름으로 공신들에게 하사되었다.

이렇게 얻어진 토지를 기반으로 하는 사대부 또는 지주들은 소작농에게 인도주의적이지 않았다. 하층 계급에 대한 인권 침해의 현상을 들어보면, 다음과 같다.

(1) 토지 이탈의 불허

29)『書經』周書 蔡仲之命: "民心無常"
30)『孟子』騰文公章句(上): "君子之德風也 小人之德草也 草尙之風必偃"
31)『禮記』(16) 大傳: "聖人南面而聽天下 所且先者五 民不與焉"
32)『經國大典』戶典 田宅

(2) 함부로 이름을 지을 수 없는 피휘(避諱)
(3) 두로(斗栳, 말과 되)의 조작에 의한 착취
(4) 사형(私刑, lynch) (傅衣凌, 1991, 281-289)
(5) 초야권(初夜權) (고병찬, 2008, 92-93)
(6) 의복 · 모자 · 신발을 통한 신분의 표시
(7) 혼맥의 절벽

근대 실학의 가치는 바로 이와 같은 농민의 비인격적 대우에 대한 연민에 있다. 그들이 백성의 아픔과 그 제도의 공의롭지 못함에 연민을 가지고 구조적 모순을 개혁하려고 시도했던 것은 사실이다. 지배 계급에서 말하는 악에는 자신의 비위가 포함되어 있지 않다는 사실을 그들은 견딜 수 없었다.

이 글의 주제인 근대화를 사회학적인 의미에서 개념을 규정짓는다면 이는 사회 구조에서의 근대화라고 말할 수가 있다. 그러나 한국 근대사에서 계급의 문제가 등장하기까지에는 갑신정변의 '14개 개혁안'(甲申日錄 12월 5일조)과 갑오혁명이 사회 제도의 근대화를 저해하고 있는 사회의 계급 차별 제도를 타파하려던 '폐정개혁 12개조'(오지영, 1940, 126)를 주장할 때까지 기다려야 했다. 민족주의가 전개된 과정에서 보더라도 그 초기의 형태에서 반反보수주의적인 성격을 띠고 있는데 그 본원적인 목적은 사회 계급 사이의 이해를 조화시키는 데 있는 것이며 그의 발전 양상은 중세 유럽의 농민전쟁에서 볼 수 있는 바와 같이 종교의 탈을 쓴 농민 봉기의 형태로 나타나게 된다.

이러한 신분의 해방에는 기독교 문화의 영향을 간과할 수 없다. 그러나 이와 같은 서구적 충격의 의의에도 불구하고 우리가 경계해야 할 것은 한국의 근대화 또는 개화사상의 형성에서 기독교 사상의 의의를 과대평가할 위험이다. 곧 기독교가 새로운 사상이나 새로운 학문을 서양으로부터 한국에 이식하면서 결정적인 역할을 했다는 견해는 자칫

과장될 위험성이 높다.

한국의 근대화나 개화사상의 형성에 기독교가 공헌한 바 있다면 그것은 주로 불우한 진보주의자들이 교회 주변에 모일 수 있도록 기회와 장소를 제공해주었다고 하는 사실 이상으로 확대 해석될 수는 없다.(정대위, 1963, 98-100) 교회 주변에 모인 진보주의자들은 명상과 탐구를 통해 능동적으로 자신의 사상을 형성 · 발전시켰다는 사실이 중요하다.

4. 유교와 서구자본주의의 친화력

재화財貨에 대한 인식

인간의 삶의 원형을 설명하면서 그것이 착한 마음에서 시작되었다는 맹자식의 성선설과 사악한 욕심에서 시작되었다는 홉스(Thomas Hobbes) 식의 성악설 가운데 어느 쪽에 서도록 강요할 일은 아니지만, 역사가들은 본의 아니게 그 어느 쪽을 편들 수밖에 없는 경우에 직면하게 된다. 그 어느 쪽이었든 간에, 인간이 무욕(無慾)의 경지에 살지 않았음이 틀림없다. 한쪽에서는 더 많은 물화(物貨)를 장만(shaping)하려 했고, 다른 한쪽에서는 그것을 나누어(sharing) 갖기를 바랐다.

개항기 유교의 시각에서 본 서구의 재화는 부정적인 것이었다. 그 시대사조의 앞에 서 있던 최익현(崔益鉉)의 주장에 그러한 입장은 선명하게 나타난다.

> 저들[서양]의 물화는 모두가 음란하고, 사악하고, 기괴한 놀이뿐이며. 우리의 물화는 백성의 목숨이 달린 것으로서 그 한계가 있습니다. (이러한 상태가 계속된다면), 머지않아 동방의 수천 리(里)는 견디지 못하고 나라는 반드시 멸망할 것입니다.33) …… 저들이 비록 왜를 통하

> 여 들어왔다고는 하지만 그 실체는 서양의 오랑캐들입니다. 저들과 화약(和約)이 한번 이루어지면 사학(邪學)이 들어와 한 나라에 가득할 것입니다.[34]

그들은 왜 그토록 서양 문물을 꺼렸을까? 이는 서구 문물의 매개자가 일본인이라는 사실과 무관하지 않았다. 개화의 내용이 좋고 싫음을 떠나, 바로 개화가 민중의 공적(公敵)인 일본과 동행했다는 것이 비극이었다. 서세동점과 관련하여 한일수호조약을 살펴보면, 개항과 더불어 유입된 서구적인 요소들에 대하여 한국인들이 보여 준 수용 자세가 배타적이었던 이유는 개항이 서양과의 직접적인 접촉이 아니고 동일문화권의 적대적 인접국인 일본에 따라 중개되었다는 간접성 때문이었다. 중국을 통한 연경燕京 문화에는 저항이 없었는데, 동경東京을 통한 서양 문화에는 저항한 것이 바로 그 증거이다. 이러한 간접성으로 말미암아, 개항에 대한 반대의 주장은, 뒷날 개화란 서구화가 아니라 일본적인 것임을 더욱 공격하게 되었다.(崔昌圭, 1975, 158-159)

한국인들이 서구인들을 만났을 때 가장 충격적이었던 것은 문명의 이기들이었다. 그 가운데에서도 의학은 충격적이었다. 민비(閔妃)가 아파 서양의 의사들이 왕진했을 때 왕실은 주사를 거절하고 사진(絲診, 紗診)을 요구했다.(Allen, 1908, 192; 신복룡, 2019a, 174-175) 의학에 대한 이러한 경이로움의 배후에는 불안과 두려움이 깔려 있다. 따라서 변경의 책문柵門이나 연안의 검색을 강화하는 등의 쇄국정책은 기본적으로 국가 보전을 위한 당시로서 선택의 여지가 없는 방편[35]이었다 하더라도 결국 교역이나 문물 교류를 더디게 했고 끝내는 문명 진보를 막는 역기능으로 작용했다.

그렇다면 당시의 한국인은 내심으로부터 양물을 거부한 것일까? 그

---

33) 『日省錄』 高宗 13년(1876) 1월 23일조
34) 『日省錄』 高宗 13년(1876) 1월 23일조
35) 『高宗實錄』 1874년 1월 28일조

렇지 않았다. 그들은 누구보다도 서양 문물을 즐기고 있었다. 개항기 비숍(Isabella B. Bishop)의 기록에 따르면, 그가 단양의 어느 토호의 집에 초대되었을 때 주인마님은 남아프리카의 다이아몬드 반지를 끼고 있었고, 남편은 스코틀랜드 위스키와 프랑스의 샴페인과 코냑을 두루 갖춘 채 영국제 시거를 물고 있었으며, 집안은 수단(Sudan)에서 들여온 카펫을 깔고, 벽에는 프랑스제 시계와 독일제 거울이 걸려 있고 탁자는 미국에서 수입한 것이었다.(Bishop, 1897, 88-89; 신복룡, 2019b, 83-84) 이런 점에서 보면, 개항기 한국인의 서양 인식은 어느 모로 보나 친화적이었다.

토지에 대한 인식

지배 계급의 이해관계 가운데서 가장 집요한 대상은 토지였다. 농경사회에서 지배 계급이 재편되는 매개도 토지이다. 고려왕조의 패망과 조선의 성립이 기본적으로 아시아적 봉건 체제의 물질적 기초를 이루는 토지 관계의 모순과 그 변증법적 발전의 정치적 표현으로 파악하려는 맑스주의적 사관(全錫淡, 1990, 19-20, 25)에 전적으로 의존할 수는 없지만, 고려 말기에 이르러 권력자 · 귀족 · 호족에 의한 토지의 겸병과 독점이 보편화됨에 따라 일반 농민의 농노화는 한층 강화되었으며, 그것이 중요한 국가 모순이었던 것은 사실이다.

조선조의 토지제도는 고려 시대의 유산과 무관하지 않다. 고려의 토지제도는 12세기 초부터 동요하기 시작하여 무신의 난 이후로는 거의 붕괴하였다. 따라서 도지(賭地)를 받을 권리(收租權)를 사사로이 자손들에게 물려주는 행위가 공공연히 자행되었고, 여러 대를 거친 뒤에는 사전(私田)으로 변질되었다. 사전은 농민과 관리 모두를 어렵게 만들었다. 수조권이 개인들에게 점유되면서 국가가 관리에게 지급할 수조지(收租地)가 모자라는 현상이 나타났다.

조상 대대로 관직을 지내면서 사전을 점유하고 있던 권문세족들에게는 문제가 없었지만, 지방의 중소 지주로서 당대에 처음 관직에 오른 사람들은 정해진 수조권조차 제대로 받지 못했다. 이때로부터 권문세족과 신흥사대부의 대립이 일어났고, 그것이 폭발한 것이 이성계를 중심으로 하는 변방 무사들의 집권이었다.(이익주, 2005, 17)

고려 토지제도의 모순을 인지한 신흥 관료는 새로운 토지제도를 구상했다. 그래서 나온 방안이 과전법(科田法)이었다. 과전은 문무 관료에게 경제 기반을 보장하고자 현직자와 퇴직자 및 대기발령자를 막론하고 18과로 나누어 15~150결의 전지를 나누어 주었다.[36] 사전을 몰수해서 본래의 국가 소유로 환원시켜, 이를 관리에게 재분배한 뒤에 소작인으로부터 조세를 징수하는 과전법은 토지제의 문란을 정비하고 신흥 관료에게 힘을 실어 주고자 도모한 제도였다.[37]

토지 개혁의 중심에 서 있었던 정도전은 토지 개혁을 통하여 지배계급의 부패를 제거하고 사회를 정화하여 재정을 절용할 수 있다고 생각했다. 따라서 이처럼 혁신 세력이 급격히 토지 개혁을 단행했던 이면에는 고려 말 권문세족의 경제적 기반을 파괴하고 신진 세력과 새로운 왕조의 경제적 기반을 확충하겠다는 정치적 의도가 숨어 있었다.(최연식, 2003, 230) 그러나 이 토지제도는 모순을 들어냈다. 곧 6품 이상은 아들의 대까지, 대부(大夫)와 고관에게는 손자 또는 증손의 대까지 땅을 주게 되어 전국 농토의 절반 이상이 사대부에게 돌아가 나라의 경비가 부족하게 되는 현상이 나타났기 때문이었다.[38] 이로 말미암아 과전의 문제는 건국 초기부터 조정의 숙제가 되어 있었다.[39]

조선조에서 토지 집중이 강화된 것은 장자상속제(primogeniture)와 관련이 깊다. 이는 가문을 지탱할 수 있는 최선의 방법이었다. 서양에서도 장자

36)『經國大典』 戶典 祿科 職田의 註 참조
37)『三峰集』(13) 朝鮮經國典(上) 賦典 經理
38)『磻溪隧錄』(1) 田制(上) 分田定稅節目
39)『成宗實錄』 4년 7월 30일(己未): 예문관 부제학 李克基 등의 上疏

상속은 이미 『구약』의 시대부터 존재했다.(『구약성서』 「민수기」 27: 8-11) 장자 상속은 가문의 재산(토지)이 분산되는 것을 막고, 이로써 가세의 응집력을 강화하려는 의도를 담고 있었다. 곧 재산을 1/n식으로 균등하게 분배하여 상속하는 제도 아래에서는 가문의 토지 해체를 가져오는 결과를 빚기 때문이다. 그들은 재산의 균등 상속이 가문의 세력을 위축시킬 수 있다는 사실을 걱정했다. 균등 상속의 사회에서는 비효통(費孝通: Fei, Hsiao-tung)의 주장처럼 "토지가 토지를 낳지 않는다."(Land breeds no land, Wittfogel, 1958, 80-81)는 말이 맞지만 장자 상속의 사회에서는 "토지가 토지를 낳기 때문에" 토지의 겸병이 가속화한다.

동양에서의 대토지 소유가 문제되는 것은, 서양의 토지제도에서와 마찬가지로, 지주와 관료가 중첩된다는 점에 있다. 이러한 토지 겸병은 그만큼 토지와 권력의 유착(癒着) 가능성이 큼을 뜻한다. 토지 지배는 정권의 힘과 늘 뗄 수 없는 연관성을 지니기 때문에 사대부는 토지와 권력의 유착에 유혹을 느낀다. 이는 서로에게 유혹적이고 상승적이다.(全錫淡, 1990, 22-24) 토지와 권력이 유착할 때, 농민은 투탁(投託, 형식적으로 명의를 지주에 넘겨줌) · 기진(寄進, 지주에게 명의를 넘김) · 은결(隱結, 토지를 숨김) 등의 형식으로 수탈로부터 보호를 받음으로써 토지를 귀족 · 관료 · 토호와 사원에 더욱 집중되도록 하였고, 국가에 대한 납세지를 더욱더 줄어들게 하였다.(全錫淡, 1989, 56) 이런 점에서 사대부의 토지 점탈은 농업생산성의 장애 요인이었다.[40]

이와 같은 토지 모순을 인지한 후기 실학자들은 어떻게 하면 토지 집중을 막을 수 있을까를 고민했다. 토지의 겸병이나 집중화 현상은 구조적인 점에도 그 원인이 있지만, 달리 보면 18세기에 들어오면서 나타난 경작 기술의 발달과도 무관하지 않았다. 곧 당시 농업생산성이 높아진 원인은 일차적으로 농업 기술의 변화, 곧 직파법(直播法)에서 이앙법(移秧法)으로의 이행에서 찾을 수 있다. 이앙법은 제초 작업에 필요한

---

40) 『北學議』 "왕명에 따라 적어 올린 북학의"

노동력을 절감하고 이모작을 가능하게 하는 한편, 단위면적당 생산량을 증대시켜 광작(廣作, Latifundium)의 토지 겸병과 경작지 확대 현상을 낳았다. 그러나 이와 같은 광작 운동은 경작지를 얻지 못한 빈농 층을 양산하였고, 농촌에서 밀려난 이 농민들은 대량의 실업민(失業民)으로 전락했다. 그뿐만 아니라 대토지 소유는 토지 수탈을 구조적으로 쉽고도 대형화하게 만들었다.(박현모, 2000, 3-4, 20-21)

서구 사회에서의 토지는 생산의 기반으로서 신분을 유지하는 데 중요한 역할을 했지만, 동양의 토지는 축재와 지대(地代, ground rent)를 위한 도구였기 때문에 생산성을 중요하게 여기지 않았다. 이 점은 중국의 경우와 다르다. 농지가 넓은 중국에서는 그에 대한 탐욕을 부려야 할 절박한 이유가 없었지만, 경지 면적이 좁은 한국에서 땅은 "영혼과 같은 것(spiritual thing)"이었다. 전근대사회에서 한국의 어린이들이 처음 즐기던 놀이는 '땅따먹기'였다. 한국사에서의 이와 같은 토지 욕망은 토지를 산업자본으로 전환하는 데 장애를 유발했다.

노동에 대한 인식

한국인의 사상 가운데서 칭송할 수 있는 덕성으로서는 근면함을 숭상한다는 사실이다. 한국의 고대 사회에서 삶의 조건이 평이(平易)한 것은 아니었다. 토지는 척박했고, 겨울이 길어 수렵에 의존해야 했으며, 자연 채식은 불가능하여 일찍부터 농경에 주력해야만 했다. 이런 생활 조건에서 살아남는 길은 근면함밖에 없었다. 이러한 현상은 남방 지역보다 북방 지역의 삶에서 더욱 두드러지게 나타났다. 그들은 강인한 체력과 근면함으로 삶을 영위할 수 있었다.

이러한 자연조건에 더하여 그들의 의식(意識)을 지배하고 있는 유교문화도 그들을 게으르도록 내버려 두지 않았다. 유교 전통사회에서 개인은 사회에 대하여 권리를 주장하기보다는 의무를 다하도록 요구받았다.

유교에서 나태함은 죄악이었다. 이와 같은 근면함의 문제는 이미 공자의 다음과 같은 생각에 중요한 자리를 차지하고 있었다.

> 내가 일러준 대로 게으름을 피우지 아니하는 자는 바로 안회(顔回)이다.[41]
>
> 자장(子張)이 정치에 대하여 여쭙자 공자께서 말씀하시되, "평소에 게으름이 없이 하며, 행동에는 충(忠)으로 할지니라."[42]
>
> 자로(子路)가 정치에 대하여 여쭙자 공자께서 이렇게 말씀하였다.
> "남보다 먼저 하고 다른 이보다 더욱 노력해야 하느니라."
> 더 말씀해주실 것을 청하자 공자께서 이렇게 대답하였다.
> "게으름이 없어야 하니라."[43]

조선조의 사상이 공자의 가르침에 그토록 경도했으면서도 지배 계급이 노동에 대한 공자의 가르침을 따르지 않은 것은 기이한 일이다. 한국사에서 '노동의 발견'은 아마도 실학일 것이다. 이 문제를 고민한 사람은 유형원(柳馨遠)이었다. 그는 이렇게 주장하고 있다.

> 어떤 사람은 말하기를 "선비 이상에게 토지를 주면서도 병역 의무를 부담시키지 않는 이유는 무엇인가? 그렇게 하면 군대 수효가 감소하지 않겠느냐?"고 묻는 이도 있다. 이것(선비에게 군역을 면제해주던 방법)은 선비를 양성하는 제도의 큰 조목이니 어찌 그렇게 하지 않으리오? 대체로 국가에서 선비를 양성하는 것은 모두 백성들을 위해서 한 것이다. 여기에서 귀천의 분별이 육체노동과 정신노동에 따라서 나뉘게 된다. …… 만약 선비를 양성하는 제도를 없앤다면 온 국가가 모두 흑암 몽매에 빠지게 되어 곧 혼란이 생길 것이며 백성들도 손발을 움직이지 못할 정도로 될 것이다.[44]

---

41) 『論語』 子罕: "子曰 語之而不惰者 其回也與"
42) 『論語』 顔淵: "子張問政 子曰 居之無倦 行之以忠"
43) 『論語』 子路: "子路問政 子曰 先之勞之 請益 曰 無倦"

위의 글은 노동에 대한 개명에도 불구하고 그 내용은 역설적으로 신분에 따른 노동의 불균형한 배분을 주장하고 있다. 그는 노동할 사람과 노동을 하지 않을 사람은 이미 운명적으로 결정되어 있으며 이 질서를 무너트리는 것은 참으로 위험하다고 말함으로써 전기 실학의 근대성의 한계를 드러내고 있다. 그들의 눈에 노동은 여전히 천직(賤職)이었다.

노동에 대한 인식은 숙종(肅宗) 시대의 대사헌 이단하(李端夏)의 다음과 같은 상소(上疏)가 잘 보여주고 있다.

> 그런데 지금의 경우는 귀천을 논함이 없이 모두 호포(戶布)를 내니, 만약 선비(士子)로 말한다면, 평생 고생하며 부지런히 책만 읽은 사람들인데 한 글자도 읽지 않는 자와 같이 포(布)를 내는 것은 또한 억울하지 않겠습니까?[45]

위의 글에 나타나고 있는 노동의 의미는 정확하게 군역(軍役)을 의미하는 것이다. 그러나 그 행간에 들어 있는 주장은 노동 기피를 위해 사대부를 대변하는 논리이다. 군역의 문제가 자신들의 문제, 곧 양반에게도 부과해야 할 것이냐의 문제에 직면했을 때, 그들은 자신의 기득권을 양보할 뜻이 없었다. 그들은 승려나 노비가 신분 상승을 위해 군적에 몸을 맡기는 것에 대해서는 연민을 가지면서도,[46] 자신들이 군역에 포함되어야 한다고는 생각하지 않았다. 그들이 부분적으로 신분 철폐를 주장한 것은 사실이지만, 그것이 군역에까지 확대되는 것은 아니었다.

후기 실학 시대에 이르면 노동에 대한 인식은 많이 달라진다. 그 앞에는 이익(李瀷)이 있었다. 그는 노동의 균등성을 주장하는 과정에서 그것이 구현되지 않는 까닭 가운데 하나는 과거합격자의 과다 배출이라

44) 『磻溪隧錄』(1) 田制(上) 分田定稅節目
45) 『肅宗實錄』 7년 4월 3일(병술)
46) 『星湖先生文集』(30) 雜著 論兵制

고 주장한다. 이것은 공신전의 은급 대상인 관료의 비대화 현상을 의미한다. 조선조에서 관료의 과다 현상은 인구비로 볼 때 고려시대에 견주어 3배이고, 중국에 견주어 5배라는 기록도 있다.[47] 이들의 토지 점유는 토지의 균점이라는 문제에서 더 나아가 농민에 대한 비인격적 대우로 악화하였다. 예컨대, 이익이 주장하는 입격(入格)의 과다 배출의 폐해를 들어보면,

(1) 일반 백성들이 감당하고 있는 부역[民役]을 감당하지 않으며,
(2) 벼슬하는 자는 재물을 바치거나 아니면 아첨하여 선비의 습속을 해치고,
(3) 농사를 붓끝을 이용히여 헛된 수고에 분주하다가 가문을 망친다.[48]

그런데 한국인의 성정(性情)을 논의하는 개항기 외국인들의 견문기에 따르면, 한국인은 대체로 불결하고 게으르다는 데 의견이 일치한다.(Savage-Landore, 1895, 8; 신복룡·장우영, 2019i, 8) 그렇게 기록하면서도, 한국인들의 가난과 나태를 이야기할 때 그것이 그들의 기질이 낳은 결과라고 여겨서는 안 된다는 점을 강조한다. 곧 한국인들이 게으른 듯이 보이는 결정적인 이유는 백성들이 일할 어떠한 동기도 갖지 못했기 때문이라는 것이다. 게으름이 천성적인 것이 아니라, 노역(勞役)의 과실(果實)이 탐욕스러운 부패 관리들에게 갈취당하기에 십상이며, 그럼에도 이에 저항할 수 없다는 체념에서 생겨난 것이라고 그들은 설명한다.(Gilmore, 1892, 31; 신복룡, 2019d, 18)

정치사상사를 논의하면서 근면의 문제를 거론할 수밖에 없는 이유는 그것이 자본주의의 형성과 발전에 직결되어 있기 때문이다. 이 문제에 대하여 가장 훌륭한 답변을 남긴 인물은 베버(Max Weber)였다. 그는 근면을

47) 『惺所覆瓿藁』(11) 論 厚祿論; 同書(11) 論 官論
48) 『星湖僿說』(7) 人事門 科薦合一

설명하면서 프랭클린(Benjamin Franklin)을 인용하고 있다. 프랭클린은 그의 『자서전』에서, 비록 자신은 종파에 속하지 않은 이신론자(理神論子)이지만, 엄격한 캘빈주의자(Calvinist)인 아버지에게서 청년 시대에 항상 가르침을 받았던 성서의 한 구절, 곧 "네가 자신의 사업에 근실한 사람을 보았느냐. 이런 사람은 왕을 섬기리라."(『구약성서』 「잠언」 22: 29)는 구절을 즐겨 인용했는데, 베버는 이 점이 뜻하는 바가 크다고 칭송한다.(Weber, 1958, 53)

베버는 노동의 타락을 지적함으로써 맑스의 노동가치설이 가지는 신성성을 부인했다. 그는 일찍이 자본주의가 겪게 될 저애 요인으로서 다음과 같은 세 가지 점을 지적했다.

(1) 노동자의 양심(*coscienziosità*)의 부족
(2) 훈련되지 않은 자유 의지(undisciplined *liberum arbitrium*)
(3) 매우 몰염치한 기업가(absolutely unscrupulous businessman)

(자료: Weber, 1958, 53)

막스 베버는 이미 1904~1905년에 한국과 같은 노동 지옥의 사회가 노동 해방을 거치면서 분출하는 욕구와, 왕정에서 공화정으로, 압제에서 시민사회로 가는 길목에 만나게 될 정치적 폭주(politics on street)의 위험성, 그리고 자본의 타락이 어떤 결과를 가져올지에 대하여 가장 명증한 교훈을 제시하고 있다.49)

노동의 본질과는 다소 빗겨서 있지만, 여기에서 생략할 수 없는 주제 가운데 하나가 곧 가족 경영의 문제이다. 한국사상사에서 가족주의는 공맹(孔孟)의 사상에 뿌리를 두고 있다. 그들은 가계의 전승이 가족의 최고 가치라고 생각했다. 혈연을 승계하지 못하는 것은 그들에게 가장 큰

49) 이와 같은 현상이 오늘의 한국에 투영된 것이 곧 낮은 생산성이다. 2019년 기준 한국의 시간당 노동생산성은 $40로 OECD 36개 국가 가운데 30위이며, OECD 국가 평균인 $55의 약 73% 수준이다. https:// www.naver.com/OECD(2021), GDP per hour worked/(indicator). doi: 10.1787/1439e590-en (검색일: 2021. 2. 12.)

죄악으로 여겨졌다.50)

인간이 환란을 겪을 때 최후의 의지처가 가족이라는 것을 고려한다면, 가족중심주의를 탓할 일만도 아니지만, 가족주의가 비난받는 것은 그 이기적 성격으로 말미암아 공동체 의식을 잃게 하고 끝내는 이웃에 대한 공헌 의지와 배려를 잃게 한다는 사실 때문이다. 이런 점에서 가족의 혈연주의가 남긴 유산은 양면적이다. 한국인의 이러한 성정은 조직적 삶에 익숙하지 못하고 나눔에 인색함을 보여준다.

유교의 가족중심주의는 가문을 위한 자기희생을 유발하는 인자가 되었고 이러한 힘이 결국 자본 축적과 자본주의 발전의 밑돌이 된 부분이 있었음을 부인할 수는 없다. 예컨대 일본의 경우에서 볼 수 있는 가업 계승의 정신과 유럽에서 볼 수 있는 장수 기업은 가족의 희생과 배려가 낳은 미덕이었다. 그들에게는 가족의 가치를 뛰어넘을 수 있는 것이 없었고, 이를 위한 희생에 불평보다는 자부와 긍지를 가지고 있었다.

그러나 가족주의가 남긴 자본주의의 또 다른 그늘, 이를테면, 중국에서 가족농의 번창, 그리고 한국에서 재벌 형성에서 볼 수 있는 유산 상속의 갈등 등, 가족주의가 빚은 폐해는 소유의 사회적 공유에 대한 인식을 저해했다. 가족은 인정과 공생을 생명으로 삼고 있다. 그러나 한말의 역사를 목격하고 증언한 헐버트(Homer B. Hulbert)는 조선의 사회에서의 그와 같은 인정은 중세적 공산주의의 성격이 짙어 자본주의의 걸림돌이 될 것이라고 우려하고 있다.(Hulbert, 1906, 38; 申福龍, 2019g, 42-43) 따라서 가족 경영은 그 나름대로의 미덕을 가지고 있으면서도 달리는 문제점을 안고 있는데, 이를테면,

(1) 훌륭한 경영자를 얻을 수 있는 기회의 상실
(2) 회계의 투명성의 결여로 말미암은 비리 은폐의 가능성

50) 『孟子』 離婁章句(上): "不孝有三 無後爲大"

(3) 가족 분배로 말미암은 사회 환원의 인색함

(4) 상속과 경영권 분쟁

등을 지적할 수 있다.

5. 나가며

이 글의 결론은 다음과 같다.

첫째, 근대화는 서구화가 아니라고 아무리 강변할지라도, 아시아에서의 근대화란 결국 서구 합리주의의 수용 과정이라는 점을 마음 내키지 않게 받아들이지 않을 수 없다. 아시아적 가치로서의 근대화란 서구 식민지주의 또는 제국주의에서 벗어난 신생국가의 형성과정에서 근대 서구 문명의 유산, 곧 정치적으로는 공화주의를, 경제적으로는 생산성을 미덕으로 여기는 자본주의를 그리고 사회적으로는 신분의 벽을 허물면서 몸을 추스르는 탈각(脫殼) 현상이었다.

둘째, 근대 민족주의의 가치 구분을 논의하면서 (1) 애국심, (2) 민중적 지지 기반, (3) 근대화에의 기여도를 분석의 시각으로 볼 때 근대화라는 인자를 주목한다면 근대 민족주의 계파의 가치관을 다음과 같이 평가할 수 있을 것이다.(신복룡, 2011, 350-354)

〈표〉 민족주의 계파의 가치관

	애국심(민족 보전)	민중적 지지 기반	근대화
동학	+	+	△
개화파	△	-	+
위정척사	+	△	-
3·1 운동	+	+	+

* + = 적극적, △ = 중간적, - = 부정적

셋째, 근대화와 관련하여 볼 때 한국사에서의 유교는 양날의 칼이었다. 외국에 대한 높은 호감도나 근면은 근대화의 순기능으로 작용했지만, 중화주의나 근왕사상 그리고 신분 의식은 근대화의 역기능으로 작용했다. 종합적으로 말한다면 근대화에 대한 유교의 기여도를 가늠하는 저울추의 7분은 부정적인 쪽으로 기울었다.

넷째, 유교는 분명히 미덕을 담고 있고, 유산으로서의 가치를 담고 있는 것이 사실이지만, 유교에 대한 연민이나 호교론적 입장을 고집하는 과정에서 우리는 그에 대하여 회상성 기억 조작(retrospective falsification)에 빠져서는 안 된다.

참고문헌

고병찬. 2008. 『고병찬 가족 연대기』. 서울: 푸른별.

권선홍. 2004. 12. "조선왕조의 대중국관계: 사대 문제의 재조명." 한국국제정치학회.

金玉均. 2006. "甲申日錄." 조일문 · 신복룡(역주). 『갑신정변회고록』. 서울: 건국대학교.

김규성. 1983. "도학정치의 大老 송시열." 『한국인물사』(4). 서울: 양우당.

달레(저) · 안응렬 · 최석우(역주). 1979. 『한국천주교회사』(下). 왜관: 분도출판사.

朴齊炯. 1886. 『近世朝鮮政鑑』. 東京: 中央堂.

박현모. 2000. 10. 21. "辛亥通共의 정치성: 정조시대의 경장논쟁과 정조의 경제개혁." 한국정치학회 2000년 추계학술회의 발표 논문 외교안보연구원.

傅衣凌. 1991. "明末 남방의 佃變과 奴變." 양필승 편저. 『중국의 농업과 농민운동』. 서울: 한나래.

서희경. 2012. 『대한민국 헌법의 탄생』. 서울: 창비.

신복룡. 1987. 『한말개화사상연구』. 서울: 평민사.

______. 1997. 『한국정치사상사』. 서울: 나남.

______. 2006. 『동학사상과 갑오농민혁명』. 서울: 선인출판사.

______. 2011. 『한국정치사상사』(하). 서울: 지식산업사.

梁啓超. 한무희(역). 1979. "中國 學術思想變遷의 大勢." 『飮氷室文集』. 서울: 三省出版社.

오지영. 1940. 『東學史』. 서울: 영창서관.

원재린. 2003. "朝鮮 前期 良賤制의 확립과 綱常名分論." 『조선의 건국과 '經國大典 體制'의 형성』. 연세대학교 국학연구원 제331회 국학연구발표회.

유미림. 2002. 『조선 후기의 정치사상』. 서울: 지식산업사.

尹致昊. 1926. "獨立協會의 始終." 『純宗實記』 新民(14).

李沂. 『海鶴遺書』

이익주. 2005. "정도전의 혁신리더십: 개혁에서 건국까지." 『선조에게서 배우는 혁신리더십』. 서울: 문화재청.
전석담. 1989. 『민중조선사』. 서울: 범우문고.
全錫淡. 1990. "朝鮮農民經濟史: 朝鮮 前期를 중심으로." 全錫淡 · 朴克采 외. 『조선경제사탐구』. 서울: 범우사.
정대위. 1963. "한국 근대화와 기독교"(2). 『한국사상』(6). 서울: 일신사.
정약용. 1962. 『大東水經』. 평양: 과학원출판사.
최연식. 2003. 『창업과 수성의 정치사상』. 서울: 집문당.
최영성. 2003. 5. "한국 유교 전통에서 본 척사위정파의 자유주의관." 『근현대 한국 자유주의 연구(1): 1880~1910』. 한국정치학사상학회 학술발표회.
崔昌圭. 1975. 『近代韓國政治思想史』. 서울: 일조각.
Allen, H. N. 1908. *Things Korean.* New York: Fleming H. Revell Co.; 신복룡(역주). 2019a. 『조선견문기』. 서울: 집문당.
Bacon, F. 1980. *Novum Organon.* Chicago: Encyclopaedia Britannica. Inc.
Bishop, 1897. I. B. *Korea and Her Neighbors.* New York: Fleming H. Revell Co.; 신복룡(역주). 2019b. 『조선과 그 이웃 나라들』. 서울: 집문당.
Collingwood. R. G. 1978. *The Idea of History.* Oxford: Oxford University Press.
Denny, O. N. 1888. *China and Korea.* Shanghai. Kelly and Walsh. Ltd. Printers.; 신복룡(역주). 2019c. "淸韓論." 『청한론』. 서울: 집문당.
Frilof, I. *Dictionary of Philosophy.* 1980. Progress Publishers Co. Moscow.
Gilmore, G. W. *Korea from its Capital.* 1982d. Philadelphia: Presbyterian Board of Publication.; 신복룡(역주). 2019d. 『서울풍물지』. 서울: 집문당.
Hall, Basil. 1818. *A Voyage of Discovery to the West Coast of Corea.* London: John Murray.; 신복룡 · 정성자(역주). 2019e. 『조선 서해 탐사기』. 서울: 집문당.
Hamel, H. 1813. *Narrative and Description of the Kingdom of Korea.* London: Luke Hansard and Sons.; 신복룡(역주). 2019f. 『하멜표류기』.

서울: 집문당.

https://www.naver.com/OECD(2021), GDP per hour worked/(indicator). doi: 10.1787/1439e590-en (검색일: 2021년 2월 12일)

Hulbert, H. B. 1906. *The Passing of Korea*. London: William Heinemann Co.; 申福龍(역주). 2019g. 『대한제국멸망사』. 서울: 집문당.

Jung, Kun-Oh and Hwang, Jin-Young. 2003. "The Determinants of Corruption: A Macroeconomic Aspect." 『경제연구』(21: 3) 한국국민경제학회 · 한국경상학회.

Kennedy, Paul. 1987. *The Rise and Fall of the Great Powers: Economic Change and Military Conflicts from* 1500 *to* 2000. New York: Random House.

Lasswell, 1952. H. D. & Abraham Kaplan. *Power and Society: A Framework for Political Inquiry*. London: Routledge & Kegan Paul Ltd.

Mankiw, 2007. N. Gregory. *Macroeconomics*. New York: Worth Publishers.

Migdal, Joel S. 1974. *Peasants. Politics and Revolution*. Princeton: Princeton University Press.

Moellendorff, Paul G. von. 1930. *A Reply to Mr. O. N. Denn's Pamphlet entitled: China and Korea*. Leipzig: Otto Harrassowitz.; 신복룡(역주). 2019h. "데니 씨의 『청한론』에 대한 답변." 『묄렌도르프자전』(외). 서울: 평민사.

Palmer, Spencer J. ed. *Korean-American Relations*. 1963. Vol. II. Berkeley and Los Angeles: University of California Press.

Plutarch's Lives: Themistocles

Pye, Lucian W. 1966. *Aspects of Political Development*. Boston: Little. Brown & Co.

Sabine, George H. 1961. *A History of Political Theory*. New York: Holt. Reinhart and Winston.

Savage-Landore, A. Henry. 1985. *Corea or Chosun: The Land of the*

Morning Calm. London: William Heinemann.; 신복룡 · 장우영(역주). 2019i. 『고요한 아침의 나라 조선』. 서울: 집문당.

Seligman, Lester G. 1971. "Elite Recruit and Political Development." Jason I. Finkle and Richard W. Gable(ed). *Political Development and Social Change*. New York: John Wilsy and Sons. Inc.

Viroli, Maurizio. 2002. *Republicanism*. New York: Hill and Wang.

Weber, Max. 1958. *The Protestant Ethic and the Spirit of Capitalism*. New York: Charles Scribner's Sons.

Weiner, Myron. 1967. "Political Integration and Political Development." Claude E. Welch ed. *Political Modernization*. Belmond: Wardsworth Publishing Co.

Wittfogel, Karl A. 1958. *Oriental Despotism*. New Haven: Yale University Press.

『經國大典』

『高麗史』

『高宗實錄』

『구약성서』「민수기」

『論語』

『湛軒書』

『독립신문』

『동아일보』 2014년 6월 27일자.

『孟子』

『勉菴集』

『磻溪隧錄』

『白湖全書』

『北學議』

『三峰集』

『書經』

『惺所覆瓿藁』

『成宗實錄』

『星湖僿說類選』
『星湖僿說』
『星湖先生文集』
『續陰晴史』(上). 1970. 서울: 국사편찬찬위원회.
『宋子大全』
『肅宗實錄』
『與猶堂全書』
『禮記』
『龍飛御天歌』
『日省錄』
『佔畢齋集』
『周易』
『春秋』
『太祖實錄』

4장 중국과 아시아

박상도(건국대학교)

4장

중국과 아시아

1. 들어가며

아시아 대국으로서 중국의 부상은 글로벌 정치 · 경제를 재해석하는 중요한 전환의 키워드로 자리매김하였다. 과거 중국이 세계의 중심임을 자처하고 과시하던 국력은 청나라 말기 이후 급격하게 쇠퇴하였으며, 이후 공산화 과정과 항일전쟁의 역경을 극복하고 현대 중국이 탄생하였다. 신중국 건립 이후 침략의 아픔과 가난을 이겨내려는 노력은 덩샤오핑(鄧小平)의 개방정책으로 이어졌다. 중국의 개방은 자연스럽게 세계의 공장임을 자처하면서 글로벌 시장에 '메이드인 차이나(made in china)' 제품을 공급하게 되었다. 그리고 이를 통해 누적된 국부는 '샤오캉 사회(小康社會, 모든 인민이 중간단계의 생활수준을 누리는 사회)'를 달성하는 중요한 재원으로 힘을 발휘하기 시작했다. 생산력 확대에 기반한 소비력의 향상은 중국이 세계 생산기지로서의 역할뿐만 아니라 소비시장으로서의 매력도 증가시켰다. 많은 국가와 기업들이 중국과 협력하고, 현지 시장에 적극적으로 진출하는 중요한 이유가 바로 여기에 있다.

그러나 중국의 경제적 부상은 좋은 측면에서만 바라볼 수 없다. 글로벌 주요 선진국들과 아시아 주변국들에게 경제적인 이익을 가져다주긴 하였으나, 커져가는 정치적 · 경제적 · 문화적 영향력은 수용의 임계점을 넘어서고 있기 때문이다. 중국과 지리적으로 인접하고, 경제적으로 상호의존도가 매우 높으며, 북한과 관련되어 정치 · 외교적으로 복잡한 관계에 있는 우리 역시 중국의 부상을 반가워하면서도 불편해하는 이유가 바로 여기에 있다. 시각을 좀 더 넓혀 본다면, 중국이 강해지는 것에 대한 불편함과 그 위협에 대한 충돌이 최근 글로벌 이슈가 되고 있는 미중 무역전쟁이다. 두 강대국은 세계의 패권을 놓고 정치문제, 군사문제, 무역마찰, 인권문제 등 다양한 이슈를 둘러싼 총성 없는 전쟁을 하고 있는 것이다.

반면 중국의 부상에 따른 평가, 즉 지속성장 가능한 국가인가에 대한 평가는 다양하게 나타난다. 경제적으로 미국을 추월할 것이라는 시각과 중국 경제의 버블이 붕괴될 것이라는 예측이 공존한다. 그리고 정치적으로는 중국공산당의 일당 집권이 무너질 것이라는 예측과 진화된 중국식 통치 모델이 안정적인 정치 지배구조를 유지하게 할 것이라는 정반대의 의견도 존재한다. 그러나 중요한 것은 중국에 대한 어떤 평가나 예측도 우리가 살고 있는 현실의 사실을 기반으로 이해하고 냉철한 판단의 프레임을 갖고 행해야 한다는 점이다.

따라서 본 장에서는 아시아에서 중국이 위치한 정치적 · 경제적 · 문화적 사실을 기반으로 중국의 현재를 짚어보고 객관적 시각에서 중국의 부상을 이해하고자 한다. 물론 중국을 바라보는 다양한 프레임이 존재하나 본 장에서는 최근 활발하게 논의되는 중국 관련 키워드를 중심으로 이야기를 전개하며, 중국과 아시아의 관계 및 그 역할에 대하여 논의한다.

2. 현대 중국을 읽는 키워드

본 절에서는 정치 · 경제 · 문화 분야의 대표적인 키워드를 선정하여 현대 중국의 모습을 객관적으로 살펴본다. 중국의 거시적 발전 목표인 '중국몽(중화민족의 부흥)'을 달성하기 위한 각 분야별 키워드를 살펴보는 것은 현재 중국이 내부적인 지속 성장 추진 및 글로벌 영향력을 강화하기 위한 전반적인 전략을 이해하는 데 도움이 된다. 전반적인 분석의 프레임은 〈그림 1〉과 같다.

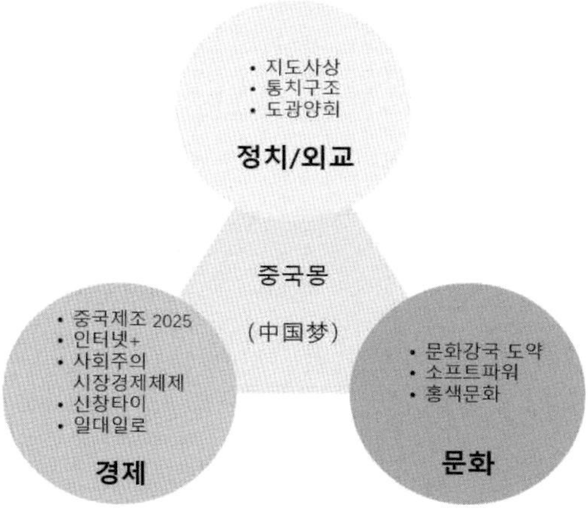

〈그림 1〉 중국 분야별 핵심 키워드

*자료: 저자 작성

정치/외교 분야

통치구조

중국의 통치구조를 전반적으로 살펴보는 가장 효율적인 방법 중 하나는 「중화인민공화국헌법」을 살펴보는 일이다. 헌법의 전문에서는 중국의 건립에 관한 요약과 통치관을 알 수 있으며, 총강(總綱)에서 국가 전반의 운영 메커니즘을 설명하고 있다. 헌법 제1장에서는 "사회주의 제도는 중화인민공화국의 근본 제도이다."(제1조), "국가의 모든 권력은 인민에게 속하며, 인민이 국가권력을 행사하는 기관은 인민대표대회이다."(제2조)가 주요 조항이며, 기타 경제제도, 법치국가 제도, 교육 및 과학 제도에 대한 설명을 포함한다. 아울러 제3장에서는 좀 더 세부적으로 국가 기구에 대한 규정을 설명하고 있는데, 구체적인 통치구조는 〈그림 2〉와 같다.

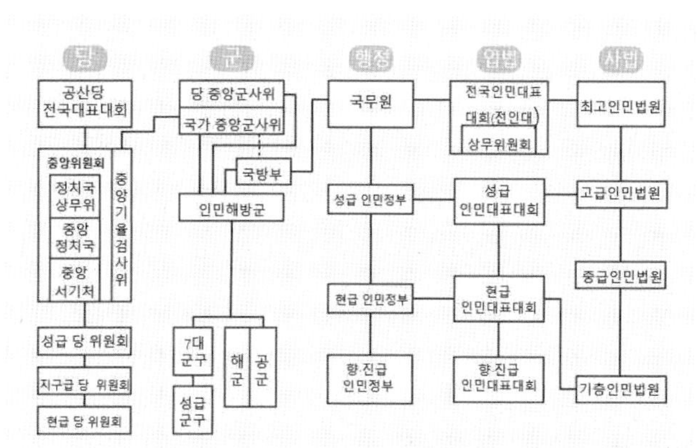

〈그림 2〉 중국의 통치구조: 당, 정부, 군 개요도

*자료: 중국 정부 홈페이지 취합, 저자 작성

중국의 통치구조는 역할에 따라 행정(국무원), 입법(전국인민대표대회), 사법기관(인민법원), 군(인민해방군)으로 나눌 수 있다. 그러나 실질적으로 공산당이 네 기구의 상부구조에 위치하며 국가의 발전방향과 주요 정책을 설정한다.

중국공산당은 1921년 7월 1일 상하이에서 50여 명의 당원으로 출발하여, 2018년 말 기준 약 9,059만 명의 당원과 461만여 개의 기층 조직을 갖춘 중국 최고의 권력기관이다. 중국공산당의 최고의사결정기구는 '공산당전국대표회의'이며 5년마다 개최하여 국가 현안의 중요사항을 결정한다. 일반적으로 중국의 파워엘리트라고 불리는 중앙위원회 위원(204명)을 선출하며, 이 위원회에서 중국의 지도자인 25인의 중앙정치국위원(상무위원 7인 포함) 그리고 총서기(현 시진핑) 1인을 결정한다. 이들은 분업 시스템에 따라 중국의 당 · 정 · 군의 고위 직책을 겸직한다.

인민해방군은 명칭 그대로 인민을 해방하기 위한 군의 의미로 우리가 알고 있는 국군의 의미가 아닌 당(黨)의 군대이다. 따라서 공산당중앙군사위원회가 군의 최고의사결정기구 역할을 한다.

국무원은 총리책임제 기반의 최고 행정기관이다. 산하에 25개의 부와 위원회, 16개의 직속기구, 4개의 사무기구, 13개의 직속사업단 등이 존재한다. 하위에 지방정부인 성(省)급 정부와 그 하위에 현(縣)급 정부를 둔다. 국무원은 중국 통치구조에서 각종 정책을 실질적으로 집행하는 기관으로서 역사적 발전과정에 따라서 많은 변화과정을 거쳤다. 작은 정부와 대부(大部)제를 반복하면서 당정 분리, 현대적 공무원제도의 도입 등의 개혁을 시도했다. 과거 모든 영역을 관장하는 거대한 관료조직에서 현재는 직능에 따라 전문화된 정부로 변모하였다. 그러나 다양한 개혁에도 불구하고 중국의 국무원은 여전히 당의 영향에서 자유롭지 못하고, 인치주의적 성격이 강하며, 크고 작은 부패에서 자유롭지 못한 기관으로 여겨진다.

전국인민대표대회는 헌법에 근거하여 인민의 최고 권력을 행사하는 의결기구로 전국인민대표대회와 지방인민대표대회로 구성된다. 중국의 인민대표대회는 국가 권력기관으로서 입법권, 정책결정권, 임면권, 감독권의 4대 주요 기능이 부여되는데, 중앙과 성급 인민대표대회는 입법권과 정책결정권, 그리고 하위 지방의 인민대표대회는 감독권의 기능이 강화되는 추세이다.(조영남, 2019)

각 기관별로 독립된 결정과 상호 견제의 원칙을 헌법상 명시하고 있지만 사실상 중국공산당의 지배구조가 형성되어 있는 통치구조이다. 이상과 같은 중국의 통치기구 간 권력구조를 도식화하면 〈그림 3〉과 같이 나타낼 수 있다.

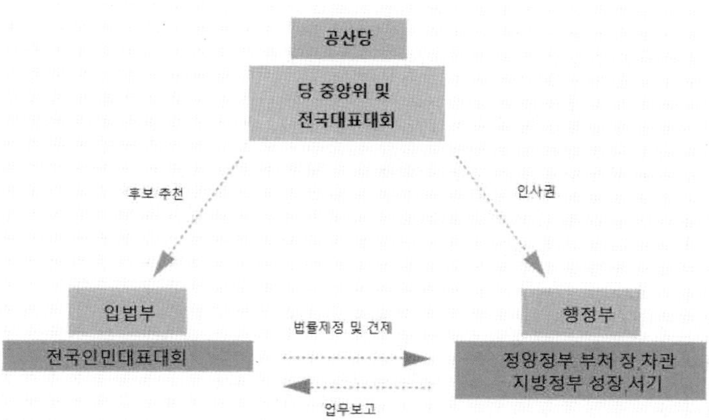

〈그림 3〉 중국의 통치기구 간 권력구조

*자료: 중국 정부 홈페이지 및 이승진, 『중국상식사전』, 2020 저자 재구성

지도사상

중국공산당 최고 규범인 당장(黨章)에는 중국 사회의 지속발전을 목표로 하고 있으며, 시대적 당면과제 해결을 위한 기본 가치로 지도이념을 설정하고 있다. 1세대 지도자인 마오쩌둥(毛澤東)은 마르크스-레닌주의를 중국의 실정에 맞도록 수정하여 '마오쩌둥 사상'을 제창했다. 농민을 공산혁명의 기반으로 하며 중국의 독자적 대중노선을 추구하는 중국발전의 가치를 담았다. 2세대 지도자인 덩샤오핑(鄧小平)은 개혁개방을 통한 시장경제제도의 도입 및 중국 특색 사회주의 건설을 주장하는 '덩샤오핑 이론'을 펼쳤다. 마오쩌둥이 신중국 건립 후 추진한 국가발전 계획에서 시대적 흐름을 반영하지 못한 현실을 반성하고, 덩샤오핑은 실사구시의 원칙을 최고의 가치로 놓고 중국 경제발전에 초석을 놓았다. 특히

덩샤오핑은 마오쩌둥의 실패를 실패라고 해석하지 않으면서, 정치적으로 선배 정치 지도자를 비판하지 않는 정치적 불문율을 만들었다. 제3세대 지도자인 장쩌민(江澤民)은 덩샤오핑의 개혁개방 정신을 계승하면서 좀 더 파격적인 지도이념을 수립하였다. 그는 '삼개대표론(三個代表論)'을 통해 중국공산당이 선진생산력, 선진문화, 그리고 광대한 인민의 근본이익을 대표한다고 하였다. 여기서 광대한 인민은 자본가를 포함하는 의미로, 중국공산당이 노동자 · 농민과 지식인 외에도 선진생산력, 즉 자본가의 입장을 대변한다고 주창한다. 이는 중국 특색 사회주의 시장경제체제를 공고히 하는 중요한 근거로 중국공산당이 혁명정당이 아닌 집권당 또는 대중정당으로의 변모를 추구한 것으로 본다.(이희옥, 2019) 4세대 지도부인 후진타오(胡錦濤)는 성장 위주에서 벗이나 지속가능한 질적 성장을 추구함과 동시 사회갈등을 해소하기 위한 균형발전을 추구하는 '과학적 발전관'을 제시하였다. 발전의 주체와 수혜자가 협력적이고 조화로운 균형을 이루는 화합의 사회를 강조했다. 현 중국 지도부인 5세대 시진핑(習近平)은 '신시대 중국 특색 사회주의 사상'을 펼치고 있다. 이는 과거의 선배 지도자들의 이데올로기를 계승하면서 중국의 위대한 도약을 꿈꾸는 지도이념이다. 중화민족의 위대한 부흥이라는 슬로건 아래, 구체적인 목표로 2021년 중국공산당 창당 100주년에는 모든 인민들이 중급 수준의 안정적 생활을 영위하는 '샤오캉 사회(小康社會)'의 달성을 제시하였다.

주목할 만한 사실은 중국의 지도부가 일반적으로 10년 주기로 교체되는데, 시진핑 정권은 2018년 헌법 개정을 통해 사실상 종신집권이 가능하게 되었다는 점이다. 미국과의 치열한 무역분쟁과 코로나 사태 극복을 위해 지도부의 강력한 리더십을 요구하는 목소리가 높아지고 있다는 점은 시진핑 정권의 연장에 당위성을 부여하는 중요한 근거가 되고 있다. 향후, 코로나 이후의 시대 중국 지도부는 국가 보건안전망과 지속 경제발전을 위한 다양한 정책적 조치를 추진할 것으로 보인다. 중국의 꿈을 달성하기 위한 지도부의 지도사상은 국가의 거시적 전략을 세우는 데 중요한 이정표를 제시한다. 법적으로 임기연장의 근거와 시대적 당위성을 부여받은 시진핑 정권은 신시대 중국 특색 사회주의 사상을 건립하고, 이를 통한 중화민족의 부흥에 매진하는 데 얼마의 기간을 더 필요로 하고 있는지 귀추가 주목되는 부분이다.

〈그림 4〉 중국 지도사상의 변화

*자료: 바이두 지식백과 취합, 저자 작성

도광양회에서 대국굴기까지

중국 헌법의 전문에 따르면, 중국은 독립 · 자주의 원칙아래 평화공존 5원칙을 견지하면서 실사구시(實事求是)의 외교를 전개하고 있다. '평화공존 5원칙'은 영토의 보전과 주권의 상호존중(互相尊重主權和領土完整), 상호불가침(互不侵犯), 상호내정불간섭(互不干涉內政), 호혜평등(平等互惠), 평화공존(和平共處) 등의 내용을 담고 있다. 중국의 외교정책은 지도사상과 마찬가지로 지도부별 가치를 내세우고 있는데, 이는 실질적인 중국 외교의 방향과 전략을 수립하는 근간이 된다.

먼저 덩샤오핑 시대의 외교정책 기조는 '도광양회(韜光養晦)'로 대변된다.

삼국지의 한 대목에서 유래된 도광양회는 빛을 감춰 외부에 비치지 않도록 한 뒤, 어둠 속에서 은밀히 힘을 기른다는 뜻이다. 1978년 경제 개방과 더불어 중국은 국제사회에서 경제력을 성장시키는 초기 단계를 보내고 있었다. 그러나 당시 중국에서 발생한 천안문 사태, 그리고 구 소련의 붕괴로 인해 중국은 외교적인 고립에 이르렀다. 도광양회는 이러한 시대적 상황을 타파하기 위한 중국적 외교정책 노선이다. 뜻 그대로 힘을 더 키우기 위해 내부적으로는 경제개발에 집중하며 대외적으로는 현상을 유지하는 정책을 추진하였다.

이어진 장쩌민 시대에는 '유소작위(有所作爲)'의 정책 노선을 설정하였다. 동 노선은 필요한 일에는 적극 개입한다는 뜻으로 대외적으로 미국 중심의 세계질서를 수용하면서도 중국의 국익과 관련된 일에는 적극적으로 나선다는 의미다. '화평굴기(和平崛起)'는 후진타오 주석이 2003년 보아오 포럼(Boao Forum for Asia; 중국 하이난성(海南省)에서 개최되는 아시아 지역경제 포럼)에서 언급한 대외정책의 이념으로서 평화롭게 우뚝 선다는 의미이다. 굴기외교는 중국의 막강한 경제력이 외교적 힘을 발휘하면서 기존 강대국들을 중심으로 확산되는 중국위협론 확산에 대응하는 성격이 강하다. 화평굴기는 군사적 위협 없이 평화적으로 성장하겠다는 의미를 담고 있으며, 개혁개방을 통한 국력 신장을 추구하면서 대외적으로는 우호와 번영을 추구하겠다는 것이다. 구체적으로 주변국들에 대해 '화목한 이웃(睦隣)', '안정된 이웃(安隣)' 그리고 '부유한 이웃(富隣)'을 축으로 하는 삼린(三隣) 정책을 추진하였다. 그러나 화평굴기의 이면에는 국제사회에서 중국의 책임성을 강화하고 영향력을 넓히겠다는 자주적 의미도 담겨 있다.

마지막으로 현재 시진핑 정부의 외교정책은 '대국굴기(大國崛起)'이다. 시진핑 정권의 지도사상과 목표인 '중화민족의 위대한 부흥'과 맞물려, 중국의 외교가 세계 평화 · 발전 · 협력 추구로 글로벌 주도권을 장악하겠다는 의미이다. 반면 최근 중국의 외교는 글로벌 영향력을 강화하면서도 다양한 이슈에서 역풍을 피하지 못하고 있다. 인권, 티베트 문제, 홍콩 사태 등이 그 이슈의 정점에 있다. 국제사회는 중국의 이런 문제를 언급하면서 외교적 영향력을 견제하고 있지만, 중국은 평화공존 5원칙에 따라 자국의 이익과 실리를 추구하는 방향으로 묵묵히 대국굴기 외교를 추진 중이다. 팬데믹 사태 이후 중국의 외교는 더 많은 요인들을 고려해야 할 것으로 보인다. 보건, 환경, 인권 등의 이슈에서 국제사회의 거센 도전이 예상되기 때문이다. 중국의 대국굴기 외교가 정권의 지속성과 함께 어떤 스탠드를 취할 것인지 관심을 갖고 지켜봐야 할 부분이다.

〈그림 5〉 중국 외교정책의 변화

*자료: 바이두 지식백과 취합, 저자 작성

경제 분야

중국특색 사회주의 시장경제체제

중국의 경제를 알기 위해서는 사회주의 시장경제체제에 대한 이해에서 출발해야 한다. 사회주의 시장경제체제는 사회주의의 골간을 유지하면서 국가경제 운용 면에서는 자본주의 기법을 도입한다는 의미다. 즉 소유제로서의 사회주의와 자원분배제도로서의 시장경제 운영 메커니즘 결합이 핵심이다. 1978년 덩샤오핑은 '흑묘백묘론(黑猫白猫論, 검은 고양이든 하얀 고양이든 쥐만 잘 잡으면 된다는 뜻으로, 사회주의 계획경제이든 자본주의 시장경제이든 국부를 창출하는 데 도움이 된다면 된다는 의미를 비유적으로 설명)'을 제창하며 경제적 실리 추구가 중요함을 강조하였다. 그리고 1992년 남순강화(南巡讲话, 중국 동부연안 지역의 경제특구 및 개방 도시들 순시하면서 한 연설) 시 "사회주의에도 시장이 있으며, 자본주의에도 계획이 있다."라는 말로 모순된 두 개념의 결합을 이견이 없도록 정리하였다. 그 후 이러한 사회주의 시장경제체제는 중국이 처음 제시한 새로운 개념임을 강조하고자 '중국특색'이라는 접두어를 붙여 사용하게 되었다.

중국은 중국특색 사회주의 시장경제체제를 통해 지난 30여 년간 급속한 경제성장을 이루어 냈다. 물론 부의 양극화, 환경문제 등 성장의 부작용이 나타나긴 했지만, 중국 경제의 양적 성장에는 중국특색 경제 운영 메커니즘이 바탕이 되었다고 확신한다. 그리고 현재 중국은 이러한 성과를 바탕으로 질적인 성장으로의 전환에 부단히 노력 중이다. 여전히 중국특색 사회주의 시장경제체제를 골간으로 하며 산업구조 고도화 및 적극적인 창업육성 정책을 펼쳐 경제성장 동력의 다원화를 꾀하고 있다.

신창타이

신창타이(新常態)란 뉴 노멀(New Normal)의 중국식 표현으로, 중국 경제의 '새로운 상태'를 뜻한다. 시진핑 주석이 2014년 허난성(河南省) 시찰 중에 언급한 단어로 중국이 고도 성장기를 지나 안정적인 중고속의 성장시대에 진입한 새로운 상태에 있음을 일컫는 말이다. 즉 중국 경제가 양적 성장보다 질적 성장을 중요시 여기며, 지속가능한 발전을 위해 산업의 체질 개선이 필요함을 역설한 것이다.

〈표 1〉 중국 신창타이의 주요 내용

구분		핵심 내용
거시발전 목표	→	•정부주도 발전에서 민간주도 발전으로의 전환 •지속발전 가능성 제고를 위한 새로운 성장동력 발굴
경제운용	→	•맹목적 GDP 성장 지양 •양적 성장과 더불어 질적 성장 강조
산업	→	•신성장 산업 및 환경보호 산업 육성 •산업 고도화 작업 추진(고부가가치 산업 육성)
생산	→	•소프트파워 및 기술기반 생산고도화 강조
투자	→	•IT, 신기술, 신비즈니스 모델에 집중 투자
소비	→	•개성화, 다양화, 맞춤화된 소비시장

*자료: 바이두 지식백과 취합, 저자 작성

인민일보가 분석한 자료에 따르면 신창타이는 네 가지 특징을 갖는다. 먼저 중고속 성장으로의 전환이다. 중국은 과거 30년 이상 연평균 10%대의 높은 경제성장률을 달성했다. 그러나 2008년 금융위기 이후, 2010년부터는 10%대의 성장률이 계속 하락하여 7~8%대로 둔화되었다. 성장률의 하락은 중국의 성장이 고속성장에서 중고속 성장의 안정화 상태로 접어들었음을 의미한다. 둘째, 경제구조의 고도화이다. 중국이 제조업 위주의 2차 산업 육성에서 고부가가치 위주의 3차 산업에 주력하여 산업구조를 고도화시킨다는 의미를 내포한다. 동시에 시장발전 구조를 투자 중심에서 소비 중심으로 전환하고, 활성화된 내수시장이 산업을 떠받치는 안정적 자금 순환 구조를 만들겠다는 의도이다. 셋째, 성장동력의 전환이다. 중국 경제 고속성장 시대에는 노동과 자본의 생산요소 투입을 발전의 동력으로 삼았으나, 신창타이 시대에는 혁신과 기술, 그리고 제도적인 변화를 통한 생산성 향상을 추진한다. 마지막으로 경제 불확실성을 통제하는 것이다. 중국 경제의 성장은 그림자 금융, 부동산 버블, 지방정부 부채 증가, 공급 과잉 등으로 인한 경제

불확실성이 증대되었으며, 이를 타개하는 신창타이 시대의 새로운 전략 추진을 강조한다.

일대일로

일대일로(一帶一路: One belt, One road)란 중국 주도의 '신(新) 실크로드 전략 구상'으로, 내륙과 해상의 실크로드경제벨트를 지칭한다. 신창타이 시대에는 내부적으로 경제발전 방식의 전환과 더불어 대외정책을 통해서도 새로운 성장동력을 확보하려고 하였다. 이와 맞물린 국가발전 전략이 바로 '일대일로'의 구상이다. 35년간(2014~2049) 고대 동서양의 교통로인 현대판 실크로드를 다시 구축해, 중국과 주변국가의 경제 · 무역 합작 확대의 길을 연다는 대규모 프로젝트다. 2013년 시진핑 주석의 제안으로 시작되었으며, 2017년 현재 100여 개 국가 및 국제기구가 참여하고 있다. 내륙 3개, 해상 2개 등 총 5개의 노선으로 추진되고 있으며, 상대적으로 낙후된 중국 주변의 접경국과의 연결부터 시작하고 있다. 주로 도로 · 철도 · 전력망 등 인프라를 구축해, 주변국의 경제성장에 기여함과 동시에 새로운 시장을 확보하고, 국내의 과잉설비를 수출로 해소하려는 전략이 담겨 있다.

중국은 일대일로 정책추진을 위한 5대 핵심이념을 설정하였다. ① 정책 소통政策沟通, ② 인프라 연결(设施联通), ③ 무역 원활화(贸易畅通), ④ 자금 융통资金融通, ⑤ 민심 상통民心相通으로 세분화되며, 국가 간 합작 프로젝트를 체결하는 기본이념으로 강조된다.

먼저, '정책 소통'은 정치적 신뢰 및 부처 간 실무적 협력에 따른 충분한 교류와 수렴을 통해 정책 교류를 확대하고, 지역협력 기반을 구축하면서 국가 간의 발전전략을 조정하는 것이다. 둘째, '인프라 연결'은 자원 확보 및 주요 거점별 육로 · 수로 · 항만 등 교통인프라를 구축해, 국가 간 산업 및 영역별 표준이 상이한 기초설비 건설과 기술표준화

시스템 연계를 강화해나가는 것이다. 또한 일대일로 연선국가들의 환경까지 고려해 친환경적인 복합운송 시스템 구축을 적극 추진하고 있다. 셋째, '무역 원활화'는 일대일로 연선국가들의 원활한 무역을 위해 장벽을 제거하는 것이다. 국가 간 무역 · 투자 등 협력 확대를 위한 원스톱(One-Stop) 전자통관 시스템 및 공동 자유무역구 건설을 추진해 다양한 형태의 규범을 마련해 영역을 확대해 나가고 있다. 넷째, '자금 융통'은 아시아 통화 안정을 위한 금융협력 시스템을 강화하고, 국제금융기구(AIIB, ADB)들과의 협력을 강화해나가는 것이다. 마지막으로 '민심 상통'은 사회적 기반이 되는 인적 교류 확대, 문화교류, 학술교류, 문화 · 관광 · 과학기술 분야 등에서 전면적인 교류를 통해 협력을 확대해 나아가는 것이다.(고정오·서창배, 2016)

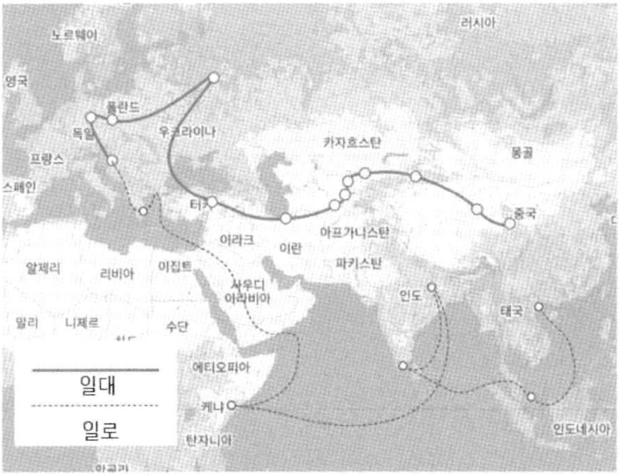

일대	중국 - 중앙아시아 - 페르시아만 - 지중해 - 유럽
일로	중국연해 - 남중국해 - 인도양 - 아랍권 - 유럽/아프리카

〈그림 6〉 일대일로 구상도

*자료: 바이두 지식백과 취합, 저자 작성

또한 시진핑 주석은 일대일로의 원활한 추진을 위하여 2017년 8월 '일대일로 건설추진 공작 좌담회'에서, 일대일로 전략 추진과정 중 철저히 준수해야 할 8대 요구사항(①해외 협력 강화 ②일대일로 규획 성실 이행 ③통합과 조율 능력 강화 ④핵심 프로젝트 이행 ⑤금융 혁신 추진 ⑥교류 확대 ⑦홍보 확대 ⑧안전 보장 능력 제고)을 강조하였다.

첫째, '해외협력 강화'를 위한 공동논의 · 공동건설 · 공유라는 원칙을 지킨다. 또한 중점 지역 · 국가 · 프로젝트에 초점을 맞춰 평등 · 호혜공영을 실현한다. 둘째, '일대일로 규획의 성실한 이행'을 위해 구체적인 계획을 차질 없이 추진해 내실을 다진다. 인프라 구축과 에너지 자원 개발, 산업협력 개발, 산업의 핵심 거점 육성 등 전략적 프로젝트를 중점 지원한다. 셋째, 육상 · 해상, 국내외, 정부 · 민간기업 간 '통합과 조율을 위한 능력을 강화'한다. 넷째, '핵심 프로젝드를 이행'해 인프라 · 경제 · 무역 등 협력을 통한 시범사업을 추진함으로써, 관련 국가들이 조기에 성과를 낼 수 있도록 한다. 다섯째, '금융 혁신을 추진'한다. 금융 분야 협력을 심화함으로써, 다양한 금융 플랫폼을 구축해 장기적이고 안정적이며 지속 가능한 금융안전망을 구축한다. 여섯째, '인문교류 확대'를 통해 상호학습을 추진한다. 일곱째, 일대일로 건설성과에 대한 '홍보 확대'로 관련 학술 · 연구 및 이론적 기반을 강화하고, 논의구조를 체계적으로 구축한다. 여덟째, '안전보장 능력제고'를 위해 안보 리스크 평가, 모니터링, 긴급 상황 처리 시스템을 보완하고 세분화된 조치를 마련한다.

일대일로 사업이 본격화되고 있는 가운데, 장기적인 인프라 프로젝트는 경제적인 측면에서 그 파급 효과가 클 것으로 예상된다. 현재 100여 개 국가 및 국제기구가 참여하고 있으며, 30여 연선국가와 일대일로 공동건설 관련 협약을 맺었다. 2017년 5월 '2017 일대일로 국제협력 고위급 포럼'에서는 총 270여 개의 가시적인 성과가 도출되기도 하였다.

그러나 일대일로가 중국 주도로 2030년까지 장기적으로 진행되는 프로젝트인바, 많은 연선국가들은 관련 채무부담 가중과 생태환경 파괴 등 문제도 부작용으로 발생한다는 부정적 견해를 제시하기도 하였다. 이에 일대일로를 계속 추진하기 위해서는 리스크 관리가 필수적이며, 연선 국가들과 긴밀하게 관련된 사업들을 협력해 나아가야 보다 나은 성과를 공유할 수 있을 것이다.(고정오, 2017)

중국제조 2025

2018년부터 현재까지 미국과 중국은 치열한 무역전쟁을 치르고 있다. 이를 촉발한 원인은 중국의 기술패권 전략인 '중국제조 2025(Made in China 2025)'에 기인한다. 중국제조 2025는 제조업을 기반으로 성장한 중국이 과거와는 다른 발전방식을 추구하겠다는 일종의 선언이다. 중국의 지속가능한 성장을 위해 노동집약적인 산업을 지양하고 방향을 선회하여 고부가가치를 창출하는 기술기반 산업을 육성하겠다는 뜻이다. 그리고 이를 통해 글로벌 제조 선진국에 반열에 오르겠다는 야심찬 계획이다.

2015년 5월 국무원 리커창(李克强) 총리는 전국인민대표대회에서 중국제조 2025를 발표하면서, 중국 성장동력의 체질개선을 위한 제조업 고도화 전략으로 3대 목표와 9대 과제, 10대 전략산업, 5대 중점 프로젝트를 추진하겠다고 했다. 우선 3단계 목표는 다음과 같다.

1단계(2015~2025)는 미국, 독일, 영국, 프랑스, 한국 등과 같은 글로벌 제조국 대열에 진입, 2단계(2026~2035)는 글로벌 제조 강국들과 어깨를 나란히 하는 제조 강국으로 부상, 3단계(2036~2045)는 주요 산업에서 선도적 경쟁력을 갖춘 1등 국가가 되는 것이다.

이상의 3단계 목표의 내적인 의미를 살펴보면 중국은 2025년까지 핵심 소재 및 부품의 자급률을 70%까지 확보하여 초기 단계의 글로벌 제조선진국에 진입하며, 2035년까지 해양 엔지니어링, 전기자동차, 반도체 등에서 독일, 일본, 한국 등을 제쳐 제조업 강국으로 부상하고, 2045년까지 미국을 추월해 세계 최고의 제조 강국이 되겠다는 거대한 발전전략이다. 중국 경제성장이 과거 양적 측면의 제조능력 확대에 기반한 발전이었다면, 향후의 발전은 혁신 역량을 바탕으로 질적 측면에서의 제조 강대국으로 부상하겠다는 것이다. 이는 중국제조 2025가 13 · 5규획(2016~2020)과 향후 14 · 5규획(2021~2025)의 기본이며, 시진핑 정부의 산업고도화를 추진하는 핵심전략임을 의미한다.

중국제조 2025의 이와 같은 3단계 목표를 실행하기 위하여 중국 정부는 9대 과제, 10대 전략산업, 5대 중점 프로젝트를 제시했으며 〈표 2〉와 같이 요약된다.

〈표 2〉 중국제조 2025, 9대 과제, 10대 전략산업, 5대 중점 프로젝트

9대 과제	10대 전략적 신흥산업	5대 핵심 프로젝트
•제조업 혁신 강화 •제조업 기초역량 제고 •제조업 국제화 추진 •IT 기반 제조업 기술육성 •제조업 업그레이드(서비스지향) •에코 제조업 육성 •품질 및 브랜드 관리 •산업 구조조정 지속추진 •10대 전략적 신흥산업 육성	•첨단 공작기계 및 로봇산업 •첨단 해양장비 및 선박산업 •우주항공 장비산업 •신소재 산업 •에너지 절약 및 신에너지 자동차 산업 •차세대 IT 산업 •선진 교통 설비 산업 •스마트 그리드 및 전력 산업 •바이오 및 의료산업 •현대 농업 장비산업	•국가 제조업 혁신센터 구축 •스마트 제조업 육성 •제조업 기초역량 강화 •기술기반 첨단장비 혁신 •친환경 제조업 확대

*자료: 바이두 지식백과 및 정부 업무보고서 취합, 저자 작성

종합해 보면, '중국제조 2025'는 세계 각 7국이 제조업 경쟁력을 강화하고 있는 가운데, 다른 제조 강국들과의 기술격차가 확대되는 것을 방지하고, 중국의 제조업을 노동 및 자원집약형 전통산업에서 기술집약

형 스마트산업으로 도약시키려는 산업고도화 전략이다. 계획의 성공 여부는 아직 판단하기 어렵다. 내외부의 다양한 요인들이 변수로 작용할 것이기 때문이다. 기술적인 한계, 혁신정책의 성과가 산업별로 다르게 나타날 가능성, 기존 성장방식과 정보화 기반 발전전략의 충돌 가능성, 구조조정으로 인한 일자리 감소 등 부정적인 영향을 우려하는 사람들도 있다. 또한 미국은 고율관세 등을 부과하여 중국제조 2025 전략을 견제하고 있는 점도 중국제조 2025의 위협요인이다. 중국이 보조금 지급 등을 통해 첨단산업을 육성함으로써 미국의 경쟁 우위를 빼앗으려는 것으로 보고 있기 때문에, 미국은 중국이 기술적으로 도약하는 중국제조 2025를 순항하도록 보고만 있지는 않을 전망이다.

그러나 이런 부정적인 영향들로 인해 '중국제조 2025'가 지연될 수는 있어도, 성패를 좌우할 정도는 아니라는 긍정적인 전망도 있다. 중국의 방대한 규모 자체가 혁신의 원동력이 되는 '규모경제'의 특성으로 인해서, 일부 업종의 정보화 성과가 거대시장과 만나게 되면, 그 효과는 여타 국가와 비교할 수 없을 정도로 클 수 있다는 것이다. 중국제조 2025의 성과를 전면적으로 예측하는 것은 불가능하며 의미가 미약하다. 분야별로 상대적인 기술우위와 글로벌 표준을 제정하는 것이 진정한 의미의 기술 패권 승자가 될 것으로 보인다.

인터넷 플러스

4차 산업혁명 변화기를 맞아 중국은 제조업 경쟁력을 높이기 위해 정부 차원에서 '인더스트리 4.0' 관련 정책을 추진하고 있으며, 그 중 '중국제조 2025'와 '인터넷 플러스(인터넷+)'가 대표적인 정책으로 손꼽힌다. 리커창 총리는 2015년 3월 인터넷과 제조업을 결합해 빅데이터, 산업 인터넷, 전자상거래 등을 활성화하려는 '인터넷 플러스' 개념을 제시했다. 2018년까지 인터넷과 경제·사회 각 분야의 융합 발전을 통해 온라인을 기반으로 한 신성장동력을 창출하고, 인터넷 경제와 실물경제의 융합 발전 체제를 구축하겠다는 의미다.

이후 같은 해 7월에는 '인터넷 플러스 행동계획'을 발표하며 인터넷과 경제 및 사회 전반의 융합을 통해 신성장 동력을 창출하기 위한 4대 목표와 11대 중점분야를 제시하였다. 이를 위해 규제 완화, 세제 혜택 등의 정책 지원도 약속했다. 이처럼 중국 정부는 인터넷과 제조업 융합뿐만 아니라 금융, 정부 공공 부문 등도 인터넷과 연결하고 인터넷 기업의 해외 진출까지 추진하여 스마트 경제 생태계를 구축하고 관련 고부가가치 산업을 선도하겠다는 목표다.

〈표 3〉 중국 인터넷 플러스 발전목표 및 액션플랜 요약

<table>
<tr><th colspan="2">구분</th><th>주요 내용</th></tr>
<tr><td rowspan="4">4대
발전
목표</td><td>경제발전</td><td>•인터넷 기반 제조업, 농업, 에너지, 환경보호 산업분야의 업그레이드와 노동생산성 제고
•전자상거래 및 인터넷 금융 활성화</td></tr>
<tr><td>사회건설</td><td>•의료, 교육, 교통 등 민생분야에서의 인터넷 응용 확대
•공공서비스의 온·오프라인 통합 및 서비스 다각화</td></tr>
<tr><td>기초
인프라</td><td>•3망 융합 등 광대역, 차세대 이동통신망 구축
•IoT 클라우드 컴퓨팅 등 신형 인프라 시설 구축
•AI 기술 산업화 촉진</td></tr>
<tr><td>환경조성</td><td>•인터넷 기반 창업, 융합, 혁신에 대한 인식 제고
•관련 법규, 규제 및 신용체계 등 규정정비</td></tr>
<tr><td colspan="2">11대 중점분야
액션플랜</td><td>•창업(메이커스), 제조업, 농업, 스마트에너지, 금융, 공공서비스, 고효율 물류, 전자상거래, 스마트 교통, 에코산업, 인공지능 등 11개 분야와 인터넷의 결합을 통한 경쟁력 제고</td></tr>
</table>

*자료: 국무원 자료 종합 저자 작성

2020년 6월 현재 중국의 인터넷 사용자는 9.4억 명으로 세계 최대의 사용자 시장으로 평가된다. 중국의 인터넷 플러스 정책은 4차 산업혁명

과 ICT의 진보에 힘입어 빠른 정책성과를 도출하고 있다. 모바일과 온라인 플랫폼이 폭발적으로 증가하였으며, 핀테크 생활이 보편화되었다. 또한 중국의 창업지원 정책인 '대중창업 만인혁신(大衆創業萬衆革新)'도 온라인 기반 창업열풍을 일으키면서 인터넷 플러스 정책의 사회적 확산에 기여하였다. 이처럼 중국은 사회 전반에서 ICT가 보편화되는 스마트 사회로 급속하게 전환하고 있다. 정부가 큰 가이드라인을 제시하고 그 안에서 자율적인 인터넷 기반 산업이 자랄 수 있는 토대를 마련했기 때문이다. 풍부한 인터넷 사용자 시장을 고려한다면 중국의 온라인 시장은 앞으로 발전가능성이 무한하다고 볼 수 있다. 따라서 향후 중국 온라인 시장과 관련된 플랫폼과 콘텐츠에 관심을 가져야 하며, 각 지방정부에서 특성화 발전전략으로 추진하고 있는 프로젝트 역시 주목할 필요가 있다.

문화 분야

문화대국에서 문화강국으로

중국의 문화정책은 마오쩌둥 사상에 기반하여 정치 · 경제와 함께 국가의 안정 및 지속발전과 밀접한 관련이 있는 중요한 전략적 지위를 갖는다. 초기의 문화 관련 정책은 당과 정부의 사회적 · 공익적 가치를 강조하는 선전에 포커스가 맞춰져 있었다. 그러나 WTO 가입 후, 중국은 문화의 글로벌화와 경제성에 주목하고, 문화사업과 문화산업의 두 갈래로 나누어 문화 발전전략을 세웠다. 전자는 정부 주도의 공익적 문화 확산이고 후자는 민간역량과 소비자의 선택을 강조하는 산업으로서의 문화발전이다. 그리고 이러한 정책의 기저에는 중국이 문화소비대국에서 문화콘텐츠 및 서비스 생산을 고도화하는 문화강국으로 발전하겠다는 전략적 사고가 깔려 있다.

또한 중국의 문화강국 전략은 문화와 관련된 인적 자원 측면에서 소프트파워를 강조한다. 시장의 선택과 문화의 글로벌 영향력을 강화하기 위해서는 혁신적인 문화콘텐츠 및 서비스를 개발할 낼 인재가 필요하다. 그리고 이러한 인재에게 요구되는 능력으로 창의력과 창조력을 강조하는 소프트파워가 자연스럽게 부각된 것이다. 그뿐만 아니라 인터넷 플러스 정책과 창업정책으로 이어지는 정책의 확장과 관련 정책자금의 과감한 투입 역시 문화 관련 스타트업의 활성화에 큰 도움이 되었다. IT 업계가 문화 콘텐츠의 다양화와 서비스 종합 플랫폼 사업화에 적극적인 도전장을 내밀고 있는 이유다. 물론 중국의 문화강국에 대한 꿈은 중화민족의 위대한 부흥이라는 통합적 목표 아래에서 문화 영향력을 강화시키는 데 집중하고 있다. 향후 신업뿐만 아니라 순수 문화 영역에서도 글로벌 영향력을 강화시키려는 중국의 노력이 이어질 것으로 보인다.

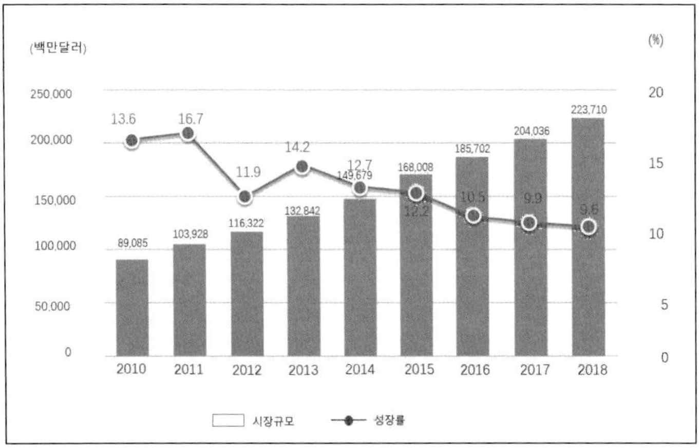

〈그림 7〉 중국 문화콘텐츠 매출 규모 추이

*자료: 중국 통계연감 종합, 저자 재작성

소프트파워

소프트파워는 미국 하버드대학교의 조지프 나이(Joseph S. Nye, Jr.)가 제시한 개념으로 '강제적인 힘이 아닌 설득과 매력을 통해 일을 성취하는 능력'을 의미한다. 1980년대 미국 쇠퇴론에 대한 반박에서 시작되었으며, 미국을 지탱하는 힘은 하드웨어적인 것뿐만 아니라 소프트웨어적인 것에서도 충분한 경쟁력이 있음을 말한다. 중국 역시 경제성장이 빠르게 증가하는 2000년대 이후 글로벌 제조업 대국을 넘어선 지속성장 가능한 새로운 동력이 필요하게 되었으며, 바로 중국식 소프트파워를 강조하기 시작했다. 후진타오는 2007년 정치국 회의에서 사회주의 정신문명 및 소프트파워의 강화를 강조했으며, 그 이후 소프트파워는 종합국력으로서의 한 축으로 자리매김하게 되었다.

그러나 초기의 소프트파워는 주로 문화 분야에 발전의 초점이 맞춰져 있었으며 창의력을 발휘할 수 있는 인적 자원의 확대를 의미했다. 그러나 시간이 지나면서 중국의 소프트파워는 중국의 유구한 역사를 대표하고 가치를 대변하는 차원에 중국의 유산과 관련된 '무형' 자원을 대변하는 의미가 되었다. 이에 공자를 현대적으로 해석하고 중국어를 세계에 전파하는 '공자학원'이 소프트파워의 중요한 축을 담당하게 되었다. 또한 옛것의 현대적 해석에 상업자본의 적극적인 진출을 허용하였다. 따라서 크고 작은 문화산업이 발달하였으며 순수공연의 대중화도 활발하게 진행되었다. 예를 들면 2008 베이징 올림픽을 총 연출했던 장이머우(張藝謀) 감독의 '○○인상(印象)' 시리즈가 문화 분야의 대중화 전략의 전형적인 중국식 성과물로 볼 수 있다. 중국 지역별 스토리와 장이머우의 명성 그리고 상업자본의 결합으로 국내뿐만 아니라 국외에서도 호평받는 공연으로 널리 알려져 있다.

반면 중국의 소프트파워 정책은 문화적인 측면 외에는 일정 부분의 한계를 드러내고 있다. 특히 정치적인 가치에서 보편성보다는 사회주의와 공산당의 특수성을 강조하고, 외교 분야에서는 주변국들과의 협력과 설득보다는 군사적 위협이 힘을 발휘한다고 비판받고 있다. 이를 극복하기 위해 중국은 합리적이고 정당한 국내외의 요구와 비판을 수용하고, 국제사회의 보편적 가치와 조화를 이루는 범위에서 특수성을 주장해야 할 것이다.(유희복, 2016)

〈그림 8〉 장이머우 감독의 인상유삼저(印象劉三姐)
*자료: 바이두 지식백과

홍색 문화

중국을 대표하는 색은 붉은색이다. 일반 대중들에게 홍색은 행운을 가져다주는 색으로 알려져 있으며, 중국공산당에게는 혁명과 용맹함을 상징한다. 또 그 강렬한 색감으로 인해 권위의 상징으로도 활용되기도 한다. 과거 명나라의 황제에게 올리는 상소문은 반드시 붉은색을 써야 했으며, 청나라의 황제가 서명하는 모든 문서도 붉은 종이였다. 현대에 와서도 이러한 전통은 유지되었는데, 중국공산당과 정부의 중요 문건은 홍두문건(紅頭文件)이라고 하여 정부 정책 중 최고의 권위를 부여하고 있다.

홍색은 정치 분야뿐만 아니라 문화 영역에서 각광 받는 색이다. 홍색 관광으로 명명되는 여행상품은 중국공산당의 유적지를 둘러보고, 당시의 복장과 사상을 공부하고 애국정신을 드높이는 중국 정부 주도 여행 상품이 되었다.

특히 중국 경제적 부상을 경계하는 글로벌 선진국들의 견제가 강화되자, 중국은 내적인 결속력을 강화하고 지도부의 강력한 리더십을 홍보하는 차원에서 이러한 홍색 문화를 적극 활용하고 있다. 물론 중국 정부가 홍색 문화를 정치적으로 활용하는 것에 대한 비판적인 시각도 적지 않다. 지나친 국수주의(國粹主義) 및 지구촌 시대의 역행이라는 의견이다.

그러나 중요한 것은 현대 중국의 문화발전 정책은 문화대국에서 문화강국으로의 이행이라는 분명한 노선이 설정되어 있으며, 이를 추진하는 중요한 전략으로 홍색을 적절하게 활용하고 있다는 점이다. 타국의 눈치를 보지 않고 자신만의 문화정책을 묵묵하게 추진하고 있는 셈이다. 중국의 홍색 문화는 구세대에게는 향수를 불러일으키고 하나의 중국, 단결된 중국을 유도하는 중요한 문화콘텐츠이다. 그러나 그 효과가 외래문화와 디지털 콘텐츠에 익숙한 신세대에게는 얼마나 공감을 이끌어낼 수 있을지는 시간을 갖고 지켜봐야 할 것이다.

〈그림 9〉 중국 홍색 여행

*자료: www.cslygw.com

3. 21세기 중국의 굴기와 아시아 평화번영

중국은 위협의 대상인가?

중국에 대한 관심이 높아지는 이유는 하나이다. 중국의 글로벌 영향력이 높아지면서, 자국 이익에 어떤 영향을 미칠 것인지 알아야 하기 때문이다. 지피지기 백전백승이라고 상대를 알아야 대책도 수립할 수 있다. 그러나 중국은 알기가 쉽지 않은 나라이다. 한 나라이면서도 31개의 지역과 56개의 다민족이 어울려 살아가며, 민주와 다당제를 헌법으로 명시해 놓았음에도 공산당이 실질적인 일당 집권을 하고 있다. 계획경제와 공유제를 기본으로 함에도 불구하고 시장경제의 도구적 활용을 주저하지 않는다. 어렵겠지만 이런 특징들을 합해 놓으면 중국의 개괄적인 이해가 가능해진다. 이질적인 것들의 자연스러운 융합능력이 바로 중국이 가진 힘이다. 그리고 이러한 능력은 정부 주도이든 또는 시민역량의 발현이든 시장의 선택을 받고 정치적 영향력을 발휘하면서 중국의 강건함과 지속발전을 유지하는 중요한 배경이 되고 있다.

그렇다면 중국은 위협의 대상인가 아니면 협력의 대상인가? 이분법적으로 말한다면 나의 편인가 아닌가의 문제이지만, 정치적 · 경제적 · 문화적으로 분류해 설명한다면 "정답은 없다"라는 것이 많은 국가들이 중국을 대하는 자세이다. 세 가지 분야에서는 미국도, 유럽도 또 중국을 둘러싼 주변국들도 위협과 협력의 대상으로 공존하는 상태이기 때문이다. 정답이 없다고 손 놓고 있기엔 중국은 모든 분야에서 너무 빠르게 성장하고 있다. 그래서 명확한 답을 찾긴 어렵겠지만, 중국에 대해 정확하게 이해한다면 적어도 시대적 당위성을 갖춘 대(對)중국 정책은 지혜롭게 추진할 수 있다. 우리가 중국을 정확하게 이해해야 하는 중요한 이유이다.

정치적인 측면에서 중국은 위협인가?

먼저 정치적인 면에서 중국은 위협의 대상이기보다는 다양한 국제관계 해결의 열쇠를 지닌 수문장이라고 보아야 한다. 우리의 분단과 북한 핵문제를 해결하기 위한 6자회담 및 주요 회담에서 중국의 입장에 따라서 대북정책의 실효성이 담보되기 때문이다. 정치적 영향력과 함께 군사력 증가에 대한 논의도 많다. 중국의 군사력이 세계평화를 위협할 정도의 힘을 보유하고 있는지에 대한 것이다. 중국은 매년 GDP의 약 8%를 방위비에 쏟아부었으며, 최근 항모를 구축하는 능력을 구비하여 강한 군대로의 전환을 시도하고 있다. 이는 남중국해나 대만을 위협하는 계기가 되기도 하여 국제여론의 질타를 받기도 했다. 그러나 중국은 세계평화를 위협하는 차원이 아닌 미국의 패권을 견제하는 세력의 다원화를 추구하는 것이라고 변론하고 있다. 미국이 정치 · 군사 분야에서 초국가적 영향력을 행사하고 있는 것을 불편해하는 국가들은 중국의 다원화를 내심 반가워하고 있다. 지역별로 블록화되어 다양한 정치 · 경제 · 군사 협력이 이루어지고 있는 현 시대에는 초국가적 패권국을 견제하는 적절한 힘이 필요하다는 일부 학자들의 주장과 같은 맥락이기도 하다.

동태적인 국제정치의 속성을 고려한다면, 중국이 국제사회에서 발휘하는 외교적 · 군사적 힘은 다른 강대국과 주변국들과의 관계에서 시시각각 변하는 합당한 영향력을 행사하는 수문장의 역할을 하고자 하는 것으로 이해할 필요가 있다. 이는 중국을 위협의 대상으로 여기기보다는 협력의 대상으로 항상 정치적 · 외교적인 협상의 여지를 남겨 놓아야 한다는 의미이다. 따라서 중국은 위협의 대상은 아니지만 언제든 위협의 대상으로 작용할 수 있다는 점을 인지하고 대(對)중국 정치 · 외교에 임할 필요가 있다.

경제적인 측면에서 중국은 위협인가?

다음으로 경제 분야에서 중국은 위협의 대상인가를 생각해 보아야 한다. 중국은 1978년 이후 줄곧 개혁개방 정책을 경제발전의 한 골자로 놓고 세부전략을 수립해 왔다. 현재 시진핑 정권에서는 한 단계 더 나아가 심화된 개혁개방 전략을 추진하면서 다양한 국제사회 경제질서에 편입하는 모양새다. 그러나 과거와 달리 심화된 개혁개방에는 후진타오 시대의 과학적 발전관이 기반을 잡고 있다. 덩샤오핑이 추진했던 개혁개방 시대, 노동집약적 산업과 환경파괴를 감수해가면서 선진국 캐치업(catch-up) 전략을 강도 높게 추진했던 것과는 다른 양상이다. 과학적 발전관의 기본은 기술기반, 혁신기반, 양적 발전에서 질적 발전으로의 전환이다. 개혁개방의 캐치프레이즈가 메이드인 차이나에서 메이드 바이 차이나로 변한 것이다. 그리고 중국의 소득수준이 높아진 현재는 심화된 개혁개방을 통해 내수와 수출을 동시에 발전시키는 쌍순환 정책이 포스트 코로나를 극복하는 주요 정책으로 입안되어 추진 중이다. 이제는 가히 메이드 포 차이나(made for china) 시대가 열린 셈이다.

중국의 경제적 부상은 확실히 많은 국가들이 위협의 대상으로 보는 시각이 많다. 단순한 경제규모의 크기가 아니라 경제발전의 체질을 적극적으로 개선하는 변화이기 때문이다. 발전 초기에는 선진국들이 중국을 활용의 대상으로 보았지만, 이제는 다르다. 중국이 개혁개방을 통해 제조업의 체력을 튼튼히 키워놓았으며, 과감한 탑다운식 혁신정책들이 조금씩 그 성과를 내고 있다. 중국제조 2025, 인터넷플러스, 창객(創客) 등이 바로 혁신의 성과와 자신감이 정책으로 발현된 대표적인 케이스다. 최근 심각한 갈등을 빚고 있는 미국과 중국의 무역전쟁은 바로 이러한 중국의 경제성장 체질 개선에 대한 위협을 미리 제거하겠다는 미국의 의도가 숨어 있는 기술패권 전쟁으로 봐야 한다. 단순히 중저가의 공산품을 생산하는 제조업이 아닌 하이테크 기술의 발전과 관련 인프라 및 인재에 대한 국가 차원의 육성정책이 미국에 위협으로 다가온 것이다. 다른 국가들에게도 중국의 이러한 경제성장 동력의 고도화는 부담스럽고 위협의 대상으로 비친다. 다만 미국과 같은 정치적 · 경제적 · 군사적 힘이 부족해 중국의 부상을 강하게 견제하고 있지 못할 뿐이다. 글로벌 소비 대국으로 성장한 중국 시장에서 배제당할까 두려워하는 점도 강하게 중국의 경제산업 고도화를 견제하지 못하는 중요한 이유 중 하나이다.

현재 세계의 90% 이상의 국가들이 중국과 어떠한 형태로든 경제관계를 맺고 있다. 중국에 투자한 국가, 중국으로부터 투자받은 국가, 중국과의 분업을 진행 중인 국가 등 다양한 경제 파트너십으로 네트워크 되어 있다. 그래서 강한 비판이 쉽지 않다. 중국의 경제발전과 기술진보가 위협이긴 하지만 아직은 중국의 시장과 투자가 자국의 이익에 더 도움이 된다는 실익이 존재하기 때문이다.

반면, 중국의 지속 가능한 경제발전 목표는 정치적 목표와 함께 글로벌 표준을 지향한다. 세계 신기술 표준을 중국이 선도하겠다는 의도이며, 이와 관련된 4차 산업 분야 및 신흥산업 분야에 막대한 재정을 투입 중이다. 포스트 코로나 이후 중국의 이러한 정부 주도 경제회복 및 심화된 개혁개방은 더욱더 박차를 가할 전망이다. 우리 경제의 중국 의존도는 40% 이상으로 평가한다. 인적 교류, 문화 방면의 교류까지 더하면 60% 이상으로 보기도 한다. 중국의 경제구조 변화와 기술 진보가 반갑지 않은 이유가 여기에 있다. 한국은 중국의 경제발전에 동반 성장한 가장 큰 수혜자다. 그러나 한국이 언제나 중국보다 질적으로 앞서 있다는 생각은 특히 경제 분야에서는 위험하다. 민주적이고 자율적인 경쟁과 발전은 아니었더라도 중국의 경제는 양적 · 질적으로 우리를 위협하고도 남을 만큼 성장하고 성숙되었다. 포스트 코로나 시대 경제회복을 위한 양국의 핵심 육성 산업을 보면 우리가 중국 경제발전

〈표 4〉 포스트 코로나, 한국판 뉴딜과 중국판 뉴딜의 비교

<table>
<tr><th rowspan="4">중국판 뉴딜
(신인프라 건설)</th><th colspan="2">정보 인프라</th><th colspan="2">융합 인프라</th><th colspan="2">혁신 인프라</th></tr>
<tr><td>통신 및 네트워크</td><td>5G, IoT, 산업인터넷, 위성인터넷 등</td><td>스마트 교통</td><td>자율주행,도심궤도교통시스템 등</td><td rowspan="3">혁신 인프라 (R&D)</td><td rowspan="3">핵심 과학기술, 과학 교육,산업 기술혁신 등 분야</td></tr>
<tr><td>전략 신기술</td><td>AI, 클라우드 컴퓨팅, 블록체인</td><td rowspan="2">스마트 에너지</td><td rowspan="2">특고압, 스마트그리드 등</td></tr>
<tr><td>컴퓨팅 센터</td><td>데이터 센터,스마트 컴퓨팅 센터</td></tr>
<tr><th rowspan="5">한국판 뉴딜</th><th colspan="2">디지털 뉴딜</th><th colspan="2">그린 뉴딜</th><th colspan="2">융합 과제</th></tr>
<tr><td>데이터댐</td><td>빅데이터 플랫폼, 5G 조기 구축, 5G 융합 등</td><td>그린 리모델링</td><td>태양광 설치, 친환경 단열재 교체, LED조명 등 에코설비 설치 등</td><td>스마트스쿨</td><td>초중·고 무선망 및 스마트기기 보급 확대</td></tr>
<tr><td>지능형 정부</td><td>블록체인, AI 기반의 공공서비스 등</td><td>그린 에너지</td><td>태양광·풍력 등 신재생 에너지 산업, 수소 에너지, 에코시티 등</td><td>디지털 트윈</td><td>자율차·드론 등 신산업 성장 추진, 스마트 제조업 및 스마트 도시화 추진</td></tr>
<tr><td rowspan="2">스마트 의료</td><td rowspan="2">스마트 병원, 원격진료, AI 정밀 의료 등</td><td rowspan="2">친환경 차세대 모빌리티</td><td rowspan="2">전기/수소차 인프라 확충, 노후차량/선박 교체, 차세대 자동차 핵심 기술 R&D지원 등</td><td>국민안전망 디지털화</td><td>차세대 교통시스템 구축, 스마트 수자원 시스템, 지능형 공항·항만 시스템구축</td></tr>
<tr><td>스마트 그린</td><td>스마트 에너지 플랫폼 구축, 클린 팩토리, 온실가스·미세먼지 저감 시설 확충</td></tr>
</table>

*자료: 한·중 뉴딜정책 자료 취합, 저자 작성

에 대해 어떤 시각을 가져야 하는지 답이 나온다. 공생이 불가피해졌다. 투자 규모의 차이만 있을 뿐 경제 · 산업의 중점 육성 분야가 대부분 겹친다. 우리가 기술을 선도하고 중국이 시장을 내어주는 시대는 지났다. 상대적 우위에 있는 것은 과감하게 교류하고 시장을 얻는 실사구시의 경제정책이 필요함을 반드시 주지해야 할 것이다.

문화적인 측면에서 중국은 위협인가?

중국의 문화는 반만년의 역사와 전통에 기반을 둔다. 광활한 지역에 다양한 문화와 역사가 혼재하니, 당연히 많은 문화적 스토리가 존재하고 그에 대한 자부심도 높다. 반면, 문화는 중국의 아킬레스건이기도 하다. 공산당의 혁명정신과 지도사상을 위협할 수 있는 것으로 종교와 외래문화를 꼽기 때문이다. 신중국 건국 초기에는 정치적으로 국가를

안정시키고, 국민들의 단합을 위해 선전을 문화와 동일시 했다. 그리고 개혁개방 이후에는 문화는 먹고사는 문제가 해결된 다음의 고려 대상이었다. 애써 외면하고 잠시 늦춰 둔 중국의 자존심인 것이다.

그러나 시대가 달라졌다. 먹고사는 문제가 어느 정도 해결된 샤오캉 사회에 근접하자 중국의 문화는 새로운 도약을 추진하고 있다. 중국의 꿈인 중화민족의 부흥에 가장 큰 가치를 부여하는 방식으로 돌아온 것이다. 여기에 힘을 실어준 것이 바로 중국의 경제력 상승과 문화강국으로 발돋움하겠다는 지도부의 의지이다. 중국의 문화적 영향력이 당장은 아니더라도 머지않아 위협이 될 수 있다는 의미이기도 하다.

문화는 소비자의 선택을 받고 확산되는 특징을 갖기 때문에 시장의 불확실성을 제거하는 것이 중요하다. 과거 중국의 문화정책이 소비자를 고려하지 않는 국가 정체성 확립 차원이었다면, 이제는 문화의 경제적 가치를 주목하고 국가발전의 주요 산업으로 지정하기에 이르렀다. 문화의 산업화가 빠르게 진행 중인 것이다. 소비자들은 중국문화를 소비하는 주체였지만, 정작 그 소비재를 생산하고 유통하고 이익을 취하는 것은 글로벌 문화기업들이었다. 풍부한 스토리, 많은 소비인구는 문화산업이 중국에 빠르게 확산되는 단단한 기반을 마련해 주었다. 이러한 중국의 문화시장이 스스로 콘텐츠를 발굴하고 인프라를 구축하여 문화서비스를 제공하는 자가발전을 시작했다. 물론 중국의 여타 정책과 마찬가지로 중앙-지방 정부 주도의 발전이긴 하지만 민간의 역량을 자유롭게 펼칠 수 있도록 정부는 거시적인 네거티브 리스트만 관리한다는 점은 주목할 만하다. 2000년대 이후 중국의 문화산업은 연평균 10%를 상회하는 성장률을 보이고 있으니, 자본과 문화가 만나 중국 문화의 새로운 르네상스를 쓰고 있다는 평가도 낯설지 않다. 중요한 것은 IT와 풍부한 문화 인프라 그리고 소프트파워의 융합이 이렇게 창조적이고 융합적인 산업 성장의 결과를 가져오면서 글로벌 영향력을 높이는 점이다. 당장은 아니더라도 중국의 문화 영향력이 위협으로 비칠 수 있는 대목이다.

반면 우리는 문화강국, 좀 더 정확하게 표현하자면 문화콘텐츠 강국이다. 여전히 중국이 따라올 수 없는 창의적인 문화콘텐츠와 서비스가 우리의 경쟁력이지만 중국 자본의 유혹에 언제까지 나홀로 전략을 펼칠 수 있을지 의문이다. 중국의 문화적 영향력은 아직까지 우려할 만한 정도는 아니다. 그러나 자본과 시장을 앞세운 중국의 문화영향력 확대에 대해 우리는 경쟁 또는 협력할 대상임을 명확히 인지하고 전략적 대응을 하는 혜안이 필요하다.

아시아의 평화와 중국의 역할

역사 속에서 아시아는 농경생활을 기반으로 하는 평화로운 지역으로 인식된다. 근대화의 과정을 거치기 전까지 아시아는 다양한 정치체제를 유지하며 나름의 평화를 유지하고 있었다. 유럽의 진출로 아시아는 근대화의 길로 들어섰고, 아시아의 근대화는 산업화 이상의 의미를 지닌다. 이는 해방으로 표현되기도 하며 사상 · 기술 · 문화 분야에서의 급속한 패러다임 전환에 기반한다. 미국과 구소련이 대치하던 냉전 시대를 거치면서 아시아는 다시 한번 정치적 · 경제적 변혁기를 거쳤다. 공산당과 사회주의 체제가 들어서기도 하고 경제적으로 부흥 또는 침체를 맞이하기도 하였다.

이러한 변화의 과정에서 중국은 매번 소용돌이 중심에 위치했다. 근대화 과정에서 아편전쟁과 일제침략, 공산화 과정과 한국참전, 그리고 북한과 관련된 현재의 다자회담까지 그 역할이 다양했다. 따라서 중국이 아시아 평화에 이바지했느냐는 질문에는 쉽게 답하기 어렵지만 아시아의 평화에 중요한 열쇠를 쥐고 있느냐는 질문에는 고개를 끄덕일 수 있다. 경제력과 군사력이 커진 현대에는 더욱더 중국이 아시아의 평화에 깊숙하게 개입할 수 있을 것으로 본다. 글로벌 외교무대에서 역시 중국의 위상과 역할이 중요해지고 있는 점을 감안하면 아시아의 평화를 위해서 중국은 다음과 같은 역할을 수행해야 한다.

첫째, 아시아의 통합에 영향력 있는 목소리를 내야 한다. 영향력 있는 목소리란 자국의 이익만을 주창하는 보수적이고 국수주의적인 색채를 풍기라는 의미가 아니다. 세계가 아시아 시장을 주목하고, 아시아의 산업을 주목하고, 아시아의 자원을 주목하는 만큼 주변국들과 함께 아시아의 위상을 제고할 수 있도록 협력적 의견을 모으는 데 주도적이어야 한다는 뜻이다. 정치적으로 UN에서 아시아의 입장을 대변하고, 미국주도 경제블록인 TPP(환태평양 경제 동반자 협정, 環太平洋經濟同伴者協定, Trans-Pacific Strategic Economic Partnership)에 대응할 수 있는 RCEP(역내 포괄적 경제 동반자 협정, 域內包括的經濟同伴者協定, Regional Comprehensive Economic Partnership)를 지혜롭게 이끌어 거대 경제권역의 이해충돌을 완화해야 한다. 북핵과 같은 민감한 글로벌 이슈를 정치적으로 활용하기보다는 진정성 있는 자세로 북한을 설득하여 협상테이블에 참석하도록 해야 하며, 아세안(ASEAN) 국가 및 국경을 맞댄 국가들과의 이해관계를 아시아의 가치로 승격하도록 노력해야 한다.

둘째, 아시아의 경제적 역량을 제고하는 데 공생의 규칙을 준수하도록 노력해야 한다. 코로나를 극복하는 과정에서 많은 아시아의 국가들이 단기간에 회복하기 어려운 치명상을 입었다. 중국은 코로나 종식을 선언하고 경제회복의 최선두에 있는 국가이다. 물론 자국의 경제회복이 중요하다. 그러나 아시아의 다른 국가들이 무너지면 중국 역시 적지 않은 타격을 입을 것이다. 산업의 생산망과 공급망 그리고 소비망이 복잡하게 얽혀 있기 때문이다. 중국은 중국판 뉴딜을 통해 첨단기술과 관련된 고부가가치 산업에 획기적인 도약을 할 수 있는 기회가 생겼다. 그리고 이를 뒷받침할 충분한 자금 역시 그동안의 경제성장을 통해 마련해 두었다. 중국의 경제회복과 발전은 분명이 단기간에 가시적인 성과를 거둘 것이다. 그러나 자본을 미끼로 한 아시아 개도국으로의 진출은 이제 국제사회의 지탄을 받을 가능성이 높다. 중국은 아시아 개도국들의 성장과 자립을 도와줄 수 있는 녹색투자, 녹색협력을 주도하는 공생의 규칙을 지키면서 자국 경제성장의 질적 발전을 추구해야 할 것이다. 경제 대국에서 진정한 경제 강국으로의 면모는 이런 규칙과 계획을 자발적으로 행동으로 옮기는 것에서 나온다. 아울러 자본을 기반으로 한 선진기술의 개발과 글로벌 표준에 있어 협력할 수 있는 기술 수준의 국가들과는 적극적으로 협력을 모색하는 어울림의 기치 또한 발휘해야만 진정한 아시아의 경제적 리더로 존경받을 수 있을 것이다.

마지막으로 문화강국을 지향하되 착한 문화전파에 노력을 기울여야 한다. 문화는 한 국가와 민족의 혼으로 여겨진다. 따라서 이질적인 문화로 인해 자국 문화가 잠식당하면 국가의 존립이 위태로워지기도 한다. 문화는 철저하게 민간 지향적이고 자연스러운 인문사회의 교류에서부터 시작되어야 한다. 그러나 중국의 문화강국 정책은 경제발전을 최우선 순위에 두었던 과거의 정책을 보완하는 차원에서 인위적인 문화의 부흥정책이라고 볼 수 있다. 산업자본과 금융자본 그리고 강한 정부의 지원 덕분에 중국은 문화산업에서 괄목할 만한 성과를 거두었다. 이를 통해 중국 문화콘텐츠의 주변국 전파 및 글로벌화에 속도전을 내고 있다. 그러나 경계해야 할 것은 중국의 문화강국 전략이 문화식민지를 유도하고 있다는 비판이다. 과거와 달리 IT가 보편화된 생활 속에서 다양한 문화콘텐츠에 대한 접근이 매우 쉬워졌다. 따라서 거대 자본과 문화가 결합된 문화콘텐츠는 온라인을 기반으로 너무나도 쉽게 퍼져나가고 검증되지 않은 상태에서 전파된다. 중국의 콘텐츠가 자본의 원리에 따라서 수익만을 추구한다면 문화강국으로서 문화전파는 가능하겠지만 문화식민지를 구축하고 있다는 비판은 계속 이어질 것이다.

중국은 해외자본을 통해 자국의 제조업 수준을 글로벌 중진국 반열에 올려놓았다. 해외자본이 공장을 개설하고 일자리를 창출하고 기술을 전파하는 '그린 FDI(해외직접투자)'의 역할을 했기 때문에 가능한 일이었다. 문화도 다르지 않다. 중국의 자본과 결합된 문화가 글로벌화되는 과정에서 상대국에 문화를 잠식시킬 수도 있고 또는 상대국의 문화가 성숙될 수 있도록 그린 FDI와 같은 착한 문화전파의 역할을 수행할 수도 있다. 중국이 진정한 중국몽과 중화민족의 부흥을 문화를 통해 실현하고자 한다면 약탈적이어서는 안 된다. 상대국의 문화 역시 존중하고 배려하며 자생력을 갖고 꽃 피울 수 있도록 도와주는 착한 문화역량의 전파를 지향해야 할 것이다.

4. 나가며

짧은 시간에 중국을 이해하는 것은 어렵다. 오랜 역사적 인과관계와 민족의 단합과 분열, 넓은 국토의 특성, 그리고 신중국의 건립과 개혁개방 이후 급속한 발전의 보편성과 특수성을 동시에 이해해야 하기 때문이다. 어렵다고 해서 중국을 제외하고 생각하기엔 너무나 중국의 힘이 강해졌다. 정치적 · 지리적 · 경제적으로 가까운 우리에게는 더욱더 외면해서는 안 되는 처지이다.

본 장에서는 중국의 기본 정보를 기반으로 더 이상 외면이 불가능해진 중국을 살펴보았다. 세부적으로 들어가면 더 많은 주제와 호기심을 유발하는 이슈들이 우리들의 토론을 기다리고 있다. 하지만 본 장에서는 아시아의 공동번영과 평화라는 입장에서 필요한 주제만을 간략하게 취사선택하여 정리하였다.

정치적 · 외교적인 시각에서 중국이 가지고 있는 체제의 보편성과 특수성에 대해 이야기하였다. 이는 중국 정부의 의사결정 메커니즘과

정책추진의 기본 가치 등에 대해 이해하는 것이며, 나아가 중국이 국제사회에서 어떤 입장을 취하고 정치적 · 군사적 · 외교적 역량을 발휘할 것인가를 예측가능하게 한다.

경제적 시각에서는 중국의 가장 이질적인 제도 결합을 가능하게 한 과감한 실험정신에 대해 살펴보았다. 정부 주도 경제발전과 부작용에 대한 해결과정과 새로운 성장동력을 발굴하고 육성하는 중국의 야심찬 계획과 추진전략을 알아야 우리는 중국의 발전에 편승하여 실익을 챙길 수 있기 때문이다. 중국은 포스트 코로나 시대 경제회복 과정을 아시아 및 글로벌 경제 영향력을 강화시키는 재도약의 기회로 보고 있다. 아시아와의 경제적 협력과 연대에서 주도적인 역할을 하겠지만, 자국에 적용했던 정책추진 방식을 협력자들에게 강요하는 방식이어서는 안 된다. 아시아 국가들이 분업할 수 있는 역량에 따라 적절한 밸류체인 생태계를 구축하여 아시아의 가치를 키우는 데 일조해야 한다. 또한 한중일은 아시아 경제를 이끌어가는 삼두마차로 협력과 경쟁이 불가피하겠지만, 삼국은 실익을 우선에 두고 공생의 경제협력을 이끌어내야 한다. 이것이 아시아가 글로벌 시대의 경쟁력을 갖춘 지역으로 발돋움하는 핵심 키워드가 될 것이며, 중국이 향후 적극적이고 합리적인 역할을 하길 기대한다.

마지막으로 중국의 문화적 영향력에 대한 이해를 문화강국이라는 키워드를 중심으로 살펴보았다. 경제 발전에 비해 그 중요도가 적었던 문화는 중국이 G2로 성장한 이후 중국의 꿈과 중화민족의 부흥을 이행하는 중요한 가치로 부상했다. 그리고 중국은 자본과 제조업 그리고 IT의 발전에 힘입어 무서운 속도로 자국의 문화적 영향력을 넓혀가고 있다. 국가 경제를 발전시키는 새로운 동력으로서 규정하고 있지만, 문화 영향력을 통한 문화제국주의를 우려하는 시각도 존재한다. 중국은 대국으로서의 문화육성과 강국으로서의 문화전파에 선한 영향력을 보태야 한다. 선한 영향력이란 중국의 문화가 타국의 문화전파에 너무 자본화되지 않고 그들의 문화자생력을 키워주는 방식이어야 한다는 것이다. 그래야만 중국의 문화는 배척받지 않고 지속가능한 발전과 교류가 가능하게 될 것이다.

종합하면 아시아에서 중국은 대국과 강국의 모든 위치를 점하고 있다고 해도 과언이 아니다. 일부에서는 중국이 이미 명/청 시대만큼이나 글로벌 영향력이 커졌다고 이야기한다. 그러나 중국은 중국의 꿈과 중화민족의 위대한 부흥을 위해 좀 더 많은 투자와 좀 더 많은 발전이 필요하다고 말한다. 중국의 지속발전 가능성에 대한 찬/반 여론 속에서도 중국은 묵묵히 자신만의 길을 가고 있다. 주목해야 할 것은 중국이 이제는 대국으로서의 지위를 넘어서 강국으로서의 열쇠를 가지고 행동하려는 점이다. 아시아의 정치 · 외교 · 경제 · 군사 · 문화 등의 분야에서 중국의 역할이 주목받고 있는 이유이기도 하다. 사람들은 중국의 부상을 두려워하고 또 불편해하기만 한다. 그러나 우리가 아시아적 가치를 찾고 아시아의 힘이 글로벌 영향력을 제대로 행사하기 위해서는 중국에 대한 정확한 이해와 올바른 역할론을 이야기해야 한다. 포스트 코로나 시대, 중국이 아시아의 가치를 합리적이고 평화적으로 드높이는 역할을 할 수 있기를 기대해 본다.

참고문헌

고정오 · 서창배. 2016. "'B&R' 이니셔티브(一帶一路)에 따른 중국과 14개 변경국가 간 무역 결정요인 분석." 『전자무역연구』 14권 4호.

곽복선 외. 2015. 『중국경제론』. 서울: 박영사.

국민대학교 중국인민사회연구소. 2018. 『중국 현대를 읽는 키워드 100』. 네이버 지식백과.

김정규. 2010. "중국 정치지도체제의 제도화에 관한 연구." 『동아인문학』 18권.

백영서 · 정상기. 2019. 『내일을 읽은 한중관계사』. 서울: 알에이치코리아.

성균중국연구소. 2019. 『차이나핸드북』. 서울: 김영사.

아산정책연구원. 2014. 『차이나 콤플렉스』. 서울: 아산정책연구원.

유봉구. 2017. "중국의 인터넷플러스 문화산업의 내용과 그 유형 분석." 『외국학연구』 41권.

이계희. 2001. "중국학자들의 중국정치 발전론." 『사회과학연구』 12권, 151-164.

이광수. 2013. "중국공산당의 정치선전과 홍색문화열." 『동북아연구』 28권 2호.

이민규. 2017. "중국의 국가핵심이익 시기별 외연확대 특징과 구체적 이슈." 『중소연구』 41권 1호.

이수행. 2016. "중국 신창타이경제의 등장과 시사점." 『이슈&진단』 233권.

이희옥 외. 2012. 『한중관계 어디까지 왔나: 성과와 전망』. 서울: 동북아역사재단.

장소매 · 김윤태. 2020. "왜 중국의 불평등이 증가하는가." 『아시아리뷰』 10권 2호.

정규식. 2018. "신진핑 신시대와 미중간 신냉전의 마주침." 『한국산업경제학회 학술발표대회 논문집』 9.

정다정 · 박정수. 2020. "중국의 신경제 정책과 시사점: 일대일로를 중심으로." 『중국 인문학회 학술발표대회 논문집』.

정병걸. 2017. "중국의 과학기술정책과 행정체제 변화." 『과학기술정책』 27권

3호.
조지프 나이, 홍수원 역. 2004. 『소프트파워』. 세종: 세종연구원.
중국 국무원 홈페이지. www.china.com.cn
홍순도 외. 2017. 『베이징 특파원 중국문화를 말하다』. 서울: 서교출판사.
황재호. 2020. "수교이후 한중관계의 평가와 신형관계를 위한 정책제언." 『아시아문화연구』 53권.
후수리 외. 2014. 『뉴노멀 중국』. 서울: 유비온.
国务院, 『国务院关于印发《中国制造2025》的通知』 (2015. 5. 8.)
刘德斌. 2004. "软权力说的由来与发展." 『吉林大学社会科学学报』 04期.
王沪宁 外. 1995. 『新政治学概要』. 上海: 复旦大学出版社.
KIEP. 2015. "2015 중국 전인대에 나타난 경제 운용 방향." 『오늘의 세계경제』 15권 7호.
KIEP북경사무소. 2015. "'중국제조 2025' 문건의 내용 및 평가." 『KIEP북경사무소 브리핑』 18권 9호.
KOTRA 국가정보 홈페이지. https://news.kotra.or.kr/user/nationInfo/kotranews/14/nationMain.do?natnSn=53
KOTRA 중국사업단. 2015. "육성에서 혁신으로: '중국제조 2025' 전략과 시사점." 『중국투자뉴스』 제460호.

5장 일본과 아시아

최희식(국민대학교)

5장

일본과 아시아

1. 들어가며

최근 일본은 집단적 자위권 용인, 헌법 개정의 움직임, 방위력 증대 등 적극적인 방위정책을 추구하고 있다. 또한 일본 정부는 종군위안부 대신에 '위안부', 징용공 대신에 '한반도 출신 노동자'라는 단어를 사용함으로써, 식민시대의 반인도적 불법행위의 죄상을 지우려고 하고 있다. 이는 '우경화 프레임'과 '군사대국화 프레임'이 결합되며 일본에 대한 위협 의식을 높이고 있다.

현실적으로 한국과 일본은 미국과의 동맹을 공유하고 있기 때문에 안보상 상호의존성이 높다고 할 수 있다. 이른바, '특수관계' 혹은 '유사동맹'에 근접한 우호국인데, 실상은 서로를 위협으로 느끼기 시작한 것이다. 문제는 그것이 진실이라고 믿고 있는 것이다. 그러나 세상 일반이 그러하듯이, 국가와 국가와의 관계도 그리 간단한 것이 아니다.

상대적으로 높은 수준의 경제적 상호의존성이 존재함에도 불구하고, 정치와 안보 차원에서 갈등을 지속하고 있는 동아시아의 상황을 '아시아 패러독스'라고 하지만, 이 역설은 기실 상호 오해에서 비롯된 것이라고 말할 수 있다. "골 포스트를 옮겼다", 중국 경사론, 일본 우경화론 등 한일 쌍방의 수많은 오해가 진실인 양, 혹은 특정 측면이 전체 상황인 양 유포되고 있는 상황에서 상호협력은 불가능할지도 모른다. 이를 극복하기 위해서는 상대국을 특정 이미지로 몰아세우는 것이 아니라 객관적으로 이해하려고 노력함으로써 '신뢰의 선순환 구조'를 만들 필요가 있다.

이러한 문제의식하에서 현대 일본의 문제의식과 그에 따른 국가전략의 방향성을 살펴보고, 한반도(남북한)와 일본의 관계는 어떠한지를 살펴보고자 한다.

2. 현대 일본을 읽는 키워드

보수화

21세기 아시아의 세력균형은 크게 변화하였다. 21세기 중국은 경제력 및 군사력을 급격히 증대시켜 그 존재감이 제고되고 있다. 물론 중국의 대두는 1990년대 이후 동아시아 질서 변화의 중요한 요인이었으나 2002년 국제무역기구(WTO) 가입 이후 중국의 존재감이 더욱 두드러지게 되었다. 이른바 아시아 지역에 있어 미중 양강체제인 'G2 시대'의 도래를 알린 것이다. 특히 이러한 세력 전이는 2008년 글로벌 금융위기 이후 급격히 가속화되고 있다는 사실은 중국과 일본의 2008년 이후 GDP 성장률에서도 확인되고 있다. 일본은 2008년 글로벌 금융위기의 여파로 마이너스 경제성장으로 전락한 반면, 중국은 9~10%대의 경제성장을 유지하며, 급기야 2010년 중국은 일본을 누르고 세계 제2위의 경제 대국으로 성장하였다. 반면 일본은 '잃어버린 20년'을 통해 그 존재감이 쇠퇴하고 있다. 2011년 동일본대지진은 이러한 세력 전환을 가장 상징적으로 보여주었다.

이와 더불어 중국의 국방비 또한 급속히 증가하여, 2004년 일본의 국방비를 추월하였고 2008년 이후에는 두 배의 격차를 보이며, 그 격차는 날로 커지고 있다. 반면 일본의 국방비는 2008년까지 조금씩 감소하다, 2009년 이후 조금씩 증가하는 데 머물고 있다. 이러한 중국의 국방비 증가와 더불어, 2009년부터 '제1열도선'을 넘어 태평양 지역까지 중국 해군의 해상활동이 확대되면서 동아시아 지역의 중요 현안이 되고 있다.

중국의 대두와 일본의 쇠퇴로 인한 아시아 세력균형의 변화는 새로운 국제관계를 형성하고 있다. 무엇보다 이러한 동아시아 권력 지형의 변화가 반드시 평화로운 상황만을 연출하지 않는다는 것은 2010년에 일련의 사건이 보여주고 있다. 2010년은 중국이 일본을 누르고 GDP에서 세계 제2위로 부상함으로써 국제질서에 있어 중국의 위상을 보여주는 해였다.

특히, 2010년 중일 센카쿠 열도 분쟁은 중요한 전환점을 형성했다. 이 분쟁의 특징은 갈등 해결 수단이 극단화되었다는 점이다. 중국은 WTO 규정을 위반하는 희귀 지하자원(히토류)의 대일 수출을 제한함으로써 일본에 압박을 시도했으며, 일본의 대중 수출에 대한 통관 절차의 엄격화 등을 이용해 일본 기업의 대중 수출에 차질을 불러왔다. 동시에 군사시설 촬영을 이유로 일본인 4명을 구속함으로써 일본의 중국인 선원 구속과 동일한 대항수단을 행사하였다. 이러한 중국의 '과잉대응'은 중국 해군의 태평양 지역 해상활동과 연계되며 미국의 우려를 증폭시켰으며, 미국의 적극적인 아시아 개입을 불러왔다. 미국은 영토분쟁에 대한 기존의 중립적인 태도에서 벗어나, 센카쿠 열도뿐만 아니라 남중국해 해양영토 분쟁에 적극적인 개입 의사를 표명했다.

다음 해인 2011년 발생한 동일본대지진은 일본의 안전 신화를 무너트렸을 뿐만 아니라, 마이너스 성장으로 인해 중국과의 격차는 더욱 벌어지게 되었다. 무너진 자존심으로 일본 사회는 더욱 내향적으로 변해가며 보수화의 흐름이 가속되고 있다.

위와 같은 대외 환경의 변화는 국내적 요인, 즉 국민 여론 및 정치적 리더십과 연동하며 일본의 보수화 경향을 강화했다. 동시에 전반적 보수화의 흐름은 전후세대의 부상에 따른 정치적 리더십의 변화에 의해 더욱 증폭되고 있다. 전후세대의 부상은 1990년대 이후 나타난 '보수 내셔널리즘'의 강화, '신보수주의' 세력의 성장, '안보 내셔널리즘'의 강화 등 일본의 보수화와 맥을 같이하며, 이러한 흐름을 더욱 강화하고 있다.(김호섭 등, 2000; 송주명, 2001; 이시카와 마스미, 2006; 박철희, 2006) 즉 일본의 보수화와 전후세대의 전면적 부상은 상호 깊은 연관을 지니고 있다.

여기에서 전후세대는 "일본의 패전과 패전 직후의 궁핍을 체험하지 못한 세대, 즉 1950년대 이후 태어난 세대"를 의미한다. 이들 전후세대의 개인적 특징은 버블경제의 붕괴를 '집단적 기억'으로써 지니고 있어서, 현재 일본의 문제점을 기존 정치 · 경제 스타일에 기인한 것으로 인식하며 이를 개혁하려는 개혁 지향적 성격이 강하다는 점이다. 또한 해외 유학을 경험한 사람이 많아서 영어가 능통할 뿐만 아니라 전략적 외교 감각을 소유하고 있으며 의원외교에 적극적이다. 동시에 2세 의원이 많고 선거기반이 튼튼하여, 일반적으로 당선 횟수가 낮은 의원이 회피해 온 외교 및 국방에 높은 관심을 보인다.

이와 같은 전후세대의 정치적 특징을 일괄적으로 정리할 수는 없다. 하지만 (1) 가치외교에 입각한 전략적 외교론, (2) 설명책임성(accountability[1]),

1) accountability는 한국에서 '석명책임성'으로 번역되지만, 일본에서는 '설명책임성'으로 번역되고 있다. 이하에서는 일본 방식에 따라 설명책임성으로 표기한다.

즉 정치의 주도성 강조, (3) 과거사의 재인식 추구를 대략적인 성향으로 언급할 수 있다.(최희식, 2009) 전후세대는 중국의 대두와 북한 문제를 강하게 의식하고 있어, 미일동맹의 강화를 통해 이러한 안보위협을 해소하고자 하는 전략적 외교론을 보여주고 있다. 특히 일본 안보체제의 재구축, 즉 안보 강화에 관심이 많으며, 헌법 개정, 정보 및 방첩 체제의 구축에 관심이 많다. 실제 1차 아베 정권 시 2006년 12월에 '정보기능강화 검토회의'가 설립되었고, 동월 '방첩 추친회의'가 설립되어 새로운 대외 정보기관 설치 및 정보 방첩 체제 강화를 위한 대책을 적극적으로 추진하였다. 이러한 체제를 구축하는 데 있어 기존 관료 주도 정책 결정 과정을 비판하며 정치 주도 원칙을 강조하고 있다.

또한 전후세대는 일본의 국제적 존재감 확보에 노력하며, 국제적 공헌, 유엔 개혁 및 안보리 상임이사국 진출을 주장하고 있다. 자원 외교적 측면에서 중동 및 중앙아시아에 대한 관심이 남다르다. 무엇보다 미국 유학 등의 경험에 기초해 민주주의 시장경제 등 '가치'에 대한 집착이 강하며, 민주주의 국가의 결속을 중시한다.

물론 이들 전후세대는 아시아 외교를 무시하는 것은 아니다. 그러나 중국위협론까지는 아니지만, 중국의 대두가 일본 존재감의 쇠퇴로 연결되지 않을까 염려하고 있다. 그런 의미에서 미국, 인도, 호주와 같은 자유민주주의 체제를 공유하는 동질국가와의 협력에 의해 중국의 대두를 견제하려는 경향이 강하다.

문제는 이러한 전략적 외교론이 과거사의 재인식과 맞물리며 역사문제가 최대 화두가 되어 있는 근린외교에 어두운 그림자를 드리운다는 점이다. 전후세대 지식인과 연대하며, 역사교과서 편찬작업이나 90년대 이후 일본 정부의 역사 인식을 부정하려는 노력의 선봉에 서있다. 문제는 이러한 과거사의 재인식 경향이 주변국과의 역사 마찰을 초래하고 있다는 점이다. 또한 전략적 외교론과 그 기초가 되는 가치관 외교는 과거사 재인식에 대한 불만과 맞물리며 주변국, 특히 중국으로부터 중국 봉쇄론의 일환으로 비판받고 있다.

이러한 외교전략을 가지고 있는 전후세대 그룹이 정치 전면에 대두되면서 일본의 정치적 리더십이 변화하고 있다. 2005년 중의원 선거에서 30대와 40대 당선자는 40%를 넘어섰으며, 2007년 참의원 선거에서 동 세대 당선자는 49%를 넘어섰다. 양자 모두 50대를 합치면 70%를 넘어선다. 이러한 수치는 2000년대 중반에 이미 일본 정치의 세대교체가 거의 완성되었음을 보여준다.

센카쿠

센카쿠 제도는 일본이 영유권을 주장하는 섬이며, 그 기점으로 획득되는 배타적 경제수역은 천연가스 등 지하자원이 풍부한 것으로 알려져 경제적 이익을 담보하는 중요한 섬이다. 동시에 센카쿠 열도와 남중국해는 페르시아-인도양-말라카해협-동중국해-일본으로 이어지며 석유 등 자원 수입을 위한 해상교역로로 '항해의 자유'가 절대적으로 필요한 공간이기도 하다. 이렇듯 '영유권, 경제적 이익, 안전보장'이 엉켜있는 센카쿠 열도와 남중국해 문제는 2010년 이후 악화되어갔다.(이명찬, 2013; 최은봉·석주희, 2012; 손기섭, 2008)

2010년 중일 양국은 센카쿠를 둘러싸고 심각한 갈등을 유발하였다. 2010년 중일 센카쿠 갈등은 정권교체를 달성한 일본 민주당 정부가 어업협정에 대한 암묵적 합의를 깨고, 중국 선장을 공무집행 방해로 장기 구속한 것에 원인이 있었다. 중일 신어업협정의 기본정신은 북위 27도 이남에 대해서는 기존의 어업질서(기국주의)[2]를 유지하는 것이다. 이는 영유권 문제의 보류라는 원칙하에, '영해침범' 중국 어선을 '강제퇴

2) 공해상에 있는 선박은 그 선박의 소속국, 즉 선박을 등록하고 국기를 게양한 국가만이 관할권을 갖는다는 국제법상의 일반 원칙.

각'시키는 형태로 문제를 관리한다는 것을 의미했다. 하지만 민주당 정부는 "국내법에 따라 엄정하게 처리한다."는 입장하에 공무집행죄를 적용하고 선장을 구속했다. 중국 정부는 이러한 선장 구속을 일본 정부가 센카쿠 제도에 대한 영유권 주장을 명시적으로 행사한 것으로 파악했고 이에 강경하게 대응했다.

2012년 9월 11일, 일본 정부가 센카쿠 제도를 국유화함으로써 사태는 더욱 복잡하게 전개되었다. 2002년 4월에도 일본 정부는 센카쿠 제도의 안정적 관리를 위해 토지 소유자와 임차계약을 맺어 민간인의 상륙을 불허하면서, 센카쿠 제도를 둘러싼 중일갈등을 관리하려 했던 적이 있었다. 하지만 일본의 의도와는 달리 중국과 대만의 반발을 불러일으켰을 뿐이다. 이러한 경험은 활용되지 못했다. 2012년의 국유화 조치는 이시하라 신타로(石原慎太郎) 동경도 지사의 센카쿠 매입 움직임이 중일관계에 악영향을 미칠 수 있다고 보고 이를 미연에 차단하기 위한 조치였지만, 중국 입장에서 일련의 국유화 조치는 센카쿠 영유권 보류 원칙을 위반하는 일본의 센카쿠 영유권 강화정책으로 비쳐졌다.

이러한 배경하에 2012년 이후, 중국은 월평균 8회 일본이 실효지배하고 있는 센카쿠 제도 주변해역 및 항공영역에 해군함정과 전투기 등을 파견하면서 센카쿠 제도에 대한 실력행사에 돌입했고 이는 일본의 안전보장에 대한 우려를 증폭시켰다.

남중국해에 있어서도 중국은 2014년 처음으로 스프래틀리 군도의 암초에 인공섬을 건설하기 시작하며 인공섬을 지속적으로 건설해오고 있다. 동시에 그 인공섬에 활주로, 항구, 레이더 시설 등을 건설하고 있다. 2018년 4월에 자국이 만든 인공섬 3개에 순항미사일 발사대를 배치하고, 그전에는 전파교란 시설을 설치해 미군의 레이더를 방해하는 등 도발을 지속했다. 또 인공섬에 대규모 병영시설를 구축하고 5월 18일에는 전략 폭격기가 이착륙하는 훈련을 실시하였다.

일본은 이러한 남중국해 및 동중국해에서 중국의 군사공세를 중요한 안보위협으로 인식하며 그 대응을 강화하고 있다. 실제 아베 내각이 2013년 12월 발표한 「국가안전보장전략」에서는 일본이 얼마나 중국 그리고 센카쿠 열도를 의식하고 있는지 잘 보여주고 있다. 위 문서에서 중국과 인도 등 신흥국의 부상에 따른 세력균형의 변화가 안전보장 환경의 변화로써 제일 먼저 언급되고 있다. 주목되는 부분은 '국제공공재(global commons)에 관한 위험' 부분에서 해양을 둘러싼 중국의 행태를 위협으로 기술하고 있는 곳이다.[3)]

> 최근, 자원의 확보나 자국의 안전보장 관점에서 각국의 이해가 충돌하는 사례가 늘고 있으며, 해양에 있어서 충돌의 위험성, 그리고 그것이 예측할 수 없는 사태로 발전할 가능성도 커지고 있다.
>
> 특히 남중국해에서는 영유권을 둘러싼 관련국과 중국 사이에 정쟁이 발생하고 있으며, 해양에 있어서 법의 지배와 항해의 자유 및 동남아시아 지역의 안정에 우려를 불러오고 있다.

위 문서에서 '해양에 있어서 충돌의 위험성', '항해의 자유', '법의 지배'가 심각하게 언급되고 있는 것은 중동 지역의 에너지 자원이 일본으로 들어오는 해상교통로(sea lane)가 중국에 의해 막힐 것을 우려하고 있기 때문이다. 그런 이유에서 위 문서는 남중국해와 동중국해에서 "기존 국제법을 존중하지 않고 힘을 배경으로 일방적 현상 변경을 시도하는" 중국의 움직임을 북한의 군사력 증대 및 도발행위와 더불어 아시아태평양 지역 안전보장의 우려사항으로 언급하고 있다.

3) "国家安全保障戦略について"(2013. 12. 17.), p. 7

저출산 · 고령화 · 저성장

일본경단련 산하 21세기 정책연구소는 2012년 4월「글로벌 재팬: 2050년 시뮬레이션과 종합전략」이라는 보고서를 발표했다. 기업 CEO, 교수, 관료들이 참가하여 작성된 보고서는 저출산 고령화 현상과 이에 따른 저축 및 자본축적의 감소를 전제로 두고, 6가지 시나리오에 입각해 일본의 미래를 예측하였다. 최상의 시나리오, 즉 선진국 평균의 생산성을 회복하고 여성의 사회적 진출에 따라 노동력이 개선된다 하더라도 2020년대에는 평균 0.3%에서 0.4%의 GDP 성장, 최악의 시나리오, 즉 재정 악화에 따른 성장률 저하를 가정하면 0.43%의 GDP 감소가 예측되었다. 어느 시나리오든, 2030년대에는 마이너스 경제성장이 예측되었다. '엄살' 피우는 느낌이 없지 않지만, 일본이 저성장과 마이너스 성장의 경계선에 와있다는 것은 사실인 듯하다.

한국보다 육아환경이 몇 배는 좋다는 일본에서 저출산 현상이 지속되고 있는 것으로 보아 인구감소와 노령화는 피할 수 없는 것으로 보여진다. 여러 예측의 중간규모를 전제로 추정한 바에 의하면, 2030년에는 현재의 1억 2,800만 명에서 1억 1,600만 명 규모로 감소할 것으로 예측되었고, 시간이 지날수록 인구감소율은 증가하는 것으로 나타났다. 또한 노동인구도 감소하여 2030년에는 5,700만 명 규모로 2010년 대비 900만 명 감소할 것으로 나타났다. 자본 축적의 증가세도 둔화되어 2040년부터는 감소할 것으로 예측되었다.(박성빈, 2019)

'성장'과 이를 나타내는 '숫자'에 민감한 우리에게는 매우 비관적인 전망으로 보인다. 그러나 저성장과 이에 따른 경제 · 사회 구조의 전환은 선진국의 일반적 모습으로 새삼스러울 것은 없다. 이제 그들은 성장보다는 안정을, 양적 팽창보다는 삶의 질을 우선하는 '성숙사회'로의 안착을 목표로 하는 것이다. 그렇다면 2030년 일본은 얼마만큼 성장해 있을까가 아니라, 저성장 구조에서 어떻게 성숙사회로의 사회적 전환을 이루어내고 있을까, 아마 이것이 더 적절한 질문일 것이다.

2011년 동일본대지진은 일본 사회의 전환점을 이루고 있다. 원자력 발전에 23%를 의지하던 일본은 원자력 발전을 늘려 에너지 공급을 확장하려는 계획에 큰 차질을 빚었다. 더군다나 국민의 '탈(脫)원전' 주장에 직면하여, 점검 등을 이유로 원자력 발전소 54기 중 1곳만 운행하고 있다. 이제 원자력을 대체할 친환경 에너지의 개발, 에너지 절약은 단순한 슬로건에 머물지 않고 생활 그 자체가 되었다. 일본인들은 에너지를 더욱 적게 쓰는 주택, 공장, 건물, 자동차, 전기제품 등을 개발하지 않으면 안 되는 상황이 되었다. 이미 일본은 환경기술 분야에 상당한 경쟁력을 갖추고 있는데, 일본 정부는 동일본대지진을 계기로 더욱 환경기술 개발에 박차를 가하고 있다. 포스트 교토 의정서의 발효로 세계적 수요가 확대되면 이러한 환경기술은 일본 경제를 어느 정도 견인할 수 있는 신(新)성장동력으로 자리 잡게 될 것으로 일본 정부는 내다보고 있다.

무엇보다 일본 사회가 저에너지 · 친환경 소비 사회로 빠르게 전환될 것이 확실하다. 확산될 기미가 없었던 '쿨 비즈'는 이제 삶의 일부분이 되었다. 에어컨 없이 여름을 나는 갖가지 방법도 생활화되어 가고 있다. 물건을 고를 때, 에너지에 대한 고려가 일상화되고 있다. 이는 라이프스타일의 전환을 의미하는 것이다. 그런 의미에서 일본은 지구 온난화에 맞선 선진적인 저에너지 · 친환경 소비사회의 세계적인 모범사례가 되기 위해 국가 차원의 지원을 하고 있다.

일본의 최대 약점인 고령화 또한 새로운 성장동력을 창출할 수 있다. 이미 일본은 65세 이상 노인 비율이 23%에 달하는 초고령화 사회이다. 2030년에는 32%로 증가할 것으로 예측되고 있다. 따라서 고령자 '수요'에 맞는 경제 · 사회 구조로 전환될 것으로 어렵지 않게 예측된다. 일본은 현재의 기술력을 바탕으로 건강 · 의료 관련 산업에 독보적 위치를 차지하고자 적극적인 시책을 추진 중이다. 중국, 한국 등 주변국들도 고령화되고 있어 세계적인 수요는 확장될 것이며, 일본의 건강 · 의료 산업은 새로운 성장동력으로 자리 잡을 수 있다고 보고 있다.

사회구조 또한 고령자에 '친절하고 상냥한' 구조로 전환될 것이다. 지하철역은 더욱 편리해질 것이며, 도로 곳곳 그리고 모든 건물들도 고령자에게 맞게 보수 · 개조될 것이다. 관공서를 비롯한 모든 서비스는 고령자가 보기 편하고 알기 쉽게 제공될 것이다. 사회적 약자인 노령자에게 친화적인 사회는 곧 모든 인간에게 친화적인 사회이기도 하다.

이렇듯 수요가 변하는 만큼 공급 또한 변화하고 이에 따라 일본 경제 · 사회 구조가 변화한다. 이러한 '인간 · 자연 친화적 사회'로의 전환은 삶의 질을 높이는 성숙사회로 일본이 착실히 안착하고 있다는 의미이기도 하다. 동시에 이러한 사회구조의 전환은 또 다른 수요를 창조해낼 것이다. 일본은 깨끗한 거리, 편리한 쇼핑, 다양한 볼거리, 친절한 서비스 등으로 상당한 여행객들을 맞이하고 있었다. 방사능 문제로 일본 여행이 주춤해졌지만, 20년 뒤 일본은 이 문제를 충분히 해결해낼 것이다. 대지진으로 파괴된 마을들은 친환경 계획도시로 거듭나게 될 것이며, 인간 · 자연 친화적 사회로의 전환은 여행지로서의 일본에 대한 매력을 증대시킬 것이다. 동시에 지금까지 환율문제로 일본 여행에 주춤했던 중국과 한국 등 주변국이 더욱 풍요로워진 만큼 일본 여행에 거리낌이 없을 것이다. 프랑스만큼은 아니겠지만, 일본 경제에 관광이 미치는 영향은 커질 것이다.

일본은 한국, 중국 등 신흥경제권에 전자, 자동차, 철강 등 전통산업의 기반을 침식당하고 있으며, 앞으로도 더욱 많이 침식당할 것이다. 어찌 보면 이것이 현재 일본 경제를 악화시키는 중요한 요인일 것이다. 따라서 일본은 중국, 한국과의 경쟁으로부터 자유로울 수 있는 새로운 영역을 개척해야 한다. '다행히' 부정적으로 인식되었던 원자력 문제, 고령화 사회의 진척은 신新성장동력을 창출하는 계기가 되고 있다. 실제 일본은 환경(칸쿄), 건강(켄코), 관광(칸코), 이른바 3K 산업을 신성장산업으로 규정하고 적극적인 육성정책을 실시하고 있다.

역사 속 일본의 저력을 보건대, 1%대의 GDP 성장률은 유지하면서 성숙사회로 착실하게 전환되어 가는 모습을 상상할 수 있다. 하지만 여기에는 두 가지 문제가 해결되어야 하며, 여기에는 정치적 리더십이 절실히 요구된다. 첫 번째는 재정문제이다. 성숙사회로의 전환에 막대한 자금이 필요한 게 사실이다. 재정 건전성을 고려하면, 일본에게는 소비세 인상 이외에는 방법이 없다. 그러나 세금을 인상하는 것만큼 정치적으로 인기 없는 과제는 없다. 그렇기에 일본 정치는 향후 '세금인상에 따른 재정개혁'과 '세금 인상 없는 재정개혁' 사이에 균열구조를 보일 것이며, 일본 정치를 요동치게 할 것이다.(박철희, 2011)

두 번째는 저출산에 따른 노동력 확보 문제이다. 저출산은 일종의 '선진국병'이기 때문에 저출산 자체를 해결하려는 일련의 노력은 그리 큰 성과를 보지 못하고 있다. 따라서 일본은 교육구조의 개편을 통해 '일당백'의 질 높은 인재 창출을 위해 노력하고 있다. 동시에 여성의 사회적 진출을 장려하며 노동력 확보에 안간힘을 쓰고 있다. 하지만 이것만으로 부족하기에 이민정책 및 외국 노동자 유입정책을 '절제된 적극성' 속에 전개하고 있다. 이는 성숙사회의 또 다른 기준이라 할 수 있는 '양성 평등사회' 및 '다문화 사회'로의 전환을 촉진할 것이다. 하지만 외국인 범죄 등 사회문제는 중요한 정치적 이슈가 될 수도 있다. 일본정치는 민족주의적 순수성과 다문화주의 사이에서 갈팡질팡할지도 모른다. 정치적 리더십이 어디로 향하느냐가 성숙사회와 경제성장의 관건이 될 것으로 보인다.

3. 일본과 아시아: 해양국가 일본의 전략

아시아(대륙)와 태평양(해양)의 변경에 위치한 '변경국가' 일본은 국가 정체성(아이덴티티)에 있어 분열상을 보였으며, 어디를 강조하느냐에 따라 다른 외교 전략이 구사되었다. 특히 아시아 국가 중 근대화에 성공한 유일한 국가라는 특수한 근대경험은 자국을 아시아의 일원으로 볼 것인지, 서구 열강의 일원으로 볼 것인지에 대한 국가 아이덴티티의 분열을 가속화시켰다.

이러한 현상은 근대에 있어 '탈아입구(脫亞入歐)'와 '아시아주의'의 형태로 나타났다. 전자는 근대화를 통해 서구 문명국가와 어깨를 나란히 하게 된 일본이 아시아를 무시하고 같은 문명국가인 서구와의 관계 속에 국익을 추구해야 한다는 논리로 발전하게 되었다.

후자는 서구의 야만적 팽창주의에 맞서 아시아의 협력을 통해 이에 대항하여야 한다는 논리로 발전되었다. 양자 모두 아시아에서 일본의 패권을 확장하는 형태로 나타났다는 점에서 침략성을 공통 특징으로 하지만, 어느 측면을 강조하느냐에 따라 외교전략의 논리적 구성이 달랐다.

이러한 현상은 현대에서도 나타났다. 1957년 외교청서에서 '아시아의 일원'과 '서구민주주의의 일원' 원칙이 표방되었으나, 어디가 강조되느냐에 따라 일본 외교에 있어 다른 지향성이 나타났다. 동시에 지역협력 추진에 있어 '아시아'와 '태평양'은 다른 외교전략과 지향성을 유도하였다.

이러한 이중 아이덴티티는 1960년대 이후 '아시아태평양' 개념으로 통합하게 되었다. 1967년 발표된 미키 구상(아시아태평양 외교구상)은 남북문제의 해결과 평화외교라는 지역정책의 원칙을 유지하면서, '바다(海)의 아시아', '대륙(陸)의 아시아', '반도의 아시아'를 총체적으로 접근하는 포괄적 구상이면서 동시에 미국 등 태평양 선진 5개국을 포함시킴으로써, 양자 간의 가교역할을 도모하려는 일본 외교전략의 산물이었다. '입아'인가, '탈아'인가, '아시아'인가, '구미'인가라는 종래의 논쟁에 종지부를 찍고, 그 융합을 통한 일본 외교의 새로운 지역전략을 이끌어낸 것이다. 이는 일본 외교의 기축이었던 미일동맹과 아시아 외교에 대한 통합적 사고의 가능성을 제시했으며, 이후 현대 일본 외교의 기본적 외교 인식으로 자리 잡았다.(최희식, 2009)

하지만 이러한 가교국가, 연계국가로서의 자기 정체성은 2000년대 이후 해양국가로의 자기 정체성으로 변화하고 있다. 특히 아베 정부는 해양국가로서의 자기 정체성을 공식문건에 정식화하며 그 변화의 흐름을 가속화시키고 있다. 2013년 12월에 발표한 「국가안전보장전략」에서는 일본의 미래 국가상을 '해양국가', '평화국가'로 설정하고 자유, 민주주의, 기본적 인권, 법의 지배 등과 같은 기본적 가치가 존중되는 국제사회를 만들기 위해 적극적으로 공헌하는 외교를 주장했다. 위 문서는 다음과 같이 일본의 국가상을 제시했다.[4)]

> 우리나라(일본)는 사방이 바다로 둘러싸여 광대한 배타적 경제 수역과 긴 해안선으로 혜택받아 해상무역과 해양자원의 개발을 통해 경제 발전을 이루고 '개방되고 안정된 해양'을 추구해왔던 해양국가로서의 얼굴도 지녔다.

이러한 해양국가의 자기정체성은 앞에서 언급한 '서구민주주의 국가의 일원'과 '태평양' 및 '해양국가'가 정서적으로 일체화되는 것을 의미하는 것으로 민주주의, 인권, 자유무역질서 등 보편적 가치관의 강조로

4) "国家安全保障戦略について"(2013. 12. 17.), p. 2
http://www.kantei.go.jp/jp/kakugikettei/2013/__icsFiles/afieldfile/2013/12/17/20131217-1_1.pdf

이어지게 된다. 실제 국가안전보장 전략 문서에서는 다음과 같이 언급하고 있다.[5)]

> 해양국가로서 특히 아시아태평양지역에 있어, 자유로운 무역과 경쟁을 통해 경제발전을 실현하는 자유무역체제를 강화하고, 안전성 및 투명성이 제고되고 이해하기 쉬운 국제환경을 실현해 가는 것이 불가결하다. 더욱이, 자유, 민주주의, 기본적 인권의 존중, 법의 지배라는 보편적 가치와 룰에 기초한 국제질서를 유지 · 옹호하는 것도 우리나라의 국익이다.

해양과 대륙을 아우르고자 했던 연계전략에서 해양국가로의 국가정체성 변화는 해양기본계획에서도 확인된다. 2008년 3월 처음 작성된 해양기본계획에서는 해양국가로서 일본의 지리적 위치를 강조하며 종합적이며 체계적인 해양정책을 제시했다.(허원영, 2014; 사토노리코·김진기, 2013) 하지만 위 계획에서는 대륙과의 정서적 연계를 놓치지 않으려 노력하는 흔적이 곳곳에 보였다. 가령 "(바다를 통해) 옛날 대륙과의 교류에서 시작하여, 현대에는 세계 곳곳과의 무역활동을 통해 우리나라는 경제적 발전을 해왔다."며 일본이 해양을 경계로 대륙과 연계되었다는 측면을 강조했다.[6)]

반면, 아베 정부 수립 이후 2013년 4월 결정된 2차 해양기본계획에서는 '해양입국 일본'이라는 단어가 새롭게 등장하며 1차 해양기본계획과는 톤을 달리하고 있다. 동시에 '바다로부터 보호받던 나라에서 바다를 지키는 나라'로의 슬로건하에 해양안보가 1차 기본계획에 비해 더욱 강조되고 있다.[7)] 이러한 흐름은 2018년 5월 각의결정된 제3차 해양기

5) "国家安全保障戦略について"(2013. 12. 17.), p. 4
6) "해양기본계획"(2008. 3.), p. 1
http://www8.cao.go.jp/ocean/policies/plan/plan01/pdf/plan01.pdf
7) "해양기본계획"(2013. 4.), pp. 1-2

본계획에서도 확인된다. 위 3차 계획은 이전까지 해양자원 문제가 우선적으로 언급했던 것과는 달리 해양안보, 특히 해상루트의 안전성 확보가 강조되고 있다.[8)]

2000년대 이후 해양국가로의 자기 정체성이 강화되고 있는 현상은 외교안보전략에도 그대로 나타났다. 2000년 이후 일본 자민당 아시아 외교전략의 주요 특징은 동아시아를 포섭하는 외교전략이 구사되고 있다는 점이다. 일본의 아시아를 둘러싼 외교전략의 첫 번째 특징은 동아시아 해양 외곽과 대륙 외곽 지역을 통해 동아시아를 포섭하는 외교전략이 구사되고 있다는 점이다. '확대 아시아'로 볼 수 있는 구조로 중국과 북한을 의식하며 중앙아시아, 서남아시아, 태평양 국가를 아시아 외교로 흡인하고 있는 것이다.

두 번째 미일협력과 동질국가와의 협력에 중점이 실리면서 이들 국가를 엮어내는 보편적 가치가 강조되고, 이에 따라 아시아가 상대화되고 있다. 가치관 외교의 강조는 중국에 대한 우위의 확보, 미일동맹의 발전을 위한 것이다. 실제 2001년 고이즈미 정권의 외교자문회의였던 '대외관계 태스크포스'팀의 일원이자, 2002년 11월 "21세기 일본 외교의 기본전략"이라는 정책조언 보고서 작성에 핵심적인 역할을 하였던 기타오카 신이치(北岡伸一)는 다음과 같이 가치관 외교의 필요성을 논하고 있다.(北岡伸一, 2004)

> (일본의 국익 중 세 번째는) 자유와 민주주의를 촉진시키는 것이다. 이것은 전후 및 메이지 이후 일본이 달성해온 성과이며, 중국에 대해 일본이 우위에 선 것 중 하나이다. 이것은 미국과의 관계를 강화하기 위해서도 중요하다.

---

http://www8.cao.go.jp/ocean/policies/plan/plan02/pdf/plan02.pdf

8) "해양기본계획(2018. 5. 15.)" http://www8.cao.go.jp/ocean/policies/plan/plan03/pdf/plan03.pdf

아베 정권은 이러한 자민당의 아시아 외교전략을 유지하며 확대하고 있다. 이를 발전시키는 형태로 2017년부터는 본격적으로 '자유롭고 개방된 인도태평양 전략'을 제기하며 일본 외교전략의 주축으로 삼아가고 있다.

2016년 8월 처음 제시된 일본의 '자유롭고 개방된 인도태평양 전략'은 인도양과 태평양의 두 대양을 매개로, 급성장하고 있는 아시아와 잠재력이 풍부한 아프리카의 두 대륙을 연결하여 지역 전체의 안정과 번영을 촉진하는 것을 목표로 한다. 이러한 자유롭고 개방된 해양질서 구축을 위해 (1) 항행의 자유, 법의 지배, 자유무역의 보급 및 정착, (2) 국제적 기준에 입각한 '높은 질의 인프라' 정비 등을 통한 연계성 강화, (3) 해상법 집행능력의 향상 시원, 해적 대책 등을 실시할 것을 표방했다. 이는 명백히 중국의 남중국해 및 동중국해에서의 군사활동 강화를 견제하고, 중국의 거대한 인프라 프로젝트인 '일대일로'에 대항하기 위한 것으로 보인다. 물론 일본의 인도태평양 전략이 일대일로와 대립적 성격만 가지고 있는 것은 아니다. 중국과 일본은 상대국의 전략을 지지하는 입장을 보이며, 대상국의 인프라 구축에 상호협력할 것을 표방하고 있다.

2017년 트럼프 대통령의 취임과 더불어 일본 정부는 '자유롭고 개방된 인도태평양 전략'하에 미일동맹의 강화와 더불어 동맹국 · 우호국의 네트워크화를 적극적으로 추진하고 있다. 아베 정권은 위 전략의 핵심 국가로 호주와 인도를 언급하고 있다. 이들 우호국과 동맹국 미국의 4자관계를 강화하는 것이 인도태평양 전략의 핵심이다.

아베 정부는 안전보장 측면에서도 해양안보를 강화하고 있다. 2013년 국가안전보장전략과 같은 날 각의 결정된 방위계획 대강에서 '통합 기동 방위력'이 제기되었다. 위 문서 처음에는 일본을 둘러싼 안전보장 환경이 서술되어 있는데, 센카쿠 문제와 남중국해 문제를 연상하는 바다의

문제가 북한의 핵미사일 위협과 중국의 대국화보다 먼저 언급되었다.[9)]

> 국가 간에 지역분쟁이 계속 발생하고 있는 것에 더해, 영토나 주권, 해양에 있어 경제권익 등을 둘러싼 완전한 평시도 유사시도 아닌 사태, 즉 그레이존 사태가 증가하는 경향에 있다. (중략) 해양에 있어서는 각지에서 해적행위 등이 발생하고 있는 것에 더해, 연안국이 국제해양법에 대한 각자의 주장에 기초해 자국의 권리를 일방적으로 주장하고 행동하는 사례가 나타나, 공해의 자유가 부당하게 침해받는 듯한 상황이 나타나고 있다.

이는 중국의 센카쿠 열도 주변에서의 군사활동, 중국의 천연가스 유전 단독개발 움직임, 방공식별구역 갈등, 관련국들의 남중국해 영유권 주장 등으로 발생할지 모르는 충돌 사태에 대비할 필요성이 증가한 상황을 반영한 것이다. 해양문제에 이어, 북한의 핵미사일 문제와 중국의 군사력 증대 및 해양진출 문제 등이 언급되고 있다는 면을 보더라도 일본 방위정책의 제1목표가 남동중국해 문제임을 알 수 있다.(송화섭, 2016; 임재환, 2016)

실제 방위계획대강은 그레이존 사태[10)]의 상시화, 북한의 핵미사일 문제와 중국의 군사력 증대 및 해양진출 문제를 언급한 후 다음과 같이 안전보장의 목표를 언급하고 있다.[11)]

> 사면이 바다로 둘러싸인 우리나라(일본)는 긴 해안선, 본토에서 떨어진 많은 외딴섬 및 광범위한 배타적 경제수역을 가지고 있다. 해양국

---

9) "平成26年度以降に係る防衛計画の大綱について"(2013. 12. 17.), p. 1
http://www.kantei.go.jp/jp/kakugikettei/2013/__icsFiles/afieldfile/2013/12/17/20131217-2_1.pdf
10) 그레이존은 완전한 평시도 전쟁도 아닌 사태, 즉 갈등이 유발되지만 전쟁까지는 이르지 않는 사태를 의미한다.
11) "平成26年度以降に係る防衛計画の大綱について"(2013. 12. 17.), p. 4

가이며, 자원과 식량의 많은 부분을 해외와의 무역에 의존하는 우리나라로서는 법의 지배, 항행의 자유 등 기본적 룰에 기초한 '개방되고 안정된 해양' 질서를 강화하고 해양교통 및 항공교통의 안전을 확보하는 것이 평화와 번영의 기초이다.

이에 따라, 방위계획 대강은 위와 같은 인식하에 (1) 각종 사태에 있어 실효적인 억지 및 대처, (2) 아시아태평양 지역의 안정화 및 글로벌 안전보장환경의 개선을 방위력 정비의 기본방향으로 제시하고 있다. 여기에서도 가장 먼저 등장하는 것이 남동중국해 관련 조항이다. 방위계획 대강은 '주변 영해공에 있어 안전확보'를 제일 먼저 거론하며 상시 감시태세를 정비할 것, '도서(島嶼)에 대한 공격에 대응'을 언급하며 외딴섬 등 도서 방위 태세를 확보할 것을 주문하고 있다.[12] 이에 따라 방위계획 대강은 도서부(島嶼部)에 대한 공격에 신속하게 대처하기 위해 수륙양용 작전능력(실질적인 해병대)을 정비할 것, 외딴섬(離島) 방위 등 영공 · 영해 방어체제 구축을 위한 육해공 통합운영, 공군해군 강화, 미군과 자위대의 일체화 등이 강조되고 있다는 점이다. 종합 기동방위력이 서남(西南)방위, 즉 센카쿠 열도를 의식하고 있다는 사실을 여실히 보여주고 있다.

동시에 아베 정부는 2014년 7월에 "국가의 존립을 지키고, 국민을 지키기 위한 빈틈없는 안보법제의 정비에 대하여"를 각의 결정하여, (1) 무력공격에 이르지 않는 침해에 대한 대처, 즉 그레이존에 대한 대응, (2) 국제사회의 평화와 안정에 대한 공헌의 강화를 위한 '무력행사와 일체화'에 대한 해석변경, (3) 헌법 9조하에 허용되는 자위조치에 대한 해석변경을 결의하였다. 세 번째가 이른바 '집단적 자위권 행사 3원칙'에 해당하는 내용으로 (1) 일본과 밀접한 관계에 있는 타국에 대한 무력공격이 발생하여, 이에 의해 일본의 존립이 위협받고 국민의

12) "平成26年度以降に係る防衛計画の大綱について"(2013. 12. 17.), p. 12

생명과 자유가 근전에서 무너질 명백한 위험이 있는 경우, (2) 이를 배제하여 일본의 존립을 지키기 위한 다른 적당한 수단이 없을 때, (3) 필요최소한도의 무력을 행사한다가 여기에 해당한다.

여기서 주목할 필요가 있는 것은 첫 번째인 그레이존에 해당하는 내용이다. 여기에서는 낙도 주변 등의 불법행위에 대응하기 위해 자위대의 치안출동과 해상경비행동의 발령 절차를 신속하게 하며, 자위대와 연계하여 일본의 방위에 도움이 되는 활동을 하는 미군 부대의 무기 등을 방호하기 위해 자위대의 무기사용을 검토한다는 내용이 발표되었다. 이는 명백히 센카쿠 열도 분쟁과 북한 문제를 의식한 것으로 보인다. 위 각의결정은 그레이존 대응에 대해 다음과 같은 사항을 정비할 것을 규정하고 있다.[13]

> 이러한 무력공격에 이르지 않는 침해에 대해, 경찰기관과 자위대를 포함한 관계기관이 기본적인 역할분담을 전제로, 보다 긴밀히 협력하고, 어떠한 불법행위에 대해서도 단절됨이 없는 충분한 대응을 확보하기 위한 태세를 정비하는 것이 더욱 중요한 과제가 되고 있다.
>
> 구체적으로는 이러한 다양한 불법행위에 대처하기 위해, 경찰과 해상보안청 등의 관계기관이 각각의 임무와 권한에 따라 긴밀히 협력하고 대응한다는 기본 방침하에, 각각의 대응능력을 향상시키고, 정보공유를 포함한 연계를 강화하고, 구체적인 대응요령의 검토와 정비를 실시하며, 명령발동 절차를 신속화하고, 각종 연습과 훈련을 충실하게 하는 등 각 분야에 있어서 필요한 조치를 일층 강화해 간다.

---

13) "国の存立を全うし､国民を守るための切れ目のない安全保障法制の整備について"(2014. 7. 1.), pp. 2-3
http://www.cas.go.jp/jp/gaiyou/jimu/pdf/anpohosei.pdf

4. 일본과 한반도 평화번영

냉전과 탈냉전하 한미일 삼각관계

광복 이후 급격한 국제정치의 변동 속에, 소련과 전 세계적 냉전을 전개하는 글로벌 파워(global power) 미국, 미국의 아시아 냉전전략에 편승하며 부흥을 모색하는 리저널 파워(regional power) 일본, 북한과의 체제경쟁을 우선하면서 탈식민화를 전개하는 로컬 파워(local power) 한국, 삼자의 국가전략은 너무나 상이했으며 상호마찰, 특히 한일 간 마찰을 일으켰다. 이들 삼국을 유일하게 묶고 있는 것은 소련과 중국 및 북한의 위협에 대처하는 것이었다고 해도 과언이 아니었다.

1950년대 냉전전략의 불협화음으로 상호 갈등이 심했던 한미일 삼국은 1960년대를 거치면서 협력적인 관계를 구축하며 〈표〉와 같은 역할분담을 암묵적으로 형성하였다. 미국은 글로벌 파워로써 동맹국가에게 소련과 북한의 위협에 대한 억지력을 제공하면서도 반공 전선국가의 자조적 노력과 반공 기지국가의 지역적 역할을 강조하며 자신의 부담을

〈표〉 한미일 협력체제의 냉전적 원형: 역할과 제도

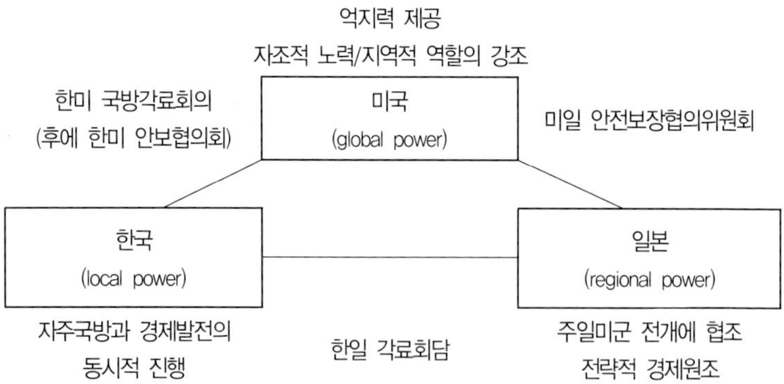

경감하려 했다. 한국에게는 자주국방과 경제발전의 동시적 달성이라는 매우 제한적인 역할만을 요구하며, 한국의 과도한 냉전논리를 억제하였다. 반면 보수와 혁신의 극심한 대립하에서 '냉전의 국내화' 우려가 강했던 일본에는 주일 미군의 극동전개에 적극적으로 협조하는 정도의 제한적인 군사 역할만이 요구되었으며, 그 대신 대규모의 전략적 경제원조로 반공전선국가의 자주국방과 경제발전에 공헌할 것이 요구되었다. 더불어 한미일 삼국의 정책 조율을 위한 제도적 기반은 없었지만, 한미국방각료회의, 미일 안전보장협의위원회, 한일 각료회담 등 양자 간 정책 협의 제도를 갖추고 있어서 간접적으로 삼국의 정책조정을 수행하였다. 위와 같은 구도는 미국과 일본 그리고 대만 사이에서도 비슷하게 나타났다.

그런 의미에서 일본은 리저널 파워(regional power)로써 미국의 동아시아 정책을 '보좌'하는 중요한 역할을 담당했다. 지역동맹(regional alliance)으로써의 미일동맹은 국지동맹(local alliance)으로 기능했던 한미동맹을 보완하는 차원에서 한반도를 포함한 극동지역의 안보에 중요한 역할을 하였다. 육군 중심의 '인계철선'으로 기능한 한미동맹은 해군 · 공군 중심의 '후방기지' 역할의 미일동맹과 연계되며 일본의 안보는 물론 동아시아 안보에 결정적 역할을 수행해온 것이다. 하지만, 1969년 확정된 일본의 군사적 역할은 한반도 유사시 주일 미군의 자유로운 한반도 전개 및 핵반입 허용 등 매우 소극적인 것에 머물러 있었다. 한국 안보에 대한 적극적 역할은 상정되지 않았다. 이는 보혁 대립이라는 특수한 국내 구조를 가지고 있는 일본에 있어 불가피한 것이었다.

한국 또한 한일 국교 정상화가 과거사 청산을 도외시한 결과, 식민지 지배의 어두운 기억이 여전히 남아 있기 때문에 일본과의 군사협력에 대해 극히 부정적이었다. 이처럼 보혁 대립의 국내 정치와 헌법상의 제약을 감안하면, 군사 면에서의 지원과 관여는 불가능해서 경제협력

이외의 선택지는 존재하지 않았다. 이른바 안보경협의 형태로 한일 안보협력이 가능했던 것이다.(소에야 요시히데, 2006)

그러나 한국의 민주화와 경제성장으로 한일 가치공동체가 발전하면서 1990년대 이후 한일 사이에서 본격적인 안보교류가 시작되었다. 물론 공동 군사훈련 등 군사협력까지는 진척되지 못하였지만, 냉전기에 비교하면 비약적 발전임에는 틀림없었다. 그런 의미에서 1998년 한일 파트너십 선언은 이러한 탈냉전 이후 불안정한 아시아 정세를 바탕으로 한일 간 안보협력을 더욱 강화하게 된 계기가 된 것으로 평가할 수 있다. 1998년 한일 군부 당국자 핫라인 설치, 1999년 공동 해난구조 훈련(SAREX) 실시, 2002년 한일 동티모르 유엔 평화유지활동(PKO) 협력 등은 이러한 상황을 엿보게 하였다.

이러한 한일 안보협력은 1998년 신(新)가이드라인이 책정되면서 주일 미군의 극동지역 전개에 대한 일본의 후방지원을 가능케 했던 '미일동맹의 재정의'와 밀접히 연관되어 있었다. 일본의 군사적 역할이 주일 미군의 후방지원까지 확대되면서 이를 보완할 한일 간의 안보협력, 특히 북한을 둘러싼 한일 안보협력의 필요성이 대두된 것이다. 또한 한미동맹 재정의로 로컬동맹으로서의 한미동맹은 지역동맹 혹은 세계동맹으로 격상되어 주한 미군의 아시아태평양 지역전개가 가능해졌으며 이에 대한 한국군의 지원이 요구되고 있으며, 이에 따라 해외 지역에서의 한일 안보협력의 필요성이 대두되었다. 실제 지역 문제와 글로벌 문제에 있어 한국의 역할은 확대되었고 그것이 기대되었다. 미국의 글로벌 군사전략의 변화에 맞춰, 한국 방위는 한국군이 전담하며 주한미군은 다른 분쟁에 빠른 대응을 하기 위해 주한 미군의 재배치가 진행되었다. 이를 위해 평시 작전통제권은 한국군으로 이양되었고, 한국의 자주국방이 장려되었다.(최희식, 2016)

미중 경쟁과 한미일 삼각관계의 변화

2000년대 이후 미중 경쟁은 정치 · 군사 모든 면에서 확대되고 있다. 중국은 '반접근/지역거부(A2/AD)' 전략에 입각해 미사일 등 첨단 무기 개발에 힘을 쏟고 있으며 해군의 행동반경을 제2열도선까지 확장하고 있다. 반면 미국은 '공해전투(Air-Sea Battle)' 개념을 바탕으로 이에 대항하고 있다. 미국은 인도태평양 전략과 그에 기반한 쿼드 협력의 확대 등을 통해, 중국의 해양진출을 억제하고 있다. 또한 미국은 중국을 글로벌 가치사슬(GVC)에서 퇴출하는 디커플링(decoupling)을 추진하고 있으며, 미국의 동맹국 및 우호국 중심의 경제번영네트워크(EPN) 구축에 착수하였다. 2020년 4월 29일 폼페이오 미 국무장관이 기자회견에서 "아시아 · 태평양 동맹국들과 전 세계 공급망과 관련된 것을 논의했는데, 이 논의에는 공급망을 원활하게 작동시키고 우리 경제를 완전히 회복시키는 내용도 포함됐다."며 이 구상을 언급했다. 트럼프 대통령의 G7 확대 구상(+한국, 러시아, 인도, 호주)은 이러한 포석으로 여겨지고 있다.

이와 더불어 미국은 기존의 아태지역 동맹국에게 더욱 적극적인 안보 분담을 요구하면서 '중심축과 바퀴살(hub and spoke)' 구조를 강화하고 있다. 헌법 해석변경을 통해 집단적 자위권을 인정했던 일본 정부의 움직임을 환영한 것은 이 때문이었다. 심지어 헌법 개정조차 일본의 국내 문제라며 넌지시 묵인하는 형국이다. 이제 일본은 미국의 후방지원을 위한 '기지 국가'가 아니라 미국과 함께 피를 흘리는 '보통 국가'로 전환하고 있다. 미국은 한국에도 이런 안보 분담을 요구하고 있으며 앞으로 더욱 강화될 것은 명약관화하다.

문제는 미국이 여기에 머물지 않고 동맹국 사이의 안보협력을 강화하여 거미줄과 같은 방어망을 구축하고자 한다는 점에 있다. 비록 강제징용문제로 기능 정지 상태에 있지만, 한일 정보보호협정 유지에 대한 미국의 강력한 의지는 이러한 이유 때문이다.

하지만 미국의 생각대로 한일 안보협력이 강화되는 데는 한계가 존재한다. 최근 한국이 한미동맹과 대중관계의 균형성을 지향하면서, 사드 배치에 대한 반발, 중거리 미사일의 한국 배치에 대한 반발 등 한미동맹이 냉전 시기의 전선국가적 동맹의 모습을 잃어가고 있다. 또한 전시작전통제권의 이양이 거의 현실화되면서 주한미군과 한국군의 일체성은 약화될 전망이다.

한미동맹의 변화는 한미동맹과 미일동맹의 연결고리가 약화되지는 않는지 일본의 우려를 초래하고 있다. 이러한 우려는 박근혜 정부 시기 이후 일본이 적극적으로 홍보하던 '중국 경사론'에 나타나고 있다. 일본은 '중국 경사론'을 통해 한국의 외교안보전략을 옥죄어 한국의 외교가 한미일 삼각관계에서 이탈하려는 흐름을 차단하려는 것이다.

실제로 한반도 평화구축 또한 일본에 있어 그리 좋은 것만은 아니다. 북한 위협이 해소된다는 점에서는 좋지만, 한반도 평화구축이 가져올 한미동맹의 변화가 기존 한미일 삼각협력을 약화시키지는 않는지 불안해하고 있다. 이는 단순하게 한반도 평화체제 구축에 한정되지 않는다. 한반도 통일은 한미동맹에 급격한 변동이 올 가능성이 존재하기 때문에, 한반도 평화체제 구축에 대한 안보적 접근은 한반도 통일에 대한 안보적 접근과 실제에 있어서 논리를 같이 하고 있다.

실제 주한 미군 문제를 둘러싼 한미일의 정책은 미묘한 차이를 불러왔다. 가장 큰 문제는 한미 합동 군사훈련 문제였다. 2018년 2월 한일 정상회담에서 아베 수상이 한미 합동훈련은 예정대로 실시해야 한다고 말하자 문재인 대통령이 이는 한국 주권의 문제이며 내정문제라며 비판했던 것은 대표적인 것이다. 6월 북미 정상회담 이후 트럼프 대통령이 북미 간 대화가 진행되는 기간에 한미 합동훈련의 중지를 표명하자, 오노데라 일본 방위상은 "한미 훈련은 주한미군과 함께 동아시아의 안전 보장에 중요 역할을 한다."며 "한미일이 이러한 인식을 공유해야 한다.”고 강조하며 불편한 기색을 내비쳤다. 이는 일본이 얼마나 한반도 평화구축 및 한반도 통일 과정에서 주한 미군에 민감히 반응하는지를 여실히 보여주는 사례일 것이다.

반면, 한국은 일본을 우려 섞인 시선으로 바라보고 있다. 예전 6자회담의 경험 속에서, 일본은 일본인 납치 문제 등을 제기함으로써 한반도 평화프로세스 진행에 방해 요인이 될 뿐이라는 인식이 한국 내에는 팽배하다. 미국 추종 외교에 머물러 있는 일본이기에 한반도 평화프로세스 과정에서 일본은 중요한 변수가 아니라는 일본 패싱론도 팽배하다. 한반도 평화프로세스에서의 일본의 경제적 역할 또한 납치 문제 등으로 인해 빠른 시일 내에 기대하기 힘들며, 한국과 중국의 경제적 지원으로 이를 대체할 수 있다는 인식도 일본 패싱론의 주요한 근거이기도 하다. 가령 모 신문의 논설위원은 “남북한이 긴장과 대립으로 지새운 73년 세월을 넘어 평화를 모색하려는 이때에 일본이 훼방꾼으로 등장하고 있으니 악연 중의 악연이 아닐 수 없다.”는 글은 일본을 바라보는 한국의 인식을 상징적으로 보여준다 하겠다.(서울경제신문, 2018. 5. 31.)

실제로 일본은 2010년과 2012년 센카쿠 분쟁을 겪으면서, 센카쿠에서의 우발적 무력충돌이 전쟁으로 이어질지 모른다는 의기의식을 심화시켜왔다. 냉전 시기 혁신 세력이 굳건한 정치세력으로 자리 잡고, 국민 내 평화의식이 뿌리 깊게 건재했을 때의 평화 국가 의식은 이제 전장(戰場) 의식으로 전환되고 있다. 그에 따라 미일동맹은 일체화의 과정을 겪고 있다. 아베 정부는 2015년 4월, 미일 간 가이드라인 개정을 통해 집단적 자위권을 미일동맹 차원에도 반영하였다. 신가이드라인에서는 ‘동맹조정매커니즘’을 창설하고 공동작전계획을 책정하여, 평시에서 유사시까지 “끊어짐 없는” 협력이 가능한 구조를 만들었다. 한미동맹은 전시작전권 이양, 한반도 평화프로세스 과정에서 한미 연합군사 훈련의 중지 등에서 보듯이 일체성이 이완되는 방향으로 변화하는 것과는 대조적이다.

중국과 북한을 포섭하며 한반도 평화체제를 모색하는 한국이 미일동맹의 일체화 과정, 그 속에서 일본의 군비증강에 대해 정치적 불편함을 느끼는 것은 당연해 보인다. 동시에 강제징용 문제 등 역사 마찰, 작년 일본의 대한국 수출규제는 한국과 일본이 우호국에서 경쟁국으로 전환되어 가고 있다는 사실을 명확히 보여주고 있다.

어찌 보면, 냉전시기 한미일 삼각관계의 약한 고리는 일본이었다. 보혁대립으로 냉전이 국내화될 가능성이 높았던 일본은 미국의 냉전전략에 일정 정도 거리를 두며, 중국, 북한, 북베트남, 소련과의 관계를 안정화시키려는 노력을 경주했다. 반공의 전사(戰士)를 자부했던 한국이 늘 일본을 기회주의자로 비난하며 불만을 가졌던 이유이다.

반면, 현재는 상황이 반전되었다. 한국은 중국, 북한과의 관계를 안정화시키고 한반도 평화체제를 구축하기 위해 노력하고 있다. 오히려 일본은 전장의식하에 미일동맹 일체화의 방향으로 나아가고 있다. 일본이 '중국경사론'을 유포하며 한국을 압박하는 것은 반공의 전사 한국이 기회주의자 일본을 비난하던 냉전 시기와 유사하다.

냉전시기 일본의 '기회주의'는 동아시아 냉전 구도를 완화하는 데 기여했다는 사실에 주목할 필요가 있다. 한미일 삼각관계의 약한 고리였던 일본은 중국과 북한에게 모험주의를 대체할 탈출구를 제공했다. 실제 중국과 북한은 자유진영의 약한 고리였던 일본과의 경제, 인적 교류를 통해 봉쇄망을 약화시키려 했다.

미중 경쟁시대, 한국은 이른바 가치관을 공유하는 국가연합의 약한 고리로 자리 잡고 있다. 북한과의 평화공존, 국경을 맞대는 중국과의 안정적 관계 유지는 한국의 '지정학적 숙명'은 자유국가 연합의 다른 국가와 결을 달리한다. 일본은 '중국경사론' 유포를 통해 한국을 견제하고 미국은 자유국가 연합에의 적극적 참여를 독려하고 있지만, 그들은 한국의 '지정학적 숙명'을 배려할 수밖에 없다. 실제, 미국은 냉전시기

보혁대립의 국내적 구조 속에 평화외교를 추구할 수밖에 없던 일본을 배려했다. 일본에게 자유진영에 서서 선명하게 공산권과 대결해달라고 요구하는 것은 국내 혁신세력과 평화주의자를 자극해서 일본이 더욱 중립화 경향으로 나아갈 수밖에 없기 때문이었다. 미국은 현명하게 일본을 다루었다. 자유진영의 반공 전략에 공헌하게끔 하면서도 일본을 자극하지 않도록 말이다.

미국 또한 한국을 현명하게 다룰 것이다. 미국은 남중국해 문제에 애매한 태도를 보인 한국에 불만을 토로하지 않았다. 사드 배치는 강행했지만, 사드 3불 합의는 묵인했다. 미사일방어망에 한국의 참여를 강요하지 않는다. 물론 미국은 자유 국가연합에 한국이 충분한 기여를 하도록 만들 것이다. 하지만 한국의 '지정학적 숙명' 내에서 할 수 있는 것만을 요구할 뿐이다. 그런 의미에서 한국은 냉전 시기 일본이 동아시아 냉전구도를 완화시키는 역할을 했던 것처럼, 미중 경쟁시대 자유연대의 약한 고리로써 동아시아 평화에 기여할 것이다.

어찌 보면 최선을 향한 노력과 최악을 피하고자 하는 노력의 '불안정한 공존'이 실재(reality)에 가까운 것인지 모르겠다. '최선을 향한 노력'과 '최악을 피하고자 하는 노력'의 불안정한 공존, 미국과 중국의 불안정한 공존, 이것이 현실이라면 우리에게 필요한 것은 신중함(prudence)이다. 낙관적 이상주의도, 비관적 모험주의도 현실이 될 수 없기에 균형점을 찾으려는 노력이 요구되고 있다. 하지만 여기서 말하는 신중함은 한국이 미국과 중국을 동시에 균등하게 만족시키며 줄타기해야 한다는 의미가 아니다. 한미동맹을 기반으로 안보를 유지하고 있다는 전제 위에 미중관계의 이중성을 고려하며 한중관계를 관리한다는 의미에서의 신중함이다. 우리가 한미일 삼각관계, 한일 안보협력, 한중 관계를 바라볼 때 필요한 건 바로 이러한 의미의 신중함이다.

5. 나가며

한국과 일본은 동일한 문제를 내포하고 있다. 저출산 · 고령화, 북핵 문제의 해결, 중국 경제에의 과도한 의존에 따른 위험성 회피, 미국에의 과도한 안보 의존에 따른 위험성 회피 등 여러 면에서 한일 양국은 같은 문제를 안고 있다. 시간이 지남에 따라, 한국과 일본은 미중이라는 슈퍼파워의 영향력으로부터 자기 발언력을 확보하기 위한 연대를 필요로 할 것이다. 이미 우리는 중국의 패권적 성향, 미국의 자국 우선주의를 목도하고 있다. 동시에 북한의 비핵화는 미 · 중 · 러 핵강국으로 둘러싸인 남 · 북 · 일 '비핵지대'를 형성할 것이다. '한일+α(북)'은 먼 미래의 이야기가 아니다.

지금의 한일 갈등은 가까운 미래의 남북일 협력을 위한 '몸살'에 불과할 것이다. 지금이야말로 이러한 한일관계의 '무한한 가능성'을 정확하게 인식하고, 이를 바탕으로 '상생적 공존'을 추구하는 지혜가 요구되고 있다.

참고문헌

권태환 · 김두승. 2017. "일본의 해상안보정책 변화와 한일안보협력."『전략논단』 26호.

김호섭 · 이면우 · 한상일 · 이원덕 공저. 2000.『일본우익연구』. 서울: 중심출판.

나카무라 마사노리(유재연 역). 2006.『일본 전후사 1945~2005』. 논형.

박성빈. 2019.『아베노믹스와 일본 경제의 미래』. 박영사.

박철희. 2006. "일본 정계에서의 신보수주의 세력의 성장과 한국에의 함의." 김영작 · 전진호 편.『글로벌화 시대의 일본(일본학 총서 2)』. 서울: 한울.

박철희. 2011.『자민당 정권과 전후 체제의 변용』. 서울대학교출판문화원.

사토노리코 · 김진기. 2013. "일본의 해양정책: "반응국가"로부터의 탈피?"『일본연구논총』 37호.

소에야 요시히데(박철희 역). 2006.『일본의 미들파워 외교』. 오름.

손기섭. 2008. "중일 해양영토분쟁." 진창수 편.『동북아 영토분쟁과 일본의 외교정책』. 경기: 세종연구소.

송주명. 2001. "탈냉전기 일본의 동아시아 정책과 한반도 정책: 아시아주의와 친미 내셔널리즘의 동요."『일본연구논총』 14호.

송화섭. 2016. "일본 안보법제의 지속성과 변화" 박철희 편『일본의 집단적 자위권 도입과 한반도』. 서울대학교출판문화원.

이명찬. 2013. "센카쿠제도를 둘러싼 중 · 일간 갈등과 동북아."『국제정치논총』 53-1호.

이시카와 마스미(박정진 역). 2006.『일본 전후정치사』. 후마니타스.

임재환. 2016. "일본의 위협인식의 변화와 방위체제의 재정비" 박철희 편.『일본의 집단적 자위권 도입과 한반도』. 서울: 서울대학교출판문화원.

최은봉 · 석주희. 2012. "중일 간 센카쿠열도 분쟁과 일본의 해양정책 - 갈등 · 대응 · 정치과정을 중심으로."『담론201』 15-1호.

최희식. 2009. "현대 일본의 아시아 외교전략: 내재적 접근에서 외재적 접근으로."『국제정치학논총』 49-2호.

최희식. 2016.『전후 한일관계 70년』. 선인.

허원영. 2014. “일본의 인식변화와 해양정책의 전환.”『한일군사문화연구』 17호.
현대일본학회. 2007.『일본정치론』. 논형.
北岡伸一. 2004.『日本の自立:対米協調とアジア外交』. 東京: 中央公論新社.

6장 신북방 · 신남방 정책과 동아시아

신종호(통일연구원)

6장

신북방 · 신남방 정책과 동아시아

1. 들어가며

우리가 신북방 · 신남방 정책에 관심을 갖는 이유는 한반도의 평화와 번영 및 동아시아 지역 질서를 전략적으로 연계할 수 있는 중요한 사안이기 때문이다. 실제로 한반도 문제는 남북한뿐만 아니라 국제적인 성격도 동시에 갖고 있고, 역내 국가 간 협력과 그에 따른 지역 질서의 안정은 한반도의 평화와 안정에 우호적인 환경을 조성할 수 있다. 따라서 신북방 · 신남방 정책의 성공적인 추진은 한반도의 평화와 안정 및 동아시아의 협력과 번영의 선순환을 이끌 수 있는 핵심고리가 될 것이다.

본 장에서는 먼저, 역대 우리 정부가 추진한 동아시아 정책을 살펴보고, 문재인 정부가 신북방 · 신남방 정책을 추진하게 된 배경과 비전 및 목표가 무엇인지를 고찰한다. 그리고 그동안 추진된 신북방 · 신남방 정책의 성과와 한계에 대한 평가를 통해 평화와 번영의 동아시아공동체 형성을 위한 한국의 역할을 제시하고자 한다.

2. 역대 정부의 동아시아 정책[1)]

한국의 역사적 특수성 및 지정학적 요인으로 인해 냉전시기 미소 양극체제하에서 우리 정부는 동북아시아 혹은 동아시아 지역에 대한 중요성을 인식하지 못했다. 하지만 탈냉전 이후 역대 정부는 소위 '지역'으로서 동북아시아 혹은 동아시아에 대한 인식과 구상을 제시하기 시작했다. 그 이유는 냉전 종식과 세계화의 진전 등으로 인해 한반도를 포함하는 동북아시아가 국제정치경제의 중요한 축으로 부상하기 시작했기 때문이다. 따라서 역대 정부는 한반도의 평화와 통일을 위한 우호적인 국제환경을 조성하기 위해 동북아 국가들과의 관계를 중시하기 시작했으며, 지역 다자협력을 위한 다양한 구상을 제시했다.

노태우 정부는 1988년 10월 유엔총회 연설에서 '동북아 6개국 평화협의회'를 제안했다. 동 구상은 정부의 북방외교 추진 의지를 적극적으로 표명함과 동시에 한반도의 평화통일과 동북아의 번영을 이루기 위한 공산권 국가들과의 관계 개선을 강조하고 있다. 하지만 동 구상은 강대국인 미국과 중국의 미온적 태도 및 북한의 반대 등으로 인해 진전을 이루지 못했다.

김영삼 정부는 출범 이후 동북아 다자안보대화를 핵심적인 외교정책으로 선정했고, 1994년 5월 '동북아안보대화'를 제안했다. 동 구상은 동북아시아를 하나의 지역으로 설정함으로써 역내 안보환경 개선을

---

1) 역대 정부의 동북아 및 동아시아 지역 인식 및 다자협력 구상은 다음을 참조. 최은미, "동북아평화협력플랫폼 활성화를 위한 추진과제," 『IFANS 주요국제문제분석』, 2018- 54(2018. 12.); 전봉근, "미중 경쟁 시대의 동북아 평화협력 추진 전략," 『IFANS 주요국제문제분석』, 2021-08(2021. 6. 3.); 박명림·지상현, "탈냉전기 한국의 동아시아 인식과 구상—김대중 사례 연구," 『한국정치학회보』, 제43집 제4호(2009), pp. 151-174; 박명림, "노무현의 '동북아구상' 연구 — 인식, 비전, 전략," 『역사비평』, 통권 76호(2006년 가을호), pp. 148-179; 이대우 편, 『동북아플러스 책임 공동체 구상』(성남: 세종연구소, 2019)

통한 평화 정착을 강조했고, '유럽안보협력회의'를 모방하여 동북아시아 차원에서 초보적 수준의 다자안보협의체 구성을 지향하였다. 하지만 동 구상은 우리 정부가 제안했음에도 불구하고 실질적인 추진 노력이 부족했으며, 역내 국가들의 적극적인 참여도 잘 이루어지지 않아 큰 성과를 거두지 못했다.

김대중 정부에 들어서면서 그동안 동북아시아에 머물러 있던 지역에 대한 인식이 동아시아 및 유라시아로 확장되었다. 김대중 정부는 1998년 2월 출범 이후 '동아시아비전그룹'과 '동아시아연구그룹' 및 '동아시아포럼' 등을 제안함으로써 동아시아 국가들 간 협력을 통한 경제위기 극복과 공동번영을 지향하였다. 동 구상은 그동안 주변 4대 강국에 갇혀 있던 지역에 대한 우리 인식의 지평을 아세안(Association of South-East Asian Nations, ASEAN)과 한중일 3국을 포괄하는 동아시아 차원으로 확장했다는 점에서 중요한 의미를 갖는다. 하지만 동 구상 역시 동아시아에 대한 전략적 이해관계를 갖고 있는 미국을 설득하는 데 실패했고, 아세안을 둘러싼 중국과 일본의 각축에 대한 미흡한 대응 등으로 인해 지속성을 갖지 못하는 한계를 보여주었다.

김대중 정부의 지역 구상에서 오히려 주목할 점은 한반도를 포함한 동북아시아 및 동아시아 지역에서 벗어나 유라시아의 중요성을 강조하기 시작했다는 것이다. 김대중 대통령은 2002년 9월 덴마크 코펜하겐에서 열린 아시아 · 유럽정상회의(Asia·Europe Meeting, ASEM)에서 아시아와 유럽을 연결하는 '철(鐵)의 실크로드' 구상을 제안한 바 있다. 동 구상은 이후 다양한 층차에서의 실무적인 협의와 조율을 거쳤으며, 박근혜 정부의 '유라시아 이니셔티브'와 노무현 정부의 '북방경제' 구상 및 문재인 정부가 2018년 8월에 제안한 '동아시아철도공동체' 구상 등으로 계승되었다.

노무현 정부는 '평화와 번영의 동북아시대 구현'이라는 국정목표를 제시하고, '동북아시대위원회'라는 대통령 직속 자문기관을 설치했으며, '동북아 구상'을 제시함으로써 이전보다 적극적인 지역 구상을 추진하였다. 노무현 대통령은 2003년 2월 취임사에서 "동북아시아에서의 '번영의 공동체'를 이룩하여 세계의 번영에 기여하고, 더 나아가 '평화의 공동체'로 발전해야 한다."는 점을 강조하였다.[2)]

노무현 정부의 '동북아 구상'은 '동북아시아의 중심국가'이자 '동북아의 세력균형자'로서 한국의 역할을 강조하고 있다는 점에서 매우 중요한 의미를 갖는다. 즉, 그동안 강대국에 의존하는 동맹외교에서 벗어나 한국이 한반도의 평화뿐만 아니라 지역의 평화와 안정을 지키는 '동북아시아의 세력균형자' 역할을 수행해야 한다는 점을 강조하였다. 하지만 노무현 정부가 제시한 '동북아 구상'은 당시의 대내외적 요인, 즉 한국의 전략적 비전에 대한 주변국의 의구심과 우리의 역할과 능력에 대한 국제사회의 견제 혹은 냉소적 반응, 그리고 당시 북핵문제와 역사·영토분쟁 및 군비경쟁 등을 포함한 동북아시아 정세의 불안정성 및 불확실성 등으로 인해 제대로된 평가를 받지 못했다.

노무현 정부의 '동북아 구상'에서 특히 주목할 점은 당시 우리 정부가 동북아시아의 평화와 번영이 한반도의 항구적인 평화와 안정과 긴밀하게 연계되어 있다는 인식하에, 동북아시대는 경제에서 출발해야 한다는 점을 강조하였다는 점이다. 이는 곧 문재인 정부의 '평화와 번영의 한반도'라는 국정기조와 '동북아플러스 책임공동체' 구상 및 '평화경제'를 핵심으로 하는 '신한반도체제' 구상 등으로 계승되었다.

이명박 정부는 '신아시아 구상'을 통해 기존의 동북아시아 중심의 외교에서 벗어나 동아시아를 뛰어 넘는 전(全) 아시아로 확대하고자 하였다. 하지만 동 구상은 개념과 내용상의 모호성 및 아시아에 대한 이해와

2) "제16대 대통령 취임사—평화와 번영과 도약의 시대로," 노무현사료관, 2003년 2월 25일, http://archives.knowhow.or.kr/record/all/view/85935

비전의 부족 등으로 인해 구체적인 성과를 거두지 못하였다.

박근혜 정부는 '동북아 평화협력 구상'을 제기하여 많은 역내 국가들의 호응을 이끌어냈다. 동 구상은 동북아시아 국가들 간의 경제적 상호의존이 밀접해지고 있음에도 불구하고 정치 · 외교 · 안보 분야에서의 갈등과 대립이 상존하는 소위 '아시아 패러독스'를 해결하기 위한 방안으로 제시되었다. 동 구상은 연성안보 분야에서의 대화와 협력에서 시작하여 동북아시아의 지속가능한 평화와 번영의 기틀을 마련하고자 하였으며, 참여 주체 역시 남북한을 포함하여 동북아시아의 주요 국가(미국, 중국, 일본, 러시아, 몽골)로부터 시작하여 점진적으로 참여 범위를 확대하고자 하였다.

박근혜 정부는 '동북아 평화협력 구상'과 함께 '한반도 신뢰프로세스'와 '유라시아 이니셔티브'를 주요 정책으로 추진했다. 특히 '유라시아 이니셔티브'는 유라시아 대륙을 하나의 '경제공동체'로 형성하고 북한의 개방을 유도함으로써 한반도의 평화를 구축한다는 구상이라는 점에서 대내외적인 많은 관심을 받았다. 하지만 박근혜 정부의 주요 정책들은 '중국의 부상'으로 인해 미국과 일본 및 중국의 참여를 적극적으로 이끌어내지 못했고, 북핵 위협에 따른 안보 불안감의 증대와 대통령 탄핵 등과 같은 대내외적 요인으로 인해 추진동력을 상실했다.

이처럼, 한국 역대 정부는 동북아시아에서 시작하여 동아시아를 거쳐 유라시아 지역을 대상으로 하는 정책을 점진적으로 추진해 왔다. 다만, 그동안 우리의 중요한 협력 대상국인 아세안과 인도 등과 같은 남방지역 국가들을 대상으로 하는 지역정책이 본격적으로 추진되기 시작한 것은 문재인 정부 출범 이후라고 할 수 있다. 문재인 정부는 기존의 유라시아 관련 정책을 좀 더 구체화함과 동시에 새로운 전략지역으로 부상한 아세안과 인도의 지경학(geoeconomics) 가치를 높게 평가하여 '동북아플러스 책임공동체' 형성을 국정과제로 제시했고, 세부 실천과제로 '동북아 평화협력' 및 '신북방 · 신남방 정책'을 강조했다.

3. 신북방정책 추진 배경과 목표

2017년 5월 출범한 문재인 정부는 국정기조의 하나로 '평화와 번영의 한반도'를 제시했고, 이를 실현하기 위한 중요한 전략 중 하나로 '동북아플러스 책임공동체'를 제시했다. '동북아플러스 책임공동체'는 동북아시아 지역에서의 지정학적 긴장과 경쟁 구도 속에서 중장기적으로 우리의 생존과 번영에 우호적인 평화적이고 협력적인 환경 조성을 목표로 하고 있다.3)

국정기조	평화와 번영의 한반도		
추진전략	강한안보와 책임국방	남북간 화해협력과 한반도 비핵화	국제협력을 주도하는 당당한 외교
국정과제	• 85. 북핵 등 비대칭 위협 대응능력 강화 • 86. 굳건한 한미동맹 기반 위에 전작권 조기 전환 • 87. 국방개혁 및 국방 문민화의 강력한 추진 • 88. 방산비리 척결과 4차 산업혁명 시대에 걸맞은 방위산업 육성 • 89. 장병 인권 보장 및 복무 여건의 획기적 개선	• 90. 한반도 신경제지도 구상 및 경제통일 구현 • 91. 남북기본협정 체결 및 남북관계 재정립 • 92. 북한인권 개선과 이산가족 등 인도적 문제 해결 • 93. 남북교류 활성화를 통한 남북관계 발전 • 94. 통일 공감대 확산과 통일국민협약 추진 • 95. 북핵문제의 평화적 해결 및 평화체제 구축	• 96. 국민외교 및 공공외교를 통한 국익 증진 • 97. 주변 4국과의 당당한 협력외교 추진 • **98. 동북아플러스 책임공동체 형성** • 99. 국익을 증진하는 경제외교 및 개발협력 강화 • 100. 보호무역주의 대응 및 전략적 경제협력 강화

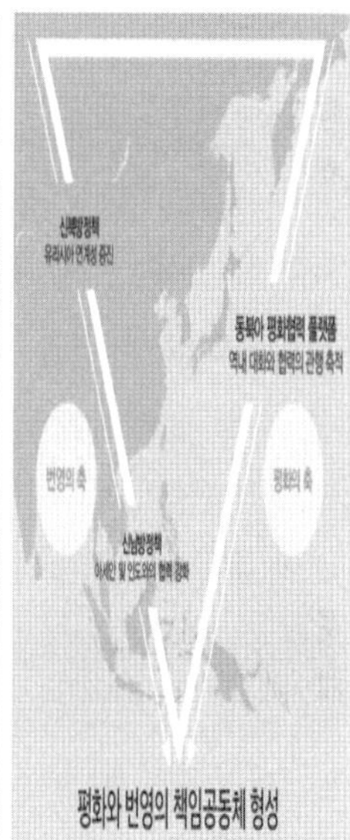

〈그림 1〉 '평화와 번영의 한반도'와 '동북아플러스 책임공동체'

*자료: (왼쪽) 저자 작성.
(오른쪽) 외교부 동북아평화협력 플랫폼.
http://www.mofa.go.kr/www/wpge/m_20373/contents.do

3) 청와대 홈페이지 '국정과제' 참조, https://www1.president.go.kr/government-projects#page5

동북아플러스 책임공동체 구상은 '평화'와 '번영'이라는 두 개의 축으로 구성되어 있다. 먼저, '평화의 축'은 동북아 역내 국가들 간 대화와 협력의 관행을 축적하여 동북아 평화협력 플랫폼을 구축함으로써 평화의 기반을 확대하는 것이다. 다음으로, '번영의 축'은 동북아를 넘어 유라시아와의 연계성을 증진하는 신북방정책과 아세안 · 인도와의 협력을 강화하는 신남방정책을 통해 역내 번영을 추구하고자 하는 것이다. 이처럼 신북방 · 신남방 정책은 한반도를 포함한 동아시아 지역의 평화와 번영을 추구하는 문재인 정부의 국정기조와 전략 방향을 담고 있다.

신북방정책 추진 배경

신북방 · 신남방 정책의 대상 지역은 유럽·러시아를 포함한 유라시아(Eurasia)와 아세안(ASEAN) 및 인도 등을 망라하고 있다. 이들 지역 · 국가들은 한반도의 평화와 안정 및 동아시아의 번영을 위해 전략적 소통과 협력을 강화해야 하는 중요한 대상이다.

신북방정책의 핵심 지역은 유럽과 아시아를 포함하는 유라시아 지역으로서, 세계 육지의 약 40%(5,300만㎢)를 차지하고 세계 인구의 약 70%(49억명)가 거주하고 있다. 신북방정책 추진 대상 국가로는 중국(특히 동북3성), 러시아, 몽골, 중앙아시아 5개국(카자흐스탄, 타지키스탄, 키르시스스탄, 우즈베티스탄, 투르크메니스탄), 중동부 유럽 6개국(우크라이나, 벨라루스, 아르메니아, 아제르바이잔, 몰도바, 조지아)을 포함하고 있다.[4]

특히 러시아를 포함한 극동 · 시베리아 지역은 석유와 천연가스와 같은 풍부한 자원을 보유하고 있고 아시아와 유럽을 잇고 있는 지정학(geopolitics) · 지경학(geoeconomics)적 차원에서 매우 중요한 위치에 있다.

4) 북방경제협력위원회, http://www.bukbang.go.kr

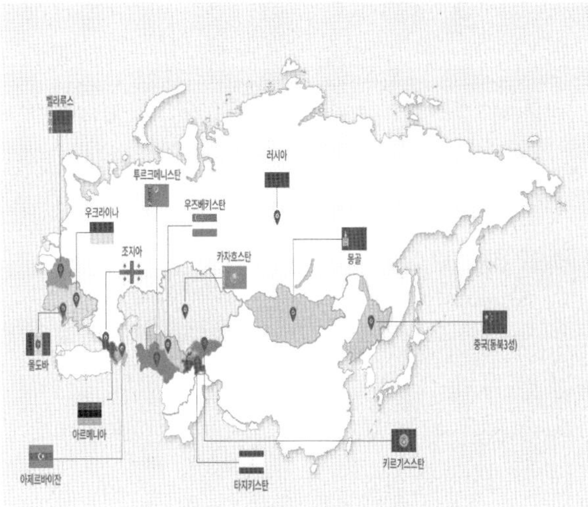

〈그림 2〉 신북방정책 추진 대상 국가

*자료: 북방경제협력위원회, http://www.bukbang.go.kr

문재인 정부가 신북방정책은 추진하는 이유는 크게 두 가지를 들 수 있다. 첫째, 신북방정책을 통해 한국 경제의 새로운 성장동력을 창출하고자 한다. 유라시아 지역은 거대한 시장과 풍부한 자원이 존재하는 지경학적 가치가 크다는 점에서, 이를 적극적으로 활용한다면 갈수록 에너지 수요가 많아지고 있는 한국 경제와 상호보완적인 구조를 만들어 낼 수 있기 때문이다.

둘째, 신북방정책을 통해 유라시아 지역의 통합 및 개방 추세에 대응하고자 한다. 2015년 러시아와 중앙아시아 5개국(카자흐스탄, 벨라루스, 아르메니아, 키르기스스탄, 타지키스탄)은 유라시아경제연합(Eurasian Economic Union, EAEU)이라는 경제공동체를 구성하여 유럽연합(EU)과 같은 경제공동시장을 형성하고자 노력하고 있다. 또한 중국은 2013년부터 소위 '육상실크로드(一帶)와 해상실크로드(一路)' 구상을 통해 러시아를 포함한 EAEU 회원국들과 경제협력을 강화함으로써 미국의 대중국 견제에 대응함과 동시에 유라시아를 경략

(經略)하기 위한 시도를 하고 있다. 이러한 역내 통합·개방 추세에 대응하기 위해 한국 정부는 한국-EAEU 자유무역협정(FTA)을 체결하고자 노력하고 있고, 중국의 일대일로 구상과 우리의 한반도 신경제 구상의 전략적 연계를 시도하고 있다.

신북방정책의 비전과 목표[5)]

문재인 대통령은 2017년 9월 6일 러시아 블라디보스토크에서 열린 제3차 동방경제포럼 기조연설을 통해 신북방정책의 비전으로 '평화와 번영의 북방경제공동체'를 제시했다. 이는 곧 '평화와 번영의 한반도'라는 국정기조를 실현하기 위해 북방지역을 대상으로 하는 공동체를 지향하겠다는 점을 의미한다. 즉, 한반도는 해양과 대륙을 잇는 '가교국가'의 특성을 보유하고 있다는 점에서, 유라시아 지역으로 대표되는 새로운 경제 공간과 기회를 확장함으로써 한반도를 포함한 동북아의 평화를 구축하고, 더 나아가 동북아플러스 책임공동체 및 한반도 신경제 구상을 실현하고자 하는 것이다.

'평화와 번영의 북방경제공동체'라는 비전 실현을 위한 첫 번째 목표는 역내 소다자협력 활성화를 통한 동북아 평화협력의 기반 구축이다. 소다자협력은 양자협력의 불확실성 및 불안정성을 일정 정도 완화하는 역할과 함께 역내 강대국 간 과도한 경쟁과 갈등을 제어하는 효과를 기대할 수 있다. 특히 동북아시아 지역은 역내 국가들 간 영토 · 주권 · 역사적 이유로 인해 다자협력이 본격화되지 않고 있는 상황이라는 점을 감안하여, 다양한 형태의 소다자 협력사업을 발굴할 필요성이 제기되고 있다. 소다자협력과 관련하여 정부가 구상하고 있는 과제는 크게 두 가지로서, 하나는 경제특구 개발과 광역두만강개발계획(GTI) 등으로 대표

---

5) 북방경제협력위원회, http://www.bukbang.go.kr/bukbang/vision_policy/policys/0005/ 참조

〈그림 3〉 신북방정책의 비전과 목표

*자료: 북방경제협력위원회, http://www.bukbang.go.kr

되는 초국경 경제협력을 추진하는 것이고, 다른 하나는 환동해 크루즈 활성화와 두만강 국제관광 특구로 대표되는 환동해 관광협력 활성화이다. 이러한 양자 및 소다자 협력사업에서 출발하여 협력의 대상과 범위를 점차적으로 확대함으로써 동북아시아 지역에서의 평화협력의 기반을 구축하고자 한다.

이외에도 '평화와 번영의 북방경제공동체'라는 비전을 실현하기 위해 통합네트워크 구축을 통한 전략적 이익 공유, 산업협력 고도화를 통한 신성장동력 창출, 인적 · 문화 교류 확대로 상호이해 증진 등을 목표로 제시하고 있다. 특히 정부는 소위 '9개의 다리(9-Bridge)' 사업을 통해 9개 분야 — 전력, 철도, 북극항로, 수산, 가스, 항만, 조선, 농업, 산업단지 등 — 에 대한 동시다발적인 협력사업을 추진하고 있다. 이를 위해 북방경제협력위원회를 발족하여 신북방정책의 추진을 지원하고 있다.

4. 신남방정책 추진 배경과 목표

신남방정책 추진 배경

신남방정책은 '동북아플러스 책임공동체' 형성이라는 국정과제의 세부 실천과제 중 하나로서, 아세안 10개국과 인도 등 지역 · 국가들을 대상으로 정치경제와 사회문화 등 모든 분야에서 교류협력을 강화함으로써 한반도를 넘어 동아시아 차원의 평화와 협력을 실현하고자 하는 문재인 정부의 핵심적인 대외정책이다. 신남방정책은 문재인 대통령의 2017년 11월 '한국-인도네시아 비즈니스포럼' 기조연설을 통해 공식화되었고, 2018년 8월 대통령 직속으로 신남방정책특별위원회가 출범하여 관련 업무를 지원하기 시작했으며, 2019년 11월에는 부산에서 '한-아세안 특별정상회의'가 개최되었다.

문재인 정부가 신남방정책을 추진하는 가장 중요한 이유는 크게 두 가지를 들 수 있다. 첫째, 신남방정책의 핵심지역인 아세안과 인도를 중심으로 펼쳐지고 있는 거대한 경제권 탄생과 그에 따른 새로운 시장 수요(Blue Ocean) 창출 기회를 잡기 위한 것이다. 2019년 12월 기준으로 아세안 10개국(베트남, 캄보디아, 라오스, 태국, 미얀마, 필리핀, 브루나이, 인도네시아, 말레이시아, 싱가포르)과 인도의 인구는 각각 약 6억 4천 7백만 명과 약 13억 9천만 명으로 총 20억 명이 넘고, 경제 규모 역시 아세안(약 2조 7,615억 달러)과 인도(약 2조 8천억 달러)를 합치면 약 5조 5천억 달러를 상회하고 있다. 특히 아세안 10개국과 인도는 젊고 역동적인 성장지역이자 연평균 소비시장(CAGR) 성장률이 15%에 달하는 새로운 성장엔진으로 평가되고 있다.[6]

둘째, 세계 경제의 새로운 엔진인 아세안과 인도를 중심으로 이루어지고 있는 거대한 경제통합 가속화 추세에 대응하기 위해 신남방정책

6) 신남방정책특별위원회, http://www.nsp.go.kr/national/national02Page.do

을 추진하고 있다. 아세안 10개국은 2015년 12월 아세안경제공동체(ASEAN Economic Community, AEC)를 출범시켰고, 2025년경에는 3대 분야 — 정치 · 안보, 경제, 사회 · 문화 등 — 에서 좀 더 완성된 공동체로 탈바꿈할 전망이다.

신남방정책 추진의 핵심 대상 국가인 인도의 경우 최근 역내 정세의 불확실성 및 불안정성이 심화되는 과정에서 인도의 전략적 · 경제적 가치가 급상승하고 있다. 인도는 이미 미국이 추진하고 있는 인도 · 태평양 전략의 핵심국가로 자리매김함과 동시에 주변국인 러시아나 중국과도 관계를 악화시키기보다는 경쟁적 협력 추세를 유지하고 있다. 또한 인도는 2019년 프랑스와 영국을 제치고 세계 5위의 경제대국으로 자리매김했고, 구매력지수(PPP) 기준 국내총생산(11조 3,300만 달러)으로는 세계 3위를 기록하고 있으며, 한국의 제7위 수출대상국가이기도 하다. 특히

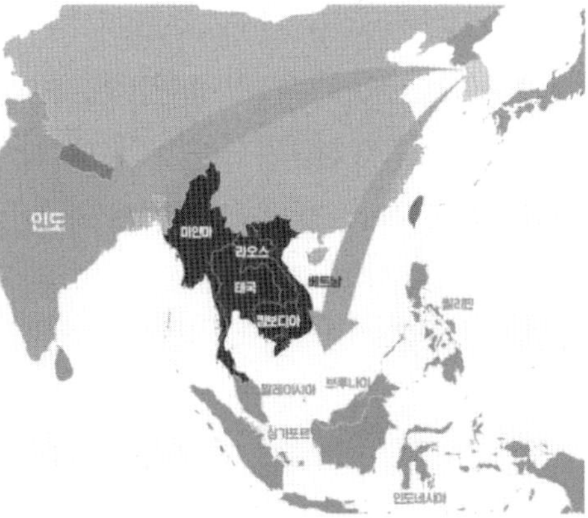

〈그림 4〉 신남방정책 추진 대상 국가

*자료: 신남방정책특별위원회 홈페이지(http://www.nsp.go.kr) 참조

인도는 최근 출범한 '역내 포괄적 경제동반자협정(Regional Comprehensive Economic Partnership Agreement, RCEP)'에는 참여하지 않고 있으나, 아세안이나 일본 및 한국과의 FTA 체결을 통해 역내 통합 추세에 대응할 가능성이 높다. 또한 인도는 소위 '신동방정책(Act East Policy)'을 통해 아세안을 포함한 동아시아 지역 국가들과의 관계도 중시하고 있다.

이처럼 한국 정부는 높은 경제성장률과 거대한 잠재력을 바탕으로 새롭게 부상하고 있는 아세안 10개국과 인도와의 협력을 통해 한반도의 평화와 안정 및 동아시아의 번영을 동시에 추구하는 신남방정책을 추진하고자 한다. 따라서 향후 인도의 동아시아 정책 및 아세안을 포함한 역내 국가들과의 관계를 종합적으로 고려하여 우리의 신남방정책과 연계성을 강화할 필요가 있다.

신남방정책의 비전과 목표[7)]

문재인 대통령은 2017년 11월 '한국-인도네시아 비즈니스포럼' 기조연설에서 신남방정책의 비전으로 '한-아세안 미래공동체 구현: 사람 중심의 평화와 번영의 공동체'를 제시했다. 이는 곧 아세안과의 협력관계 강화를 통해 기존의 주변 4강(미·일·중·러) 중심의 한국 외교를 다각화하고, 상품교역 위주의 협력관계를 기술 · 문화 · 인적 교류 등으로 다양화하며, 안보적 차원에서도 한반도 문제 해결을 위한 아세안과의 공동대응을 모색하기 위한 노력이라고 할 수 있다.

신남방정책의 비전인 '한-아세안 미래공동체 구현: 사람 중심의 평화와 공동체'를 실현하기 위해 3가지 목표를 제시했다. 첫 번째는 사람(PEOPLE) 공동체, 즉 교류 증대를 통한 상호 이해 증진을 목표로 한다. 이를 위해 2020년까지 한-아세안 상호 방문객 연간 1,500만 명 달성을

7) 신남방정책특별위원회, http://www.nsp.go.kr/kor/main/main.do

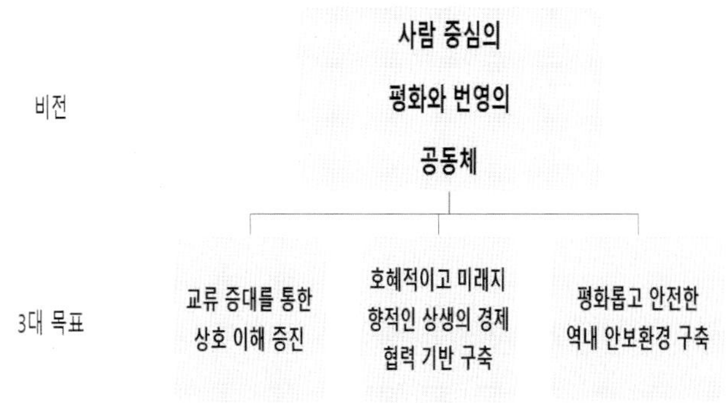

〈그림 5〉 신남방정책의 비전과 목표

*자료: 신남방정책특별위원회, http://www.nsp.go.kr/policy/policy01Page.do

제시했다. 두 번째는 상생번영(PROSPERITY) 공동체, 즉 한-아세안 간 호혜적 · 미래지향적인 상생의 경제협력 기반 구축을 목표로 한다. 이를 위해 한-아세안 간 교역액은 2020년까지 2,000억 달러, 한-인도 간 교역액은 2030년까지 500억 달러 달성을 제시했다. 세 번째는 평화(PEACE) 공동체, 즉 평화롭고 안전한 역내 안보 환경 구축을 목표로 한다. 이를 위해 2019년까지 아세안 10개국 순방 및 양측 정상의 상호방문 등 전략적 협력을 강조한다.

2017년에 제시한 신남방정책의 목표는 2019년과 2020년을 거치면서 대부분 달성되었다. 한국과 아세안 간 상호방문객은 2018년에 최초로 1,000만 명을 돌파했다. 신남방정책에 대한 적극적인 지지를 약속했던 문재인 대통령은 2017년 11월부터 2019년 9월까지 아세안 10개국과 인도를 순방했고, 2019년 11월 부산에서는 '평화를 향한 동행, 모두를 위한 번영'을 주제로 한-아세안 특별정상회의가 개최되었으며, 2020년 2월 베트남 훈센 총리의 한국 방문을 끝으로 문재인 대통령과 아세안 10개국 정상들과의 상호방문이 마무리되었다. 특히 2021년 6월에 개최된 G7 정상회의에 초청된 문재인 대통령은 각국 정상들에게 한국의 신남방정책과 인도·태평양 지역의 협력을 상호 연계할 수 있는 방안을 모색하겠다고 밝혔다는 점에서 향후 신남방정책에 대한 우리 정부의 정책 지속 가능성을 엿볼 수 있다.

5. 신북방·신남방 정책 평가

신북방·신남방 정책이 본격적으로 추진된 지 많은 시간이 지나지 않았다는 점에서, 동 정책에 대한 전면적인 평가는 쉽지 않다. 특히 신북방·신남방 정책의 추진은 남북관계를 포함한 한반도 정세 변화뿐만 아니라 국제 정치·경제 질서 변화에도 영향을 받기 때문에 동 정책의 성과가 나타나기 위해서는 좀 더 많은 시간을 필요로 한다. 아래에서는 그동안 한국 정부가 신북방·신남방 정책을 추진하는 과정에서 나타난 위협요인과 기회요인을 파악함으로써, 향후 신북방·신남방 정책을 포함하여 동아시아공동체 형성을 위한 한국의 역할을 모색하는 데 기여하고자 한다.

신북방·신남방 정책의 기회요인과 위협요인

신북방·신남방 정책을 성공적으로 추진하기 위해서는 예상되는 제약(위협)요인을 사전에 조치함으로써 오히려 기회요인으로 활용할 필요가 있다. 먼저, 신북방정책은 한반도를 포함한 동북아시아 지역의 지정학적 갈등을 완화하고 평화협력 환경을 조성하기 위해 제시되었고, 이 과정에서 한반도 신경제 구상과의 연계가 시도되기도 하였다. 다만, 신북방정책은 추진 초기에 경제와 안보 분야에서 우리에게 많은 기회를 줄 것으로 예상되었지만, 북핵문제와 이로 인한 남북관계 경색 국면이 장기 지속됨으로 인해 오히려 정책 추진의 위협(제약)요인으로 작용하고 있는 것도 사실이다. 여기에 더해 국제사회의 대북제재가 여전히 지속되고 있고, 미중 두 강대국의 전략경쟁으로 인해 한반도에 대한 지정학 · 지경학적 리스크 역시 다양화되고 복합성을 띠고 있다는 점 역시 신북방정책 추진에 제약요인으로 작용하고 있다.

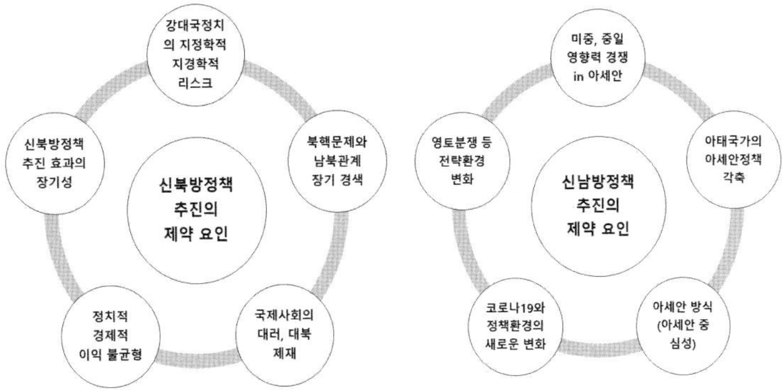

〈그림 6〉 신북방 · 신남방 정책 추진의 위협요인

*자료: 저자 작성

이러한 상황에서 신북방정책 추진을 주관하고 있는 북방경제협력위원회는 역대 정부의 북방정책을 검토한 결과, 북한의 핵 개발 지속, 정부 정책의 불연속성, 총괄부서(control tower) 부재 등을 제약요인으로 제시하기도 했다.[8] 따라서 신북방정책 추진과정에서 북핵문제를 어떻게 처리할 것인가에 대한 관련국들과의 긴밀한 소통과 협력이 매우 긴요하다. 또한 민감한 외교안보 이슈가 신북방정책에 미치는 부정적인 영향을 최소화

---

8) 북방경제협력위원회 제3차 회의 보도자료(2018.12.12.); 권구훈, "신북방정책은 남북관계 영향 적은 쪽부터 추진," *BUSSINESS POST,* 2018.12.12, http://www.businesspost.co.kr/BP?command=article_view&num=106126

하려는 노력과 동시에 경제통상 이슈를 포함한 비전통적 안보 분야에서 신북방정책 대상 국가들과의 협력을 증진하려는 노력이 필요하다. 이와 관련하여 2021년 1월 한국과 우즈베키스탄 정상 간 화상회담에서 양국이 무역협정(STEP)을 추진하겠다고 합의했다는 점은 매우 중요한 시사점을 주고 있다. 즉, 신북방정책의 핵심 협력 대상국가 중 하나인 우즈베키스탄과 다양한 분야 — 에너지, 인프라, 보건 · 의료, 디지털 산업 등 — 에서 협력을 확대하기로 합의함으로써 향후 신북방정책 대상 국가들과의 협력 확대에도 기여할 것으로 보인다.

다음으로, 신남방정책은 아세안과 인도의 높은 경제성장률과 잠재력을 적극적으로 활용함으로써 한국 외교의 다양화 · 다각화를 시도하고 있다는 점에서 우리에게 매우 중요한 기회요인으로 작용하고 있다. 하지만, 신남방정책 역시 아세안이라는 지역적 특수성 및 미·중·일을 포함한 강대국들의 지정학적 · 지경학적 갈등 및 아세안이라는 지역적 특수성을 고려하지 않을 경우 우리의 전략적 자율성을 제약할 가능성도 배제할 수 없다. 특히 2019년 11월 '한-아세안 특별정상회의' 개최 이후 신남방정책 추진에 탄력이 붙을 것으로 전망되었음에도 불구하고, 2020년 코로나19 팬데믹의 영향으로 인해 신남방정책은 새로운 정책 수요에 부응해야 하는 과제를 안게 되었다. 즉, 코로나19 팬데믹 이후 아세안 10개국과 인도는 보건의료 측면에서의 위기 상황과 인적 교류의 제한에 따른 경제 · 사회 활동의 위축 및 사회적 · 경제적 격차 확대 등에 직면하고 있다는 점에서, 이러한 새로운 정책 환경의 변화를 반영한 신남방정책이 추진되어야 할 것이다.

신북방 · 신남방 정책 추진 방향

신북방 · 신남방 정책은 추진 목표와 대상이 다르다는 점에서 '동북아플러스 책임공동체'라는 상위 체계 속에서 상호 전략적 연계를 가질 필요가 있다. 신북방정책은 비교적 장기 프로젝트를 중심으로 추진되어 왔으나, 오랫동안 북한 · 북핵 문제가 해결되지 않은 상황에서 더디게 진행되고 있는 것이 사실이다. 반면, 신남방정책은 프로젝트의 성격상 단기간에 성과를 도출하는 데 상대적으로 수월하다는 특징이 있고, 2018년 신남방정책특별위원회가 발족하고 2019년에는 '한-아세안 특별정상회의'가 개최되는 등 추진 속도가 빠르게 진행되고 있다. 따라서 '동북아플러스 책임공동체'라는 틀 속에서 신북방·신남방 정책의 추진 성과를 상호간에 전략적으로 활용할 필요성이 있다.[9] 예를 들어, 신북방정책의 주요 추진 대상 지역인 동북아에서 국가 간 협력 경험이 많지 않다는 점에서, 동남아지역에서 축적된 협력의 경험을 동북아로 확대할 수 있는 방안을 고민할 필요가 있다.

신북방 · 신남방정책이 한반도 평화와 번영에 기여하기 위해서는 소위 '평화경제론'에 입각한 협력 추진 전략이 필요하다. 일반적으로 '평화경제론'은 평화정착을 통한 경제협력 활성화 및 경제협력을 통한 평화증진의 선순환이라는 의미였지만, 문재인 정부 출범 이후에는 '평화의 경제적 효과'를 좀 더 강조하기 시작했다.[10] '평화의 경제적 효과'의 사례로는, 군사적 긴장완화 조치를 통해 군사·안보 비용이 절감된다는 점, 남북한 평화공존이 유지되면 경협 활성화의 필요조건이 된다는 점, 평화협력 분위기가 조성되면 코리아디스카운트가 해소되고 해외자본

9) 신종호 외, 『한반도 평화번영의 비전과 전략』(세종: 경제인문사회연구회, 2019), pp. 92-100

10) 평화와 경제의 선순환 개념은 김연철, "한반도 평화경제론: 평화와 경제협력의 선순환," 『북한연구학회보』, 제10권 1호(2006), pp. 51-75 참조. 최용환, "신한반도체제, 평화경제론 그리고 남북경협," 『KDI 북한경제리뷰』, 제21권 3호 (2019), pp. 89-92; 양문수, "남북경협을 통한 한반도 평화경제 실현방안," 『한반도 평화경제 실현, 그 시작과 나아갈 길』(국민대학교 한반도미래연구원 · 성공경제연구소 공동주최 남북관계 발전 학술세미나 발표문(PPT), 2019. 10. 23.)

투자유지가 촉진된다는 점 등이 있다. 따라서 신북방정책과 신남방정책이 추진되는 과정에서도 이러한 논리, 즉 한반도의 완전한 비핵화를 통해 한반도에 평화가 정착된다면 본격적인 경제협력이 이루어질 수 있고 더 나아가 동아시아의 공동번영을 실현할 수 있다는 점을 강조할 필요가 있다.

신북방·신남방 정책 추진 여건의 변화를 반영한 정책방안을 강구해야 한다. 특히 2020년 전 세계를 강타한 코로나19 팬데믹의 영향으로 신북방 · 신남방 정책의 핵심은 방역 및 보건의료 협력이 중심이 될 수밖에 없다는 점을 반영해야 한다. 이 과정에서 단순하고 1회성의 지원이나 협력이 아니라 중장기적이고 포괄적인 관점에서 해당 지역 · 국가들과의 보건 · 의료 협력 사업을 구상할 필요가 있다. 이런 의미에서 볼 때, 문재인 대통령이 2020년 9월 23일 제75차 유엔총회 영상 기조연설에서 제안한 '동북아시아 방역 · 보건 협력체' 구상은 중요한 의미를 갖는다. 즉 북한을 포함한 동북아 국가들(한국, 중국, 일본, 몽골 등)이 함께 참여하는 '동북아시아 방역 · 보건 협력체' 구상은 다자 간 협력의 경험을 축적할 수 있는 중요한 기회가 될 것이고, 더 나아가 역외 국가인 미국의 참여로 확대된다면 역내 긴장 완화에도 기여할 것이다.

신북방 · 신남방 정책의 국가별 차별화 및 선택과 집중 전략이 필요하다.[11] 신남방 정책의 해당 지역 · 국가의 경우 중국에 대한 무역의존도를 낮추고 시장 다변화를 목표로 하고 있다는 점에서 이에 부합하는 국가를 선별하여 선택과 집중을 할 필요가 있다. 대표적인 사례가 바로 베트남이다. 한국은 한-아세안 FTA 타결 이후 베트남과 가장 먼저 FTA를 체결했고, 베트남은 현재 한국의 3대 수출대상국으로 급성장했으나 한국의 아세안에 대한 무역과 투자 측면에서 볼 때 베트남에 과도하게

11) 이하 내용은 다음을 참조. 서보혁 외, 『지속가능한 한반도 평화프로세스』(세종: 경제인문사회연구회, 2021), pp. 250-260

집중되어 있다는 약점이 있다. 따라서 향후에도 해당 국가에 대한 산업 발전 구조와 인프라 현황 및 소비구조와 성향 등에 대한 종합적인 분석을 통해 기존의 베트남을 대체할 수 있는 새로운 타겟 국가를 선정할 필요가 있다. 신북방정책의 경우 해당 지역·국가들과 한국과의 정치적·경제적 · 사회적 · 문화적 상호교류 수준이 높지 않다는 점에서 남북협력을 통해 한반도의 전략 공간을 확장할 수 있는 여지가 많지 않다. 따라서 한국의 신북방정책은 경제협력보다는 지식협력과 같은 개발협력 사업을 발굴할 필요가 있다.

신북방 · 신남방 정책이 각각의 정책 목표를 추구함과 동시에 한반도 신경제 구상과의 선순환을 촉진해야 한다. 신북방정책은 유라시아 및 중국(동북3성)을 포함한 동북아에서의 경제적 연계 형성 및 전략공간 확보를 목표로 하고 있고, 신남방정책은 아세안과 인도 등과의 경제협력을 확대하고 한국 외교의 다변화를 추구하는 것을 목표로 하고 있다. 하지만 신북방 · 신남방 정책의 목표를 추구하는 과정에서 한반도 신경제 구상과의 전략적 연계를 통한 선순환 방안이 고려되어야 한다. 이를 통해 궁극적으로 북한의 '변화'를 촉진하고 역내 경제협력의 국제화·다자화를 이행할 수 있다.

6. 나가며

신북방 · 신남방 정책은 '평화와 번영의 한반도'를 실현하기 위한 한국정부의 전략구상으로서, 동아시아공동체 형성을 위한 핵심 정책이다. 비록 2020년에 시작된 코로나19 팬데믹으로 인해 신북방 · 신남방정책의 추진이 잠시 주춤하고 있지만, 한반도의 평화와 안정 및 동아시아의 공동번영을 실현하기 위한 우리의 주도적인 노력은 계속되어야 한다.

신북방 · 신남방 정책을 특정 지역 · 국가를 대상으로 하는 정책으로 국한시키기보다는 '동북아플러스 책임공동체'라는 틀 속에서 우리의 유라시아·동아시아 정책으로 자리매김 할 수 있도록 할 필요가 있다. 이를 위해서는 신남방정책의 단기적 성과를 기반으로 신북방정책의 중장기 프로젝트가 실현될 수 있도록 협력의 '순차화(sequence)'가 이루어지도록 함으로써, 동북아플러스 책임공동체 실현에 기여할 필요가 있다.

신북방 · 신남방 정책은 최근 한반도 주변 강대국들이 추진하고 있는 다양한 형태의 국가발전전략과의 긴밀한 연계가 필요하다. 미국은 2017년부터 인도 · 태평양 전략을 통해 일본 · 인도 · 호주 등 국가들과의 관계를 강화하고 있으며, 2021년 1월 출범한 바이든 행정부 역시 '미국의 글로벌 리더십 회복'을 기치로 내세우며 다자주의와 동맹재구축을 강조하고 있다. 중국은 2013년 이후 육상·해상실크로드로 대표되는 일대일로(一帶一路) 구상을 국가전략으로 제시하며 역내 국가들과의 경제협력을 강화하고자 노력하고 있다. 인도 역시 2014년부터 '신동방정책(Act East Policy)' 정책을 내세우며 아세안을 포함한 역내 국가들과의 협력을 강화하고 있다. 이처럼 동아시아 국가들이 추진하고 있는 국가전략에 대응하기 위해서는 우리의 신북방 · 신남방 정책을 좀 더 내실화하여 역내 협력을 강화할 필요가 있다. 특히 협력 대상국의 수요에 부합하는 지역·국가별 특성화 프로그램이 발굴되어야 하며, 특정 지역 혹은 국가에 집중되는 경향성을 탈피한 '다변화' 전략이 필요하다.

신북방 · 신남방 정책은 한반도의 평화와 안정 및 동아시아의 번영이라는 목표 달성에 부합하도록 추진되어야 하며 이를 통해 소위 '한국방안'을 창출하도록 노력해야 한다. 신북방·신남방 정책은 한국의 중장기 국가비전과 국익의 기반 위에서 이루어져야 하고, 글로벌 가치(평화, 번영, 민주, 통합, 인권 등)와 규범에 부합하는 방향으로 이루어져야 하며, 북한의 '변화' 촉진과 같은 한반도 평화협력 기반 조성에 기여하는 방향으로 추진되어야 할 것이다. 이를 통해 한국은 이미 한류(K-POP)와 방역(K-방역) 분야에서 이루어 놓은 성과를 뛰어넘는 'K-평화'라는 새로운 모델을 창출할 수 있을 것이다.

참고문헌

김연철. 2006. "한반도 평화경제론: 평화와 경제협력의 선순환." 『북한연구학회보』 제10권 1호.

박명림. 2006(가을호). "노무현의 '동북아구상' 연구-인식, 비전, 전략." 『역사비평』 통권 76호.

박명림·지상현. 2009. "탈냉전기 한국의 동아시아 인식과 구상-김대중 사례 연구." 『한국정치학회보』 제43집 제4호.

서보혁 외. 2021. 『지속가능한 한반도 평화프로세스』. 세종: 경제인문사회연구회.

신종호 외. 2019. 『한반도 평화번영의 비전과 전략』. 세종: 경제인문사회연구회.

양문수. 2019. "남북경협을 통한 한반도 평화경제 실현방안." 『한반도 평화경제 실현, 그 시작과 나아갈 길』. 국민대학교 한반도미래연구원· 성공경제연구소 공동주최 남북관계 발전 학술세미나 발표문(PPT)

이대우 편. 2019. 『동북아플러스 책임 공동체 구상』. 성남: 세종연구소.

전봉근. 2021. "미중 경쟁 시대의 동북아 평화협력 추진 전략." 『IFANS 주요국제문제분석』, 2021-08.

최용환. 2019. "신한반도 체제, 평화경제론 그리고 남북경협." 『KDI 북한경제리뷰』 제21권 3호.

최은미. 2018. "동북아평화협력플랫폼 활성화를 위한 추진과제." 『IFANS 주요국제문제분석』 2018-54.

노무현사료관. http://archives.knowhow.or.kr/record/all/view/85935

북방경제협력위원회. http://www.bukbang.go.kr

신남방정책특별위원회. http://www.nsp.go.kr

청와대 홈페이지. https://www1.president.go.kr/government-projects#page5

7장 동아시아공동체와 아세안

박진수(덕성여자대학교)

7장

동아시아공동체와 아세안

1. 아세안은 동아시아 협력에서 어떤 역할을 수행했는가?

아시아는 지역 협력과 공동체 형성 노력 측면에서 유럽이나 다른 지역에 비해 상대적으로 뒤처진 지역이다. 일본 제국주의가 제2차 세계대전 당시 여러 아시아 국가들을 침략하며 내세운 정치적 표어인 대동아공영권(大東亞共榮圈)을 제외하면, 아시아에서 범아시아 공동체를 형성하기 위한 노력은 1990년대가 될 때까지 크게 주목받지 못했다. 1950~60년대 유럽과 아프리카 등 세계 곳곳에서 지역주의와 지역 공동체를 형성하기 위한 움직임이 활발하게 나타났던 반면, 아시아 지역은 세계적인 지역주의 움직임으로부터 멀리 떨어져 있었다. 오히려 아시아 국가들은 미국과 소련이 주도하는 자본주의 진영과 공산주의 진영으로 양분되었으며, 아시아 지역은 1980년대까지 냉전의 소용돌이 최중심에 있었다.

그러나 냉전이 종식된 1990년대 초반부터 아시아에서도 지역 협력을 촉진하고 아시아를 아우르는 지역 공동체를 형성하기 위한 움직임이 동아시아[1] 개념을 중심으로 형성되었다. 1990년대 초반 비록 실패하긴

했지만, 동아시아경제그룹(East Asian Economic Group, EAEG) 구상이 제안되면서, 아시아에서 역내 국가 간 협력을 촉진하고 지역 공동체를 형성하기 위한 최초의 움직임이 나타났다. 2000년대에는 동아시아 지역 협력과 공동체 건설을 위한 중대한 계기가 마련되었다. 1990년대 후반 동아시아 금융위기 이후 설립된 ASEAN+3와 2000년대 중반 탄생한 동아시아 정상회의(East Asia Summit, EAS)를 중심으로 역내 국가 사이의 협력이 증대되고, 지역 공동체 형성을 위한 논의가 활발히 진행되었다. 2010년대에 접어들면서 지역 협력과 관련한 동아시아 국가들의 관심이 지역을 포괄하는 FTA(Free Trade Agreement, 자유무역협정) 설립을 통한 경제공동체 건설로 옮겨졌으며, 역내포괄적경제동반자협정(Regional Comprehensive Economic Partnership, RCEP)이 그러한 논의의 핵심을 차지하였다.

1990년대 이후 아시아 지역에서 지역 협력과 지역 기구가 탄생, 발전, 진화를 거듭하는 과정에서, 우리의 시선을 끄는 이슈 중 하나는 동남아시아국가연합(Association of Southeast Asian Nations, ASEAN, 이후부터 아세안으로 표기)의 활동과 역할이다. 아세안은 동남아시아 지역의 정치 · 경제 · 사회 · 문화 부분에서 협력과 통합을 강화하고 궁극적으로 동남아시아 공동체를 건설하는 것을 목표로 하는 지역협력기구이다. 아세안은 1967년 8월 말레이시아, 싱가포르, 인도네시아, 필리핀, 태국 5개국으로 출범하였으며, 이후 브루나이(1984), 베트남(1995), 라오스 · 미얀마(1997), 캄보디아(1999)가 추가로 가입하여 현재 10개국으로 구성되어 있다. 참여국들의 특성

---

1) 많은 연구가 지역이 지리적 구분에 따라 자연적으로 정해지는 것이 아니라 사회적 상호작용과 정치적 경쟁을 거쳐 형성되는 사회적 구성물임을 강조하고 있다 (Hettne, 2005; Hurrel, 1995; Katzenstein, 1997). 지역이 정치적 경쟁을 통한 사회적 구성물이라는 점에서, '동아시아'의 개념 역시 학자별, 국가별 입장과 시각에 따라 다르게 설명되며, 그에 따라 지리적 범주도 다르게 정의된다. 이번 장에서 동아시아 지역의 지리적 범주는 EAS 참여국으로 정의한다. 즉 아세안 10개국, 한국 · 중국 · 일본의 동북아시아 3개국, 호주 · 뉴질랜드 그리고 인도를 포함한 지역을 동아시아로 정의한다.

을 살펴보면 아세안은 기본적으로 약소국들의 연합이다. 국제정치와 지역주의 연구에서 그동안 강대국과 그들의 영향력 및 역할에 관한 연구가 많이 진행되었던 반면, 약소국 혹은 약소국 연합체의 역할에 관한 관심은 상대적으로 매우 적었다. 약소국 혹은 약소국들의 연합체는 지역 협력과 지역 공동체 건설과정에서 어떤 역할을 할 수 있는가? 이번 장에서는 동아시아공동체 논의에서 약소국들로 구성된 아세안의 역할을 살펴보는 것을 목적으로 한다. 보다 구체적으로 이번 장은 다음의 질문들에 대한 답을 구하고자 한다. 세계적 그리고 지역적 강대국들인 미국, 중국, 일본이 포함된 동아시아 지역의 공동체 형성 논의에서 약소국들의 연합체인 아세안은 어떤 역할과 활동을 수행했는가? 동아시아공동체 논의과정에서 아세안이 수행했던 역할을 가능하게 했던 요인은 무엇이었는가? 세계적 · 지역적 차원의 패권 경쟁 속에서 약소국가들의 모임인 아세안이 지역 공동체 형성을 위한 중요한 역할을 계속해서 수행할 수 있을 것인가?

이러한 질문에 답하기 위해서 아래에서는 1990년대 이후 나타난 동아시아 지역 협력과 지역 기구를 중심으로 살펴보고자 한다. 2~4절에서 1990년대 EAEG, 2000년대 ASEAN+3와 EAS, 그리고 2010년대 RCEP의 발전과정과 아세안의 역할을 살펴보고, 이를 바탕으로 결론에서는 미중 패권 경쟁 시대 동아시아공동체 형성과 아세안의 역할을 생각해 보고자 한다.

2. EAEG: 좌절된 아세안 주도 동아시아공동체

1980년대 후반 냉전이 서서히 와해하기 시작하면서, 지역 공동체와 지역 협력에 관한 관심이 유럽과 북미 지역에서 다시금 나타나기 시작했다. 유럽에서는 1987년 단일유럽의정서(Single European Act)가 발효되면서 정치적·경제적 통합이 크게 진전되었고, 북미지역에서는 1989년 미국-캐나다 FTA 체결 이후 북미자유무역협정(North America Free Trade Agreement, NAFTA) 논의 속도가 빨라지고 있었다. 이처럼 1980년 후반 유럽과 북미에서 배타적인 경제 지역주의 움직임이 나타나기 시작하자, 아시아도 이에 대한 대응 차원으로 지역 경제협력과 공동체 형성을 위한 논의를 시작하였다.

범아시아 지역 공동체 형성을 위한 구상은 1990년대 초에 처음 제시되었다. 아세안, 그중에서도 말레이시아의 마하티르 모하마드(Mahathir Mohamad) 수상은 범아시아 혹은 동아시아 지역 협력과 공동체 건설을 촉진하기 위한 지역 기구로서 EAEG를 제안하였다. 마하티르 수상은 1990년 12월 말레이시아를 방문한 중국의 수상 리펑(李鵬)과의 회담에서 EAEG 구상을 처음 밝혔다. 그가 구상한 '동아시아'는 동남아시아와 동북아시아를 포함하는 개념으로, EAEG는 당시 아세안 6개국(말레이시아, 인도네시아, 싱가포르, 태국, 필리핀, 브루나이), 베트남, 일본, 한국, 중국, 홍콩, 대만 총 12개 국가들로 구성되어 있었다.(Chalermpalanupap, 2005) 마하티르의 EAEG 구상은 미국, 호주, 뉴질랜드 그리고 다른 '비아시아' 국가들을 배제한 동아시아 국가들만의 배타적 경제블록을 구성하는 것이었다.(Berger, 1999) 말레이시아의 EAEG 구상은 그 이름이 배타적인 경제 블록을 강조한다는 우려로 인해 1991년 10월 열린 아세안 경제장관회의에서 동아시아경제협의체(East Asian Economic Caucus, EAEC)로 변경되었다. 비록 이름이 변경되긴 하였지만, EAEC 역시 초기에는 기본적으로 "아시아인만의 협의체 혹은 코카시아인이 없는 동아시아(an Asian-only caucus or East Asia without the Caucasian)"를 지향하였다.(Higgott and Stubbs, 1995, 523)

그러나 1993년 7월 열린 아세안 외무장관회의에서 아세안 국가들은 EAEC의 위상을 독립적인 동아시아 지역 협력기구가 아닌 아시아-태평양 지역을 대표하는 "APEC 안의 협의체(a Caucus within the APEC)"로 축소했다. 이는 결국, 동아시아공동체 형성이라는 야심 찬 꿈을 가지고 출범했던 EAEG/EAEC가 그 꿈을 실현하지 못하고 미국이 주도하는 아시아-태평양 지역 협력기구인 아시아태평양경제협력체(Asia-Pacific Economic Cooperation, APEC)에 흡수되어 버렸음을 의미하는 것이었다.

아세안 국가들, 특히 말레이시아의 야심 찬 동아시아공동체 구상이 실패로 끝난 이유는 무엇인가? 우선 강대국들의 반대와 주저 속에서 약소국들의 연합체인 아세안이 EAEG/EAEC와 같은 지역 공동체 논의를 주도할 전략적 기회를 포착하기 어려웠다. 마하티르의 EAEG/EAEC 구상 실패는 미국이라는 패권국에 대한 지역적 차원의 도전이 갖는 한계를 상징적으로 보여주는 예로 인식된다.(Berger, 1999) 미국은 자국을 배제한 EAEG/EAEC가 설립된다면, 이것이 자국이 주도하는 지역협력기구인 APEC과 아시아-태평양 지역에서의 미국의 지배력을 위협할 것으로 생각하고 있었다. 따라서 미국은 EAEG/EAEC에 대한 강력한 반대 의사를 아세안 의장과 회원국들에 표명하였다. 이뿐만 아니라 미국은 자국의 오랜 동맹국인 일본과 한국이 EAEG/EAEC에 참여하지 못하도록 압력을 행사하였다.

미국의 반대와 더불어 지역 경제 대국인 일본의 미온적 태도 역시 EAEG 설립을 주도하고자 했던 아세안의 입장을 어렵게 했다. 아세안 국가들, 특히 말레이시아는 EAEG/EAEC 추진과정에서 일본이 주도적인 역할을 담당해줄 것을 기대하고 있었다. 반면 일본은 미국의 압력 속에서 EAEG/EAEC에 대한 모호한 태도를 견지하고 있었다. 일본이 EAEG/EAEC에 소극적인 태도를 견지하고 있었던 이유는 세 가지로 이해된다. 우선 일본은 안정적인 미일 동맹 유지를 자국 외교 정책의 최우선 과제로 인식하고 있었으며, 미국이 반대하는 EAEG/EAEC를 지지함으로써 미일 동맹의 안정성을 해치고 싶지 않았다. 둘째, 자신의 주요 수출 시장인 미국과 유럽 시장을 지키기를 원했다. EAEG/EAEC 탄생으로 세계 경제가 유럽, 미국, 아시아 세 개의 경제 블록으로 재편되면, 자신의 주요 시장인 북미와 유럽에 대한 접근이 위협받게 될 것이라고 인식하고 있었다. 셋째, 일본은 자국의 국제적 정체성을 아시아와 태평양 지역을 연결하는 국가로 인식하고 있었고, EAEG/EAEC를 지지하는 것은 자국의 정체성을 부정하는 것으로 여겨졌다.

중국의 입장 역시 EAEG/EAEC 추진에 있어 부정적인 요소였다. 중국은 기본적으로 EAEG/EAEC에 참여하는 것에 긍정적이었다. 그러나 중국의 참여에는 중요한 전제조건이 있었다. 중국은 EAEG/EAEC 회원자격의 조건으로 '주권국가'를 제시하였는데, 이는 결국 자국의 일부라고 여기는 홍콩과 대만의 참여를 막기 위한 것이었다.

미국, 일본, 중국의 반대 혹은 소극적 태도는 약소국인 아세안 개별국가, 혹은 약소국 연합체인 아세안의 역할에 대한 국제 체제적 제약요인으로 작용하였다. 약소국이 힘의 배분에 바탕을 둔 국제체제의 구조 속에서 주도적 혹은 적어도 의미 있는 역할을 담당하기 위해서는 전략적인 가치를 가지고 있어야 했다. 그러나 미국, 일본, 중국 등 주요 강대국 모두가 EAEG/EAEC에 소극적인 태도를 보이는 상황에서 아세안이 그러한 가치를 확보하는 것이 어려운 일이었다.

아세안 주도의 EAEG/EAEC가 실패한 두 번째 요인은 아세안 국가들 사이의 분열 혹은 적어도 공감대 형성 실패이다. 말레이시아 마하티르 총리가 중국 수상 리펑(李鵬)과의 회담에서 EAEG 구상을 밝힌 뒤, 말레이시아의 국제통상산업부 장관은 곧바로 다른 아세안 국가들을 방문하여 EAEG 구상을 설명하였다. 또한, EAEG 구상을 논의하기 위한 아세안 고위경제관료회의(Senior Economic Official Meeting)가 1991년 3월 인도네시아 반둥에서 공식적으로 개최되었다. 그러나 이러한 노력에도 불구하고 말레이시아는 EAEG 구상에 대한 아세안 국가들의 단일한 지지를 끌어내는 데 실패하였다. 전통적으로 친미적인 입장을 견지하고 있었던 싱가포르는 미국을 배제한 지역협력기구 구상에 적극적인 지지를 보이지 않고 있었다. 심지어 마하티르의 구상에 대해서 반감을 보인 국가도 존재하였다. 예를 들어 아세안의 지도국가로 자임하고 있는 인도네시아의 경우 자국과 사전에 논의되지 않고 말레이시아의 마하티르 총리에 의해 일방적으로 제시되었던 EAEG 구상에 대해서 커다란 반감을 표시하고 있었다. 약소국으로 구성된 아세안이 국제사회에서 의미 있는 목소리를 내기 위해서는 내부적인 단합이 필수적이었다. 그러나 EAEG 구상에 대해 아세안 국가들이 정책적 연합을 형성하지 못하고 하나의 목소리를 만들어 내지 못하였고, 결과적으로 아세안은 동아시아 지역협력기구 구상을 실현할 수 있는 동력과 역량을 확보하는 데 실패하였다.

3. ASEAN+3와 EAS: 아세안 주도 동아시아 협력기구의 발전

마하티르에 의해 제안된 EAEG/EAEC 구상은 실패로 끝났지만, 동아시아 지역 협력과 지역 공동체 건설을 촉진할 지역 협력기구를 설립하겠다는 구상은 사라지지 않고 1997년 ASEAN+3의 설립과 함께 부활하였다. ASEAN+3는 아세안 10개국과 한국, 중국, 일본의 동북아시아 3개국으로 구성된 동아시아 지역 협력기구이다. 1997년 1월 일본은 일본-아세안 수교 20주년을 기념하여 정기적인 일본-아세안 정상회담을 개최하자고 제안하였고, 아세안이 한국과 중국을 포함하는 더욱 야심 찬 계획을 역으로 제안함으로써 ASEAN+3 회의 개최가 합의되었다. ASEAN+3는 1997년 12월 제1회 정상회담을 개최하고, 1999년에 개최된 제3차 정상회담에서 "동아시아 협력을 위한 공동 선언(Joint Statement on East Asian Cooperation)"을 발표하는 등, 동아시아 지역 협력과 공동체 형성의 중요한 축으로 성장하였다. 2017년 ASEAN+3 설립 20주년 선언에서도 밝혔듯이, ASEAN+3는 동아시아공동체 실현이라는 목표를 달성하기 위한 핵심 수단이다.(ASEAN+3 Summit 2017) 또한, ASEAN+3 정상회의는 동아시아공동체 건설을 유도하고 정치적 동력을 제공하는 중요한 역할을 담당하고 있다.(ASEAN+3 Summit 2005)

ASEAN+3와 함께 동아시아 지역 협력과 공동체 형성을 촉진한 또 다른 한 축은 EAS였다. 애초 EAS는 ASEAN+3를 대체하는 기구로 계획되었다. 이름에서 알 수 있듯이 ASEAN+3는 불완전하고 일시적 형태의 지역협력기구이다. 2000년 기준으로, 한국, 중국, 일본 3개국의 GDP가 동아시아 지역 전체 GDP의 90% 이상을 차지하는 반면, ASEAN+3 틀 안에서 이들 3개국은 오직 '손님'의 지위만을 부여받았을 뿐이었다. 따라서 장기적 관점에서 볼 때, ASEAN+3를 보다 완전한 형태의 지역협력기구로 전환하여, 동북아시아 3국이 '손님'의 지위에서 벗어나 더 큰 주인의식을 가지고 동아시아 협력과 지역 공동체 건설 촉진을 위해 더욱 핵심적이고 주도적인 역할을 담당하도록 할 필요가 있었다. 그러나 ASEAN+3의 장기적 발전체로서 구상되었던 EAS는 2005년 ASEAN+3와는 다른 별도의 지역 협력기구로 설립되었다. EAS는 ASEAN+3와 같이 동아시아 지역 기구로서 출발하였지만, 회원국으로 기존의 ASEAN+3 13개국에 호주, 뉴질랜드, 인도를 추가하여 동아시아 지역의 개념을 확장하였다. EAS(EAS, 2005)의 첫 번째 정상회의 선언문에서도 밝혔듯이, EAS는 지역 공동체 건설에 있어 핵심적 역할을 수행할 기구로 인식되고 있다.

ASEAN+3와 EAS의 발전과 더불어 동아시아는 정치, 경제, 사회, 문화의 다양한 영역에서 역내 국가 간 협력을 모색할 수 있었고, 지역 공동체 건설을 향한 중대한 계기를 마련할 수 있었다. 이런 가운데 주목되는 점은 ASEAN+3와 EAS에서 아세안의 중심적 역할이다. ASEAN+3

는 아세안이 동아시아공동체 건설에 있어 '원동력(driving force)'임을 지속해서 강조하고 있다.(ASEAN+3 2005; 2017) EAS 역시 아세안의 중심적 역할을 명확하게 밝히고 있다.(EAS 2005; 2020) 더 나아가서 EAS 정상회의는 EAS를 "아세안 중심의 지역 아키텍처ASEAN centred regional architecture" 발전을 위한 핵심적 요소로 규정하고 있다.(EAS 2020) ASEAN+3와 EAS 발전과정에서 아세안의 주도적인 역할이 선언적으로 인정됨과 더불어, 제도적으로도 ASEAN+3와 EAS는 아세안을 중심으로 설계되어 있다. 정상회담부터 실무자 회담에 이르기까지 ASEAN+3와 EAS의 모든 회의는 아세안 회의에 부속되어 개최되고 있다. 또한, ASEAN+3와 EAS 회의 주최 자격도 오직 아세안 국가들만이 가지고 있다. 이처럼 선언적으로나 실질적으로나 약소국의 연합체인 아세안은 동아시아공동체 건설 과정에서 정치적 중심성을 확보하고 있다.

약소국들의 연합체인 아세안이 ASEAN+3와 EAS를 주도하며 지역 협력과 공동체 건설에 있어 핵심적 역할을 담당할 수 있었던 이유는 무엇인가? 우선 강대국 간의 힘의 정치(Power Politics) 속에서 높아진 아세안의 전략적 가치에 주목할 필요가 있다. 첫째로 1990년대 초반 말레이시아와 아세안의 야심 찬 EAEG 설립 구상을 좌절시켰던 미국의 강력한 역내 리더십이 약화하였다. 아시아 지역에서 미국의 리더십 약화는 두 가지 원인에 기인한다. 우선 1997~98년 동아시아 금융위기 당시 미국의 행태에 대한 아시아 국가들의 실망과 '분노'에 있다.(Bergsten, 2000; Higgott, 1998) 아시아 국가들은 동아시아 금융위기 당시 미국이 위기에 빠진 아시아 국가들의 경제위기 극복을 적극적으로 지원하기보다는, IMF(International Monetary Fund, 세계통화기금)와 WB(World Bank, 세계은행) 등의 국제금융기구를 앞세워 영미식 신자유주의적인 경제개혁을 위기에 빠진 아시아 국가에 강요했다고 생각하였다. 미국이 동아시아 금융위기를 기회로 아시아에 신자유주의적 경제정책을 강요했다는 주장이 사실이든 아니든, 중요한 점은 아시아 국가들의 이러한 인식이 아시아 지역에서 미국의 리더십 약화로 이어졌다는 점이다. 아시아에서 미국의 리더십 약화를 초래한 또 한 가지 요인은 테러와의 전쟁이었다. 2001년 9·11 테러 사건 이후 미국 대외정책의 최우선 순위는 테러와의 전쟁이었다. 이로 인해, 미국의 관심은 아시아에서 테러와의 전쟁 최일선인 중동과 아프가니스탄으로 옮겨졌고, 결과적으로 미국의 아시아 지역 영향력은 이전보다 약화할 수밖에 없었다. 자국을 배제하는 그 어떤 형태의 지역 협력체 건설 시도도 용인하지 않았던 패권국 미국의 지역 내 영향력 약화는 약소국들의 연합체인 아세안의 활동 공간을 확장해주는 계기가 되었다.

한편 동아시아 협력체 논의에서 주도권을 가지기 위한 중국과 일본의 경쟁 역시 아세안의 전략적 가치를 높였다. 중국과 일본은 아시아 지역에서 미국의 지배력이 약화한 틈을 타서 자국의 영향력을 강화하고자 하였다. 중국과 일본은 동아시아 지역 협력기구에서 주도권을 확보하고 지역 강대국으로 자리 잡고자 하였다. 중국과 일본의 주도권 경쟁은 특히 EAS 설립을 둘러싸고 치열하게 전개되었다. ASEAN+3의 EAS 전환이 장기적 목표로 제시된 가운데, 중국은 ASEAN+3의 13개국을 회원국으로 한 EAS를 조기에 설립하여 자국 주도의 지역 협력 구도를 강화하고자 하였다. 반면 ASEAN+3 체제에서 점차로 강화되고 있는 중국의 영향력으로 인해 중국과의 지역 주도권 경쟁에서 뒤처지기 시작했던 일본은 호주, 뉴질랜드, 인도를 EAS 회원국으로 포함하여 중국을 견제하고자 하였다. 중국과 일본은 자국이 제안한 EAS 구상 실현을 위해 역내 회원국, 특히 아세안 국가들의 마음을 얻고자 경쟁하였다. 중국과 일본의 이러한 경쟁 속에서 아세안 국가들의 전략적 가치는 더욱 높아졌다.

자국 주도의 지역 협력기구에 대한 아세안 국가들의 지지를 얻기 위한 중국과 일본의 경쟁은 지역 협력과 지역 공동체 건설에 있어서 아세안의 중심적 역할 혹은 '아세안 운전자론'에 대한 인정으로 이어졌다. 예를 들어 일본의 외교부 부국장인 타나카(Toshisa Tanaka)는 동아시아 협력기구에서 일본이 운전석을 점유할 수 없고, 중국이 아시아 협력의 '운전석'을 점유하는 것에 대해서도 동의할 수 없는 상황에서 일본은 아세안을 '안전한 운전자'로서 계속해서 지지할 수밖에 없다고 주장하였다.(Simms, 2005) 중국의 원자바오(Wen Jiabao, 2005a, 2005b) 총리 역시 아세안이 동아시아 지역 협력에서 주도적 역할을 담당하고 있다는 점을 반복적으로 인정함으로써, 아세안 국가들의 중국에 대한 지지와 협력을 얻어내고자 하였다.

약소국의 연합체인 아세안이 동아시아 지역 협력기구인 ASEAN+3와 EAS를 주도할 수 있었던 또 다른 요인은 아세안 국가들이 상호 간의 의견 차이에도 불구하고 하나의 행위자처럼 협력하였기 때문이다. 한 일본 학자는 아세안 국가들이 하나의 행위자로 행동하는 것이 가지는 중요성을 다음과 같이 강조했다.(Terada, 2006, 14)

> 아세안 국가들이 하나의 목소리를 낼 수 있다면, [중국과 일본의 경쟁이] 아세안 국가들에 좋은 기회를 제공할 것이지만, 각각의 아세안 국가들이 지역(아세안)의 이득보다는 국가(혹은 지방)의 이득을 위해 상호 경쟁한다면 그 반대가 될 것이다. 분열하면, 그들은 권력을 잃게 될 것이다.

사실 아세안 국가들, 특히 아세안의 전통적 맞수인 말레이시아와 인도네시아는 EAS 설립을 두고 서로 다른 의견을 가지고 있었다. 말레이시아는 EAS의 조기 설립을 통해서 자국을 동아시아 지역 협력기구의 핵심국가로 자리매김하려고 했었다. 반면 인도네시아는 지역협력에서 아세안의 주도적 역할이 약화할 것을 우려하며 EAS 조기 설립에 반대하였다. EAS 회원국 자격과 관련해서도 아세안 내부의 의견 차이가 존재하였다. 인도네시아와 싱가포르는 중국이 지역 협력기구를 지배하는 것을 막기 위해 중국을 견제할 수 있는 호주와 인도, 그리고 심지어는 미국까지도 EAS에 포함하기를 원했던 반면, 말레이시아는 호주가 포함되기를 원치 않았다.

그러나 이러한 차이에도 불구하고 아세안 국가들 사이에서는 동아시아 지역 협력과 공동체 건설 과정에서 아세안이 더 큰 소유권을 확보해야 한다는 공감대가 형성되어 있었다. 그리고 내부협상과 양보, 타협을 통해 분열된 모습이 아닌 하나의 목소리를 만들어내었다. 2004년 6월 열린 아세안 외무장관 회의에서 제1회 EAS 회의를 2005년 말레이시아에서 개최하기로 합의하였다. 이는 EAS 조기 개최를 주장했던 말레이시아의 의견을 수용한 것이었다. 반면 동시에 EAS 조기 설립에 관한 우려를 표했던 인도네시아의 입장을 수용하여 아세안이 EAS 회의와 동아시아공동체 발전과정에서 주도적 역할을 담당해야 한다는 조항을 제1회 EAS 회의 개최의 전제조건으로 합의하였다. 한편 EAS에 참여하는 회원국을 확정하는 과정에서도 양보와 타협이 이루어졌다. 2005년 4월 개최된 아세안 외무장관 회의는 EAS의 회원국으로 기존 ASEAN+3의 13개국에 호주, 뉴질랜드, 인도를 추가적으로 포함할 것을 합의하여 인도네시아와 싱가포르의 의견을 수용함과 동시에, EAS를 ASEAN+3의 대체기구가 아닌 별도의 독립기구로 설립하기로 합의함으로써 말레이시아의 입장도 수용하는 묘수를 제시하였다. 이처럼 내부의 의견 차이에도 불구하고, 아세안 국가들은 반복되는 내부협상과 타협을 통해서 동아시아 지역협력기구 설립과 발전에 관한 단일안을 만들어 낼 수 있었다. 이는 결과적으로 아세안이 중국과 일본 사이에서 중재자의 역할을 담당하며 동아시아 지역 협력의 운전자 지위를 유지할 수 있었던 정치적 동력이 되었다.

4. RCEP: 아세안 운전자론에 대한 도전

2005년 EAS가 ASEAN+3와 별도 기구로 설립된 뒤, 2000년대 후반 두 기구는 동아시아 지역 협력과 공동체 건설에 있어서 양대 핵심축 기능을 수행하였다. 그러나 2010년대가 되면서 동아시아 지역협력에 관한 관심이 범아시아적인 거대 FTA를 통한 경제적 통합논의로 전환되었고, RCEP은 그러한 논의의 핵심이 되었다.

2000년대 들어 WTO(World Trade Organization, 세계무역기구) '도하개발아젠다(Doha Development Agenda)' 중심의 무역자유화 협상이 답보에 빠진 가운데 많은 국가가 양자 혹은 다자 FTA를 체결하기 시작하였다. 이런 가운데 동아시아 지역 협력과 공동체 형성과정에서 주도권을 두고 경쟁했던 중국과 일본 역시 동아시아 지역을 아우르는 지역 FTA 협정을 제안하였다. 중국은 ASEAN+3의 장기 목표로 설정되어 있던 EAFTA(East Asian Free Trade Agreement)의 조기 설립을 목표로 한 연구집단인 Joint Expert Group for Feasibility Study on EAFTA 만들 것을 제안하였고, 이에 대한 대응으로 일본은 2006년 EAS 16개국으로 구성된 자유무역협정인 CEPEA(Comprehensive Economic Partnership in East Asia)를 제안하였다.

그러나 중국과 일본의 제안에도 불구하고 동아시아 지역 FTA 논의는 2000년대 후반 큰 진척을 보이지 못하다가, 2011년 아세안이 RCEP을 제안하면서 다시금 활기를 띠기 시작하였다. 아세안은 2011년 11월 인도네시아에서 열린 제19차 아세안 정상회의에서 아세안과 FTA를 체결한 6개국(한국, 일본, 중국, 호주, 뉴질랜드, 인도)으로 구성된 포괄적 경제동반자 협정을 제안하였다. 이후 약 8년 동안 31회의 공식협상과 19회의 장관회의 등 매우 어려운 협상 과정을 거쳐 최종적으로 2019년 11월 4일 인도를 제외한 15개국이 협정에 합의하면서 타결되었다. 인도는 협상 초기부터 지속해서 참여하였으나 최종 단계에서 불참하였다. 외국산 제품에 고율 관세를 매기고 있던 인도로서는 RCEP 협정에 참여할 경우 인도산 제품이 경쟁에 밀릴 것을 우려하였다. 특히 저가의 중국산 제품 수입확대로 인한 대중국 무역적자를 우려하면서 협정에 참여하지 않았다. 이후 1년 동안 시장개방 협상을 포함한 잔여 협상을 마무리하고, 인도를 제외한 15개국은 2020년 11월 15일 RCEP 협정에 최종 서명하였다. 아세안 10개국 중 6개국, 한국, 중국, 일본, 호주, 뉴질랜드 5개국 중 3개국 이상에서 의회 비준을 얻으면 60일 후 발효된다. RCEP이 발효되면 인구(22.6억 명, 29.9%), 무역 규모(5.4조억 달러, 28.7%), 명목 GDP(26.3조 달러, 30%) 등 전 세계 경제의 약 30%를 차지하는 세계 최대 규모의 FTA가 된다. 이는 〈표〉에서 보듯이 무역 규모, 명목 GDP, 인구 측면에서 미국-멕시코-캐나다 FTA(USMCA)와 포괄적 · 점진적 환태평양경제동반자협정(Comprehensive and Progressive Agreement for Trans-Pacific Partnership, CPTPP)을 압도하는 규모이다.

〈표〉 RCEP, USMCA, CPTPP 경제지표 비교

(2019년 기준)

구분	무역규모		명목 GDP		인구	
	조 달러	전 세계 비중	조 달러	전 세계 비중	억 명	전 세계 비중
RCEP	5.4	(28.7)	26.3	(30.0)	22.6	(29.9)
USMCA	2.5	(13.6)	24.4	(27.9)	4.9	(6.5)
CPTPP	2.9	(15.3)	11.3	(12.9)	5.1	(6.7)

*자료: IMF(산업통상자원부, 2020. 2에서 재인용)

아세안은 애초 동아시아를 아우르는 지역 FTA 체결에 적극적이지 않았다. 아세안은 이미 한국 · 중국 · 일본과 각각 FTA를 체결하고 있었고, 호주 · 뉴질랜드 · 인도와 개별적으로 FTA 협상을 벌이고 있었다.

아세안은 일련의 ASEAN+1 FTA를 체결하면서 아시아 지역의 FTA 네트워크 허브로 자리매김할 수 있었고, 이를 통해 지역 무역자유화 논의 과정에서 자국의 이익을 관철할 수 있는 전략적 이점을 확보할 수 있었다. 반면 지역 전체를 아우르는 동아시아 FTA가 형성된다면 아세안은 자신들이 누리고 있었던 FTA 허브 지위와 전략적 이점을 잃게 될 수 있었다.(Zhang and Shen, 2011) 따라서 아세안은 2000년대 중반 중국과 일본이 제안하였던 EAFTA나 CEPEA의 조기 설립에 적극적이지 않았다. 예를 들어 중국이 주도한 Joint Expert Group for Feasibility Study on EAFTA(2006)가 아시아 국가 지도자들에게 EAFTA를 조기에 설립하기 위한 과정을 시작하여야 한다고 권고하였지만, 이러한 권고는 ASEAN+3 정상회의에서 즉각적으로 수용되지 않았다.

이처럼 지역 차원의 FTA에 적극적이지 않았던 아세안이 2011년 RCEP의 형성을 제안한 것은 역내 경제 통합 과정을 선도하면서 운전자 역할을 유지하여야 한다는 절박함 때문이었다. 그리고 이러한 아세안의 절박함을 부추겼던 것은 미국이 주도했던 환태평양경제동반자협정(Trans-Pacific Partnership, TPP)의 발전이었다. 앞서 살펴보았던 것처럼 미국은 2000년대 초반 테러와의 전쟁에 집중하면서 아시아 지역에 대한 관리를 소홀히 하였고, 이는 아시아 지역에서 미국의 영향력 약화로 이어졌다. 반면 중국은 미국의 영향력 약화를 틈타 아시아 지역에서 자국의 영향력을 강화하며 지역 강대국으로 성장하고 있었다. 2009년 집권한 오바마(Barack Obama) 행정부는 아시아 지역에서 미국의 영향력을 회복하고 중국의 성장을 견제하기 위하여 '아시아로의 회귀(Pivot to Asia)'를 선언하였고, TPP는 아시아 지역에서 미국의 영향력을 회복하기 위한 중요한 수단이었다. TPP는 애초 뉴질랜드, 싱가포르, 칠레, 브루나이 4개국이 무역자유화를 위해 2005년 추진하였던 '환태평양 전략적 경제동반자협력체제(Trans-Pacific Strategic Economic Partnership, TPSEP)'로부터 출발하였다. 이후 2008

년 미국의 참여를 위한 교섭이 시작되면서 명칭이 TPP로 전환되었고, 2009년 11월 오바마 대통령이 TPP 참가 의사를 표명하면서 급진전을 이루기 시작하였다. 이후 미국의 주도 속에 2010년 말레이시아, 베트남, 페루, 호주, 2011년 멕시코와 캐나다, 그리고 2013년 일본이 최종적으로 TPP 협상에 참여하였다.

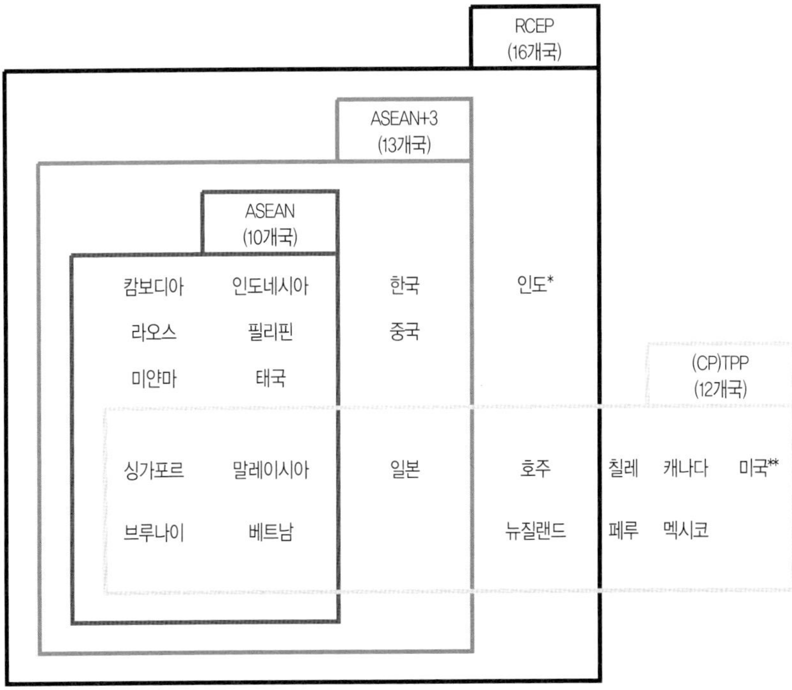

〈그림〉 아시아(태평양) 지역 협력(기구) 현황

*인도: RCEP 협상에 참여하였으나 최종 협정에 서명하지 않음.

**미국: TPP 협정에 참여하였으나 탈퇴하였고, CPTPP에 불참.

미국 주도 TPP 협상의 급속한 진전은 지역 경제통합을 주도하고자 했던 아세안에 커다란 위협으로 인식되었다. 패권국인 미국이 TPP에 힘을 실어주는 상황에서, 아시아 지역 경제통합의 중심축이 아세안 주도의 동아시아 협력에서 미국 주도의 범태평양 협력으로 이동할 수 있다는 우려가 제기되었다. 더구나 TPP 협상의 진전은 아세안 국가의 단일성과 통합성에도 부정적으로 작용할 여지가 있었다. 〈그림 1〉에서 보는 것처럼 아세안 국가 중 싱가포르, 브루나이, 말레이시아, 베트남 4개국이 TPP 협상에 참여하고 있었고, 이는 경제통합의 측면에서 아세안 국가들의 내부적 단일성을 위협하는 요인이 될 수 있었다. 결국, 아세안은 TPP에 대응하면서 지역 경제통합 과정의 운전자 위치를 유지하기 위해서 RCEP을 제안하게 된 것이다.

아세안은 RCEP 협상을 진행하면서 아세안 중심성을 유지하기 위해 지속적인 노력을 기울였다. 2011년 19차 아세안 정상회의에서 "ASEAN Framework for Regional Comprehensive Economic Partnership"을 발표하면서, RCEP이 "아세안 주도의 과정"이 되어야 한다고 강조하였다.(ASEAN 2012) 같은 해 11월 개최된 EAS 정상회의에서 발표된 "Joint Declaration on the Launch of Negotiations for the Regional Comprehensive Economic Partnership"에서도 "지역 경제 통합 과정에서의 아세안 중심성"이 강조되었다.(EAS 2012) 이후에도 RCEP 협상 과정에서 아세안은 '아세안 중심성'을 지속해서 강조하였다.

그러나 아세안 의도와 달리 RCEP 협상 과정에서 아세안 중심성 혹은 아세안 운전자론은 많은 도전에 직면하였다. 기본적으로 16개국이 참여하고, 그들 간의 이해관계가 복잡하게 얽혀 있는 상황에서 약소국들의 연합체인 아세안이 RCEP 협상을 주도하며 조기에 타결하기에는 많은 어려움이 있었다. 더구나 역내 가장 큰 경제력을 가진 일본과 중국이 RCEP 과정에 대해 방관적인 혹은 소극적 태도를 보이는 상황에서 아세안이 가지고 있던 전략적 가치 역시 힘을 잃고 있었다.

일본은 RCEP에 적극적이지 않았고, 오히려 RCEP의 출범으로 중국의 지역 영향력이 확대되는 것을 우려하고 있었다. 앞서 살펴보았던 것처럼 일본은 1990년대 후반부터 2000년대 초중반까지 미국을 대신해 동아시아에서 자국의 리더십을 강화하려는 노력을 기울였으며, 동아시아 지역협력의 주도권을 두고 중국과 경쟁하였다. 그러나 급속히 성장하고 있는 중국과의 경쟁에서 점차로 뒤처지게 되었고, 일본은 결국 독자적으로 중국과 경쟁하는 전략을 버리고 미국과의 협력을 강조하는 전통적 대외전략으로 회귀하였다. 일본의 TPP 참여는 이러한 관점에서 이해할 수 있다. 일본은 RCEP 협상 과정에서 주도권을 행사하기보다는, TPP에 참여하면서 미국과의 경제적 · 안보적 동맹을 강화하고, 이를 통해 중국을 견제하고자 하였다. 이러한 일본의 전략은 오바마 행정부 말기인 2015년 10월 TPP 협상이 타결되면서 성공하는 것처럼 보였다.

그러나 트럼프 행정부의 등장과 함께 일본의 전략은 위기에 직면하게 되었다. 2017년 1월 집권한 트럼프 행정부는 다자간 자유무역협정을 미국 노동자 일자리 감소의 주범으로 지목하며, 출범하자마자 TPP에서 탈퇴하였다. 일본은 미국의 탈퇴로 위기에 빠진 TPP를 어떻게든 부활시켜 중국이 주도하는 RCEP을 견제하고자 하였다. 일본은 호주와 협력하면서 2018년 3월 미국을 제외한 11개국이 참여한 CPTPP 합의를 주도하였다. 반면 RCEP 협상 과정에서 일본의 태도는 종종 걸림돌로 작용하였다. 2019년 11월 인도가 RCEP 협정에 참여하지 않기로 했을 때, 중국을 포함한 다른 국가들은 우선 인도의 참여 없이 RCEP 출범시키고, 후에 인도의 참여를 유도하기로 하였다. 반면, 일본은 인도가 참여하지 않은 RCEP 협정에 서명하지 않을 것을 밝혔다. 이는 RCEP이 중국 주도의 지역 경제 협정이 되는 것을 막기 위함이었다. 이러한 일본의 방관적이고 때로는 비협조적인 태도는 결국 아세안 주도의

RCEP 협상에 장애 요인이 되었다.

RCEP에 대한 중국의 태도 변화와 소극적 태도 역시 주목할 필요가 있다. 중국은 애초 동아시아 지역 FTA에 적극적이었다. 중국은 2000년대 후반 EAFTA를 적극적으로 지지하였고, 2011년 RCEP이 제안된 이후 RCEP의 출범에 적극적인 지지를 보냈었다. EAFTA와 RCEP 등 동아시아 FTA에 대한 중국의 적극성을 촉진한 것은 지역 주도권을 두고 벌어진 일본, 그리고 뒤이은 미국과의 경쟁이다. 2000년대 초중반 일본과 지역 주도권을 두고 경쟁하였던 중국은 EAFTA를 통해 자국의 영향력을 강화하고자 하였다. 중국이 자국이 제안하였던 EAFTA보다 일본이 제안하였던 CEPEA에 가까웠던 RCEP에 지지를 보낸 것도 미국과의 경쟁에 기인한다. 미국이 TPP를 통해 지역 경제 협력을 주도하고 반중국 경제블록을 형성하고자 하였을 때, 중국은 RCEP을 촉진하면서 미국을 견제하고자 하였다. 그러나 2017년 트럼프 행정부의 TPP 탈퇴로 미국 주도의 TPP와 중국 주도의 RCEP 간의 경쟁 구도가 약화하였다. CPTPP가 2018년 출범하였지만, 미국이 빠진 상황에서 중국은 RCEP 조기 출범에 조급할 필요가 없었다. 즉 중국이 RCEP을 적극적으로 추진할 정치적 동기가 약화한 것이다. 경제적 동기 측면에서도 중국이 RCEP에 적극적일 이유가 크지 않았다. 중국은 관세 양허에 적극적이지 않았고 아세안보다도 낮은 수준의 시장개방 자유화를 원하고 있었다. 따라서 관세 양허를 주목적으로 하는 RCEP 협상에서 중국은 적극적일 수 없었고, 실제로 적극적이지도 않았다.

강대국들의 방관 혹은 소극적 태도는 RCEP 협상 과정에서 아세안의 주도적 역할을 제약하는 요인으로 작용하였다. 일본이 RCEP에 비협조적인 태도를 견지함에 따라, 강대국 사이의 주도권 경쟁에서 아세안이 누렸던 전략적 이점은 사라졌다. 아세안은 오히려 일본의 협조를 얻어내기 위하여 자신들의 정치적 재원을 소비하여야만 했다. 아세안이

RCEP을 높은 수준의 무역자유화 협정으로 만들기 위해서는, 그리고 인도의 RCEP 참여를 유도하기 위해서는 중국의 협조와 양보가 필요하였으나, 전략적 경쟁에서 상대적으로 자유로워진 중국에 많은 협조와 양보를 기대하기 어려웠다. 결과적으로 아세안이 주도한 RCEP은 낮은 수준의 무역자유화와 인도의 불참이라는 한계를 가진 부분적 성공에 만족할 수밖에 없었다.

이러한 한계에도 불구하고 RCEP이 최종적 합의에 도달하였다는 점은 의미가 있다. 절반의 성공이었지만, 그래도 RCEP 협상이 성공적으로 마무리될 수 있었던 것은 두 가지 요인에 기인한다. 첫째, 세계적 패권국인 미국과 지역 강대국인 일본, 중국이 아세안 주도의 RCEP 협상 과정에 방관자적이고 소극적인 태도를 견지하기는 하였지만, 과거 미국이 EAEG의 출범을 저지하였던 것과 달리 RCEP 출범 자체를 반대하지는 않았다는 점이다. 둘째, 한국과 같은 역내 중견 국가의 역할과 협조에 주목할 필요가 있다. RCEP 협상 과정에서 한국은 중견국 리더십을 발휘하였다. 한국은 "협상 막바지 단계에서는 비(非)아세안국(ASEAN FTA Partners, AFP) 조정국(facilitator)을 장기간 수행하면서, 원산지 등 주요 쟁점을 합의하는데 적극 기여"하고 "주요 아세안 국가들과 수시로 물밑 접촉을 하면서 협상이 난관에 봉착할 때마다 협상 진전을 독려"하였다고 자임하였다.(산업통상자원부, 2020. 2.) 아세안이 전략적 가치 약화로 인해 RCEP 협상 과정에서 주도적 역할을 담당하는 데 한계를 보였지만, 한국을 포함한 중견국들의 협조 속에 RCEP은 완벽하지는 않았지만, 성공적으로 출범할 수 있었다.

5. 미중 경쟁과 아세안 주도의 동아시아공동체

지금까지 살펴본 것처럼 1990년대 이후 동아시아공동체를 건설하는 과정에서 아세안은 항상 중요한 행위자였다. 아세안은 지속해서 동아시아 지역 협력과 공동체 건설을 주도하고자 하였다. 1990년대 초, 아세안은 비록 실패로 끝나긴 하였지만, EAEG를 제안하면서 동아시아공동체 건설을 최초로 구상하였다. 2000년대에는 ASEAN+3와 EAS를 주도하며 동아시아공동체 건설을 위한 노력을 한 단계 진화시켰고, 2010년대에는 주도적 역할이 도전받는 가운데에서도, RCEP 협상 과정을 이끌어가기 위해 노력하였다. 이처럼 때로는 실패하고 도전받기도 하고, 때로는 성공하기도 하였지만, 아세안은 동아시아공동체 건설 논의에서 중심적 역할을 담당하고자 지속해서 노력하였다.

지난 수십 년간의 동아시아공동체 건설을 논의를 살펴볼 때, 아세안의 주도적 역할은 두 가지 조건이 충족되었을 때 실현되었음을 알 수 있다. 첫째, 동아시아공동체 건설과정에서 아세안의 주도적 역할은 아세안이 가지는 전략적 가치에 영향을 받는다. 현실주의자들에 따르면 무정부 상태를 특성으로 하는 국제체제 구조 속에서 강대국과 패권국은 국제질서를 결정하고 국제제도를 형성 유지하는 데 있어 절대적인 영향력을 행사하는 반면, 약소국들이 국제질서나 국제제도 형성에 영향력을 행사하는 일은 거의 불가능하다.(Gilpin, 1981; Waltz, 1979) 그러나 이러한 국제체제의 구조적 제약에도 불구하고, 약소국들이 매우 드물기는 하지만 종종 국제질서나 국제제도의 형성과정에서 유의미한 역할을 담당하기도 하는데, 이러한 것을 가능하게 하는 것은 약소국들이 가지는 전략적 가치이다. 약소국들은 강대국들과의 비대칭적 힘의 차이에도 불구하고 그들이 가진 전략적 가치로 인하여 강대국들과 동등한 관계를 형성하기도 한다.(Neack, 2014, ch. 9) 이러한 전략적 가치는 강대국들이 필요로 하는 특정 자원이나 지정학적 위치 등을 약소국이 보유할 때 가질 수 있다. 동아시아는 미국, 일본, 중국 등 세계적 강대국들이 포함된 지역이고, 지역의 주도권을 두고 강대국 사이에 경쟁이 벌어졌을 때, 약소국의 연합체인 아세안의 전략적 가치가 확대되었다. 특히 중국과 일본, 중국과 미국이 경쟁할 때 아세안의 전략적 가치가 높아지고, 아세안은 이러한 전략적 이점을 활용하면서, 동아시아공동체 건설 논의에서 주도적 역할을 담당할 수 있었다. 반면 강대국 간의 경쟁이 약화하거나 사라질 때, 아세안이 가지는 전략적 이점도 약화하고, 이 경우 아세안이 동아시아공동체 건설과정에서 수행할 수 있는 역할이 제한된다.

아세안이 지역 공동체 형성과정에서 주도적 역할을 담당하기 위한 두 번째 조건은 아세안 국가들 사이의 내부적 단결이다. 아세안 국가들은 국제체제에서 약소국이다. 약소국들은 국제질서 형성에 영향을 미치기 어렵지만, 그들끼리 연합을 만들고 하나의 통일된 목소리를 형성할 때 국제사회에서 더욱 능동적인 역할을 수행할 수 있다. 동아시아공동체 형성 논의에서도 아세안 내부의 공감대를 형성하지 못했던 말레이시아의 EAEG/EAEC 제안은 실패하였던 반면, ASEAN+3와 EAS 논의 과정에서 아세안은 내부적 타협과 양보를 통해 단합된 모습을 유지하며 주도권을 행사할 수 있었던 것이 좋은 예이다.

그렇다면 미국과 중국의 경쟁이 심화할 것으로 예측되는 상황에서 아세안이 동아시아공동체 건설의 주도적 역할을 유지할 수 있을까? 지금까지의 논의를 고려할 때, (동)아시아 공동체 건설 논의에서 아세안이 계속해서 중요한 역할을 담당할 수 있을 것인가는 아세안의 전략적 가치와 내부적 단결에 영향을 미치는 미국과 중국의 (동)아시아 전략에 영향을 받을 것이다.

이와 관련하여 두 가지 시나리오를 생각해 볼 필요가 있다. 우선 미국이 CPTPP에 참여하고, 중국이 RCEP에 다시 적극성을 보이는 시나리오를 생각할 수 있다. 앞서 살펴보았듯이 트럼프 행정부는 TPP를 탈퇴하였다. 2021년 출범하는 바이든(Joe Biden) 행정부는 아직 CPTPP에 참여하는 것과 관련하여 명확한 입장을 제시하지 않고 있다. 만일 미국이 CPTPP에 참여하게 될 경우, 동아시아공동체 형성에서 주도권을 행사하고자 하는 아세안에 미칠 영향은 복합적이다. 우선 미국이 CPTPP에 참여하게 되면, 중국은 이에 대한 대응으로 RCEP의 고도화에 더욱 집중하게 될 것이며, 이 경우 중국의 관점에서 RCEP과 아세안의 전략적 중요성이 증대할 것이다. 따라서 아세안의 전략적 가치가 높아질 것이며, 아세안은 RCEP의 고도화 과정에서 중국으로부터 더 많은 협력과 양보를 얻어내면서 주도적 영향력을 행사할 수 있을 것으로 생각된다. 그러나 이 경우 미국 주도의 CPTPP와 중국 주도의 RCEP이라는 대결 구도가 부활하게 될 수 있다. 아세안 국가들을 포함한 아시아 국가들은 미국 주도의 CPTPP와 중국 주도의 RCEP 중에서 선택을 강요받게 될 수 있다. 특히 아세안 4개국이 RCEP과 CPTPP 모두에 가입된 상황에서 아세안 국가들이 미국과 중국의 경쟁에 휘말리게 되며, 아세안 내부의 단일성과 통합성 유지에 큰 어려움을 겪을 수 있다. 이는 결과적으로 아시아 지역통합과 공동체 형성과정에서 아세안의 주도적 역할이 위협받을 뿐만 아니라, 더 나아가서 아세안의 분열을 초래할 수도 있다.

두 번째 시나리오는 중국이 아시아-태평양 지역 협력과 공동체 건설에 적극적으로 나서는 경우이다. 중국의 시진핑(習近平) 주석은 실제로 2020년 11월 CPTPP 가입을 적극적으로 검토하겠다고 밝히면서, 아시아-태평양 공동체 건설에 중국이 적극적으로 이바지하겠다고 선언하였다. 중국이 CPTPP에 가입하기 위해서는 기존 회원국들의 동의를 얻어야 하고, 물론 일본은 중국의 CPTPP 가입을 반대하고 있다. 그런데도 중국이 CPTPP 가입을 적극적으로 추진할 경우 아세안의 전략적 가치는 약화할 수밖에 없으며, 지역 공동체 형성에 있어서 아세안의 역할은 축소될 수밖에 없다. 중국이 CPTPP에 적극적으로 참여할 의사를 밝히게 되면, 미국이 CPTPP에 가입하거나 혹은 가입하지 않더라도 일본을 통해서 CPTPP에서 주도권을 행사하고자 할 것이다. 이 경우 CPTPP는 중국과 미국/일본의 경쟁 무대가 된다. 다시 말하면 중국-미국/일본의 경쟁 무대가 동아시아에서 아시아-태평양으로 이동하게 된다. 강대국 간의 주도권 경쟁이 중견국과 약소국들에 전략적 이점을 줄 수 있다. 동아시아 지역이라는 무대에서는 아세안이 강대국들의 경쟁으로 인한 전략적 이익을 독점할 수 있었다. 그러나 아시아-태평양 지역에는 아세안 이외에도 다수의 중견국이 존재하기 때문에, 아세안의 전략적 가치는 약화할 수밖에 없다. 이 경우 아세안이 지역 공동체 건설과정에서 주도적 역할을 지속하기 위해서는 아세안의 내부적 단결을 유지하여야 할 뿐만 아니라, 역내의 다른 중견 국가들과의 연합을 형성하는 노력을 기울여야 할 것이다. 그러나 아세안이 아시아-태평양의 다른 중견국과 연합형성에 성공하여 지역 공동체를 형성의 주도권을 행사하더라도 그 역할은 동아시아공동체 건설과정에서 가졌던 독점적 지위보다 현저히 약화할 수밖에 없을 것이다.

참고문헌

산업통상자원부. 2020. “세계 최대 자유무역협정(FTA)인 역내포괄적경제동반자협정(RCEP) 최종서명.” 『산업통상자원부 보도자료』. 11월 16일.

ASEAN. 2011. *ASEAN Framework for Regional Comprehensive Economic Partnership*. Bali, Indonesia.

ASEAN+3 Summit. 2005. *Kuala Lumpur Declaration on the ASEAN Plus Three Summit*. Kuala Lumpur, Malaysia. 12 December.

ASEAN+3 Summit. 2017. “Partnering for Change, Engaging the World.” *Chairman's Statement of the 20th ASEAN Plus Three Commemorative Summit*. Manila, Philippines. 14 November.

Berger, Mark T. 1999. “APEC and Its Enemies: The Failure of the New Regionalism in the Asia-Pacific.” *Third World Quarterly* 20(5).

Bergsten, C. Fred. 2000. “East Asian Regionalism: Towards a Tripartite World.” *The Economist*. July 15.

Chalermpalanupap, Termsak. 2005. “An East Asian FTA: A New Frontier of Economic Cooperation in East Asia.” in Choong Yong Ahn, Richard E. Baldwin, Inkyo Cheong (eds.) *East Asian Regionalism: Feasibilities and Challenges*. Dordrecht: Springer.

East Asia Summit. 2012. *Joint Declaration on the Launch of Negotiations for the Regional Comprehensive Economic Partnership*. Phnom Penh, Cambodia, November 20.

East Asia Summit. 2013. *Chairman's Statement of the 7th East Asia Summit*. Phnom Penh, Cambodia, November 20.

East Asia Summit. 2020. *Chairman's Statement of the 15th East Asia Summit*. Viet Nam, November 14.

Gilpin, Robert. 1981. *War & Change in World Politics*. Cambridge: Cambridge University Press.

Hettne, Björn. 2005. “Beyond the ‘new’ regionalism.” *New Political Economy* 10(4).

Higgott, Richard. 1998. "The Asian Economic Crisis: A Study in the Politics of Resentment." *New Political Economy* 3(3): 333-56.

Higgott, Richard and Richard Stubbs. 1995. "Competing Conceptions of Economic Regionalism: APEC versus EAEC in the Asia Pacific." *Review of International Political Economy* 2(3).

Hurrell, Andrew. 1995. "Explaining the Resurgence of Regionalism in World Politics." *Review of International Studies* 21(4).

Joint Expert Group for Feasibility Study on EAFTA. 2006. *Towards an East Asian FTA: Modality and Roadmap.*

Katzenstein, Peter J. 1997. "Introduction: Asian Regionalism in Comparative Perspective." in Peter J. Katzensein and Takashi Shiraishi (eds.). *Network Power: Japan and Asia.* Ithaca, New York: Cornell University Press.

Neack, Laura. 2014. *The New Foreign Policy: Complex Interactions, Competing Interests* (3rd edn.) Plymouth: Rowman & Littlefield Publishers.

Simms, J. 2005. "Interview: Japan Diplomat: Want East Asia Group To Be Open." *Dow Jones International News.* December 12.

Terada, Takeshi. 2006. "Forming an East Asian Community: A site for Japan-China Power Struggles. *Japanese Studies* 26(1).

Waltz. Kenneth N. 1979. *Theory of International Politics.* Reading, Mass.: Addison-Wesley Publishing Co.

Wen Jiabao. 2005a. "Deepen Comprehensive Cooperation and Enhance China-ASEAN Strategic Partnership." 9th China-ASEAN Summit. Kuala Lumpur, Malaysia. December 12.

Wen Jiabao. 2005b. "Work Together For a Better Future Through Stronger Cooperation." 9th ASEAN Plus Three Summit. Kuala Lumpur, Malaysia. December 12.

Zhang, Yunling and Minghui Shen. 2011. "The Status of East Asian free trade agreements." *ADBI Working Paper*, No. 282. Tokyo: Asian Development Bank Institute.

8장 서아시아와 아시아공동체

정진한(단국대학교)

8장

서아시아와 아시아공동체

1. 서아시아란?

서아시아는 아시아 대륙의 서남부 일대를 지칭한다. 동남아시아의 북쪽 지역은 동(북)아시아이지만 서(남)아시아의 북방은 유럽으로 분류

〈그림 1〉 서아시아

*자료: 저자 작성

하기에, 서아시아와 서남아시아는 같은 지역을 지칭하는 두 가지 용어로 혼용해서 쓰고 있다.

서아시아는 인류사를 통틀어 언제나 세계에서 가장 중요한 지역으로 손꼽혔던 곳이자 현재까지도 가장 역동적인 사건들이 결정되고 진행되는 곳 중 하나이다. 그러나 대한민국에서는 비교적 근래에 와서야 그 중요성이 크게 부각되기 시작했다. 이는 서아시아가 우리에게서 거리상 가장 멀리 떨어진 아시아라는 한계로 인적 · 물적 교류 역시 제한되었던 기간이 길었고, 최근까지도 양자는 자원의 수입이나 건설 노동 등 몇몇 특정 분야에 치중하여 서로에게 관심을 가졌던 이유이기도 하다. 하지만 서아시아는 찬란한 인류 문명을 가장 일찍이 꽃 피워 바퀴, 문자, 법률 등의 물질을 발명해냈을 뿐 아니라, 세계인의 절반 이상이 신봉하는 기독교 · 이슬람 · 유대교 등을 출범시킨 지역이기도 하다. 최근에도 서아시아는 기존의 에너지 보고로서의 중요성뿐 아니라 미래 도시

〈그림 2〉 사우디의 메카로 성지 순례를 온 전 세계 무슬림
*사진 제공: 김은수

의 비전과 도입을 선도하고 있다. 또한, 이 지역은 종교 · 민족 · 실리 등을 기준으로 다양한 통합운동을 실험하면서 동시에, 가장 격렬하고 투쟁적인 대내외적 갈등 관계 역시 표출하고 있다.

이처럼 상당한 제약에도 불구하고 서아시아와 우리는 고대로부터 현재에 이르기까지 적지 않은 교류와 영향을 주고 받아왔다. 즉, 서아시아에 대한 이해는 우리에 대한 이해이기도 하다. 아울러 서아시아가 인류사 전반에 끼친 막대한 영향을 감안할 때, 서아시아에 대한 이해는 한 지역에 대한 이해의 차원을 넘어 세계 전체의 구성과 흐름을 이해하는 기본적인 전제라고 볼 수밖에 없다. 또한, 서아시아는 서구문화와 병존하고 갈등하는 아시아권의 최전선이기에, 아시아의 통합 또는 세계의 통합을 이해하기 위해서는 반드시 알고 넘어가야 하는 관문이기도 하다. 본서는 첫째, 서아시아에 관한 일반적 사실을 미시적 · 거시적으로 다뤄봄으로써 서아시아에 대한 이해와 그 상대적 특성을 살펴본다. 둘째, 아시아 속의 서아시아, 서아시아 속의 우리, 우리 속의 서아시아라는 세 관점에서 서아시아를 다각도로 조망한다. 셋째, 서아시아에서 태동한 공동체론의 형성과 이들이 여타 아시아 공동체주의와 어떻게 감응했는지를 살펴본 후, 최근에 형성된 연대주의의 흐름과 향방을 들여다본다. 결론부에서는 서아시아가 한국 대학생들에게 주는 함의와 함께, 서로가 더욱 호혜적으로 공존할 수 있는 지혜에 관해 논한다.

2. 서아시아의 지리와 역사

서아시아의 지리적 조건

서아시아는 북으로는 코카서스 산맥과 흑해, 서로는 보스포루스해협

(Bosporus)과 수에즈 운하, 남으로는 아덴만(the Gulf of Aden)과 인도양 및 페르시아만, 동으로는 카스피해(the Caspian Sea)와 중앙아시아로 둘러싸여 있다. 면적은 대한민국의 약 60배에 해당하지만, 인구는 6배를 살짝 웃도는 수준이다.

한국인에게 서아시아는 유독 자연과 인문 환경에 대한 무지와 편견이 많이 개입된 곳이다. 서아시아의 자연에서 가장 많이 연상되는 것은 열사의 사막과 넘쳐나는 석유일 것이다. 물론 서아시아의 지형은 산악 및 고원지대와 사막지대가 주를 이루지만 큰 강들 주변으로 펼쳐진 비옥한 평야 지대와 해안 저지대의 습지도 함께 있다. 북회귀선 부근에 해당하는 서아시아의 기후대는 대체로 매우 건조하고 뜨거운 기후로 유명하다. 이곳의 폭염은 크게 해안가의 고온다습형과 사막 위의 고온건조형으로 나누는데, 이 중 이란의 케르만 주(Kerman Province)는 세계에서 가장 뜨거운 기온을 기록한 적도 있다. 반대로 광활한 서아시아의 고원지대는 선선하거나 한랭하고, 험준한 산악지대에는 눈이 쌓여 만년설을 이루기도 한다. 특히 레바논 · 터키 · 이란과 같이 자연설이 발달한 지역은 일찍이 스키 리조트가 발달했고, 눈이 내리지 않는 두바이는 역발상으로 사막 가운데 인공눈을 이용한 실내스키장을 만들어 세계 도처에서 관광객들을 불러 모으고 있다.

서아시아의 바다 역시 다양하다. 아라비아반도를 기점으로 동쪽에 위치한 페르시아만은 최대 수심이 90m에 불과할 정도로 매우 얕고 물이 따뜻해서 예로부터 진주조개잡이가 주요 산업으로 자리 잡았다. 이 얕은 바다 아래에는 광대한 대륙붕이 발달해서 석유와 천연가스가 매우 풍부하다. 이 만을 둘러싼 바다와 육지는 세계 최대의 석유 생산과 수출지역으로서 전 세계의 에너지 안보와 산업의 명줄이다. 따라서 이 만의 자그만 섬 호르무즈의 이름을 딴 호르무즈 해협의 봉쇄는 그 가능성만으로도 세계 유가를 출렁이게 하고, 실제로 봉쇄될 때마다 그 즉시 세계 경제는 동맥경화를 겪었다. 이 만의 반대편인 내륙 쪽으로 가장 깊숙한 곳에는 메소포타미아 일대에서 바다를 향해 흐르는 강들이 합류하는 샤뜨 알 아랍(Shatt al-Arab) 해안의 항구가 발달하여 예로부터 인도양과 서아시아의 육해로를 이어주었다. 특히 중세부터 이곳에는 동아시아에서 직접 도달한 선박들이 이국적 상품들을 하역하고, 반대로 여기서 유럽과 아프리카 및 서아시아의 물품들을 싣고 되돌아갔다.

페르시아만과 여러모로 대조되는 홍해는 아라비아반도 서편에서 페르시아만을 마주 보고 평행하게 자리 잡았다. 극히 얕고 잔잔한 페르시아만과 달리 홍해는 최대 수심이 3,040m에 가까울 정도로 매우 수심이 깊고 파도가 많이 치는 넓고 거친 바다이다. 홍해는 물이 매우 맑아서 평균 수중 가시거리가 25m에 육박한다. 이처럼 세계 최고 수준으로 투명하고 산호초가 풍부하며 물고기가 많은 홍해는 세계적인 잠수부들의 명소이자 국제적으로 이름난 리조트들이 즐비하다. 또한, 홍해는 북으로 수에즈 운하를 통과하면 바로 지중해와 통하고 남으로는 인도양과 연결되기에, 선박이 아프리카 대륙 전체를 돌지 않고도 유럽과 북아프리카에서 아시아로 도달할 수 있는 유일한 회랑(回廊)이다. 따라서, 지금의 페르시아만이 전 세계에 석유라는 에너지의 혈액을 공급하는 심장이라면, 홍해는 세계 물류 운송의 인후부이다. 특히 아프리카에서 홍해 방향으로 돌출한 아프리카의 뿔(Horn of Africa)과 아라비아반도의 모서리가 만나 가장 좁아지는 밥 알 만답(Bab al-Mandab)은 예로부터 아프리카와 아시아의 교두보이자 전쟁의 요충지였기에 해적이 들끓었고, 이들을 소탕하기 위해 현재도 한국의 청해부대를 비롯한 수많은 국가와 민간 기관들이 해상경비작전을 수행 중이다. 이 아라비아반도를 둘러싼 세 바다의 수심과 해저 지형의 특성은 한 장의 인공위성 사진만으로도 한눈에 들어온다. 검푸른 홍해와 하얀 빛깔의 페르시아만, 그리고 그 중간인 아라비아해는 마치 한반도의 동서 해양 지형을 그대로 뒤집어 놓은 듯하다.

서아시아의 서부에는 지중해가 있다. 이 바다는 세 대륙을 구분 짓기도 하지만, 반대로 아시아 서부와 아프리카의 북부와 유럽의 남부가 부단하게 만나면서 영향을 주고받는 곳이다. 역사적으로도 지중해는 로마처럼 세 대륙에 걸친 지중해 연안을 독차지하기도 했고, 페니키아와 로마처럼 두 세력이 양분하기도 했다. 사실 지중해는 대륙과 대륙을 가르는 장벽이기도 했지만, 육로로 멀리 떨어진 이질적인 문명들이 서로 교차하는 고속도로 역할을 더 적극적으로 수행하였다. 이 지중해는 다시 서아시아와 유럽을 가르는 좁은 해협을 통해 서아시아 북부에 위치한 흑해와 연결된다. 흑해는 전통적으로 유럽의 동쪽 끝 스텝 초원지대의 유목민족들과 서아시아 민족들 사이의 교류에 매우 중요한 역할을 수행해왔다. 흑해의 서쪽에는 다시 유목민과 정주민 내지는 유럽과 아시아 사이의 장벽 역할을 해온 코카서스산맥이 있고, 이 코카서스산맥 동쪽에는 세계 최대의 내륙해인 카스피해가 있다.

서아시아 자연에 관한 큰 편견 중 하나는 바로 넘쳐나는 석유이다. 물론 서아시아에는 석유 부국이 여럿이고 이들은 최근까지도 석유에 국가 경제를 절대적으로 의존했다. 하지만 서아시아의 여러 국가는 석유의 영향력이 미미하다. 대표적으로 요르단은 셰일가스 매장량이 확인되지만, 아직 개발된 석유 광구가 없다. 마찬가지로 이제 세계인들에게 첨단 세계의 대표적 아이콘이 된 두바이에 있어 채굴을 통한 석유 생산이 경제에 기여하는 정도는 GDP의 1%에도 못 미친다. 오히려 두바이에서 석유는 흔히 두바이산 석유로 알려진 현물 거래시장을 통한 유통수익을 안겨주고 있다. 실제로 오늘날 두바이의 주 소득원은 물류와 건설, 관광, 금융과 같은 비석유 부문이다.

서아시아와 아랍, 중동, 이슬람 지역

서아시아는 지리적 · 문화적으로 많은 부분이 겹치는 아랍, 중동, 이슬람권과 혼동하기 쉽다. 먼저 아랍지역은 아랍어를 사용하는 아랍인들이 밀집한 지역으로, 서아시아 대부분과 대서양 남부의 북아프리카 해안가 및 나일강 중하류와 동아프리카 해안지역에 해당한다. 따라서 아랍지역은 서아시아 내에서 아랍인들의 영역이 아닌 터키인들의 서아시아 북서부나 이란인들의 서아시아 동부와 같은 지역을 포함하지 않는다. 대신 아랍어권은 서아시아의 서부 외에도 아프리카 북부 전역을 아우른다. 현재 서아시아에는 터키, 시리아, 이란, 키프로스, 이스라엘, 이라크, 레바논, 사우디아라비아, 쿠웨이트, 바레인, 예멘, 팔레스타인, 요르단, 카타르, 오만, 아랍에미리트 등이 있다.

반면, 중동지역은 대체로 이집트에서 투르크메니스탄 사이의 지역에 해당하는 땅덩어리이다. 중동은 대영제국의 식민 당시 인도로 가는 길의 중간에 있는 지역으로, 인도 너머에 있는 극동과 대비된다. 중동의 범위는 이를 정의 내리는 주체나 시대적 상황과 맥락에 따라 유동적이지만, 어떤 식으로 정의 내리더라도 중동지역은 공통으로 아랍인, 페르시아인, 쿠르드인, 터키인 등 여러 언어 종족들과 다양한 종교를 믿는 약 5억에 가까운 사람들을 포괄한다. 서아시아와 중동은 영역 대부분이 일치하지만, 서아시아가 조금 더 좁은 부분에 해당한다. 대표적으로 이집트에서 시나이반도는 아시아에 해당하기에 서아시아이지만 이집트의 본토 대부분은 아프리카다. 마찬가지로 터키의 최대 도시 이스탄불의 절반은 서아시아에 있지만, 나머지는 유럽에 자리한다. 이를 서울에 빗대면 강북은 유럽, 강남은 아시아이거나 그 반대에 해당한다.

서아시아, 아랍, 중동이 언어와 지리를 기준으로 각각 스무여 개의 국가를 묶어 통칭한 데 반해, 이슬람은 종교를 기준으로 보다 광대한 영역을 포괄한다. 국제 이슬람 협력기구의(OIC) 가입국은 57개국에 이르며, 이들은 흔히 생각하는 아랍 세계나 중동지역에 한정되지 않고 지역과 언어적 경계를 초월하여 연대하고 있다. 물론 이슬람이 태동한 서아시아 지역 대부분은 이슬람 권역이지만, 인구를 기준으로 가장 많은 무슬림들은 남아시아에 분포하고 있고, 뒤이어 사하라 이남의 아프리카 역시 서아시아의 무슬림 수를 능가한다. 반면, 서아시아인의 대다수가 무슬림인 동시에, 그들 사이에는 여러 여타 종교를 신봉하는 이들이 공존하고 있다. 전 세계에 분포한 이슬람 문화는 저마다가 위치한 지역의 현지 문화와 결합하여 다양하고 독특한 각각의 이슬람 문화권(이를테면 동남아시아의 이슬람권과 차별화되는 남아시아의 이슬람 문화대)을 형성하고 있다.

서아시아인들의 역사와 세계성

아시아에 속함에도 서아시아는 아시아의 동쪽 지방과는 거리상으로 매우 멀지만, 유럽과 아프리카의 동부와 인접해있다. 따라서 역사적으로도 서아시아인들은 멀리 떨어진 지역의 아시아인들보다는, 가까이 있는 유럽이나 아프리카 주민들과 자주 왕래하였기에 이들은 인종적 · 문화적으로 상당히 유사하다. 혈통상 서아시아인은 남아시아인 및 중앙아시아인과 함께 유럽 계통의 코카소이드(Caucasoid)에 속한다. 반대로 이들은 동아시아의 주류를 이루는 몽골로이드(Mongoloid)나 동남아시아의 다수인 오스트로네시안(Austronesian)과는 거리가 있다. 특히 아프리카 북부와 유럽 남동부의 주민들은 서아시아 사람들과 최소 수천 년간 혈연적으로 뒤섞이면서 DNA 유사도가 매우 높다. 그에 반해 매우 미미하지만, 서아시아인들의 상당수는 칭기즈칸의 서정 등을 통해 동아시아인들의 피가 섞여 때때로 그 유전자가 발현되기도 한다.

서아시아는 아프리카 · 유럽 · 아시아로 구성된 소위 구대륙에 있어 지리적으로 가장 가운데에 위치하였고 역사적으로도 가장 핵심적인 가교역할을 했다. 약 오백 년 전에 인류는 태평양과 대서양을 왕래하면서 아메리카 대륙을 제대로 인지하였다. 이로써 사람들은 더는 세계를 동쪽 끝과 서쪽 끝이 아닌, 순환하는 대상으로 보았다. 그 이전까지 아프리카와 아시아와 유럽에 살던 이들에게 서아시아는 세상의 가장 가운데에 해당했다. 서아시아는 육지로 아시아-아프리카-유럽의 접점이자, 바다로 지중해, 인도양, 홍해와 흑해가 만나는 장소이다. 대륙들과 바다들이 만나는 결절점이었던 만큼 서아시아는 고대로부터 지금에 이르기까지 가장 다양한 인류가 지나가고 정착하며 이합집산한 거처다.

서아시아의 세계성은 먼저 그 역사성에서 드러난다. 세계에서 가장 오래된 농경과 목축은 서아시아에서 유래했다. 서아시아의 독보적인 역사의 유구성은 고대 문명의 발상에서도 드러난다. 세계 4대 문명 중에서 가장 오래된 문명인 메소포타미아 문명이 서아시아에서 탄생했고, 그다음 가는 오랜 역사를 자랑하는 이집트 문명 역시 메소포타미아 문명과 초창기부터 부단히 교류해왔다. 심지어 홍산 문명을 비롯하여 4대 문명보다 앞선다는 여러 문명 중에서도 가장 오래된 문명들의 터 역시 서아시아에 위치한 아나톨리아 반도나 이란고원 일대에서 집중적으로 발굴되었다. 이렇듯 일찍이 개화한 서아시아의 문명은 수많은 인류 최초의 문명적 요소들을 창안해낸다. 현존하는 가장 오래된 법전인 함무라비 법전은 서아시아에서 여러 돌판에 새겨졌다가 후대의 수집가들에 의해 각 나라의 대표 박물관에 소장 · 전시되어 있다. 기록으로 현전하는 최초의 외교협정은 아나톨리아의 히타이트와 이집트 사이에 체결된 카데쉬 문서이다. 또한, 오늘날 경제 체제의 근간을 이루는 각 제도의 유래를 거슬러 올라가보면 상당수는, 서아시아에서 발원해 지중해 전역에서 활동했던 페니키아 상인들이 도입한 것이다.

세계 도처에서 이곳을 드나든 이들이 지니고 온 이질적인 문명들의 온갖 물산들은 이곳에서 활발하게 거래되고 개량되어 세계의 다른 방향들로 진출했다. 이를 통해 서아시아인들이 인류에 미친 가장 큰 기여 중 하나는 '도로체계'이다. 세계 최초로 제국을 세운 '아케메네스 조(Achaemenid Empire, BC 550~330)'는 서아시아 동부를 관통하는 인류사 최초의 고속도로, '라 샤히'를 구축했다. 이 길을 통해 페르시아는 광대한 제국의 영역에 걸쳐 통신과 물류, 보급과 수로, 방어, 조세 등의 부문에서 혁신을 불러왔다. 서아시아의 서부에는 성경에도 등장하는 또 다른 고대 문명간 교류의 간선로, '알 따리끄 알 물루키'가 있다. 이 길은 이집트에서 시나이반도로 동진한 후 아까바 만에서 북상하여 서아시아를 종단하고 시리아 북동부에서 유프라테스강을 만난다. 이 육상의 고속도로와 함께 서아시아 앞바다에 구축된 항로들은 일찍이 발달한 서아시아의 문명을 전 세계로 실어 날랐다.

세계에서 유구한 문자인 메소포타미아의 쐐기 문자는 서아시아에서 발원하였다. 뒤이어 페니키아는 알파벳의 원형이 되는 표음문자를 사용하여 지중해를 통해 세계에 보급하였다. 이 계통의 문자는 이를 받아들이는 여러 민족에게 거듭 개량되어 현재는 전 세계인의 과반이 페니키아 문자에서 유래한 문자를 사용하고 있다. 고대 서아시아-지중해 일대는 이 문자를 기록할 때 일부의 경우 양피지를 사용하였지만, 훨씬 더 보편적으로 파피루스를 사용하였다. 이 파피루스가 영어의 '페이퍼'라는 단어의 원조가 되고 이 파피루스의 주요 수출항이 레바논의 비블로스였다. 그리고 이 비블로스 항은 지금의 기독교 성경을 의미하는 영어 단어 '바이블'의 어원이 되었다.

동방박사는 예수 탄생에 맞춰 세 가지 공물, 즉 황금과 몰약과 유향을 바쳤다고 전한다. 이 중 유향은 아라비아반도 남단의 좌우 중간에 있는 도파르 언덕의 유향나무 군락에서 추출되는 수액으로, 예로부터 다양한 종교의 신을 기쁘게 하는 필수 향료였기에 아라비아반도 육로와 아라비아해의 주요 수출품으로 자리매김하였다. 이 길을 오가는 대상들의 길목에는 페트라Petra를 위시한 수많은 도시가 성장하였고, 그 경제적 · 전략적 가치가 높아짐으로 인해 로마가 이곳까지 진출하였다. 마찬가지로 고대로부터 주로 소말리아 일대에서 자생한 몰약 역시 미라의 방부처리부터 다양한 질병의 치료까지 폭넓게 쓰이는 진귀한 약재였기에 서아시아 일대를 둘러싼 무역에서 중요한 위치를 차지했다. 이들은 역내 무역뿐 아니라 지중해와 인도양의 동방 항로를 통해 인도와 중국까지 가기도 했고, 이집트와 페르시아 및 로마 등지에서 제사에 쓰였다.

서아시아의 풍부한 물류 이동은 동시에 복잡다단한 정신적 교류를 수반해왔다. 서아시아는 인도에서 처음 고안한 숫자 '0'을 비롯한 선진 수학 · 천문 · 의학 · 화학 · 지리 · 예술에 이르기까지 다양한 요소들을 먼저 도입하고 개량하여 유럽에 전달해 주었다. 반대로 알렉산더의 서아시아 침공을 통해 혼융된 유럽과 서아시아 문화는 헬레니즘이라는 이름으로 동방 세계로 전해져서 불상을 비롯한 예술품부터 다양한 신화에 이르기까지 아시아 진역에 막대한 영향을 미쳤다. 이후로도 서아시아는 좁게는 서쪽인 지중해 지역의 그리스-로마 계통의 문명과 동쪽의 메소포타미아-페르시아 문명의 교류와 격전장이었고, 보다 후대에 와서 멀리서 온 다양한 세력들의 격전장이 되었을 때는 아라비아반도의 이슬람부터 동아시아와 유럽이 거래하고 충돌하는 주 무대가 되었다.

서아시아가 잉태한 세계 종교들

서아시아가 전파한 정신문명의 정수를 나열할 때는 반드시 종교를 손꼽게 된다. 현재의 서아시아는 이슬람이 주류를 형성하고 있지만, 과거 이곳에는 다양한 다신교들과 일신교들이 창시되었고 또 세계로 전파되었다. 서아시아의 다신교 중에서 가장 큰 위세를 떨쳤던 종교는 조로아스터교, 마니교, 미트라교 등이다. 자라투스트라로도 불리는 조로아스터의 이름을 딴 이 종교는 빛으로 어둠을 극복해 내는 교리에 따라 예배 과정에서 불로 정화의 의식을 치르는데 이것이 외부인들의 눈에는 불을 숭상하는 것으로 오인되어 한때 배화교(Zoroastrianism, 拜火敎)로 불리기도 하였다. 현재도 상당한 신자를 보유한 조로아스터교는 그 후

〈그림 3〉 조로아스터교의 예배 의식

*자료: 정진한 촬영

속 종교의 일종인 마니교(Manichaeism, 摩尼敎)를 통해 중앙아시아와 중국까지 더욱 강력한 교세를 떨쳤다. 반면 미트라교는 서아시아보다는 유럽에서 더욱 성행하여 로마의 군인들을 비롯한 사회 각층이 공개적으로 또는 비밀리에 신봉했다.

하지만 중세를 풍미했던 이 다신교들보다 강력한 영향을 인류사에 미친 종교는 서아시아의 일신교들이다. 유대인들의 민족종교에서 출발한 유대교는 서아시아에서 태동하였고, 이를 인류 보편종교로 확장한 기독교와 이슬람 역시 중동에서 탄생해 현재 세계 인구의 절반 이상을 신도로 확보하였다. 이들 세 종교는 모두 그 뿌리를 공유하고 있기에 각각이 존경하는 성인과 성지의 목록은 절반 이상이 겹친다. 대표적으로 이슬람은 초기에 현재의 메카 방향이 아닌 예루살렘을 향해 무릎을 꿇고 기도드렸고, 이들 3대 유일신교는 모두 아브라함을 믿음의 아버지로 여기고 있다. 유대교와 기독교는 그의 차남인 이삭에서 이슬람은 장남 이스마엘에서 정통성을 찾는다. 따라서 기독교도는 하나님이 믿음의 징표로 아브라함에게 아들을 바치기를 요구했을 때 차남 이삭을 바치려 했다고 믿지만, 무슬림은 장남 이스마엘을 택했다고 주장한다.

이슬람이 주류를 이루는 서아시아이지만 이곳에는 수천 년간 자신들의 신앙을 지킨 기독교인들과 유대인들이 남아있다. 예를 들어 이집트에는 인구의 약 10%에 해당하는 콥틱(이집트라는 뜻) 기독교도들이 현존하며, 이란에는 유대인들이 여전히 자신들의 문화유산과 정치적 결사체를 인정받고 있다. 이들 세 종교가 가장 첨예하게 부딪히는 곳은 공통의 성지 예루살렘이다. 도시 내의 성소가 밀집한 구시가는 현재 유대교, 기독교, 아르메니안 기독교, 이슬람의 네 구역으로 구분되어 공존하고 있지만, 오늘날 영내 갈등부터 국제분쟁까지 끊임없는 반목이 엄존하고 있다.

3. 서아시아와 한국

이슬람 이전의 서아시아와 한국 사이의 교류

물리적으로 먼 거리와 문화적으로 큰 이질성에도 불구하고 한국과 서아시아는 얼마간의 휴지기를 제외하면 천년이 넘는 세월 동안 상당한 영향을 주고받았다. 12세기 이전에 한국에서 발간된 역사 문헌들은 대부분 소실되었기에, 고대의 한국-서아시아 교류는 주로 외국 문헌이나 고고학적 증거에 크게 의존하고 있다. 양자 사이의 교류는 크게 북방에서 말을 타는 유목민들이 활약하는 시베리아 초원로와 남쪽에 인도양과 동남아시아를 에돌아 항해하는 해로, 그리고 이 둘 사이에서 중국과 중앙아시아의 산악/사막지대를 건너오는 속칭 오아시스로를 통해 전달되었다.

현시점에서 확인할 수 있는 서아시아와 한국과의 연계점 중 가장 오래된 것들은 고구려 유적들일 것이다. 중국 동북 지방에 산재한 피라미드 형태의 무덤들은 서아시아의 지구라트 형태를 빼다 박았다. 그중 지린성 퉁거우에 위치한 '무용총'의 수렵도에는 소위 '페르시안 샷'이라

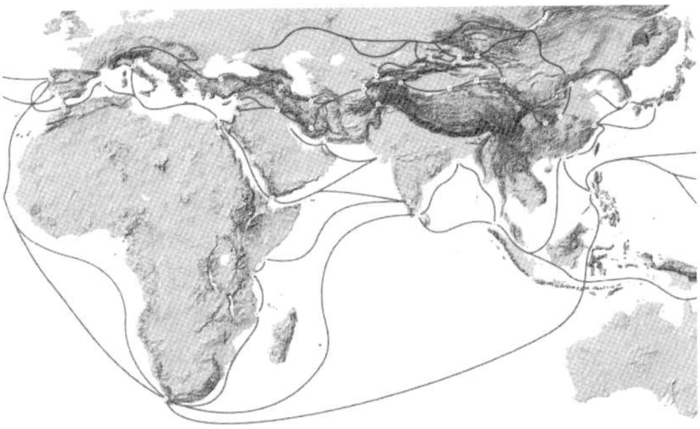

〈그림 4〉 실크로드 전도(全圖)

*자료: 정수일, 2013, 『실크로드 사전』, 창비.

통칭하는 기마 궁수의 역사(逆射)가 그려져 있다. 같은 무덤 벽면의 '수박도'와 무용총 바로 옆에 위치한 '각저총'의 '씨름도'에는 분명 서아시아 계통의 얼굴을 가진 씨름 선수가 동아시아인과 씨름 경기를 펼치는 벽화가 있다.

고구려인들은 서역인들이 오기만을 기다리지 않고 직접 중앙아시아에 진출하여 서아시아인들과 만났다. 우즈베키스탄의 대도시 사마르칸드는 고대로부터 동서 교류의 핵심 거점이었다. 이 일대에서 발굴된 아프라시압 유적에는 약 7세기경 세계 각지의 사절단들이 이곳의 소그드 지배자를 알현하는 모습들이 무덤의 벽면을 따라 빼곡하게 그려져 있다. 이 사절단에는 서아시아인들도 있고 고구려에서 온 사절단들도 있어 이들의 만남을 보여준다.

삼국시대 중후반에 유행한 불교의 불상들 역시 서아시아에서 발흥한 조소 예술의 영향으로 탄생하였다. 초기 불교는 부처를 극도로 신성시하여 차마 그 형체를 조각으로 표현하지 않았고, 대신 그가 밟고 지나간 발자국 등의 상징을 통해 부처를 모셨다. 하지만, 헬레니즘 조형 예술이 간다라 지방에서 발달한 이후 유럽과 서아시아 예술 양식을 뒤섞은 '간다라 예술'은 후일 한국의 여러 불상이 전형적인 그리스 양식의 '젖은

〈그림 5〉 원성왕릉을 수호하는 소그드 복식의 무인(武人) 석상
*자료: 정진한 촬영

천 기법'인지를 설명해준다.

고구려와 백제를 흡수한 후로부터 고려에게 멸망 당할 때까지 두 세기 이상을 고구려와 백제보다 더 활약한 신라에서는 고구려보다 훨씬 더 많은 서아시아 문물의 영향을 엿볼 수 있다. 먼저 왕릉을 비롯한 신라 고위층의 무덤에서는 페르시아계 인물들의 조각상이 무더기로 발굴되었다. 대표적으로 신라의 흥덕왕릉과 원성왕릉은 동아시아 인물을 한 문인상 1쌍과 함께 전형적인 소그드 복식을 패용한 무인상 1쌍이 각 무덤을 지키고 있다. 또한, 경주의 황성동과 용강동 일대에서는 예술인이나 고위 문관의 복식을 한 소그드인들의 토용이 발굴되었으며, 구정동의 가옥 터에서도 소그드인의 부조와 전형적인 페르시아 사자의 문양을 새긴 돌기둥이 발견되기도 하였다.

또한, 신라 유물들에서 발견된 여러 기와와 석조물에는 전형적인 서아시아 문양이 오롯이 새겨져 있다. 그 중 대표적인 것이 페르시아의 생명수, 이 나무의 좌우에서 대칭으로 마주 보는 한 쌍의 새, 그리고 배경을 둥글게 둘러싸는 구슬들이 줄지어 있는 연주문이 둘 또는 셋이 한꺼번에 신라 유물들에서 발굴되었다. 또한, 4세기에서 5세기의 것으로 추정되는 경주의 여러 무덤에서는 다양한 유리기(琉璃器)들이 출토되었다. 이들 유리제품들의 상당수는 전형적인 사산조 페르시아 양식을 띠고 있다.

이슬람 세계와 함께한 중세 한국

이와 함께, 신라에는 서아시아에서 직접 들여온 물품이 있다. 경주 불국사의 석가탑에는 부처님의 진신사리를 모신 봉헌함이 안치되어 있다. 이 함에는 각종 보석류와 함께 서아시아 일대에서 신을 모실 때 가장 보편적으로 바치던 향료 중 하나인 유향이 보관되어 있다. 유향은 불과 얼마 전까지만 해도 지금의 오만과 예멘의 경계부에 있는 도파르 고원에서만 자생하는 유향나무의 수지를 굳혀 만든 제품이다. 이 향료가 석가탑에 안치되었다는 점은 서아시아의 귀중품이 신라에 와서 같은 용도로 쓰였다는 것을 증명한다. 서아시아에서 수입한 서아시아 물품은 현재 국내만이 아니라 해외에서도 발견된다. 대표적으로 '매신라물해'가 있다. 매신라물해는 752년 일본을 방문한 신라의 김태렴 일행으로부터 당시 일본인들이 구매하고자 하는 물품의 목록이다. 빼곡하게 작성된 이 목록은 병풍 뒤에 부착되어 현재까지도 일본의 왕실 창고인 쇼쇼인(正倉院)에 보관 중이다. 이 목록에는 동아시아산 물품뿐 아니라 멀리 인도 및 서아시아 특산물들도 다수 남아있다.

신라는 서아시아의 영향을 그대로 수용만 한 것이 아니라 직접 서아시아로 나가서 이를 경험하고 그 목격담을 기록으로 남겼다. 8세기 초의 신라 불승 혜초는 일찍이 16살에 중국으로 건너가 불법을 수학하고는, 20살에 이르러서는 천축(인도)으로 구법(求法)의 길을 떠난다. 4년에 걸쳐 동남아시아와 천축, 서아시아와 중앙아시아를 주유한 혜초는 이윽고 중국으로 돌아와 입적한다. 그의 행적에서 매우 특기할 사항은 바로 그가 당시 이슬람화되었던 서아시아를 경험하였다는 것이다. 혜초의 기행을 전후로 수 세기 동안 구법 활동을 떠난 동아시아의 승려들을 기록한 『해동고승전』을 모두 뒤져봐도 이들 모두는 인도와 중국 사이에 있는 동남아시아와 중앙아시아만을 거쳐 갔을 뿐, 인도 너머의 비불교권인 서아시아와 이슬람 세계를 경험한 기록은 없다. 하지만 혜초는 당시의 이슬람화된 현재의 이란 서쪽 끝을 비교적 상세히 기록하고 그보다 더 서쪽에 자리한 서아시아의 시리아 일대와 그 너머 유럽에 관해서도 짤막한 전문(傳聞)을 남겼다. 그는 육로와 해로를 통해 동아시아에서 서아시아 입구까지의 세계를 두루 거쳤을 뿐 아니라, 그가 남긴 『왕오천축국전』은 중국 서북부의 돈황에서 발굴되어 프랑스를 거쳐 한국을 오갔기에, 많은 이들은 혜초야말로 진정한 최초의 세계인으로 평가하고 있다.

『왕오천축국전』이 발굴된 막고굴은 조각과 회화 및 기록을 통해 천 년 이상 중앙아시아를 거쳐 간 서아시아인들과 동아시아인들의 관념과 염원을 고스란히 전하고 있다. 이곳의 600여 굴 중에는 조미관(새의 꼬리로 장식한 관)과 조익관(새의 날개로 장식한 관), 백제식 괸모나 환두내노와 같이 전형적인 고대 한국의 복식을 갖춘 여러 인물상이 안치되어 있다. 또한, 제61굴에는 '신라왕탑'이라는 문구가 삽입된 탑이 그려져 있다. 중국을 벗어나 중앙아시아로 나가는 관문에 자리 잡은 이곳에서 대거 발굴된 한국인들의 형상과 왕오천축국전 등은 신라인들이 서아시아 방향으로 적극적으로 진출했음을 보여준다.

서아시아인들 역시 신라에 큰 관심을 가졌기에 약 700년 동안 스무 명이 넘는 저자들이 신라의 지리와 역사 및 설화 등에 관해 기록한 글과 지도를 남겼다. 이들은 신라에 관한 자연환경과 물산 및 인물과 풍속에 관해 간결하면서도 일관성 있는 견해를 보였다. 이들은 신라를 매우 이상적인 사회로 인식하였을 뿐 아니라, 그 쾌적한 환경으로 인해 신라를 방문한 어떠한 무슬림도 자발적으로는 신라를 떠나지 않는다고 묘사했다. 특히 중세 서아시아인들은 한국의 위도와 경도에 관한 최초의 수치를 부여하였을 뿐만 아니라, 세계 지도 속에 신라의 위치와 형상을 묘사하였다. 더구나 당시의 서아시아의 서사시 『쿠쉬나메』는 멸망한 페르시아의 왕손이 신라로 들어가 혼약을 맺고 다시 고토로 돌아가

선대의 원수를 갚는 등의 한 차원 높은 연대의식을 작품의 주요 모티브로 차용했다.

고려대에 와서 서아시아와 한국은 한층 더 밀접해진다. 『고려사』에는 각각 1024년, 1025년, 1040년에 하산 라자(夏詵羅慈), 알-라자(悅羅慈) 등과 같이 구체적 이름이 명기된 상단 일행이 조정에 입조하여 수은, 용치(dens draconis), 점성향(sandalwood), 몰약(myrrh), 대소목(sappan) 등의 토산품을 바치고 비단과 금 등을 하사받은 기록이 있다. 즉 왕을 알현하고 직접 거래를 할 정도의 대규모 상단들이 1024년에 이어 이듬해에도 입국하였고 다시 15년 이후에도 입조하였다. 왕을 알현할 정도로 대규모의 입조 기록만이 전해졌다는 점을 고려하면, 이보다 작은 규모의 민간 거래는 훨씬 더 활발했음을 추정할 수 있다.

몽골제국의 고려 침략을 계기로 고려 내 서아시아인들의 위상은 급격히 부상한다. 원나라 조정은 서아시아인들을 '색목인(色目人)' 계층으로 분류하여 통치에 적극적으로 활용하였고, 이들은 고려에 대거 진출하여 막강한 위세를 떨쳤다. 원조는 최상류층을 이룬 몽골인들과 하층 계급인 중국인들 사이에서 그들의 통치를 보좌할 관료집단으로 서쪽에서 온 이민족들을 선택하였다. 소수의 유럽인들을 포함하던 이 소수집단의 주류는 '회회(回回)'라는 이름의 무슬림들로 주로 서아시아인들과 중앙아시아인들이었다. 특히 고려가 원나라 황실의 부마국이 되면서 이 회회 관료들은 황제의 딸을 수행하거나 고려의 동태를 감시하는 등의 중요 직책을 맡으면서 고려의 고위층으로 성장했다. 그 중, 민보는 1310년에 평양의 부윤으로 임명되었다. 마찬가지로 고려의 역사서에는 이들이 광산을 개발하거나 보석 가공에 나서면서 부를 축적하여 세를 불리고 과시하며, 심지어 임금을 초청하기도 하였다. 이들이 고려 사회에 정착하기 시작하면서 일부는 고려의 성씨를 받고 귀화하여 고려 내에서 일가를 이루기도 하고, 때론 쌍화점과 같은 노래를 통해 나타나듯 서민들의 삶 가까이에서 통교하기도 하였다.

더 주목해봐야 할 부분은 고려인이 무슬림으로 개종하여 성공 가도를 달린 경우이다. 1985년 중국 광저우의 무슬림 공동묘지에는 한 고려인 무덤의 묘비가 발견되었다. '라마단'이라는 이름의 이 무슬림은 명확하게 고려인이라고 적시되어 있으며, 외국인임에도 원나라에서 다루가치로 임명받았다. 더구나 그는 고향인 고려에서 가장 거리가 먼 광서성의 관료가 되었고 베이징 남쪽에 거주하기도 하였다. 더욱 놀라운 것은 그의 아버지 역시 '알라웃 딘'이라는 이름을 쓴 무슬림이었다는 것이다. 즉, 고려는 무슬림들의 유입을 수동적으로 받아들이는 데 그치지 않고, 이를 적극적으로 흡수하여 활용하였고, 일부 고려인들은 개종을 통해 원나라에 진출하여 공직에 오르기도 하였다. 이에 따라 당시 서아시아인들이 작성한 고려에 관한 기록들 역시 한층 풍부해지고 정교해졌다.

원나라의 잔영이 짙게 유지되었던 조선 초만 하여도 서남아시아인들과 위구르인들이 대다수였던 회회들의 위상과 활약은 대단했다. 『조선왕조실록』 등에 기록된 조선 왕실은 국가의 대조회에 무슬림들을 초청하여 이슬람식 예법에 따른 송축을 드리도록 하였고, 왕실 바깥에서 무슬림들은 여전히 광산 개발과 보석 가공 등 왕성한 활동을 하였다. 특히 조선 초에 제작되었던 역법과 천문기기, 세계지도(混一疆理歷代國都地圖) 등의 제작에는 서아시아에서 전해진 여러 과학적 지식이 지대한 영향을 미쳤다. 하지만 명나라가 원나라의 잔존 세력을 북쪽으로 몰아내면서, 조선 내에서도 과거 고려에 충성하던 무슬림 일당과 그 관련 세력을 완전히 정리하기 시작한다. 무엇보다 조선은 고려의 불교문화와 차별성을 두기 위하여 국가의 중심사상을 유교로 삼아 불교를 비롯한 고려의 잔존 문화를 완전히 청산했다. 이 과정에서 유교적이지 않은 이슬람 역시 완전히 세가 꺾이고, 결정적으로 1427년 세종대왕이 이슬람식 복장이 조선인들과의 혼인에 방해가 된다는 예조의 건의를 받아 모든 이슬람 습속을 폐지했다. 이후로 조선 땅에서 서아시아적 요소들은 수백 년간 그 자취를 감춘다.

현대 한국과 이슬람

이후 수 세기 동안 자취를 감추었던 한국과 서아시아의 교류는 조선의 끝 무렵에서야 복구되기 시작하였다. 일본이 메이지 유신을 통해 대외관계를 적극적으로 확장하고 때마침 서아시아의 패자 오스만튀르크 역시 동아시아와의 관계 확장을 적극적으로 추진하면서 이들은 점차 교류를 활성화했다. 동시에 오스만튀르크는 중국 내의 무슬림들을 활용하려고 시도하였고, 그 과정에서 중국과 일본 사이에 있는 조선에 관한 관심을 높여간다. 당시 오스만튀르크의 밀사로 파견되어 일본과 조선 및 중국을 탐방한 압둘 라쉬드 이브라힘 공은 조선을 기행하며 보고 느꼈던 바를 자세히 기록하였다. 한중일 삼국을 두루 역방한 그의 분석과 감상은 조만간 식민지 신세로 전락할 것이 명약관화한 조선에 대해 연민을 표하는 한편, 자국과 마찬가지로 제국주의를 추구하던 협력국 일본의 편을 들 수밖에 없었던 그의 심경을 드러내고 있다.

미미한 수준의 교류가 이루어지던 조선과 서아시아 사이의 교류는 일제 강점기 이후 본격적으로 성장한다. 일본제국과의 관계에 상당한 공을 들였던 튀르크인들은 조선총독부의 협조 아래 조선 내에 전국적인 네트워크를 조직하여 동아시아 내의 무역은 물론 머나먼 터키까지 이르는 서아시아 수출입에도 상당한 역할을 하였다. 이러한 경제활동에 맞춰 튀르크인들은 1920년대부터 무슬림 협회를 조직하고 전국적으로 이슬람 촌(Mahall-i Islamiyeh)을 건설했으며, 이슬람 학교를 개교하고 이슬람 공원묘지를 조성하였다. 이에 맞춰 국내 조선인들의 이슬람 개종이 늘어났을 뿐 아니라 해외 조선인들의 개종 사례 역시 늘어났다.

일제의 패망과 한국전쟁은 기존의 국내 서아시아인들이 한반도를 떠나게 만드는 계기도 되었지만 동시에 새로운 서아시아 문화와 공동체 출범의 계기이기도 하였다. 터키공화국은 미국과 영국에 이어 세 번째로 큰 병력을 한국에 파견하였고, 전쟁의 와중에도 고아원을 짓고 학교를 설립하면서 어린이들을 돌봤다. 이들의 일대기는 실화를 바탕으로 한 '아일라' 등의 영화와 다큐멘터리로 제작되면서 한국과 터키에서 상당히 알려져 있다. 전쟁이 끝난 후 종군 이맘을 포함한 터키인들과 한국인 무슬림들은 1955년 9월에 한국 이슬람교 협회를 발족하였고 1965년에 한국 이슬람교 중앙연합회를 설립하였다. 이들은 서울 동대문구 이문동에 첫 이슬람 사원을 개원하고 적극적인 포교를 하였으나 빠르게 교세를 불리지는 못하였다.

두 차례의 석유파동 이전까지 대한민국과 가장 친선관계가 돈독했던 서아시아 국가는 이스라엘이었다. 하지만 1973년에 1차 석유파동, 1979년에 2차 석유파동이 터지면서 한국과 서아시아와의 관계는 새롭게 정립되었다. 한국은 이스라엘과의 우호 협력 단계를 일부 희생하면서까지 아랍 국가들과의 관계 증진에 나섰고, 이를 통해 한국은 석유파동 기간에도 원활하게 석유를 조달하고 아랍의 건설시장에 대거 진출할 수 있었다. 이때 파견된 근로자의 상당수는 이슬람으로 개종하였고,

〈그림 6〉 서울 중앙 모스크 부속 프린스 술탄 초등학교

*자료: 정진한 촬영

점차 건설 이외의 사업에도 한국기업들이 적극적으로 진출하여 한국은 아랍국가들과의 우호 관계를 다졌다. 답례로 1976년 사우디아라비아는 서울에, 1980년 리비아는 부산에 모스크를 세우면서 점차 전국의 중심권역에 모스크들이 속속 건립되고 공동체들이 조직되었다. 이어 1980년에 사우디아라비아의 칼리드 국왕은 왕국을 내방한 최규하 대통령과 공동성명을 통해 한국에 이슬람 대학을 설립하겠다는 공동성명을 발표하고 기공식까지 열었으나 중도에 무산되었다.

오늘날 서아시아와 한국은 중대한 파트너이자 굳건한 우호 관계를 맺고 있다. 한국은 서아시아의 최대 수출품인 석유의 세계 5대 수입국이자, 수입한 원유를 가공한 석유제품과 석유화학제품의 세계적인 수출국이다. 석유 이외에도 한국은 중동의 건설과 자동차, 섬유와 방위산업 제품, 조선과 전자기기 등 각종 분야에 매우 활발히 진출하고 있으며, 서아시아인들은 한국의 의료관광과 문화콘텐츠 소비에서 중요한 소비층이다. 사우디아라비아에서 추진 중인 600조 규모의 신도시 프로젝트를 비롯하여 서아시아의 각종 담수화 시설과 농업 협력 부분 등에서 한국은 여전히 발군의 실력을 인정받고 있다. 아랍에미리트는 자국 환자를 한국으로 보내서 치료하고 한국은 아랍에미리트의 의료시장에 진출해 환자를 치료하고 의료 인프라를 구축하며 보건의료, 제약, 헬스케어 산업 등에서 협력하고 있다. 서아시아의 문화콘텐츠 시장에서도 K-Culture는 여러 방면에서 최상위권으로 군림하고 있다. 국내에는 서아시아 각지에서 입국한 다양한 공단 근로자, 대학생, 사업가 등이 활동 중이며, 이보다 적지만 한국인들의 중동 진출 역시 매우 활발하다.

4. 서아시아와 아시아공동체론

제국주의가 한창이던 당시의 서아시아인들은 여타 대부분의 비서구 세계인들과 마찬가지로 군사적으로 잇따른 패배를 겪으면서 이제는 자신들이 기술과 제도 면에서 상당한 격차로 뒤처졌다는 위기를 자각하기 시작했다. 낙후된 현실을 자각하고, 잇달아 영토를 유럽인들에게 침탈당하기 시작한 이후로 서아시아에는 수십여 종류의 사회 운동들이 우후죽순처럼 솟아났다. 이러한 운동을 온전히 양분할 수는 없지만 가장 단순하게 나누어본다면 서구의 물질문명과 제도를 수용하되 본질적으로는 이슬람의 가치를 회복함으로써 영광스러웠던 과거의 전성기로 돌아갈 수 있다는 보수주의와 새로 들어온 서구사회의 이념과 사조를 보다 적극적으로 수용하는 혁신주의로 구분할 수 있다. 이후의 사회 운동 역시 일부는 이슬람 세계 전체의 연대 또는 이슬람의 원리에 의해 통치되는 공동체를 지향하는 이슬람주의 운동이 한편에서 크게 융성한 반면, 다른 한편에서는 새로 들어온 민족주의, 사회주의, 현대주의 등의 서양식 세속주의가 세력을 넓혀나갔다.

제국주의시대 대부분의 비유럽 국가 지도층은 이러한 위기를 극복하기 위해 정신적으로는 반서구와 반외세를 주장하면서 민심의 동요를 단속하고, 물질적으로는 자국의 문물과 제도의 서구화에 박차를 가했다. 서아시아의 여러 지도자 역시 이러한 근대화 조치를 취했다. 특히 유럽과 아프리카 및 아시아에 걸친 광대한 영역에서 대다수 순니 무슬림들에게 종교적 · 정치적 종주국이라고 자임했던 오스만튀르크는 잇달아 '니잠 알-자디드(Nizam al-Jadid)' 정책, '탄지마트(Tanzimat)' 정책 등을 통해 서구화를 시도하였다. 하지만 전근대적 국가 구조를 그대로 유지하면서 군사와 행정 일부만을 서구화하려던 이런 부류의 조치는 메이지 유신을 제외하고는 모든 아시아 국가들이 답습했듯, 외세의 압력과 내부의 반발 및 구조적 모순에 직면하면서 미완의 상태로 좌초했다.

범이슬람주의와 대동아공영권의 연대 시도

이슬람 세계 전체가 흔들리던 당시의 위기를 순수 이슬람의 회복과 서구 물질문명의 도입을 통해 극복하고자 했던 전통주의 세력 중에서 가장 큰 영향력을 형성한 운동은 범이슬람주의다. 이 운동은 서아시아를 포함한 이슬람 세계 전역을 한 명의 칼리파가 이슬람의 원리로 통치하는 이슬람 제국을 건설하여 서방 기독교 제국주의의 침탈에 맞서고자 했다. 이들에게 이슬람은 시대와 지역을 초월한 보편 원리이기에 이슬람이야말로 어떠한 세력과 시대의 도전에도 맞설 수 있다고 보았다. 그러면서도 범이슬람주의 운동가들은 이슬람이 변화하는 시대에 맞춰 조직적으로 개혁되어야 하며 이 개혁은 물질문명과 사회개혁 모두를 아우르되, 이슬람의 근본을 부정하는 무신론이나 유물론 같은 서구의 사상은 마땅히 배격해야 한다는 주장을 설파했다. 자말 앗-딘 아프가니(1839~1897)에 의해 창시된 이 운동은 아랍과 페르시아, 오스만튀르크와 유럽에서까지 큰 영향을 주었고, 그의 사후에도 오랫동안 아시아 통합주의의 일종으로 활약했다.

아프가니는 이슬람 세계의 다양한 세력들뿐 아니라 이슬람권 밖에서도 광폭적인 행보를 하였다. 그는 이란과 이라크 등지에서 페르시아의 이슬람 전통을 교육받은 후 아프가니스탄의 바라크 자이 공국의 국왕 고문직을 거쳐, 메카와 인도 등의 아시아 지역을 두루 역방한 후 이집트에 정착하여 당시 이슬람 세계의 교육의 명문이었던 아즈하르 대학의 교수직을 맡았다. 아프가니는 1884년 파리에서 제자 무함마드 압두와 알우르와 알우스까(가장 견고한 연대)라는 협회를 결성하고 동명의 신문을 발행함으로써 영국이 자행 중인 이슬람 국가들에 대한 수탈을 규탄했다. 그는 1886년 페르시아 국왕인 나세르 앗-딘 샤(Naser al-Din Shah(재위 1848~1896))의 요청으로 페르시아 종교와 사회개혁을 주도했으며 다시 오스만튀르크의 칼리파 압둘 하미드 2세 아래에서 범이슬람주의를 전개해나가면서 이슬람 세계의 개혁과 자강을 부르짖었다.

오스만튀르크의 압둘 하미드 2세(재위 1876~1909)는 선대 칼리프들의 서구화 조치가 성공할 수 없을뿐더러 민중과 피지배 엘리트층 모두로부터의 강력한 반발을 사는 현상을 목도한 후 당시 상황을 범이슬람주의를 통해 돌파하려 하였다. 특히 그는 제국 내의 사회 통합뿐 아니라 국제적 연대를 조성하는 데 큰 힘을 기울였다. 이는 내치 개혁과 동시에, 당시 이반의 기미가 뚜렷하던 제국 내외의 비투르크계 민족들의 충성 확보를 시도하면서, 외적으로 제국 영역 너머의 무슬림들에게 충성과 일체성을 강화하여 외세에 공동으로 대항하는 행동을 이끌어내는 데 상당히 기여했다.

압둘 하미드 2세는 범이슬람정책의 일환으로 세계 각지의 이슬람 사회의 현황을 조사하고 이 지역들과의 연대 가능성을 타진하기 위해서 공식적 · 비공식적으로 인력을 파견하였다. 먼저 그는 유럽과 아나톨리아를 관통하는 기존의 제국 철도망을 남으로 다마스쿠스에서 메카까지 연장하는 히자즈 철도(Hejaz Railway)를 부설함으로써 제국의 수도와 이슬람의 정신적 수도를 연결하고자 했다. 비록 이 계획은 메카라는 최종 종착지까지의 연결에 성공할 수 없었지만, 이슬람 제2의 성소인 메디나까지는 연장할 수 있었다. 이로써 칼리파는 철도라는 강력한 운송망을 가지고 제국과 이슬람의 심장을 직접 매개하면서 이슬람 세계의 단결을 이끌어내는 지도력을 보이려는 시도에 어느 정도 성과를 보였다.

물론 현실적으로 그의 정책이 실행되는 것에 가장 큰 반응을 끌어낸 것은 가까운 서아시아 내와 이미 거대한 이슬람 집단을 형성한 남아시아, 그리고 이미 이슬람이 주류가 된 동남아시아나 중앙아시아, 그리고 아프리카의 중북부 지역이지만, 그에 못지않게 유럽과 동아시아와도 다양한 공조를 시도하였고 적지 않은 반향을 불러일으켰다.

범이슬람주의는 멀리 동아시아와의 연대에도 적지 않은 노력을 기울였다. 특히 압둘 하미드 2세는 중국에 있는 수천만의 무슬림들과의 연대 가능성을 크게 주목하였다. 그의 조사에 따르면 당시 중국에 겨우 10~15만 명가량의 유럽인들이 체류했지만, 무슬림들은 중국 전체 인구의 10% 가까이에 해당하는 4~5천만 명가량이 체류 중이었다. 더구나 중국 내의 무슬림 상당수는 오스만튀르크와 언어와 계통이 같은 투르크 계통이었다. 이들과의 연대를 위해 칼리파는 1901년 중국의 의화단 사건의 진압을 위해 엔웨르 파샤 단장이 이끄는 공식 사절단을 필두로 연이어 공식 · 비공식 사절단들을 파견하였다. 사절단은 중국으로 가는 길에 남아시아와 동남아시아 무슬림 지도자들과 접촉하여 메시지를 주고받았으나, 정작 중국에 늦게 도착하여 민란의 진압작전에 참가할 수 없었다. 하지만 이들은 중국 내 각계각층의 무슬림 지도자들과의 관계망을 구축하고 다양한 첩보 활동을 수행할 수 있었다. 이후 중국 내의 무슬림들이 오스만튀르크를 내방하고 오스만튀르크의 사절단들이 연이어 답방하는 등 양자간의 연대와 협력관계는 대폭 신장되었지만, 이들의 공동행동을 우려한 서구세력들의 훼방과 각종 사고 등으로 인해 오스만튀르크와 중국 무슬림들 간의 구체적인 공동행동의 실현에 이르는 단계까지는 미치지 못하는 한계를 보였다.

한편 오스만튀르크는 일본과의 연대도 적극적으로 모색하였다. 양자간의 협력관계는 일본의 제안을 통해 시작된다. 19세기 후반 일본은 개항과 메이지 유신을 통하여 대외관계의 확장을 시도하였으나, 초반에 체결한 서구제국들과의 국제조약은 일본에 불리한 불평등조약들이었다. 하지만 일본은 독자적으로는 이러한 불평등 관계를 시정할 수 없음을 깨닫고 이를 극복하기 위해 양자 간의 격차를 좁히는 데 힘쓰는 한편 서양 외의 실력자들과의 관계 구축을 역시 적극적으로 물색한다. 1871년 일본은 유럽에 시찰단을 보내면서 처음 오스만튀르크를 방문한다. 당시 일본의 외교 사절단은 터키의 정계 · 재계 인사들과 두루 인맥을 구축한 후 귀국하였다가 7년 후 해군 함장을 그로부터 3년 후에는 왕실의 왕자를 사절 단장으로 파견하여 칼리프를 알현한다. 이후 1881년 일본과 오스만튀르크는 무역협정을 체결하고, 터키가 군함을 일본으로 파견해 일왕을 알현한다. 이를 계기로 양국의 민간교류 역시 활성화된다.

러일전쟁에서 일본이 승리하자 오스만튀르크를 비롯한 세계 각국이 일본을 바라보는 시각이 완전히 바뀐다. 특히 이슬람 복고주의자들에게 일본은 서구에 대항하는 아시아의 아이콘으로 부상하였고, 이내 일본을 이슬람화하고자 하는 노력을 기울이게 된다. 이 이상이 실현될 경우 이슬람 세계는 중국 무슬림-동남아 무슬림-이슬람화된 일본이라는 동아시아의 이슬람 체인을 형성하게 된다. 게다가 이 체인을 중앙아시아와 남아시아의 무슬림들과 연계해서 서아시아와 북아프리카까지 연결할 경우 아프로-유라시아 대륙 전체를 관통하는 이슬람 벨트의 조성도 가능하다. 또한, 일본이 당시 주장한 '대동아공영권'은 아시아 내에서 반서구의 독립적 세력을 구축함으로써 범이슬람주의자들에게 장기적으로 아시아를 통합한 일본과 이슬람권을 통합한 자신들의 협력이라는 장기적인 큰 그림을 그리는 중간단계로써 매력적인 구상안이었다. 일본 역시 오스만튀르크와의 협력은 러시아의 남진정책과 동아시아 침공에 공동으로 대응하고 자신들의 아시아 점령에 이슬람권과의 협력을 얻어낼 수 있다는 기대를 했기 때문이다. 즉, 중국에서 무시 못할 세력을 형성한 무슬림들과 동남아시아에서 기득권을 형성한 무슬림들의 협력을 끌어내는 데 오스만튀르크와의 협력이 큰 자산이 될 수 있으리라고 관측했다.

이를 위해 양측은 1906년 동경에서 범이슬람회의를 개최하기로 하고 세계 각지의 이슬람 학자들과 이슬람 이외의 종교 인사들을 초청하였다. 이는 이슬람권에는 일본으로의 선교에 대한 큰 희망을 안겨주었지만, 서구권이 이 둘의 협력을 경계하도록 자극하였다. 이로 인해 서구 각국은 동경 범이슬람대회가 개최되지 못하도록 갖은 압력을 행사하였고, 일본은 결국 개최 직전에 회의를 취소했다.

오스만튀르크가 멸망한 후 범이슬람주의는 구심점을 잃고 침체기를 겪었다. 제2차 세계대전이 끝난 후 이슬람 세계에 속속 독립국가들이 들어서면서 이제 범이슬람주의는 단일한 이슬람 제국을 세우려는 목표를 포기하고 대신 이미 세워진 국가들끼리 연대와 합작을 추진하는 운동으로 탈바꿈했다. 이는 이후 서아시아를 비롯한 전 세계 이슬람권 전역에서 조직된 범이슬람주의 기반의 여러 사회운동 조직들의 결성을 통해 구체화되었다. 그중 일부인, 1926년 메카에서 치러진 범이슬람대회, 1931년의 예루살렘의 세계 이슬람 대회, 1969년 모로코 국왕에 의해 설립된 이슬람 국가 수뇌회의, 1955년 이집트의 가말 압둘 나세르 대통령의 국제 이슬람 대회 등의 이벤트와 기구들, 그리고 남아시아에서 사하라 이남 아프리카까지 활동 중이거나 활동했었던 각종 이슬람개발은행, 이슬람국제통신사, 국제 이슬람 단결기금과 같은 조직들은 여전히 개량된 형태의 범이슬람주의 명맥을 이어나가고 있다.

영국의 서아시아 재편에서부터 냉전기에 양분된 서아시아까지

제1차 세계대전을 계기로 오스만튀르크라는 제국이 해체된 이후 서아시아 세계는 크게 터키 민족주의 아래 재탄생한 터키공화국과 제1차 세계대전 이후 순차적으로 독립한 아랍계 국가들, 그리고 제2차 세계대전 이후 탄생한 신생 이스라엘, 그리고 원래부터 독자 국가를 유지했던 이란으로 구분할 수 있다. 이후로 이들 사이의 통합과 해체 및 역학관계는 과거 오스만튀르크를 대신하여 이 지역의 패권으로 군림하려는 서구 열강들과 이에 반대하여 독자 세력화 또는 다른 대안을 찾으려는 역내 국가들 간의 합종연횡을 통해 그 전반적인 흐름을 추적할 수 있다.

오스만튀르크를 해체시킨 장본인은 영국이었다. 오스만 제국이 제1차 세계대전 당시 독일 편에 가담함으로써 영국은 이 거대한 제국을 해체시켜서 서구 열강들이 분점할 아주 좋은 명분을 획득했다. 당시 영국은 막강한 해군을 통해 오스만 제국을 직접 압박하는 한편 당시 흥기하던 민족국가 형성 운동을 활용하여 제국 내 소요와 봉기를 지원함으로써 제국을 멸망으로 이끌었다.

오스만 제국이 지향하던 범이슬람주의가 이슬람이라는 종교를 기치로 단결을 모색했다면 비슷한 시기 서아시아의 다른 한편에서는 민족을 기반으로 한 통합운동이 맹위를 떨쳤다. 보다 넓은 범위에서 조망하면 19세기는 주로 언어를 매개로 같은 민족끼리 통합을 주창하는 민족주의가 전 세계적으로 유행하던 시기였다. 당시 세계는 유럽의 범게르만주의 · 범슬라브주의 등과 같은 민족주의 운동이 파편화된 소국들을 하나의 민족국가로 통합해 가고 있었고, 서아시아에서도 마찬가지로 범터키주의 · 범아랍주의 · 범이란주의와 같은 운동들이 도처에서 우후죽순처럼 조직되었다. 그중에서 영국은 특히 아랍인에게 민족주의라는 명분을 불어넣음으로써 이를 자신의 이권에 맞게 효과적으로 활용하였다.

영국은 제1차 세계대전 당시 메카 지방의 영주였던 셰리프 후세인(Sherif Hussein, 1854~1931)에게 '후세인-맥마흔 서한(McMahon-Hussein Correspondence)'이라는 공문을 통해 아랍 독립국가 건설을 제안함으로써, 아랍인 반오스만군을 조직해서 당시 전쟁의 핵심구역인 아까바 항구와 다마스쿠스를 점령하는 등의 전과를 올릴 수 있었다. 무함마드의 혈통인 하심 가문이라는 종교적 정통성을 내세운 세리프 후세인과 그의 아들들은 일시적으로 지금의 사우디아라비아 동부와 대시리아(현재의 이라크, 요르단, 시리아, 레바논, 이스라엘/팔레스타인 일대)를 차지하는 듯했지만, 실상은 같은 영토의 지배권을 놓고 영국이 다른 전쟁의 주역들과 맺은 이중 계약으로 인해 상당 부분을 즉각 상실했다. 영국은 후세인과 협상이 진행되던 당시에도 이미 프랑스와 비밀리에 사이크스-피코 조약(Sykes-Picot Agreement)을 맺음으로써 레반트 지역 분할안을 합의해두었기에 이 지역의 실질적 지배자는 영국과 프랑스가 되었다. 자연히 하심가는 현재의 시리아와 레바논에서 축출되고, 각각 요르단과 이라크에 국가를 세웠지만 실제로는 영국의 보호령이었을 뿐 그 이상은 아니었다. 또한 영국은 아라비아반도 내에서 오스만제국에 협조적이었던 자발 샴마르 토후국(Emirate of Jabal Shammar, 1836~1921, 또는 라쉬드 왕국)을 견제하기 위해 자신의 보호령이었던 현재 사우디 왕국의 전신인 네즈드의 사우드 가문을 지원하였다. 영국의 지원으로 자발 샴마르 왕국을 제압한 사우드 가문은 결국 세리프 후세인의 본거지인 사우디아리비아 동부까지 진격하여 후세인 가문을 축출함으로써 아라비아반도를 통일하였지만, 이후로도 한동안 영국의 보호령을 유지하였다. 마찬가지로 아라비아반도에 있는 여타 아랍국가들 역시 예멘의 북서부를 제외하면 모두 과거 영국의 보호령이었다가 차례로 벗어난 국가들이며, 이란 역시 과거 남북으로 영국과 러시아의 보호령으로 오랫동안 속박되었다.

이스라엘을 제외한 모든 서아시아인들을 단합시킨 것은 이스라엘의 건국이었다. 지금의 이스라엘/팔레스타인 지역은 영국이 제1차 세계대전 당시 유대인들의 지원을 끌어내기 위해 유대 독립국가 창설을 지원한다는 '밸푸어 선언(Balfour Declaration)'을 실현하는 과정에서 탄생하였다. 서아시아와 북아프리카 전체가 이슬람 세계인 한복판에 성지 예루살렘 일대를 파고들어 간 유대국가의 설립은 그 자체로 이미 그 땅의 원주민인 팔레스타인 무슬림 형제들의 비극적인 축출이자 이제 막 오스만 제국으로부터 독립한 아랍국가들뿐 아니라 멀리 전 세계 무슬림들에게 용납할 수 없는 모욕이었다. 이스라엘 독립선언 직후 인근에 있는 아랍 국가들은 단결하여 유대인들과 싸웠고, 이후로도 이들은 세 차례 더 전쟁을 치렀다.

영국 일강의 서아시아 질서는 제2차 세계대전을 거치면서 점차 미국과 소련이라는 신생 열강에게 그 주도권을 넘긴다. 전후 폐허가 된 유럽은 국가의 경제와 안보를 미국에 절대적으로 의존하였고, 특히 한때 세계 육지의 25%를 차지했던 영국은 더 이상 광대한 식민지를 유지할 예산도, 명분도, 인력도 없었기에 이를 독립이라는 형태로 차례로 포기하였다. 전통의 열강 유럽이 서아시아에서 신흥 강자 미·소에게 밀려나는 가장 극적인 장면은 수에즈 전쟁이다. 이집트의 급작스러운 수에즈 운하 국유화에 반발한 영국과 프랑스는 이스라엘과 함께 이집트를 군사적으로 압도했지만, 미국과 소련의 압력에 굴복해 수에즈 운하를 포기할 수밖에 없었고, 이를 통해 미국과 소련은 이 지역의 주도권이 자신들에게 넘어왔음을 확실하게 보여주었다.

냉전기에서 미국 일방주의 너머 미중 대결까지

냉전 기간 내내 미국과 소련은 유럽의 서아시아 내에서 자신의 영향권을 확장하기 위해 치열한 각축전을 벌이고, 이는 때때로 내전과 역내 분쟁 등의 형태를 통해 대리전 양상을 띠기도 했다. 한때 서아시아의 정권과 민심의 상당 부분은 과거 유럽 식민주의자들의 나쁜 역사적 기억과 그 후신인 미국이 네 차례 중동전에서 보여준 일방적인 이스라엘 지원으로 소련에 기울기도 했다.

1979년은 여러 번에 걸쳐 서아시아 세계질서가 흔들리고 재편된 해이다. 그 해, 이란 민중은 친서구 세속 국가의 대표주자였던 팔레비조의 국왕인 무함마드 레자 샤를 축출하고 이슬람공화국을 선언했다. 분노한 민중을 피해 미국으로 망명을 떠난 샤를 돌려주지 않는 미국에 항의해 이란 민중은 미국대사관을 점거해 50명이 넘는 미국대사관 직원들을 무려 444일이나 인질로 붙잡으면서 반미와 이슬람 신정주의의 아이콘으로 부상하였다. 이후로도 이란은 시아파의 종주국을 자임하면서 시아 교리를 따르는 무리들을 통솔하는 독자적인 세력권을 형성하고 있다. 또한, 종교의 수장이 국가의 지도자가 되어 이슬람의 원리로 국가를 운영하는 이슬람 공화국을 모델이 되었다.

이러한 이란의 존재는 바다 건너 이웃한 아랍국가들의 시아파 주민들의 민심을 이란으로 경도시켰고, 순니 국민들 중에서도 자국의 지도자들이 친미적이면서 이슬람적이지 않다고 여기는 국민들을 크게 자극했다. 같은 해, 이슬람 극단주의자들이 메카의 대성원을 점거하고 이를 진압하는 과정에서 유혈이 낭자한 폭력사건이 발생한다. 이후, 8년간의 이란-이라크 전쟁에서 이라크에 대한 미국의 전폭적 지원에도 이란이 이라크를 압도하는 것을 목격한 후, 걸프만의 국가들은 이란으로부터의 공격과 내부 체제의 위협에 골머리를 앓는다. 결국 이들은 경제와 안보는 미국에 보다 더 의존하면서도 문화적으로는 보수적인 이슬람 색채를 급격하게 강화했다. 역설적이게도 이란 혁명으로 폭등한 유가로 인해 2차 오일쇼크가 터지면서 이들 왕정국가들은 넘쳐나는 오일달러를 복지 정책에 적극적으로 활용하여 민심을 다잡는 데 어느 정도 성공할 수 있었다. 미국 역시 이 사건을 계기로 서아시아 정세 안정의 중요성을 더욱 절감하면서 아랍국가들과 미국의 밀월관계가 더욱 강화된다.

반면, 소련은 1979년 아프가니스탄 점령을 시도하면서 서아시아에서 그 영향력을 잃기 시작한다. 분노한 무슬림들은 '무자히딘(mujahidin)'이라는 이름으로 전 세계에서 모여들었고, 미국의 군수물자 지원과 군사훈련을 통하여 정규군 수준의 전사로 거듭난다. 10년간의 아프간 전쟁을 통해 양성된 이들은 이내 각자의 자리로 돌아가는 듯하였다. 하지만 이미 무슬림이라는 연대감으로 똘똘 뭉친 이들은 세계적인 수준에서 조직화되기 시작하였고, 곧 무너진 소비에트 연맹 이후의 공격 대상으로 아이러니하게 자신들을 길러낸 미국을 지목했다. 특히 냉전 이후, 견제 세력이 없어진 미국이 이라크 전쟁 이후 보여준 일방주의와 이스라엘-팔레스타인 분쟁에서 드러낸 매우 편파적인 행보는 지금껏 성전에 참전하였던 무장 전사들이 비이슬람적 정권들과 이들의 수뇌로 지목한 미국을 공격하도록 자극했다. 이러한 과정이 응축되어 폭발적으로 분출된 사건이 알카에다가 저지른 9 · 11테러이다. 이후로도 여러 테러 단체들은 전 세계에 분포한 네트워크를 통해 지속적으로 폭력사태를 유발했지만, 결국 점차 구심점을 잃으면서 파편화되어갔다. 반면, 이스라엘-팔레스타인 분쟁에서 이란이 레바논의 헤즈볼라와 팔레스타인의 하마스를 통해 이스라엘을 적극 압박하면서, 소위 시아의 초생달이라 불리는 이란-이라크-시리아-레바논(의 헤즈볼라)-팔레스타인(가자구역의 하마스) 벨트는 반미의 축으로써 대척점에 있는 순니 · 세속 국가들을 압박해간다.

이러한 미국 일극체제와 일부 반미세력의 견고한 구도는 최근 두 가지 큰 변수가 개입하면서 크게 흔들리고 있다. 구체적으로 2010년 말부터 아랍 세계를 이끈 '아랍의 봄' 사태와, 최근 급부상하는 중국의 점증하는 영향력이다. 생활고와 권위 정부에 반발하여 들불처럼 번져나간 아랍 민중들의 반정부 시위 아랍의 봄 당시 미국은 부유한 산유 왕정국가들의 정권이 뒤집히는 것을 용납하지 않았지만, 몇몇 친미 국가의 독재자들이 권좌에서 끌려 내려와 비참한 최후를 맞는 것을 방관하거나 오히려 지원했다는 의심을 샀다. 이는 서아시아의 친미 국가들이 미국에 정권 안보를 절대적으로 맡길 수 없다는 불안감을 보여주었다.

하지만 이 같은 불안에도 아랍의 친미 국가들은 자신의 안보 위협을 확실하게 분산(hedging)해줄 수 있는 대안세력을 찾을 수 없었는데, 최근

이를 떠맡을 수 있다고 나선 세력이 바로 중국이다. 중국은 서구 국가들처럼 서아시아 국가들과의 과거의 악연이 없기에 민중들로부터의 거부감이 상대적으로 덜하고, 서구 국가들처럼 민주화나 세속화와 같은 가치를 강요하지 않는다는 점에서 독재정권들에서 호감을 사고 있다. 이로써 최근 서아시아는 신냉전이라고 부를 정도로 패권을 지키려는 미국과 이 사이로 파고들어 오는 중국 간의 세력 대결의 격전장으로 변화하고 있다. 시진핑 주석이 2013년에 선포한 일대일로(一帶一路) 구상은 중국이 꿈꾸는 야심을 더욱 구체적으로 보여주고 있다. 중국은 미국의 제재로 떠난 (한국과 일본을 포함한) 미국의 우방의 빈자리를 채워주고 경제난에 신음하는 이란에게 가장 적극적으로 투자하고 석유를 사들이고 있다. 이란을 필두로 중국은 반미 동맹이라고도 볼 수 있는 시아 벨트를 통해 지중해까지 진출하려는 계획을 착실히 실행하고 있다.

한편, 미국은 중국의 이러한 진출을 포위하기 위해서 쿼드(Quad)라고 하는 미국-일본-호주-인도의 연장선으로 서아시아의 맹방 이스라엘의 역내 입지를 보다 강화해주기 위해서 부단히 노력했다. 불과 얼마 전까지만 해도 이스라엘은 모든 무슬림들의 공공의 적이자 서구 제국주의자들이 무슬림들의 영역 한복판에 박아놓은 가시로써 무슬림들의 탄압의 앞잡이로 간주되었다. 따라서, 이스라엘과의 협조는 대부분의 서아시아 국가들 사이에서 금기시되는 불문율이었다. 하지만 2020년 트럼프는 이란의 핵위협을 지렛대 삼아 20년 이상 정체되었던 아랍국가들과 이스라엘의 정상화를 잇달아 성공해낸다. 이들이 과거에는 상상하기 어려웠던 제안을 받아들인 이유에는 주요한 이유에는 미국이 이란으로부터의 핵 위협을 지켜주고 적극적인 봉쇄책을 지속하겠다는 전제에 대한 공통의 지지였다. 하지만 최근 바이든 정부가 이란에 유화책을 추진함에 따라 아랍국가들은 물론 이스라엘까지도 이에 격앙된 분위기이다. 2021년에 발생한 이스라엘-팔레스타인 무력 충돌 또한 무슬림 민중

전반에 반시오니즘 정서에 불을 당기면서 이미 이스라엘과 수교했거나 국교정상화를 고려 중인 정부를 부담스럽게 만들고 있다.

더군다나 과거 미국은 세계 제1의 에너지 수입국으로 서아시아 산유국들에서 제1의 고객이었지만 이제는 에너지를 수출하는 국가가 되어 세계 무대에서 경쟁하는 사이가 되었다. 반면 중국은 이제 서아시아 석유의 제1의 고객이 되었고, 상품과 서비스 교역에 있어 절대로 놓칠 수 없는 파트너가 되었다. 최근 코로나 사태 이후 보여주는 중국과 서아시아 국가 간의 백신 협조 및 공동 개발 사례에서 보듯 이들의 밀월관계는 분명 큰 폭으로 증가하고 있지만, 아직은 미국의 눈치를 봐야 하기에 표면적인 우선순위는 명확하게 미국에 쏠려있다. 그럼에도 불구하고 앞서 언급한 비서구적인 정치 및 가치체계의 유사성과 갈수록 적극적인 중국의 진출을 볼 때, 향후 서아시아의 신냉전 구도는 미국이 기존의 일방주의를 조정하지 않는 한 더 첨예해질 것으로 보인다.

5. 한국 대학생들에게 서아시아란?

2013년 8월 31일 터키의 에르도안 대통령은 이스탄불-경주 세계문화엑스포 개막식에서 한국에서 터키까지 아시아 전역을 거쳐 이스탄불에 도착한 대한민국의 대학생 일행들 앞에서 "경주는 실크로드의 시작점이고 이스탄불은 실크로드의 끝 지점이다. 이 역사적인 두 도시는 동쪽과 서쪽 부분의 문화를 받아들여 새로운 실크로드를 재창조했다." 라고 선언했다. 이 한마디로 에르도안은 한국과 서아시아의 과거와 현재와 미래를 축약했다.

서아시아와 한국은 아시아의 양쪽 끝에서 자리해, 서로 물리적 거리도 멀고, 문화적 친근성도 각자의 인접국에 비해 덜 익숙하다. 하지만 원교근공遠交近攻이라는 옛말처럼 양자는 그 거리로 인해 서로 적대행위를 일삼거나 같은 목표를 향해 경쟁적으로 대결할 일이 드물었다. 예나 지금이나 양자는 각자 낯선 상대방을 호기심을 가지고 관찰해가면서 천천히 알아가고 조심스레 접근한다. 서아시아와 한국은 서로 자연환경과 경험한 역사가 다르기에 물산과 기질에서 큰 차이가 있다. 그렇기에 서로는 상대가 필요로 하는 물품들을 교환할 수 있고 각자의 장기를 살려 필요한 서비스를 제공할 수 있다. 이러한 상대적 비교우위 관계는 서아시아의 원유를 우리가 수입해서 석유화학 제품으로 가공한 후 서아시아에 수출하는 것처럼 상호 호혜적이다.

오늘날의 서아시아는 그 어느 지역보다 높은 잠재력을 지녔고 그곳의 문은 한국 대학생들에게 활짝 열려있다. 세계 인구가 밀집한 아프로-유라시아의 한가운데 있는 서아시아의 공항들은 풍부한 근접성과 최신식 설비를 통해 세계에서 가장 빠른 성장을 기록 중이다. 카타르와 아랍에미리트는 조만간 각각 역대 최대규모의 월드컵과 엑스포 개최 준비에 한창이다. 두바이는 이미 할리우드 영화에서부터 해외관광객들까지 최첨단 미래 도시를 보여주는 글로벌 아이콘으로 각광 받고 있으며, 이와 경쟁하는 국가들 역시 주변의 서아시아의 국가들이다. 이란의 원유매장량은 세계 3위이고 세계에서 네 번째로 많은 석유를 수출한다. 세계 물동량의 7분의 1 이상은 홍해와 지중해 사이를 오가고, 세계 석유 수송의 5분의 1은 페르시아만을 통해 세계에 공급된다. 게다가, 세계에서 평균 연령이 가장 낮은 축에 속하는 젊은 서아시아의 인구구성과 높은 출산율은 이 모든 수치보다 더욱 확실하게 서아시아의 급속한 성장 가능성을 뒷받침해준다.

서아시아는 자신들의 미래를 한국과 함께 건설하고자 한다. 사우디아라비아는 600조 규모의 스마트시티를 조성 중이며 그 시공의 상당 부분을 한국 기업들에게 맡겼다. 요르단은 우리나라 중고차 수출국 중 두 번째로 큰 시장이며, 카타르는 2020년 6월에만 23조 원어치의 LNG선을 주문했다. 아랍에미리트는 스마트 농업의 협력자로 한국을 택했고 자국의 환자들을 치료시키기 위해 가까운 유럽이 아닌 머나먼 한국의 병원들로 보내고 있다. 최근 들어 서아시아 국가들의 정부들은 많은 돈을 투입하여 한국으로 보내는 유학생들과 연수생들의 숫자를 늘려가고 있다.

세계와 인간을 이해하기 위해서는 서아시아를 이해해야만 한다. 인류가 지닌 원천적 기술과 사고의 상당 부분은 서아시아에서 유래하여 다른 지역으로 전파되었고, 중세 · 근세에도 서아시아는 세계 문명을 선도적으로 이끌었다. 사람과 문명은 서아시아로 수렴되었다가 서아시아에서 세계로 발산했고, 온 세상을 뒤흔들었던 수많은 역사적 사건들은 서아시아를 둘러싸고 발생했다. 지금도 세계인들은 인간의 의미와 인간과 신과의 관계를 되짚어 보고자 서아시아를 찾고 있다. 매켄지 글로벌 연구소의 연결지수에 따르면 사우디아라비아는 사람의 연결성 지수 2위이다. 바로 전 세계 20억 무슬림들이 매일 5번씩 사우디아라비아의 메카를 향해 엎드려 기도하고 일생에 한 번 이상 이곳을 순례하고자 하기 때문이다. 이란과 이라크의 시아 성지에는 매년 수천만의 신도들이 여행을 온다. 이슬람보다 더 많은 신도를 거느린 기독교 신도들은 서아시아의 기독교 성지를 찾아 그 의미를 새기고 싶어 한다. 한국 대학생들이 서아시아를 알아가는 길은 인류 문명의 근원을 찾아 나서는 길이자 상생할 수 있는 동반자를 찾아 나서는 길이고 앞으로 펼쳐질 우리의 미래를 들여다보는 길이다.

이스라엘을 제외한 서아시아는 분명 이슬람을 우선적인 가치에 두고 있다. 이들은 내부의 공동체를 구성할 때나 외부 공동체와의 연대를 추구할 때, 심지어 서구화를 추구할 때도 일정 부분 이슬람을 그 근본으로 내세웠다. 심지어 한동안 완벽한 세속화를 추진했던 터키 역시 최근 이슬람화되고 있다. 반면 전통의 원수 이스라엘과도 협력하려는 실용주의적 변화 역시 최근에 목격되고 있다. 미국만이 아니라 서아시아 역시 다시 한번 'Pivot to Asia'를 준비하고 있다. 한동안 미국과 유럽의 안마당이었던 이곳은 다시금 중국과 한국을 비롯한 동아시아와의 연대를 강화하고 있다. 이란에서 한국 드라마 '주몽'의 시청률 93%로 대변되는 서아시아 국가들의 높은 'K-Culture' 수용성은 무슬림이 아닌 우리에게도 분명 기회가 있을 뿐만 아니라, 양자가 과거의 상품교역에서 벗어나 더 높은 수준의 상호 호혜적 파트너로 격상할 수 있음을 보여준다. 지금이야말로 서아시아에 대한 이해와 접근이 필요한 시점이다.

참고문헌

김정위. 2002. 『이슬람 사전』, 학문사.

______. 2005. 『이슬람 문헌에 비친 한반도 상』. 해상왕장보고기념사업회.

______. 2005. 『중동사』. 대한교과서.

아이라 라피두스. 2008. 『이슬람의 세계사』. 이산.

이희수. 1991. 『한 · 이슬람 교류사』, 문덕사.

______. 2015. 『이슬람 학교』, 청아출판사.

정수일. 2002. 『이슬람 문명』, 창비.

______. 2005. 『한국속의 세계』. 창비.

______. 2013. 『실크로드 사전』, 창비.

정진한. 2020. "이슬람 세계와 신라." 『신라와 실크로드』. 계명대학교 출판부.

______. 2020. "이슬람 세계가 신라를 황금의 섬으로 인식한 관념적 연원: 세상의 동쪽 끝 황금 섬들의 신화에 대한 인식론적 분석." 『중동문제연구』.

______. 2020. "이슬람 세계관 속 신라의 역사: 알 마스우디(c896~956)의 창세기부터 각 민족의 기원을 중심으로." 『한국아랍어·아랍어문학회논총』.

피터 프랑코판. 2019. 『실크로드 세계사』. 책과 함께.

한국이슬람학회. 2018. 『세계의 이슬람』. 청아출판사.

하마시타 타케시 외. 2003. 『바다의 아시아』. 다리미디어.

Abu-Lughod, Janet L. 1989. *Before European hegemony: the world system AD 1250~1350*. Oxford University Press, USA.

Encyclopaedia of Islam.

Encyclopedia Iranica.

Frank, Andre Gunder. 1198. *ReOrient: Global economy in the Asian age*. University of California Press.

Hamashita, Takeshi, Mark Selden, and Linda Grove. 2013. *China, East Asia and the global economy: Regional and historical perspectives*. Routledge.

Hansen, Valerie. 2012. *The Silk Road*. Oxford University Press.

Hirschler, Konrad. 2006. *Medieval Arabic Historiography*. Taylor &

Francis.
Jeong, Jin Han. 2020. "Creating the Islamic Geography by Using Korea." PhD diss., SOAS University of London.
Kennedy, Hugh. 2015. *The Prophet and the age of the Caliphates: the Islamic Near East from the sixth to the eleventh century*. Routledge.
McNeill, William H. 2009. *The rise of the West: A history of the human community*. University of Chicago Press.
Park, Hyunhee. 2012. *Mapping the Chinese and Islamic worlds: cross-cultural exchange in pre-modern Asia*. Cambridge University Press.
Subrahmanyam, Sanjay, ed. 2016. *Merchant Networks in the Early Modern World*, 1450~1800. Routledge.
von Richthofen, Ferdinand Freiherr. *China: Ergebnisse eigener Reisen un darauf gegründeter Studien*. [With, Atlas]. Vol. 1. D. Reimer.

9장 중앙아시아와 아시아공동체

김상철(한국외국어대학교)

9장

중앙아시아와 아시아공동체

1. 들어가며

중앙아시아는 아시아공동체라는 맥락에서 보면 지리적으로는 유라시아 대륙에서 유럽과 아시아 간의 경계지대에 위치하고 있으며, 근현대사 측면에서도 기존의 아시아공동체들이 일반적으로 걸어온 형성과 발전의 경로와는 차이를 보이는 지역이다. 이러한 입지적인 특수성은 중앙아시아 공동체의 사회 문화적인 정체성과 특징이 다원성을 기반으로 하는 공동체로 발전하게 되는 요인이 되었고, 21세기에도 중앙아시아의 다원성은 이른바 유럽적인 특성과 아시아적인 특성이 하나의 공동체 내에서 공존하는 양상으로 표출된다는 점에서 아시아공동체 내에서 중앙아시아는 하이브리드 공동체 특성이 두드러지는 곳이다.

이른바 다원성의 존중과 공존이라는 점에서 중앙아시아는 역사적으로 형성되어온 토착민 집단이 새로이 유입되는 이주민 집단에 대한 관계에서 여러 배경으로 인해 적대적 또는 대립적인 관계의 설정이 아닌 상대방을 인정하고 공존하는 일종의 '톨레랑스'가 적극적으로 형성 및 이어져 오고 있는 지역이다.

20세기 역사에서 아시아공동체의 다른 지역과는 대비되는 특이한 역사 및 문명사적인 과정이 중앙아시아에서 발생 및 이어지게 되었는데, 이러한 과정과 경험은 대다수 아시아공동체의 다른 지역들과는 일종의 격리와 단절이 발생하는 요인으로 작용하여, 아시아공동체를 구성하는 다른 공동체들의 시각에서는 중앙아시아에 대해서 익숙함과 친밀함보다는 낯설고 매우 다르다는 인식이 일반적으로 형성되었다.

그러나 중앙아시아에서 외형적인 공동체의 변화에 상관없이 내재적으로 이어져 온 전통문명, 전통문화의 요소는 다른 아시아공동체들과 중앙아시아가 결코 분리나 단절되지 않고 이어져 있음을 입증하고 있으며, 이러한 연결성은 현대의 다양한 여러 분과학문을 통해서 일반인들에게 발굴 및 제시되고 있다.

소련 붕괴 이후의 역사에서 소련으로부터 외형적으로 독립한 중앙아시아는 다시 아시아공동체의 일원으로 편입되어 가는 과정에서 개별 국가별로 그 입지를 상이하게 설정하고 있기도 하다. 그래서 개별 국가 차원에서는 완전한 아시아 지향성을 보이는 국가, 멀티벡터 대외정책에 입각한 다원적인 지향성을 보이는 국가들로 구분되고 있기도 하지만, 이들의 저변에서는 여전히 아시아공동체라는 의식과 관념은 여전히 간과되지 않는 요소로 존재하고 있다.

이러한 맥락에서 현실적으로 요구되는 낯선 지역인 중앙아시아에 대한 실증적인 이해와 아울러 아시아공동체의 일원으로 이들 공동체의 내면에 존재했고, 오늘날까지도 이어지고 있는 아시아공동체 다른 지역들과의 연계성의 바탕이 되는 연결 요소를 오늘날의 관점에서 재조명하는 것은 현대 중앙아시아를 제대로 이해하는 출발점이라 할 수 있다.

2. 중앙아시아의 역사와 지리

영역과 지리적인 구성

중앙아시아는 아시아공동체 내에서 아시아라는 부분을 가지고 있으면서도 아시아의 다른 지역과는 상당한 차이를 가지고 있는 지역이다. 이는 지리적인 입지, 그리고 그러한 입지로 인해 형성되어온 공동체가 가지고 있는 특징의 측면에서 아시아 다른 지역과는 현재의 시점에서 특이한 공동체로 형성되었으며, 20세기의 경험 역시 그러하다 할 수 있다. 중앙아시아에 대한 정의를 살펴보기에 앞서 관련된 지리적인 개념을 지도상의 영역도를 통해서 대략적으로 먼저 설정해보면 유라시아 대륙이라는 유럽과 아시아를 하나의 영역으로 설정한 커다란 직사각형을 유라시아로 설정할 수 있고, 그 유라시아 내부에서 동쪽으로는 중국 서부, 서쪽으로는 터키, 남쪽으로는 히말라야산맥, 북쪽으로는 시베리아 초원을 경계로 하는 작은 직사각형을 중앙유라시아(또는 내륙아시아)로 설정하며, 그 중앙유라시아 내의 국가들 가운데 이른바 국가명이 스탄으로 끝나는 국가명을 가진 영역을 바로 중앙아시아로 대략 설정할 수 있다.

아시아공동체 대부분이 이른바 정주 문명 중심의 공동체가 형성 및 발전되어온 경험을 가지고 있는 반면, 중앙아시아는 정주공동체와 유목공동체가 공존하는 문명공존의 공동체라는 특징을 가진 지역이다. 이러한 정의에 따라 지리적인 입지와 특성을 살펴보아야 중앙아시아를 이해하기 위한 올바른 기반과 인식이 형성될 수 있다.

다음 페이지 〈그림 1〉에서 중앙유라시아 영역을 오늘날의 중앙아시아와 연관시켜서 중앙 유라시아의 북부에 해당되는 영역에 대한 18세기 시점의 공동체들의 명칭은 오늘날과는 다른 공동체의 명칭들이 사용되었다. 당시 청나라의 서북쪽 변방 유목민 지대에 해당되는 오늘날의 카자흐

〈그림 1〉 유라시아 – 중앙 유라시아 – 중앙아시아 영역도

*자료: 필자 직접 작성

스탄 영역의 동쪽은 청나라, 티베트, 준가르 등의 공동체 영역으로 분할되어 있었다. 이후 이 영역들은 그 이후의 역사에서 청나라령이 되었다가, 청나라의 지배가 약해지면서 한때 독자성을 지닌 공동체들이 형성되었지만, 이후 중화인민공화국에 속하게 되면서 오늘날에는 중국 신장으로 불리고 있다.

이 시기에는 이미 유목지대는 카자흐의 영역이 확립되기 시작했고, 카자흐의 남쪽 지역에는 20세기 초에 와서 우즈베크로 통합되는 정주문명 공동체 기반의 3칸국인 부하라칸국, 히바칸국, 코칸드칸국이 형성되어 칸국별로 지역적으로 명확히 구분되는 공동체들이 존재하고 있었다. 이후 제정러시아 지배과정을 거쳐서 소련 초기에 오늘날의 중앙아시아를 구성하는 구성단위와 동일한 형태로 공동체가 재편되어 오늘날에 이르고 있다.

중앙아시아에 대한 정의와 관련하여 먼저 이해할 필요가 있는 지리적인 범주는 중앙 유라시아, 내륙 아시아이다. 앞부분의 영역도에서 중앙아시아보다 한 단계 크게 설정되어 있던 중앙 유라시아, 그리고 이와 유사한 범주를 가지고 있는 내륙 아시아는 동일한 지리적인 영역의 다른 표현들이라 할 수 있다. 내륙 아시아는 19세기 말 독일 지리학자에 의해 현재의 중앙아시아와 그 인접지역을 지칭하는 경우에 보편적으로 사용되었으며, 중앙 유라시아는 1980년대부터 사용되기 시작했던 용어이다. 이러한 영역은 유라시아 대륙 내의 초원지대, 유목문명권역 지대를 중심으로 중세까지의 동서간 교역 루트가 통과하는 지역이라는 특성도 가지고 있다.

중앙아시아와 중부아시아는 문명사적인 맥락에서 의미적인 차이가 있는 용어인데, 우리나라에서는 이러한 차이에 상관없이 모두 중앙아시아로 표기되고 있다. 영어 표기로 중앙아시아는 central asia, 중부아시아는 middle asia로 다르게 표기된다는 점에서 이 두 용어는 개념적으로 차이가 있음을 알 수 있다. 중부 아시아는 제정러시아 시기, 소련 시기 중앙아시아 정주문명지대를 지칭하며, 이 권역은 이른바 실크로드 대부분이 통과했던 지역이다.

중앙아시아는 이러한 중앙아시아 정주문명지대 및 이와 접하고 있는 유목문명지대를 통칭하여, 현재의 이른바 '-스탄'으로 끝나는 중앙아시아 5개국 및 그 인접지역을 의미한다. 소련 시기 서방에서는 소비에트 중앙아시아로 부르기도 했다. 이외에도 투르크의 땅이라는 의미가 있는 용어인 투르키스탄은 역사적인 기원을 보여주는 개념인데, 이 역시 오늘날 중앙아시아와 상당 부분에서 일치하는 영역이다.

중앙아시아와 관련되어서는 지배세력의 변화도 이해될 필요가 있다. 이는 중앙아시아가 오늘날과 같은 다원성, 다양성의 공동체로 형성되는 과정에서 중앙아시아를 지배했던 유입 지배세력이 세계 다른 지역에 비해서 상대적으로 빈번하게 변화했기 때문이다. 그리고 이러한 지배세력들의 변화과정에서 새로운 지배세력이 과거 지배세력의 유산들을 모두 대체하는 것이 아니라 과거의 그것들을 계승하면서도 새로운 요소들을 접합시키는 양상이 나타났으며, 이는 바로 오늘날의 중앙아시아가 보여주고 있는 다원성 및 다양성의 근간이 되어왔다.

오늘날 우리가 알고 있는 중앙아시아 공동체의 형태는 1500년대 이후에 들어와 형성되기 시작했다는 점, 그리고 대부분이 제정러시아의 식민지로, 매우 일부는 대영제국 및 청나라의 영역으로 분할되었으며, 제정러시아에 속했던 영역들은 소련 시기를 거쳐 오늘날의 중앙아시아로 이해되고 있는 반면, 제정러시아 지배를 받지 않았던 영역들은 오늘날에 관념적으로 중앙아시아와는 상관없는 인접국가들로 이해되고 있다. 이러한 맥락으로 인해 지리적인 범주의 중앙아시아, 문명사적인 범주의 중앙아시아, 정치적인 범주의 중앙아시아는 오늘날에 와서 차이를 보이게 되었고, 이로 인해 중앙아시아 역외의 사람들이 중앙아시아를 이해하는 양상은 각자의 시각, 각자가 접한 지역, 시기에 따라 달라지는 양상으로 이어지고 있다.

자연지리와 공동체 형성의 변천사

중앙아시아의 자연지리 특징은 남쪽이 높고 북쪽이 낮다는 특징을 가지고 있다. 자연지리 지도에서 보는 것처럼 남쪽의 산맥지대에서 중간의 사막지대를 거쳐서 스텝, 초원지대로 변하는 양상을 볼 수 있기 때문에 중앙아시아를 이해할 때는 우리가 가지고 있는 자연지리적인 보편인식인 북쪽이 높고 남쪽이 낮다는 전제를 적용해서는 안 되는 지역이라 할 수 있다.

중앙아시아의 자연지리는 매우 다양함을 알 수 있다. 이를 자연환경 권역별로 세분화해서 살펴보면, 중앙아시아의 가장 북부는 스텝지대에 속하면서 몽골-남시베리아-북카자흐스탄-북캅카스 및 흑해 북부 흑토지대로 연결되는 세계 문명사에서 유라시아 내의 아시아에서부터 유럽까지 이어지는 초원지대에 속해 있음을 알 수 있다.

이러한 스텝지역은 농경 가능한 최소강수량 지대에 해당하기도 해서 농경과 유목이 공존하고 있고 야생동물도 다양하게 분포하고 있었지만, 현재는 유목민 영역의 개발과 1세기에 걸쳐 정주민 정착으로 인해 야생동물 생태계는 인간에 의해 지속적인 위협을 받고 있다.

스텝 바로 아래 권역은 반사막 또는 사막 스텝으로 불리는 지역으로 북방한계는 동쪽의 알타이산맥에서 출발해서 카자흐스탄 중부를 지나 카스피해 북부 저지대로 이어지는 선이며, 남방한계는 카자흐스탄 동남부의 발하슈 호수 북부에서 출발하여 중앙아시아 사막지대를 거쳐 카스피해 북부에 이러는 선의 안쪽에 해당되는 지역이다. 스텝이 사막으로 전환되는 지역으로, 토양의 염분 함유도가 높아서 물을 거의 사용하지 않는 비관개농업이 제한적으로 가능하다.

사막지대는 사막스텝 남부에 위치하고 있으며, 카자흐스탄 동남부-우즈베키스탄 중부와 서부를 지나 투르크메니스탄으로 이어지는 선으로, 생태학적으로는 사막은 거주 부적합지대였지만, 중앙아시아의 사막지대는 오아시스를 중심으로 적절한 문화발전과 기후적응력 향상으로 공동체가 지역단위로 형성되어 있고, 그 사이는 사막으로 경계가 형성되어 있고, 이 지역은 중앙아시아 정주문명의 핵심부에 해당된다.

중앙아시아 산악지대는 중앙아시아 동부와 중국 사이의 경계지대에 위치하고 있으며, 이 산악지대에 이어져서 파미르산맥 및 파미르고원이 이어지고 있으며, 카스피해 남동해안에서 중앙아 서부의 낮은 산맥과 연결된다. 이 산악지대는 중앙아시아 수자원의 중심지로, 여기에서 발원한 강들이 남과 북으로 흘러내려서 사막지대에서의 농경과 공동체 발전이 가능하게 되는 자연적인 배경이다.

중앙아시아의 자연환경과 지리는 중앙아시아 원주민의 심리구조에 영향을 주었다고 볼 수 있다. 이는 특히 특히 파미르고원, 텐산산맥, 사막 및 스텝 등은 매우 광대하거나 매우 높은 산 또는 거대한 사막 등으로 인해 인간공동체가 자연환경에 압도되는 인식이 보편적이었고, 인간은 자연을 극복하거나 적극적으로 개발하는 태도가 아니라 주어진 자연환경에 순응하고 최적화된 형태로 적응하는 양상을 일반적인 것으로 인식해왔다.

또한 정주 농경지대에서는 자연환경에 대한 최소 1년 단위 점유 형태의 독점적인 자연자원 이용 패턴이 보편적이었는데, 유목지대는 몇 개월 단위 이하의 일시적인 점유와 이동에 따른 자연회복적인 이용 패턴이 일반적이었던 점도 차이라 할 수 있다. 이러한 자연에 대한 순응적인 태도에 변화가 온 것은 소련 시기로, 이때는 자연환경 변화와 상관없이 적극적인 개발을 통해 자연환경을 극복하고, 심지어는 이를 인간의 편의와 필요에 따라 근본적인 변화를 시도했던 실험들도 많이 시도되었다. 물론 이는 인간에 의한 자연환경의 개발이라는 명분하에 이루어진 자연 파괴가 어떠한 형태로 인간공동체에 부작용을 낳게 되는지도 잘 보여주고 있다.

중앙아시아 사막지대나 건조지대에서 농경이나 공동체의 형성이 가능해지도록 했던 것은 바로 전통적인 수자원 개발 및 이용 체계가 만들어져 있었기 때문이다. 이는 페르시아 제국시기 당대 문명 기술의 제국 내 전파에 따른 결과로 할 수 있는데, 이러한 땅속 수로의 개발방식을 중앙아시아 쪽에서는 콰레즈(Qarez)라 하며, 중동 쪽에서는 카나트(Qanat)라 한다.

이러한 전통적인 수자원 개발방식은 무더운 날씨로 인한 수자원 손실의 최소화 측면에서 땅속을 파서 산악지대의 수자원을 공동체가 형성된 영역으로 끌어오는 방식이 보편적이었지만, 제정러시아 지배체제에 들어가면서 중앙아시아에 적용된 수자원 개발방식은 자연환경과 상관없이 강이나 호수 수자원을 지상에 노출된 형태의 인공수로를 통해 대량으로 새로이 확대된 농경지대로 공급하는 형태로 변화되었다. 여기에서도 주어진 자연 자원의 한도를 고려한 순응적인 자원 활용 형태와 반대로 자연 자원의 한도를 환경적인 조건이나 부작용에 상관없이 인위적으로 늘리는 시도를 통해 양적인 극대화를 달성하는 자연 한계 극복적인 활용 형태가 나타남을 알 수 있다.

고대에도 중앙아시아는 북부의 유목민 지대, 남부의 정주민 지대로 구분되며, 정주민 지대를 당시의 동서 간 간선 교역 루트가 지나고 있었고 이를 중심으로 당시의 정주민 공동체 명칭과 영역을 알 수 있다. 아랄해를 아래쪽으로 접하고 있는 호레즘(영어식 표기로는 콰레즘, Khwarezm) 지역, 그리고 그 바로 아래의 소그디아나(Sogdiana), 그리고 아래에 마르기아나(Margiana)와 박트리아(Bactria)가 위치하고 있었다.

중앙아시아에 들어온 최초의 역사적인 원정 및 외세 지배 세력이면서, 또한 문화적인 영향을 준 집단은 바로 알렉산더 대왕의 원정 부대였다. 알렉산더 대왕은 당시 페르시아 제국 정복 후 북인도로 가기 위해서 페르시아 제국의 동쪽 영향권에 해당되었던 지금의 중앙아시아 정주문명지대를 거쳐 북인도로 이동하였다. 이러한 과정에서 지금의 중앙아시아 남부에 유입된 오늘날 그리스에 속하는 마케도니아 중심의 그리스인들은 알렉산더 대왕이 돌아간 이후에도 중앙아시아 정주문명지대에 남아 그리스식의 도시공동체 사회들을 만들어서 대략 100~200년 정도 공동체사회를 유지하다가 현지 원주민 사회에 흡수되었다. 그렇지만 오늘날에도 당시 이들의 후예들이었음을 추정해볼 수 있는 공동체 집단들이 중앙아시아 남부와 서아시아 북부 지역 여러 곳에서 비이슬람 소수민 공동체로 촌락을 유지하며 살고 있다.

자연 지리적인 환경, 공동체 형성 및 변화과정에서 고대에서부터 나타났던 다원성으로 인해 중앙아시아는 이미 고대에서부터 세계 3대

종교가 상호 공존 및 교류하는 공간의 역할을 했다. 기독교는 당시 서로마 동로마로 갈려서 발전한 계통 가운데 동로마를 중심으로 확대되었던 동방정교회 소속의 교회였고, 불교는 북인도 쪽에서 유입되어 중앙아시아를 거쳐 중국 및 한반도 쪽으로 확산되었고, 중앙아시아 내부 및 인접 지역에서 발생하여 확대된 조로아스터교의 유산도 남아있는 등, 중앙아시아는 고대에서부터 다종교 공동체의 근간을 가지고 있었다.

600년대 중반 이후 이슬람이 페르시아 제국 영역으로 확산되는 과정에서 중앙아시아로도 그 영향이 이어졌다. 아랍 이슬람이 중앙아시아에 진출하던 시기에 중국에서는 당나라가 지배하던 시기로 당나라 역시 적극적인 중앙아시아 진출을 하고 있었는데, 751년 탈라스(Talas, 현재 키르기스스탄 남부) 전투를 계기로 중국은 중앙아시아에서 빠져나가고 이슬람이 이 지역을 차지하였다. 중앙아시아에서 이슬람의 통치가 확산된 시기에도 당대의 동서간 교역은 여전히 중앙아시아를 통해서 이루어졌다. 그리고 특히 중앙아시아 정주문명지대에서 아랍인 지배에 대한 봉기가 일어날 정도로 당대 이슬람의 중앙아시아 지배는 이슬람의 세계 다른 지역에 대한 정복 및 지배와 비교해보면 다른 지역에 대한 지배가 대단히 촘촘하고 견고했던 것과는 비교될 정도로 느슨한 특징들이 오늘날의 중앙아시아 이슬람과 관련된 유산들에서 발견되고 있다.

중앙아시아의 이슬람-페르시아 문명 요소를 기반으로 한 정주문명 중심 지배체제에 변화를 준 것은 바로 13세기에 이루어진 몽골의 중앙아시아 원정이다. 현재의 중앙아시아 북, 중부 유목지대에 대한 정복이 이루어지고, 이는 이후 러시아 및 동유럽 진출의 바탕이 되었다. 그리고 중앙아시아 남부의 정주문명에 대한 정복은 이후 이 지역과 지리적으로 인접한 오늘날의 이란 및 인접 중동지역 정복의 발판이 되었다. 이러한 영역들은 칭기즈칸 사망 이후 몽골의 정복 영역이 이른바 4개의 칸국으로 나뉘어 아들 및 손자 대를 거쳐 통치되면서 오늘날의 중앙아시아 또는 더 큰 영역인 중앙유라시아로 재편되는 과정이 시작되었다.

몽골 후예 제국인 4개의 칸국 이후 시기에 중앙아시아 정주문명권을 중심으로 형성 및 발전된 티무르제국은 시기적으로는 한국사에서는 고려 말 및 조선 초에 해당한다. 이후 티무르제국이 사라지고 오늘날과 같은 중앙아시아 공동체 형태를 만들게 되는 초기 민족공동체들의 생성과 확장 과정이 시작되면서 카자흐, 우즈베크 같은 명칭들이 1500년대에 공식적으로 문헌 기록에 나타나기 시작했다. 이후 중앙아시아의 정주 및 유목 공동체는 제정러시아가 중앙아시아 지역으로의 본격적인 팽창을 시작하는 1700년대 초반까지는 정주 영역과 유목 영역이 각자의 독자성을 극대화하는 시기로 이용되었고, 이 시기에 오늘날 중앙아시아 국가들과 직접적으로 연결되는 여러 민족의 전통문화가 유목문명 계열과 정주문명 계열을 명확히 구분하여 형성 및 확립되기 시작했다.

18세기부터 제정러시아의 중앙아시아 진출이 유목 영역을 중심으로 시작되었는데, 19세기 중반까지는 개별공동체들의 영역과 통치체계를 인정하는 간접 통치가 이루어지고 있었다. 유목지대 병합이 사실상 완료된 19세기 중반 이후에는 제정러시아와 동일한 행정구역 체계를 유목지대에 도입하여 직접 통치의 체계를 만들었고, 이때 만들어진 통치 및 행정 단위들은 오늘날까지 그 골간이 그대로 이어지고 있다. 반면 중앙아시아 정주문명지대에 대해서는 제정러시아 진출 이전부터 오랜 세월을 거쳐 형성된 전통공동체의 골간을 그대로 유지하는 형태로 제정러시아의 중앙아시아 정주문명지대에 대한 정복이 진행되었고, 이때 만들어진 중앙아시아 체계는 소련 시기를 거쳐 오늘날의 중앙아시아로 이어지고 있다.

3. 중앙아시아의 현안과 과제

지리, 역사 및 문화의 측면에서 다양성을 가지고 있는 중앙아시아 지역은 오늘날에 와서는 소련에 속했던 시기에 중앙아시아 역내에서 이루어졌던 인간의 무분별한 이기심과 개발이 낳은 산물들이 남아있다. 그리고 오늘날 시점에서 중앙아시아는 매우 다양한 층위의 국제공동체로 재편되는 과정이 진행되고 있으며, 이로 인해 현대 중앙아시아 공동체가 가지고 있는 특징과 지향성을 한국과 연관 지어 이해할 필요가 있다.

공산주의 체제를 경험했거나, 공산주의 체제하에 있는 경제권 상황에 대한 이해를 위해서는 일반적인 이른바 수입 기준 GNP를 기준으로는 실물경제의 상황을 파악하기 어려운데, 이는 자본주의 경제와 비교하여 경제적인 투명성이 아직 덜 확보되어 있고, 이른바 비공식 경제(또는 지하경제)의 영역이 개별국가 전체 실물경제에서 차지하는 비율이 높기 때문이다. 따라서 이러한 점에서 수입보다는 소비를 기준으로 하는 경제지표를 통해 접근하는 것이 경제 상황의 파악 측면에서 더 정확하다고 할 수 있다. 이러한 맥락에서 구매력 지수로 불리는 소비기준의 GNP 비교를 통해 다른 국가들과의 정확한 경제 상황 비교를 할 수 있다.

중앙아시아 5개국의 구매력지수 기준 경제상황을 보면 이른바 일반적으로 알려진 경제 수준보다는 높음을 알 수 있고, 국가별 차이도 크게 나타남을 알 수 있다. 2019년 이후의 상황을 보면 우즈베키스탄은 현재 급성장 국면에 들어갔고, 카자흐스탄은 성장의 속도가 더뎌졌음을 알 수 있다. 그렇지만 여전히 지수상으로는 대략 카자흐스탄이 우즈베키스탄보다 3~4배 더 높다. 이는 카자흐스탄이 2000년대 초반부터 국가주도하에 개방경제를 기반으로 경제의 양적인 성장을 집중적으로 추진했기 때문이다.

〈표〉 중앙아시아 5개국 소비기준 1인당 GDP(구매력지수)

국가명	금액(달러)	비고
카자흐스탄	27,517.6	2019년
투르크메니스탄	15,207	2019년
우즈베키스탄	7,308.4	2019년
타지키스탄	3,529.3	2019년
키르기스스탄	5,485.6	2019년

*자료: The World Bank 자료 재정리, https://data.worldbank.org/indicator/NY.GDP.PCAP.PP.CD(검색일: 2021. 1. 16.)

이러한 양적인 경제성장을 기반으로 하는 경제발전 및 경제규모의 확대로 인해 중앙아시아 국가들 사이에서는 카자흐스탄으로 주로 인력들이 몰려들고 있다. 물론 카자흐스탄을 제외한 중앙아시아 4개국 국민들이 외국인 노동자 신분으로(또는 불법으로라도) 가장 많이 단기 또는 장기 이주하는 국가는 여전히 러시아이다. 투르크메니스탄은 국가는 부유하지만 국민은 매우 빈곤한 국가이기 때문에, 특히 통계숫자를 통해 파악할 때 가려질 수 있는 빈부격차의 문제를 더 고려해야 한다.

중앙아시아 국가들 간에 경제적인 상호의존도를 보면 키르기스스탄은 카자흐스탄에 전적으로 의존하고 있고, 타지키스탄은 우즈베키스탄에 대한 경제적인 의존도가 높은 편이다. 여하튼 여기에 나온 지표들은 국가별 평균이기 때문에 특히 도시 지역은 이 수치보다 더 높다고 봐야 한다. 이런 면에서도 중앙아시아 국가들에 대한 이해에서 막연히 매우 빈곤한 국가라는 인식은 일부 국가들에 대해서는 맞는 이야기이지만, 중앙아시아를 이끄는 경제적인 주요 국가인 카자흐스탄, 우즈베키스탄에 대해서는 그렇지 않다는 점에 유의해야 한다.

경제 개방성 측면에서 보면 카자흐스탄은 거의 서방국가와 동등한 수준으로 보면 된다. 반면 우즈베키스탄은 이제 본격적인 개방으로 나가고 있다. 카자흐스탄 같은 경우는 카드의 사용이 매우 보편화되어 있을 정도로 경제활동 자체의 투명성이 매우 높은 편이지만, 나머지 국가들에서는 지금까지 현금 위주의 거래 관행들이 많다는 점에서 그만큼 경제활동의 투명성에 많은 개선의 여지가 있는 곳들이라 할 수 있다.

2020년 시점에서 보면 카자흐스탄은 양적인 경제성장에서 분배 문제와 미래성장동력, 지속 가능한 경제발전 성장을 염두에 둔 미래산업 기반으로의 전환에 치중하고 있다. 그렇지만 양적인 성장에 치중하던 시기에 만들어졌던 부동산 거품이 한꺼번에 빠지면서 2000년대 초중반에 달성했던 급속한 경제 고성장(연간 성장률 10% 이상을 10여 년 가까이 지속)은 앞으로도 경험하기 어려울 것으로 예상되며, 여전히 에너지 자원 수출에 대한 의존도가 높은 경제 구조의 전환이 관건이라 할 수 있다.

우즈베키스탄은 독립 이후 이슬람 카리모프(Islom Karimov) 대통령 시기에는 적극적인 체제 전환이 가져올 수 있는 사회공동체의 혼란을 최소화하기 위해서 매우 느린 속도의 점진적인 체제 전환과 경제 개방성을 유지하기 위한 정책을 중심으로 국가발전에 나선 결과, 우즈베키스탄에 진출하려는 외국 기업들로부터 긍정적인 평가를 받기 어려웠다.

그러나 카리모프 대통령 서거 이후 새로운 대통령이 된 샤브카트 미르지요예프(Shavkat Mirziyoev) 대통령은 취임 이후 대외적인 경제개방과 경제협력 관계의 확대를 기반으로 근본적인 경제 개혁 및 발전을 추진하고 있어서 앞으로 본격적인 양적 성장이 기대된다. 그러나 문제는 국제사회가 1990년대 초반 공식적인 대외 석상에서는 경제 개방과 개혁을 이야기하면서도 실제로는 개방을 거부하고 국제관행을 무시했던 우즈베키스탄의 과거를 경험했기 때문에 이러한 부분에 대한 신뢰도가 높아지지 않는 한 외국 기업들의 전면적인 진출이 적극적으로 활성화될 것으로는 예상되지 않지만, 그러한 서방 기업들의 외면 시기에도 한국 기업들은 적극적으로 진출하여 뿌리 내린 결과로 한국 기업의 진출과 협력 확대는 꾸준히 지속되고 있다.

아울러 한국에 외국인 노동자 신분으로 가장 많이 와있는 중앙아시아 국가가 우즈베키스탄이며, 국제결혼 이민자로 한국에서 사는 여성들도 중국, 일본을 제외하고 가장 많이 와 있는 국가가 우즈베키스탄으로 실물경제 측면, 인적 교류 측면에서 이분들의 지속적인 개인 차원의 기여가 계속되고 있어서 관심을 가져야 하는 국가라 할 수 있다.

실물경제와 함께 공동체의 삶에 지속적인 영향을 주는 요인으로 최근 부각되고 있는 것은 환경 이슈로, 소련 시기를 거치면서 발생하여 오늘날에 와서 중앙아시아의 일상에 심각한 영향을 주고 있다. 이는 사막화, 아랄해 고갈, 토양과 식수 오염, 소련 시기 핵실험장 및 우주발사기지, 무분별한 개발에 의한 자연 파괴, 대기오염(알마티 지리 입지, 난방연료, 도시 적정규모 이상 차량 운행에 따른) 등이 포함되는데, 이외에도 독립 이후 무분별한 도시 확대 및 개발에 의한 환경 파괴가 현재진행형으로 진행되고 있다.

물론 중앙아시아 전체로 보면 지금까지 자연환경의 보존이 상대적으로 잘 이루어져 온 지역이라 할 수 있지만, 지역에 따라서 이른바 소련 시기의 무기실험장, 핵실험장, 그리고 공해를 염두에 두지 않은 산업개발로 인한 부작용이 21세기 중앙아시아 공동체의 안전을 위협하는 요인으로 중앙아시아의 삶 도처에 남아있다.

아울러 일반인들에게 잘 알려지지는 않았지만, 소련 시기 소련의 미사일이나 각종 무기실험으로 인해 환경이 파괴된 곳들 가운데 가장 대표적인 소련 시기 세미팔라틴스크에 위치한 핵실험장도 현재의 카자흐스탄 북동부에 위치해 있다. 아울러 카자흐스탄 서남부에는 러시아가 장기임대하고 있는 바이코누르 우주선 발사기지가 운영되고 있는데, 우주선 발사 과정 자체가 미사일의 힘을 이용하는 것이어서 이 발사기지도 기존에 사람이 거의 살지 않는 사막 한가운데 입지하고 있다. 그러나 매번 우주선 발사 시 나타나는 이상 기후 등 주변 공동체에 환경

파괴로 인한 부작용으로 이어지고 있다.

중앙아시아와 연관되어서 가장 먼저 떠오르는 현대 환경 재앙은 바로 소련 시기 유입 수자원의 급격한 전용과 부적절한 수자원 정화 등이 초래한 아랄해의 유역 축소와 고갈이다. 1960년대부터 현재까지의 아랄해 유역 변화를 보면 1970년대부터 두드러진 수자원 유역이 축소되었고, 1980년대 후반부터는 이러한 유역 축소가 더 가속화되었다. 현재 이 지역은 북아랄해로 불리는 카자흐스탄 쪽의 일부분 유역을 거의 다 수자원이 고갈된 남쪽 영역과 단절하는 코크아랄 댐이 2006년 건설되어 북쪽 일부분의 유역은 영역이 늘어나고 일부 회복되는 양상이 보이고 있지만, 아랄해 유역의 대부분을 차지하는 중부와 남부는 서부의 일부 유역을 제외하고 완전히 메말라버린 상태가 지속되고 있다. 이러한 아랄해의 고갈로 인해 과거 바다였던 지역은 완전히 메말라 현재는 들쥐들만이 살고있는 지역으로 전락한 결과, 국제기구 차원에서 페스트 등의 전염병 방역 활동을 지속하고 있다.

소련 시기 중앙아시아에서 이루어진 가장 심각한 환경 파괴 가운데 하나는 바로 소련에서 실시된 핵폭탄 폭발 관련 실험장이 있었던 지역의 방사능 오염과 핵물질에 의한 주변 공동체 구성원들의 정상적인 삶의 형태가 붕괴되어 지금까지도 제대로 회복되지 않고 그 후손들에게도 영향을 주고 있다는 점이다. 현재의 카자흐스탄 북동부 세미팔라틴스크 지역에 위치했던 핵실험장은 소련 시기 핵실험을 전담했던 곳으로 소련 체제 동안인 1949년부터 1989년까지 456회의 핵폭탄 폭발실험이 행해졌던 곳으로, 특히 초창기 수십여 회는 야외 핵실험으로 이루어져, 당시 핵에 대한 위험을 잘 몰랐던 특히 인근지역의 주민들이 방사능에 노출되는 피해를 당하여, 지금까지도 그 피해가 후손들에게 이어지고 있는 지역이다.

이 실험장과 인접했던 도시인 세미팔라틴스크와 이 주변 지역의 비정상적인 아기 출산 비율이 카자흐스탄 다른 지역 평균보다 3배 이상 높은 현상이 여전히 지속되고 있어, 방사능으로 인한 인간의 피해가 대를 거쳐서 이어짐을 잘 보여주고 있다. 초기의 야외 핵실험 이후 대부분은 지하핵실험으로 이어졌는데, 폭발로 인해 발생하는 인공지진 강도가 세어서 폭발실험장에서 150km 떨어진 세미팔라틴스크에서는 매번 폭발실험 기간 동안에는 인공지진으로 인한 피해를 최소화하기 위한 대피활동이 이루어지기도 했다.

소련으로부터 독립한 이후에는 카자흐스탄은 미국의 지원으로 핵무기 비핵화 및 핵무기 실험장을 폐기하여 비핵군축을 하였으며, 이러한 포기의 대가로 미국의 지원을 받아 1990년대 중반부터 본격적인 경제개발을 추진하게 되었다. 지금은 카자흐스탄의 산업 다각화 차원에서 이 지역을 카자흐스탄 원자력 관련 산업 클러스터로 지정하여 관련 산업을 활성화시키고 있으며, 특히 핵연료 가공공장을 일본과 공동으로 만들어서 이를 세계 각국의 원자력 발전국가에 수출하고 있고, 우리나라에도 카자흐스탄에서 가공된 핵연료들이 원자력발전소에 공급되고 있다.

중앙아시아가 독립한 이후 새로이 부각되어 현재형으로 진행 중인 환경문제로는 바로 개발의 가속화 및 확대에 따른 결과라 할 수 있는 특히 중심도시들의 대기오염이 부각되고 있다. 이 가운데 도시 공동체를 위협하는 심각한 환경로는 1997년까지 카자흐스탄 수도였고, 지금은 경제중심도시로 카자흐스탄 남부의 중심지 역할을 하는 알마티시의 대기오염을 들 수 있다. 지리적으로 텐산산맥의 지맥인 자일리스키알라타우(Zailiskii Alatau) 산맥의 경사면에 위치하여 특히 겨울철 대기순환 정지와 난방으로 인한 배출가스가 초래하는 스모그가 심했던 지역이었는데, 경제개발이 본격화된 2000년대 중반 이후에는 급격히 늘어나는 도시 규모와 차량의 증가로 인한 차량 배기가스 급증에 따른 계절에 상관없는 상시적인 스모그가 심각한 환경문제로 대두되고 있다.

카자흐스탄의 수도이며 가장 현대적인 도시 외경을 가진 누르술탄(Nursultan)의 경우에도 이전에는 존재하지 않았던 겨울철 스모그 현상이 간혹 나타나고 있는데, 이 지역은 사시사철 바람이 불어 추운 날씨와 맑은 공기가 유지되었던 지역인데, 인구 30만 명의 지방 행정 중심도시에서 20년이라는 짧은 기간 동안 인구 100만 명 도시로 확장되면서 예상치 않았던 환경문제들이 나타나고 있다. 이러한 급속 개발에 따른 도시 영역의 확장과 공동체 성장, 이와 직결된 차량 증가에 따른 배기가스 배출 급증으로 인한 특히 겨울철 도시 환경 악화 문제는 몽골, 키르기스스탄의 수도에서도 나타나고 있는 매우 인과관계가 명확한 개발로 인한 환경파괴의 실증사례이기도 하다.

중앙아시아와 연관된 현안 가운데 개별 구성원의 일상과 직접 관련된 변화는 중앙아시아 국가들과 관련된 국제적인 또는 지역적인 공동체의 재편으로 이어지고 있다.

1991년 소련으로부터 독립한 이후 중앙아시아 및 그 인접국가들의 공동체 구성이 어떻게 변화되는지를 보여주는 다이어그램을 보면 역시나 국경을 접하거나 문명사적으로 연고가 있는 서북아시아 지역과의 관련성이 많음을 알 수 있으며, 또 다른 한편으로는 여전히 과거 소련에 속했던 국가들과 연계가 강하게 나타나고 있는 점도 21세기 중앙아시아와 연관된 공동체 또는 지역협력의 특징이기도 하다.

또한 잘 알려지지는 않았지만, 중앙아시아 국가 카자흐스탄 주도로 형성된 아시아 상호교류 및 신뢰형성 위원회(Conference on Interaction and Confidence-Building Measures in Asia, CICA)가 1990년대에 만들어져 현재 우리나라를 포함한 27개국이 참가하는 협의체가 참여하고 있다.

중앙아시아와 연계하여 의미를 부여하거나 새로이 조합해볼 수 있는 글로벌 경제단위로는 투르크 경제권을 고려해볼 필요성도 대두되고

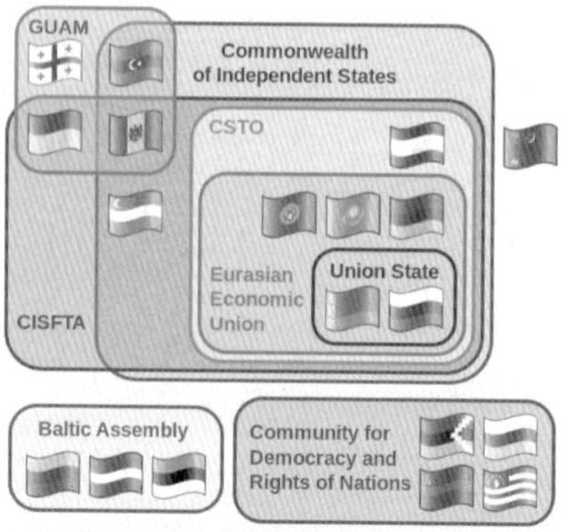

〈그림 2〉 소련 붕괴 이후 구성국들의 지역협력 공동체 재편

*자료: https://commons.wikimedia.org/wiki/File:Supranational_PostSoviet_Bodies-en.svg (검색일: 2021. 1. 16.)

있다. 이러한 공동체에서 중심축이 되는 국가들은 전통적인 투르크권의 맹주였던 터키, 그리고 중앙아시아에서 가장 오래된 정주문명 전통을 이어받고 있는 최대 인구보유국(3천4백만 명)인 우즈베키스탄, 독립 이후 에너지 자원 개발을 중심으로 본격적인 경제발전을 성취한 카자흐스탄, 그리고 지리적으로 터키와 카자흐스탄의 가운데에 위치하면서 카자흐스탄과 비슷한 경로로 국가발전을 이룩한 아제르바이잔이라 할 수 있다.

이들 국가는 개별 국별로 특히 인접 국가들과 연관하여 개별적인 소규모 투르크권 국가 간 협력을 해왔던 역사가 있기도 하며, 이들 국가 대부분은 한국과도 여러 측면에서 긴밀한 연계를 하면서도, 개별 국가 간에도 정치, 경제 및 사회 측면에서 긴밀한 협력체계가 형성되어 있다. 아울러 최근에는 한국기업과 터키기업이 컨소시엄을 형성하여 중앙아시아 국가들이 발주하는 대규모 프로젝트에도 적극적으로 참여하는 양상이 매우 빈번해진다.

이러한 맥락에서 우리가 관심을 가지고 지켜봐야 할 투르크 경제권 내의 유망 지역이나 국가들은 카자흐스탄, 아제르바이잔, 투르크메니스탄, 중국 서부 신장 위구르 자치구, 러시아연방 내 투르크계 공화국들(타타르스탄 등)에 관한 관심을 중앙아시아와 연계하여 확대해야 한다.

21세기 투르크 경제권 국가군들의 발전과 관련하여 발전 유망 국가군으로 부각되는 배경으로는 이들이 소련체제 붕괴 이후에 사실상 국제공동체의 독자적인 구성원으로 참여할 수 있게 되었고, 2021년 시점에서 소련 붕괴로부터 30년이 경과하고 있는 기간 동안 국가별 차이가 나타나고 있지만, 다양한 수준의 경제 및 사회 발전의 양상이 지속되기 때문이다.

이러한 과정에서 개별 구성국가나 유망지대들 간의 다양한 형태의 협력모델들이 제시되었고, 현재도 진행되고 있으며, 또한 국제사회에서 특히 아프가니스탄 지역의 분쟁이 평화적으로 해결될 것을 전제로 중앙아시아와 인도 아대륙 국가들 간의 협력도 본격화되고 있다. 이러한 사안들은 한국의 입장에서 보면 신북방협력정책과 신남방협력정책이 만나는 접점 성격도 지니고 있어서 관심을 가지고 지켜보고, 또 진출과 협력을 확대할 수 있는 계기로 만들어야 하는 지역이라 할 수 있다.

한국에는 잘 알려지지 않은 투르크언어권 문화협력기구인 투르크소이(Turksoy, Türksoy)는 애초 터키가 주도하는 문화협력 레짐인데, 본부는 터키에 위치하고 있지만, 최근에는 집행부를 비터키권(주로 중앙아시아권)에서 맡는 등의 형태로 역할 및 기여가 참여국들 사이에 균등화되고 있으며, 중앙아시아 국가들의 주도적인 참여가 급증하고 있다. 특히 중앙아시아 주요 국가 가운데 하나인 우즈베키스탄은 이슬람 카리모프 전 대통령 집권기에는 투르크권 국가가 아니기에 참가하지 않는다는 명확한 입장을 보이고 있었지만, 현재의 미르지요예프 대통령은 대통령 선출 이후 이 협력체제에 적극 참여를 공언하고 적극적인 참여로 방향을 전환하여, 2020년 총회를 우즈베키스탄 부하라 개최로 할 것을 제안하는 등 적극적인 행보로 참가국 모두의 환영을 받았다.

아울러서 유라시아 곳곳으로 진출하고 있는 우즈베크인 인적 자원 네트워크와 관련해서도 관심을 가지고 보아야 할 부분이라 할 수 있다. 우즈베크인들이 가장 많이 진출해 있는 국가는 러시아로 대략 200만 명이 공식적인 경로를 통해 합법적인 지위로 러시아에서 활동하고 있고, 그다음이 우즈베크 국적자들이 무비자로 수시로 왔다갔다 할 수 있는 카자흐스탄과 터키, 그리고 비자가 있어야 입국할 수 있지만 공식 및 비공식적으로 8만~10만 명 정도의 커뮤니티가 형성되어 있는 한국을 들 수 있다.

또한 한국에는 우즈베키스탄 출신의 결혼이민자들도 많이 살고 있으면서 한국과 우즈베키스탄 간의 비공식적인 연결 매개체의 역할을 하고 있기도 하다. 이러한 사례들을 통해서 중앙아시아와 관련된 여러 요소이 우리가 자각하지 못하는 사이에 생각보다는 우리의 현실에 매우 가깝게 위치하고, 긴밀하게 연관된 지역이 바로 중앙아시아이다.

20세기 하나의 국가공동체에 속하고 있었던 경험을 기반으로 21세기 중앙아시아는 인접 국가들과 새로운 관계 설정 및 공동체 형성과 협력을 시도하고 있다. 21세기 유라시아 공간에서 경쟁하거나 협력하고 있는 다자간 협력체 가운데 가장 중앙아시아에 대한 파급효과가 크게 나타나는 것이 바로 러시아가 중심이 되어서 이끄는 유라시아경제연합, 그리고 동아시아 쪽과의 협력을 더욱 확대 발전시킨다는 정책방침인 러시아 신동방정책을 들 수 있다. 유라시아경제연합에는 이미 중앙아시아 일부 국가들의 참여가 이루어지고 있고, 옵저버 국가 단계에 있는 국가들이 있으며, 우즈베키스탄은 러시아 및 다른 중앙아시아 국가들과의 협력을 더욱 확대하고 있는 대외관계적인 지향점에 맞도록 유라시아 경제연합 옵저버국으로 적극적인 참여에 따른 이해득실을 기반으로 가입 협상이 진행 중이다.

공식적인 국제기구나 협력체계를 통한 공식적인 협력의 추진과는 상관없이 실물경제적인 차원에서의 중앙아시아-러시아-터키-유럽을 연결하는 에너지 네트워크는 이미 상당히 오랫동안 계획되고 실현되었으며, 더욱 확대 및 다양화되는 양상으로 발전하고 있다. 물론 이는 주도하는 국가들에 따라 다양하지만 공통적으로 에너지 네트워크의 생산자에 해당하는 동쪽 끝은 중앙아시아라는 점, 그리고 통과지대가 터키, 러시아라는 점, 최종적인 소비지는 유럽이라는 점이 공통적으로 나타나고 있다. 이것은 실물경제 및 일상 차원의 긴밀한 국제 상호협력에 있어서도 중앙아시아가 차지하는 사례 가운데 하나라 할 수 있으며, 이른바 유럽 국가들의 에너지 안보, 에너지 확보와 관련된 부분에 있어서 중앙아시아가 차지하는 중요성을 잘 보여주고 있다.

이외에도 글로벌 물류 차원에서도 중앙아시아의 중요성을 보여주는 여러 사례가 있는데, 물론 이는 상당 부분이 중국의 일대일로 전략과 중앙아시아 현지 및 그 인접국들의 물류와 관련된 사회간접자본 시설 확충 및 확대가 서로 맞물리면서 나타나는 결과이기도 하다. 이 가운데 하나가 21세기에 들어와서는 기존에는 연결되지 않았던 중앙아시아 서부지대를 남북으로 관통하여 이란까지 연결되는 철도 루트들이 개통되어, 경제 및 물류 측면에서의 아시아 여러 지역과의 연계를 확대하기 위한 노력으로 확대되고 있다.

아시아와 아프리카를 중심으로 추진되었던 중국의 세계전략인 일대일로(一帶一路, Belt and Road Initiative)전략은 중앙아시아 및 그 인접국과 관련되어서는 중국 중심의 중앙아시아 및 유라시아 협력기구라 할 수 있는 상하이 협력기구(SCO)와 서로 맞물려서 돌아가고 있다.

지리적인 연관성으로 인해 일대일로에서 특히 육상과 관련되는 일로는 중앙아시아와 긴밀하게 연계된 중앙아시아 인접 국가들 역시 중시되고 있는데, 일로에 있어서 중국의 유럽행 루트는 모두 중앙아시아 및 그 인접 국가들을 거쳐서 나가도록 계획되었기 때문에 중국의 중요한 협력 대상들 가운데 하나로 부각되고 있다.

일대일로로 인한 경제적인 유발효과, 긍정적인 효과는 중국의 사업 추진 초기 시점인 2010년대 이후부터 2010년대 중반까지는 매우 낙관적인 전망을 전제로 하고 있어서, 관련국의 예상 전망 상황도 낙관적이었는데, 실제 상황 및 현재의 시점에서 보면 결과적으로 중국의 경제성장 및 세계 시장 진출 확대, 그러한 과정에서 특히 아시아 및 아프리카 대륙의 협력 대상 국가들에게는 매우 부정적인 결과가 나타나고 있어서, 일대일로 협력에 대한 국제적인 평가가 긍정적이지 않은 상황이 이어지고 있다.

특히 동남아시아, 서남아시아 및 아프리카는 이와 관련되어 추진된 프로젝트들의 추진 방식, 중국의 협력 방식으로 인해 매우 부정적인 견해들이 중국의 협력 파트너 국가들 사회에서 보편적으로 대두되고 있는 반면, 중앙아시아 및 그 인접국가들은 이와는 달리 중국의 일로가 안정적으로 통과해야 하는 상황으로 인해 협력 파트너 국가들의 사회간접시설 개선 및 확충에 긍정적인 기여를 하여 부정적인 견해의 수준은 낮은 상황이다. 아울러 중앙아시아 국가들의 주요 에너지 자원이 중국으로 수출도 되고 있어서, 이러한 맥락에서 중앙아시아와 중국 간의 관계는 일방적인 방향의 관계가 아닌 쌍방향 교류의 성격으로 진행되고 있다. 물론 코로나19 이후의 상황에 대해서는 앞으로도 지속적인 관찰이 필요한 부분이다.

중국의 일대일로 패러다임의 일환으로 추진된 서중국-서유럽 연결 도로회랑 프로젝트는 가장 성공적인 사례로 현지 사회의 발전에도 긍정적인 기여를 하고 있는 몇 안 되는 긍정적인 사례 가운데 하나이다. 중국에서 카자흐스탄을 거쳐서 러시아 방향으로 나아가는 간선도로가 완전 재포장 및 확대됨으로써, 카자흐스탄의 입장에서는 중국의 일대일로 프로젝트를 통해 카자흐스탄 남부에서 서북부로 이어져서 러시아로 연결되는 간선도로의 전면적인 보수와 확장 프로젝트를 완료할 수 있었다.

일대일로와 관련된 프로젝트를 진행한 여러 국가들 가운데 손으로 꼽는 성공사례가 바로 카자흐스탄을 동서로 관통하는 서중국 · 서유럽 고속도로 프로젝트이다. 이를 통해 카자흐스탄은 승용차로 거의 10시간 정도 소요되었던 카자흐스탄 남부 중심도시 쉼켄트(Shymkent)에서 서북부로 가는 루트 중간에 위치한 크즐오르다(Kyzylorda)까지의 600km가 넘는 구간이 도로 사정이 매우 열악하고 많은 개선이 필요했었는데, 이 프로젝트로 인해 현재는 소요시간이 4~5시간으로 줄어들어서 카자흐스탄 국내 물류 및 더 나아가 중앙아시아와 러시아 간의 육상 물류 흐름 개선 및 확대에도 많은 기여를 하고 있다.

일대일로에서 육상 물류를 통해 유럽과 중국의 연결성을 확대하는 일로 정책과 관련해서 앞서 살펴본 서중국 · 서유럽 간선도로 프로젝트와 아울러 중국이 공을 들인 것은 유럽으로 가는 중국 상품 전용의 철도물류 네트워크의 형성이었다. 기존에도 이미 중국 아라산커우 철도국경역에서 카자흐스탄 도스틱(Dostyk) 철도국경역을 통과하는 철도화물 물류가 있었지만, 중국과 러시아의 철도 간격이 달라서 이곳에서 열차의 차륜을 모두 교체해야 해서 국경 수속에 상당시간이 소요되는 한계를 가지고 있었다.

중국은 기존의 국제적인 연결 물류 동선루트보다는 훨씬 남쪽의 중국과 카자흐스탄의 육로국경이 있었던 호르고스(Khorgas, Korgas, 霍尔果斯)지역을 카자흐스탄과 공동으로 자유무역지대로 개발하고, 이 지역에 철도컨테이너 환적시설을 설치하여 중국에서 실어온 컨테이너를 다른 열차에 빠른 시간 내에 옮겨 싣도록 하는 육상항구를 설치하고 여기에서 화물을 옮겨 실은 열차가 러시아를 거쳐 유럽까지 바로 진입하도록 하는 사실상의 출발점으로 만들었다. 이러한 시설로 인해 50량 객차에 실린 컨테이너들이 2시간 이내에 다 환적될 수 있도록 하는 매우 경이적인 물류시스템이 중국과 카자흐스탄의 국경지대에 세워져 운영되고 있다.

이러한 국경지역 협력의 확대를 단순 국제물류 협력에서 실질적인 산업적 협력으로 확대하기 위해 추진된 것이 바로 중국-카자흐스탄 호르고스 자유무역지대이다. 이미 중국 쪽은 거의 다 개발이 끝나서 대규모 도소매상가 소도시가 형성되어 있어서, 실제로는 중국산 공산품이 중앙아시아로 합법적으로 유입되는 관문 역할을 하고 있다. 아울러 이러한 소도시에는 한국 상품 전문상가들도 운영되고 있는데, 카자흐스탄 당국은 일정 규모 중국 측에서 유입되는 공산품 물량을 조절하기 위해 이곳에 출입하는 카자흐스탄 국민의 주 단위 출입횟수와 1인당 물품 구매 및 카자흐스탄 면세 반입규모가 제한되어 있다.

2019년 코로나 사태 발생 이전 유럽과 중국 간의 물류가 매우 활성화되어 있던 시기에는 중국에서 출발한 화물열차가 하루 3번 정도 이 국제화물 환적기지역에서 유럽행 화물열차로 화물환적을 할 정도로 물동량이 많았고, 또 중국에 공장을 가지고 있었던 HP는 중국에서 생산된 HP의 각종 제품을 유럽시장으로 운송하는 HP전용열차를 주 3회 운영할 정도로 매우 활성화된 루트가 되었다. 또한 유럽 권역별로 중국발 물류열차가 별도로 편성될 정도로 중국에서 생산된 공산품들의 유럽 각지로의 지역별로 특화된 확산 루트로 활용되었다. 물론 중국은 반대 방향으로 이동하는 열차를 통해 유럽산 물품의 수입에 관련된 비용과 시간을 매우 절감하는 효과를 거두기도 했다. 앞으로 세계의 공장 중국의 역할이 어떻게 변할지 모르겠지만 국경 접경국 간의 물류 및 경제 협력 모델이라는 점에서 이제는 중앙아시아 국가들 간에도 국경지역들에서 이러한 모델을 바탕으로 하는 개발 프로젝트들이 적극적으로 추진되고 있다.

4. 중앙아시아의 대외협력과 하이브리드 아시아

문명, 문화, 역사 및 현실적인 경제 및 정치 영역에서 중앙아시아 국가들은 기원과 형성, 그리고 근대 이후의 발전과정에서 아시아의 다른 지역들과 구분되는 특성이 있으며, 지리적으로 아시아와 유럽을 연결하는 지역에 입지함으로 인해 이러한 과정들은 고대에서부터 시작되어 오늘날까지 변화가 계속되는 역동성이 강한 지역이라는 점이 아시아 다른 지역과는 구분되는 공동체가 중앙아시아이다.

현재 시점에서 중앙아시아와 아시아공동체 전체와의 관계를 보면, 중앙아시아와 가장 적극적인 교류 또는 협력을 하고 있는 아시아 국가들은 대부분이 동아시아에 위치하고 있다. 이러한 맥락에서 중앙아시아 국가들의 대외협력과 관련되어서는 한국, 일본, 중국의 중앙아시아 협력에 대한 이해가 필요하다.

중앙아시아 국가들의 대외협력 네트워크를 살펴보면 나타나는 흥미로운 부분은 일본이 중앙아시아에 대해 한국보다 많은 대외협력 네트워크 규모를 기록하고 있다. 금액으로는 한국이 중앙아시아 국가를 대상으로 하는 협력금액 규모보다는 상당히 많은 물질적인 지원 중심으로 이루어지고 있는 반면, 한국은 이른바 인적 자원을 통한 지원과 교류 중심으로 진행되고 있는 특징을 가지고 있다. 그래서 우즈베키스탄은 대외협력에서 있어서 한국을 중시하는 경향이 매우 두드러지는 대표적인 중앙아시아 국가이다.

한국과 중앙아시아는 현실에서도 부지불식간에 불가분의 관계로 발전하는 국면들을 보여주고 있다. 지금까지 근대 이전, 특히 고대 및 중세 시기의 중앙아시아와 한국과의 연계는 실증적인 연구들이 더 요구되고 있지만, 교류가 활발했음을 보여주는 여러 유적이 계속 발굴되고 있다. 20세기에는 20세기를 지배한 동서 냉전과 분단이라는 상황으로 인해 한국과 중앙아시아는 외면적으로는 전혀 상관없는 것처럼 보였지만, 내면적으로는 여전히 동일한 공동체 특성이 유지되었고, 이로 인해 소련 체제 이후 중앙아시아 국가들이 독립하면서 관계는 급격한 발전과 긴밀화의 단계, 그리고 이제 심화 및 확대의 단계로 이어지고 있다.

중앙아시아 국가들 간에도 경제발전의 정도가 차별화됨에 따라 국제협력과 관련된 변화된 양상이 나타나고 있다. 2010년대에 들어와서 중앙아시아 국가 가운데 카자흐스탄이 가장 앞선 경제발전을 바탕으로 대외협력사업에 적극적으로 나서고 있으며, 특히 지리적으로 인접한 키르기스스탄에 대해서는 주로 카자흐스탄 정부기관 또는 공공기관이 직접적인 지원을 하는 형태로 관련된 활동이 이루어지는 반면, 우즈베키스탄과는 민간 수준의 기업 협력을 촉진시키기 위한 활동들이 중심을 차지하는 특성을 보이고 있다.

지리적으로 멀지 않은 지역임에도 불구하고 관념적으로 멀어져 있었기 때문에 먼 지역으로 인식되었던 중앙아시아는 이제 한국의 저가항공이 취항을 준비하고 있을 정도로 관념과 지리, 그리고 실생활에서 우리와 매우 긴밀하게 맞물려 돌아가고 있다. 아시아에 위치하면서도 아시아 다른 지역과는 구분되는 특성을 더 많이 가지고 있지만, 저변에는 매우 많은 부분에서 유사성을 가지고 있다는 점은 상호 이해와 협력의 확대과정에서 더욱 고려되어야 할 부분이다.

중앙아시아는 앞서 살펴본 역사 및 문화적인 요인, 지리적인 입지, 그리고 근대 이후 역사에서 경험한 특별한 체제 전환으로 인해 아시아의 여러 공동체 가운데 가장 하이브리드적인 특성이 강한 공동체라 할 수 있다. 이는 문명사적인 측면에서도 그러한데, 중앙아시아 국가들의 현재 지향성과 대외관계를 살펴보면 아시아공동체 지향성이 강한 국가, 유럽 또는 유라시아 지향성이 강한 국가로 구분될 수 있다.

5. 나가며

단어적으로 아시아의 중앙이라는 의미가 있는 중앙아시아는 우리의 관념에서는 분명 역사적인 연결의 고리가 있었음에도 중세 이후부터는 당대의 국제정세, 지리적인 관계 등으로 인해 멀어졌던 지역으로, 한반도가 겪어온 격동기에 해당되는 근대 · 현대 시기에 한반도와의 연결고리가 다시 만들어졌고, 이러한 연결고리는 소련 붕괴 이후 더욱 강화되고 있다.

한반도와 중앙아시아 사이에는 오로지 한 국가만 넘어가면 바로 연결이 된다. 물론 그 한 국가가 매우 큰 국가이긴 하다. 그러나 한반도와 중앙아시아를 연결하는 많은 고리가 생겨났고, 쌍방향의 교류가 한국의 일반 국민이 인식하지 못하는 사이에 바로 주변의 일로 확대되는 상황이다.

잘 알지 못하거나 관심이 없으면 실질적인 거리에 상관없이 멀게 느껴지는 인식으로 인해 중앙아시아는 아시아공동체의 중요한 구성원이며, 한반도와 연결되는 분명한 연계점, 공유되는 공통의 문화와 전통, 공동체들이 존재함에도 불구하고 여전히 낯선 땅 또는 심리적으로 매우 낯선 땅으로 인식되고 있다. 21세기 세계에서 특히 동북아시아는 여러 이유로 주목의 대상이 되는 지역이다. 이로 인해 중앙아시아 공동체들 역시 한국을 주목하고, 또 한국과의 연계 및 교류 확산에 많은 관심을 가지고 있다.

직접 중앙아시아에 갈 기회나 계기가 없다 하더라도 멀티미디어 및 인터넷을 통해 중앙아시아와 직간접적으로 다양한 층위로 교류할 기회들이 이미 많이 창출되어 있다. 다양한 구성원과 문화라는 점들로 특징지워지는 아시아공동체에 대한 이해의 측면에서 우리도 모르는 사이 우리 주변에 다가와 있고, 직간접적으로 연결되고 있는 중앙아시아에 대한 이해와 교류의 확대는 아시아공동체의 중요한 구성원으로서 한국에 부여된 지위와 역할에 걸맞은 우리의 아시아공동체에 대한 이해의 수준과 영역의 확대라는 점에서 앞으로의 한국 사회에서 더 활성화되어야 할 부분이다.

참고문헌

고마츠 히사오 외. 2005. 『중앙유라시아의 역사』. 서울: 소나무.

김대성 외. 2009. 『중앙아시아학 입문』. 서울: 한국외국어대학교출판부 지식출판원.

김호동. 2016. 『아틀라스 중앙유라시아사』. 서울: 사계절.

신동주. "60여 개국 아우르는 경제권 건설-중, 신실크로드 꿈." ≪세계일보≫. 2015년 3월 1일.

Rafis Abazov. 2008. *The Palgrave Concise Historical Atlas of Central Asia*. New York: PALGRAVE MACMILLAN.

The World Bank. https://data.worldbank.org/indicator/NY.GDP.PCAP.PP.CD (검색일: 2021. 1. 16.)

https://commons.wikimedia.org/wiki/File:Supranational_PostSoviet_Bodies-en.svg (검색일: 2021. 1. 16.)

10장 유럽통합, 지역협력이론, 아시아공동체

배영자(건국대학교)

10장

유럽통합, 지역협력이론, 아시아공동체

1. 유럽과 아시아 지역협력

동아시아 발전국가, 아시아적 가치, 유교문화권 등 다양한 개념과 관련되어 인식되어온 아시아 지역에 대한 관심이 1990년대 이후 동아시아공동체 담론으로 이어지면서 아시아 지역주의의 역사적 특수성과 발전 경로에 대한 논의가 진행되어 왔다. 특히 1990년대 이후 동아시아 공동체 담론이 활발해진 배경에는 유럽통합이나 북미자유무역협정 체결 등 여타 지역에서 진전되어 온 지역통합 움직임이 자리잡고 있다. 당시 유럽과 미주 지역이 경제 및 안보 공동체를 지향하는 흐름을 타고 있음을 목도하면서 동아시아 지역 역시 공동체를 형성하여 경제적 경쟁력을 높이고 지역 내 안보딜레마를 해소하고 평화를 증진시켜야 한다는 문제의식이 팽배하였다. 그러나 동아시아 지역 내 국가들 간의 역사 및 영토 갈등이 불거지고 협력보다 경쟁의 분위기가 압도적인 가운데 동아시아공동체 담론만 무성할 뿐 이의 현실적 구현이 쉽지 않음이 확인되었다. 최근 중국의 부상과 영국의 유럽연합 탈퇴 등 아시아 지역

안과 밖에서 진행되는 굵직한 사건들 속에서 동아시아공동체에 대한 논의는 다소 소강상태에 접어들었다.

아시아공동체 담론과 관련하여 많은 이론적 및 실천적 질문들이 제기되어 왔다. 아시아라는 지역을 어떻게 설정할 것인지, 지역의 범위를 동아시아로 제한해야 할지, 아니면 아세안(ASEAN) 국가 등을 포함한 아시아로 범위를 넓혀서 논의하는 것이 더 좋을지, 과연 아시아가 진정한 의미의 공동체로 거듭날 수 있을 것인지, 아시아공동체를 향한 협력을 추진하는 주요 주체들은 누구인지, 성공적인 아시아공동체 형성을 위한 전략은 무엇인지 등등 제기되는 많은 문제와 도전들에 대해 모두가 공감할 수 있는 쉬운 해답이 주어져 있지 않은 상황이다. 19세기 후반 동아시아 지역에서 중국 중심의 전통적인 천하질서(天下秩序)가 무너지고, 서구의 근대국제정치 질서가 이식된 이래 동아시아 지역에서는 개별국가 차원의 부국강병이나 이해 추구가 지역 공동체에 대한 관심보다 우선시되어 왔고, 현재 미중 경쟁이 심화되는 속에서 아시아공동체의 방향성을 모색하기는 더욱 쉽지 않아 보인다. 그러나 북핵 문제, 중국의 부상으로 인한 미중 갈등 등 냉전 이후에도 동아시아 지역 내부에서 끊임없이 재생산되고 있는 긴장을 해소하고, 아시아 지역 전체의 공동 번영과 평화 달성을 위한 미래지향적인 해결방안으로 아시아공동체 담론은 여전히 발전시킬 의미가 있다고 생각된다.

본 글에서는 기존의 동아시아공동체 담론이 아세안 지역을 아우르는 아시아공동체 담론으로 확장되는 것이 바람직하다고 본다. 아시아를 아우르는 지역협력을 모색하기 위해서는 기존 지역협력 이론과 사례를 통해 지역협력이 어떻게 누구에 의해 발전되는 것인지 학습하고 이것이 아시아 지역에 시사하는 바가 무엇인지 생각해 볼 필요가 있다. 여기서는 먼저 지역협력의 가장 대표적이 사례인 유럽연합(European Union)의 형성 과정과 주요 기구들, 지역협력 단계와 이론들을 개관한다. 이후 현재까지 진행되어온 아시아 지역 정체성 형성과 서로 경쟁하는 아시아공동체 비전과 전략을 정리해 본다. 이에 토대하여 아시아공동체는 어떤 도전들에 직면하고 있는지 향후 어떻게 발전되어 갈 수 있을지 한국의 아시아공동체 전략은 무엇인지 간략히 논의해 본다.

2. 유럽연합의 형성과 주요 기구

유럽연합의 형성은 이제까지 진행되었던 지역협력의 가장 성공적 사례이다. 유럽연합의 형성은 어떤 과정을 통해 이루어졌으며 현재 어떻게 운영되고 있는지, 기존 지역협력 단계와 지역협력 이론들은 유럽통합을 어떻게 설명하고 있는지 살펴본다. 엄밀한 의미에서 지역협력과 지역통합은 다른 현상이고 지역협력의 한 형태가 지역통합이다. 유럽의 경우 지역협력이 지역통합을 지향하고 실현해 왔으므로 유럽에 관해 논의할 때는 양 용어를 혼합하여 사용한다.

유럽의 지역협력 발전 과정

제2차 세계대전 이후 진행된 유럽통합 과정은 처음부터 큰 밑그림을 그려놓고 일관되게 진행된 것은 아니었다. 유럽통합은 다양한 동기와 제도들이 맞물리며 진전되어 왔지만, 유럽통합을 관통하는 궁극적 목적은 처음부터 일관되게 역내 전쟁 재발을 통한 평화 증진 및 경제적 공동 번영 추구였다. 유럽은 철강 석탄 분야에서 시작된 협력을 관세, 통상, 단일시장, 통화 및 재정, 내무사법, 외교안보 분야로 단계적으로 확대함으로써 점진적인 통합을 이룩하였다. 이 과정에서 유럽연합의 주요 기구들이 발전되었고 유럽의 정체성이 형성되어 왔다. 유럽통합의

중요한 이정표들을 정리해 보면 아래와 같다.[1)]

1952년 유럽석탄철강공동체의 발족

제1, 2차 세계대전의 주원인이었던 독일과 프랑스 간의 적대 요인을 극복하고 평화를 실현하기 위해, 프랑스 경제계획청장인 장 모네(Jean Monnet)는 당시 무기 제조 자원인 철강과 에너지 자원인 석탄을 초국가적인 기구가 공동 관리하고 공동시장 운영을 통해 전쟁을 막는 구상을 제시하였다. 1950년 5월 프랑스 외무장관 로베르 슈망(Robert Schuman)은 모네 청장의 구상을 빌어, 석탄 및 철강 산업을 초국가적인 기구를 통해 공동 관리하자는 '슈망 선언'을 발표하였다. 독일, 이탈리아 및 베네룩스 3국이 동 제의를 수락하면서 프랑스 · 독일 · 이탈리아 · 네덜란드 · 벨기에 · 룩셈부르크 6개국이 1952년 8월 유럽석탄철강공동체(European Coal and Steel Community, ECSC)를 발족시켰고 이는 유럽통합의 첫 발걸음이 되었다.

1957년 유럽경제공동체 및 유럽원자력공동체 창설

프랑스 · 독일 · 이탈리아 및 베네룩스 3국은 석탄, 철강 산업만을 대상으로 한 공동체를 모든 산업으로 확대하는 유럽경제공동체(European Economic Community, EEC)와 원자력의 공동개발 및 이용을 목적으로 하는 유럽원자력공동체(European Atomic Energy Community, EURATOM) 결성에 합의하였고 1957년 3월 로마에서 EEC 창설조약 및 EURATOM 창설조약(로마조약)에 대한 서명이 이루어졌다. 유럽경제공동체는 관세동맹, 경제 및 화폐동맹, 회원국 간의 상품 · 인력 · 서비스 자본의 자유이동, 경제 · 산업 · 사회 · 재무 · 재정 분야 공동정책을 통해 단일시장을 형성하는 목표를 가지고 출범하였으며 유럽원자력공동체는 공동 에너지 시장 창설, 핵 원료 균형 공급 보장, 핵에너지의 안전 및 인간과 환경의 보호를 위한 특별계획

1) 유럽통합과정은 외교부. 2020. EU 개황 참조.

추진을 담당하게 되었다.

1967년 유럽공동체의 성장

ECSC, EEC, EURATOM 등 기존 3개 공동체가 각각의 기구들을 통합하여 1967년 7월 '유럽공동체의 단일이사회 및 단일집행위원회 설립에 관한 조약(Merger Treaty)'을 체결하였고, 각각의 집행부를 통합하여 이사회(Council), 집행위원회(Commission), 유럽의회(European Parliament) 등으로 조직을 단일화하였다. 신설 기관들이 모든 공동체 업무를 관장하고 공동 예산 제도를 실시하여 3개 공동체가 사실상 단일공동체로 발전하였으며, 명칭도 유럽공동체(European Communities, EC)로 통칭하게 되었다.

유럽공동체는 단일경제권 달성을 위해 관세동맹(역내 관세 철폐와 대외 공동관세), 공동시장(Common Market) 및 공동농업정책(Common Agricultural Policy)을 우선적으로 추진하였고, EC 역내 환율안정 구상을 발전시켜 1979년 3월 유럽통화제도(European Monetary System)를 발족시켰다. 1973년에 영국, 덴마크, 아일랜드, 1981년에 그리스, 1986년에 스페인, 포르투갈이 가입하였고, EC는 12개 회원국으로 확대되었다.

1986년 단일시장의 출범과 1993년 유럽연합의 발족

1986년 2월 12개 EC 회원국들은 역내시장 완성을 위해 EEC 조약을 보강하는 단일유럽의정서(Single European Act)를 체결하였다. 동 의정서에 따라 인적, 물적, 자본, 서비스의 자유이동을 제한하는 각종 규제를 철폐하여 1993년 1월 역내 단일시장이 명실상부하게 구축되었다. 역내 단일시장이 완성됨에 따라 유럽 경제통합이 심화되고 경제통합의 성과를 바탕으로 단일 경제 통화권과 정치 통합으로 나아가려는 유럽통합 움직임이 더욱 가속화되었다. 경제통합 가속화 및 정치통합을 위해 EC 12개국은 1991년 12월 유럽연합조약(마스트리히트조약)을 체결하였고 이 조약에 근거하여 1993년 11월 유럽연합이 출범하였다. 유럽연합은 EEC, ECSC, EURATOM을 포함하는 EC를 제도적으로 한층 발전시키면서, 정치적으로 공동외교안보정책(Common Foreign and Security Policy)을 도입하여 정치 분야의 통합과, 내무사법(Justice and Home Affairs) 협력까지 포함하는 삼주(3柱, three pillar) 체제를 중심으로 하는 공동체로 발전하였다. 1995년 1월 오스트리아, 스웨덴, 핀란드 3국이 유럽연합에 가입하여 총 15개 회원국으로 확대되었다.

이후 회원국 확대 진행

1997년 6월 암스테르담 유럽연합 정상회의에서 유럽연합의 정치·내무사법 통합을 강화하고 동유럽국가들과의 유럽연합 확대 협상을 위해 '암스테르담 조약'을 채택하였고 이후 협상을 진행하여 2002년 12월 코펜하겐 유럽연합 정상회의에서 동유럽 10개국(폴란드, 헝가리, 체코, 슬로바키아, 슬로베니아, 리투아니아, 에스토니아, 라트비아, 사이프러스, 몰타)의 유럽연합 가입 협상을 완료하였고 2004년 5월 1일 유럽연합 회원국이 25개국으로 확대되었다. 2007년 1월 1일 루마니아, 불가리아가 가입하여 27개국으로 확대되었고, 2013년 7월 1일 크로아티아가 가입하여 28개국으로 확대되었다. 2020년 1월 31일 기존 회원국 영국 탈퇴로 현재 유럽연합 회원국은 27개국이다.

2007년 유럽연합 개혁 조약(리스본 조약) 발효

유럽연합은 경제·통상 분야보다 상대적으로 뒤처진 정치 통합을 활성화하기 위해 2000년 12월 니스 정상회의에서 향후 유럽연합 확대 이후 유럽연합 운영의 효율성·투명성·민주성 제고 등 유럽연합 장래 문제 협의를 위한 정부 간 회의를 개최하기로 결정하였다. 유럽연합 장래 문제 협의회와 정부 간 회의를 통해 헌법 조약에 대한 협상을 진행하여 2004년 6월 유럽연합 정상회의에서 헌법 조약(안)에 대한 최종 합의를 도출하였고, 2004년 10월 로마에서 헌법 조약에 서명하고 비준을 개시하였다. 2005년 프랑스와 네덜란드가 헌법 조약(안)에 대해 국민투표에서 부결한 이후, 유럽연합은 1년간 숙고기간을 통해 유럽연합의 초국가성 관련 용어와 상징 등을 삭제하고 유럽연합의 효율적인 기능을 살리는 방향으로 헌법 조약(안)을 수정하였다. 2007년 6월 유럽연합 정상회의는 헌법 조약(안) 대신 개혁 조약(Reform Treaty; 일명 리스본조약, 미니헌법)을 추진키로 합의하고, 2007년 12월 리스본에서 개혁 조약에 서명하였다. 유럽연합 회원국들은 헌법 조약(안)과는 달리 개혁 조약을 의회에서 비준했으나, 헌법 규정에 따라 유일하게 국민투표를 실시한 아일랜드는 2008년 6월 12일 리스본 조약을 부결시켰다. 2008년 12월 유럽연합 정상회의에서 아일랜드 정부에 대해 (1) 중립정책 (2) 윤리·사회·가정 관련 아일랜드 국내법 존중 (3) 독립적 조세 정책 (4) 1국 1집행위원 체제 유지에 대한 법적 보장을 제공키로 합의함으로써, 리스본 조약은 2009년 10월 실시된 아일랜드의 제2차 국민투표에서 압도적 찬성으로 통과되었다. 2009년 11월 유럽연합 27개 회원국 중 체코가 마지막으로 동 조약을 비준함에 따라 2009년 12월 리스본 조약이 발효되었다.

2020년 브렉시트

영국은 EEC 창설 논의에 참여했으나 유럽공동체보다는 단순한 정부간 협의체를 추구했기 때문에 가입하지 않았다. 1960년대 영국 경제가 악화되면서 1962년과 1967년, 두 차례에 걸쳐 EC 가입을 신청했으나 거부되었고 드골 대통령의 하야 후 1973년에 EC에 가입하게 되었다. 1979년 보수당의 마거릿 대처(Margaret Thatcher) 총리가 정권을 잡은 뒤 분담금 문제 등 EC와 영국 간 갈등이 빈번해졌고 1992년 마스트리히트 조약(Maastricht Treaty) 조인 당시 영국은 유로화 도입과 자유 · 안보 · 사법정책지대 정책을 거부하는 옵트-아웃(Opt-out, 선택적 적용)을 채택하고 이민정책, 유럽기본권헌장 등도 거부하였다. 2007년 리스본조약 제50조에 회원국이 일방적으로 탈퇴 의사를 밝힐 수 있는 유럽연합 탈퇴 조항이 포함되었다. 2008년 말 남유럽 국가의 재정위기와 이로 인한 프랑스, 독일 등 유럽연합 주요 회원국의 경제 침체, 2010년대 중반 유럽연합으로 유입되는 난민의 급증 등을 배경으로 2013년 1월 캐머런 수상은 재임 성공 시 유럽연합 탈퇴에 관한 국민투표를 실시하겠다는 정치적 승부수를 던졌고 결국 2016년 6월 23일 국민투표 결과, 탈퇴 찬성 51.9%와 탈퇴 반대 48.1%로 유럽연합 탈퇴가 결정되었다. 2017년 3월 영국은 도날드 투스크(Donald Tusk) 유럽연합 정상회의 의장에게 탈퇴 의사를 공식 전달했으며, 브렉시트 협상이 시작되었다. 거듭되는 합의안 부결로 인한 어려움 속에서 결국 협상안이 마련되었고 2020년 1월 31일 영국은 공식적으로 유럽연합을 탈퇴했다.

유럽연합의 주요 기구

평화 구축과 경제적 번영을 위해 진행되어온 유럽통합이 지속되는 데에는 제도적 장치가 필요하다. 유럽연합의 핵심 인물인 모네는 제도의 중요성에 대하여 새로운 제도적 방법이 국가들과 사람들 사이의 관계를 영구적으로 변화시키기 때문에 중요하다고 언급한 바 있다. 유럽연합의 제도적 장치들은 한편으로는 국민국가의 틀을 넘어서면서 다른 한편으로는 국민국가적 속성을 그대로 유지하고 있다. 집행위원회와 유럽의회, 유럽법원은 국민국가의 틀을 넘어서는 제도적 장치들이다. 이들만 놓고 보면 유럽연합(EU)이 하나의 연방국가처럼 보이기도 한다. 그러나 유럽연합이사회는 회원국을 대표하는 제도이고, 유럽연합 안에 내장된 정부 간 기구들은 여전히 국가가 중요한 역할을 하고 있음을 드러낸다. 현재 유럽연합이사회, 유럽연합집행위원회, 유럽의회(EP),

유럽사법재판소(CJEU), 유럽회계감사원(ECA) 등 5개 기관이 유럽연합의 핵심 기구를 형성하고 있다. 여기서는 각 기구의 기능을 간단히 소개한다.

유럽연합이사회

유럽연합이사회(Council of the European Union)는 '각료이사회'라고도 칭하며 유럽연합 회원국 각 분야별 각료(장관)급이 참석하는 회의로서 여기에서 유럽연합의 주요 정책 결정이 이루어진다. 이사회는 회원국의 이해관계를 조정하는 정부 간 협력체(inter-governmental cooperation)로서 정치적으로 매우 중요한 역할을 수행하고 의장국 제도가 있어 각 회원국의 정해진 순서에 따라 6개월씩 수임한다. 2000년 상반기부터 포르투갈에서 시작하여 회원국들이 번갈아 가며 고르게 의장직을 수임해 왔고, 2021년 상반기 현재 체코가 의장국을 맡고 있다. 이사회는 최고 의사결정기구로서 유럽의회와 더불어 집행위원회의 제안을 심의하고 의결한다. 회원국 경제정책에 대한 광범위한 조정권을 행사하며, 유럽연합 정상회의가 제시한 가이드라인을 바탕으로 유럽연합의 공동외교안보정책을 수립하고 이행한다. 또한 집행위원회가 편성 · 제안한 예산안을 유럽의회와 공동으로 심의 · 확정하며, 집행위원회에 유럽연합의 협정체결을 위한 협상 개시 권한을 위임하고 최종적인 협정체결권을 행사한다.

집행위원회

집행위원회(European Commission)는 유럽통합 관련 조약을 수호하고 유럽연합의 행정부 역할을 담당하며 각종 정책을 입안하고 유럽연합의 이익을 수호하는 유럽통합의 중심기구이다. 임기 5년의 집행위원장 1명과 26명의 집행위원으로 구성되며, 이들 총 27명 전체를 '집행위원단'이라고 부른다. 현재 집행위원장은 우르줄라 폰 데어 라이엔(Ursula von der Leyen; 독일, 2019년 12월 취임)이며 나머지 집행위원은 각 회원국이 1명씩 맡고 있다.

집행위원회는 유럽연합 내에서 국가의 내각과 유사한 기능을 하며 정책의 제안과 개발에 관한 기본적인 권한을 보유한다. 집행위원회의 정책 개발과정에서 여러 유럽연합 기구나 회원국, 이익단체 등이 적극적으로 개입하며 특히 이사회가 정책 제안을 요구할 경우 집행위원회는 이행할 의무가 있다. 집행위원회는 유럽연합의 행정을 맡아 재정을 관리하며(유럽사회기금, 유럽농업지도·보장기금, 유럽지역 개발기금, 유럽개발기금, 결속기금 등 유럽연합 5대 기금을 관리 운영), 유럽연합 공동정책을 회원국 정부와 기업 및 개인이 충실히 이행하고 있는지를 감독한다. 유럽연합 법(지침, 결정, 규정)이 공동체 모든 영역에서 동일한 방식으로 준수되는지를 유럽사법재판소와 함께 감독하는 역할도 맡고 있으며 긴급수입제한 조치, 덤핑규제 등 긴급사안에 대해 이사회의 승인 없이 필요한 조치를 강구할 수 있다. 집행위원회는 대외협상에서 유럽연합을 대표하며, 이사회의 위임에 따라 외국과 대외협상을 수행하는 권한을 갖고 있으나, 유럽대외관계청(EEAS)이 신설되어 대외적 대표기능은 다소 축소되어 왔다.

유럽의회

1962년 EEC 총회와 EURATOM 총회를 통합하여 유럽의회(The European Parliament)로 개칭하였고 1979년 최초로 직접 보통선거에 의해 유럽의회 의원이 선출되었다. 1999년 15개 회원국에서 동일한 비례대표제 선거 방식이 채택되었다. 각 회원국에서 직접 보통선거로 선출된 임기 5년의 총 705명의 의원으로 구성되며, 각국의 인구수에 비례하여 회원국별로 의원수가 할당된다. 유럽의회는 의장 1명, 부의장 14명, 5명의 재무관으로 구성되는 임기 2년 반의 집행부(Bureau)와 각 정치그룹의 대표가 참가하는 확대집행부로 전체 집행부가 구성된다. 유럽의회 내에는 외교, 경제, 금융문제, 농업, 개발 예산 등 22개 상임위원회가 있으며, 필요시 특정사안에 관한 임시위원회 설치가 가능하고, 비회원국(유럽 및 비유럽)

의회와 교류를 위한 40개의 의원 친선대표단(delegation)이 존재한다. 1년에 12회 개최되는 본회의는 스트라스부르그에서, 4~6회의 미니(mini) 본회의와 각종 위원회 회의는 브뤼셀에서 개최되며, 의회 사무국은 룩셈부르크에 소재하고 있다.

의회는 대부분의 분야에서 이사회와 공동으로 입법안을 수정하고 거부할 수 있는 '공동결정권(co-decision)'을 보유한다. 유럽의회는 1987년 단일의정서(SEA), 1993년 마스트리히트조약, 1999년 암스테르담조약, 2003년 니스조약을 거치며 권한이 대폭 확대되어 왔으며, 2009년 리스본조약 발효를 계기로 이사회와 거의 동일한 권한을 행사하고 있다. 유럽의회에서 집행위원장을 선출하며, 집행위원단 전체의 임명에 대한 승인 및 불신임권(motion of censure)을 보유한다. 집행위원회 및 이사회를 상대로 서면 또는 구두로 질의 가능하고, 유럽의회 본회의에 의장국 각료가 참석한다. 집행위원회는 매년 활동계획, 활동결과보고서, 예산안 집행기록을 의회에 제출해야 한다. 의회 상임위는 해당 집행위원회의 활동에 대해 감독 및 조사할 수 있으나, 조사에 필요한 물적 · 인적 자원 부족으로 조사권 행사 사례는 매우 희소하다. 유럽연합 예산 확정을 위해서는 유럽의회의 동의가 필수적이며, 예산 분야에서 이사회와 동등한 권리를 보유한다.

유럽사법재판소

유럽사법재판소Court of Justice of the European Communities는 유럽연합 조약 및 제반 법률의 해석과 그 적용에 대한 판결을 통하여 유럽연합법의 이행을 보장하는 역할을 담당하고 있으며, 각 회원국이 임명하는 28명의 법관과 법관의 업무를 조력하는 11명의 법무관으로 구성되고 룩셈부르크에 소재하고 있다. 재판소장은 임기 3년으로 연임이 가능하며 법관들이 비밀투표를 통해 내부선출한다. 법관과 심의관의 임기는 6년으로 중임 가능하며, 회원국의 합의에 의해 임명된다. 최상급심인 사법재판소는 3개 법원으로 구성되며, 하급심 기관은 유럽연합 경쟁, 반덤핑 및 지적재산권 등에 대한 1차 심사를 담당하는 일반법원 및 유럽연합 기관과 그 직원 간 법적 분쟁사건을 다루는 행정법원으로 구성된다.

유럽회계감사원

유럽회계감사원(European Court of Auditors)은 유럽연합 예산의 적정성 및 유럽연합 기관들의 재정 건전성을 심사하고 유럽연합 납세자들이 낸 세금이 유럽연합 안에서 적절히 활용되고 있는지를 조사한다. 유럽연합 예산을 다루는 개인이나 단체에 대해 회계감사를 시행할 수 있는 권한을 가지며 종종 현장조사를 실시한다. 조사결과 보고서는 집행위원회와 유럽연합 회원국들에게 제출된다. 또한 유럽의회와 이사회에 회계 보고서를 제출하여야 하며 의회는 유럽연합 예산 사용을 인가하기 전 유럽회계감사원의 보고서를 검토한다. 회계감사원 대부분의 업무는 유럽연합 관할 자금이지만 실질적으로 80%의 수입과 지출은 국가기구들에 의해 관리된다.

3. 지역협력 단계와 지역협력이론

지역협력 단계

유럽통합 과정에서 보이듯 지역협력은 단계적 과정을 통해 발전하면서 통합으로 나아간다. 헝가리 출신의 경제학자 발라사(Bela Balassa)는 경제통합을 2개 이상의 독립국이 각종 장벽(관세, 재화와 생산요소의 이동에 대한 제약 등)을 제거하면서 관계를 발전시켜 가는 과정이라고 보았다.(Balassa, 1961) 그는 경제통합이 유럽의 경우에서 보여지듯 다섯 단계의 과정을 거친다고 주장하였다.

자유무역지역 단계

첫 번째 단계는 자유무역지역(Free-Trade Area)이다. 경제통합 참여국들간에 관세 및 수량 제한을 제거하고, 비참여국에 대해서는 독자적인 관세 정책을 유지한다. 유럽자유무역연합(EFTA), 북미자유무역협정(NAFTA), 중남미자유무역연합(LAFTA) 등이 이에 해당한다.

관세동맹 단계

두 번째 단계는 관세동맹(Customs Union)이다. 참여국 간 상품의 이동에 대한 차별을 철폐하며, 관세를 폐지하거나 경감하는 관세동맹 단계이다. 비참여국으로부터 수입할 때에는 각국이 공통의 수입관세를 부과하는 것이 자유무역지역과 다른 점이다. 관세동맹의 예로는 독일 관세동맹(1834), 벨기에 · 네덜란드 · 룩셈부르크 3국이 결성한 베네룩스 관세동맹(1944)이 있다. 독일 관세동맹은 1871년 비스마르크에 의해 독일이 통일되기 전 여러 공국들이 존재했을 때 프로이센의 주도로 이루어진 것으로, 당시에는 국가 간의 협약으로 볼 수 있기 때문에 관세동맹 사례에 포함된다.

공동시장 단계

세 번째 단계는 공동시장(Common Market)이다. 관세동맹보다 진전된 형태의 경제통합으로, 경제적인 국경을 철폐하고 국가 간 무역량 확대와 사회적 · 경제적 발전을 이루기 위해 무역 제한뿐만 아니라 생산요소(노동·자본) 이동에 대한 제약을 철폐하는 단계이다. 구체적으로 회원국 간 노동(건설, 컨설팅 등), 자본[은행, 기타 금융서비스, 해외직접투자(FDI) 등], 기술 등 생산요소의 자유로운 이동이 가능해진다. 주요 사례는 유럽경제공동체(EEC), 중미공동시장(CACM), 아랍공동시장(ACM), 안데스 공동체(ANCOM) 등이다.

경제동맹 단계

네 번째 단계는 경제동맹Economic Union이다. 경제동맹은 공동시장 단계에서 실시하는 상품과 생산요소 이동에 대한 규제(국경에서의 장벽)를 완화하고 참여국 각국의 경제정책으로 발생되는 격차를 해소하기 위하여 재정·금융·노동 등의 국내 정책, 대외 무역정책 등 국가 경제정책을 조정한다. 대표 사례로는 베네룩스 경제동맹(1958), 여기에 프랑스와 이탈리아가 참여한 경제금융동맹 프리탈룩스(Fritalux), 영연방이 스칸디나비아 각국과 맺은 경제동맹인 유니스칸(Uniscan) 등이 있다.

경제통합 단계

마지막 단계는 온전한 경제통합(Total Economic Integration)이다. 참여국들은 통화 · 재정 · 사회 · 경기안정(countercyclical) 정책의 통합을 전제로, 참여국들을 하나로 묶을 수 있는 초국가적 기구를 설치한다. 경제동맹과의 가장 큰 차이는 통화와 경제정책의 통일이며, 대표 사례는 1993년 출범한 유럽연합(EU)이다. 유럽연합은 유럽연방은행(ECB)이 유럽연합 각국의 통화정책을 담당하며, 2002년부터 유로화를 사용하고 있다.

지역협력이론

지역협력이론은 주로 유럽의 경험을 토대로 발전해왔다. 제2차 세계대전 이후 유럽석탄철강공동체에서 시작된 지역협력이 유럽연합의 형성으로 이루어지는 과정을 설명하면서 지역협력 이론이 발전되어 왔고 이 이론들은 당연히 유럽의 경험에 토대하고 있다. 이들은 지역협력의 동력이 무엇인지, 추진 주체가 누구인지 등에 대해 서로 다른 관점을 제시하며 유럽통합을 설명한다.

기능주의/신기능주의

대표적인 지역협력 이론 가운데 하나인 기능주의 및 신기능주의 이론은 지역협력을 '통합'의 관점에서 어떤 과정을 통해 통합이 이루어졌는지를 설명하고 있다. 하스(Ernst Hass)에 따르면 통합은 "서로 다른 국가의 고유한 맥락에서 정치 행위자들이 기존의 국민국가를 넘어, 관할권(jurisdictions)을 행사하고, 요구하는 제도들을 가진 새로운 중심(a new center)을 향해 그들의 충성심, 기대, 그리고 정치적 행위를 이전하도록 설득되는 과정"이라고 정의했다.(Hass, 1968; 김미경, 2018) 기능주의이론의 핵심적 내용은 하위정치 분야에서의 협력의 심화가 파급효과(Spill-Over Effect)를 일으켜 상위정치 분야의 협력으로 발전한다는 주장이다. 기능주의의 대표적 이론가인 미트라니(D. Mitrany)는 통합 과정에서 기술전문가의 역할을 중요시한다. 그에 의하면 에너지 교통 보건 등 기능적이고 기술적인 영역에서 발생하는 문제점을 해결하기 위해 전문가들의 역할이 중요하다. 해상 및 항공 교통, 우편 등 기술적 영역에서 나타나는 여러 가지 문제점들을 해결하기 위해서는 주변국 기술전문가들과의 협력이 필요한 경우가 많으며, 특정 기능에서 국경을 넘는 전문가들의 협력이 진행되고 문제점들을 지속적으로 관리하고 해결하기 위해 국제기구가 형성되기도 한다는 것이다. 한편 신기능주의는 통합의 진전은 자동적으로 이루어지는 것이 아니라, 자기 이익을 추구하는 행위자의 적극적인 개입이 필요하다고 보았다. 기술 분야에서의 협력이 자연스럽게 다른 분야의 협력으로 이어지는 것이 아니라 협력과 통합으로 얻는 이익을 인식한 정치엘리트에 의해 의도적으로 추진된다는 것이다.

신기능주의는 엘리트층들이 자신의 이익을 추구하는 과정과 지역협력이 맞물림을 강조하면서 통합 과정의 정치적 측면을 주목하였다. 예컨대 교통, 복지 등의 이슈라고 하더라도 국가 간의 협력이 진행되면 정치 권력이 개입할 수밖에 없고 지역협력에 대해 광범위한 합의가 형성되어 있는 경우에 특정 기능영역의 협력이 성공할 수 있다는 것이다. 기능주의 이론은 1950년대 유럽의 국가들이 유럽석탄철강공동체(ECSC)의 출범을 통해 유럽경제공동체(EEC)와 유럽공동체(EC)로 협력을 심화시켜 나가면서 그 적실성을 인정받게 되었다. 석탄과 철강이라는 한정된 분야의 협력을 시작으로 다른 분야의 협력을 이끌어냈기 때문이다. 그러나 기능주의 이론은 1970년대 들어 유럽통합이 소강상태에 접어들면서 비판에 직면하게 된다. 1968년 관세동맹이라는 고도의 경제통합을 완성하고도 1970년대 대내외적으로 불어 닥친 위기로 인해 유럽의 통합은 10년이 넘도록 진척되지 못했다. 기능주의 및 신기능주의 이론은 당시 이러한 현상들을 제대로 설명해내지 못했다.

제도주의

제도주의는 제도가 국가 간 협력과 통합을 위한 규율과 질서를 규정하면서 지역협력에서 중요한 역할을 한다고 주장한다.(유진희, 2013) 이 이론은 국가 간 상호작용과 협력이 진행되면서 보다 평화로운 국제관계가 형성된다고 전제한다. 이 과정에서 제도는 국제정치 행위자들에게 상대에 대한 정보를 제공하고, 상호작용에 따른 비용을 감소시키며, 갈등해결을 돕고, 상호 속임수의 가능성을 낮춰줌으로써 협력을 더욱 용이하게 만든다. 경제협력과 상호의존의 심화가 자동적으로 정책 및 제도의 통합으로 이어지는 것이 아니라 제도 안에서 협력이 지속되면서 통합이 심화된다고 주장한다. 이들에 따르면 초기 유럽석탄철강공동체, 유라톰 안에서 진행되었던 협력이 유럽공동체(EC) 형성으로 이어졌으며 이후 유럽공동체 안에서의 다양한 협력에 토대하여 유럽연합(EU)으로 발전할 수 있었다고 본다.

자유주의적 정부간주의

지역 협력과 관련하여 주목할 만한 또 하나의 이론은 자유주의적 국내 정치와 현실주의적 국제정치를 결합시킨 모라브식(Moravsik)의 자유주의적 정부간주의(Inter-governmentalism)이다.(Moravsik, 1998; 신순옥 외, 2004) 그는 회원국이 지역 협력을 선택하게 되는 동기는 시장, 경제적 요인임을 강조하였다. 즉 범유럽주의와 같은 이념적 요인 또는 냉전 등 안보적 요인보다 경제적 요인이 지배적이라고 설명하고 있으며 이런 점에서 기능주의와 자유주의를 계승하고 있다. 그러나 시장이나 경제적 이해 그 자체가 통합에서 핵심적인 역할을 한 것이 아니라 유럽통합 과정에서 가장 중요한 행위자는 국가였고, 국가들의 끊임없는 협상과 타협 과정을 통해 통합이 이루어졌다고 본다. 일단 국가 내부에서 경제적 요인에 의해 통합에 대한 입장이 결정되면 그 이후의 정치적 과정은 철저하게 현실주의적인 양상을 띤다고 주장하였다. 유럽통합은 특정한 경제적 이해와 국내 권력관계를 배경에 두고 있는 국가들이 제도 안에서 끊임없이 협상하고 타협하면서 이루어 낸 일련의 합리적 선택 속에서 가능했다고 평가하였다. 그는 집행위원회나 유럽의회, 또는 초국적 자본과 같은 초국가주의 세력의 역할보다 회원국, 특히 주요 강대국 정치지도자의 역할과 주도력이 중요했다고 설명하고 있다.

구성주의

구성주의는 지역협력을 기능적인 협력의 확대, 시장의 압력과 경제적 이익, 그리고 국가 간 협상으로만 설명할 수 없다고 반박하면서 아이디어의 역할에 관심을 둔다.(조홍식, 2012) 그러나 아이디어가 행위자들을 움직이는 것이 아니라 행위자가 아이디어를 전략적 자원으로 동원하고 활용하기 때문에 아이디어가 그 자체만으로는 통합의 동력이 되기에 불충분하다고 본다. 특히 전략적 구성주의는 행위자 차원으로 초점을 이동하여 분석한다. 현실주의와 자유주의에서 국가의 이익과 같은 기본적인 요소는 주어지는 것이라고 보았지만, 구성주의에서는 장기적으로 상호작용을 통해 만들어지는 것이라고 설명한다. 전략적 구성주의는 이익이 장기적으로 만들어진다는 구성주의의 입장을 수용하면서도 행위자가 이를 수동적 또는 자동적으로 받아들이는 것이 아니라 상황에 따라 자율적으로 선택할 수 있는 능력과 가능성을 가졌음을 강조한다. 정치 과정을 통해 행위자와 아이디어, 전략의 조합 및 전개가 발생하는데 이 과정에서 어떻게 행위자가 지식, 예산, 권력, 자원을 동원하는지가 중요하다. 이들에 따르면 유럽통합의 경우 시장이라는 아이디어를 전략적으로 동원한 주요 행위자는 집행위원회(European Commission)였는데, 이들이 시장 담론을 이념적 자원으로 동원하여 다양한 행위자를 유럽통합이라는 목표를 향해 집합시켰고, 이의 결과로 1985년부터 2005년까지 유럽통합의 심화가 성공적으로 추진될 수 있었다고 주장한다.

이상에서 유럽통합 과정과 이를 설명하는 경제통합 단계 및 주요 이론들을 간략히 살펴보았다. 유럽통합의 경험과 이론들은 아시아의 지역협력, 아시아공동체에 대해 어떤 시사점을 주는가? 첫째, 통합 과정에서 구심점 역할을 할 수 있는 행위자, 주체가 존재해야 한다는 것이다. 유럽통합에서 구심점 역할을 한 주요 행위자가 누구인가에 대해서는 논쟁의 여지가 있다. 국가의 역할에 초점을 맞추어 독일이나 프랑스의 리더십으로 보기도 하고, 집행위원회와 같은 초국적 기구의 역할을 강조하기도 하며, 기능 분야의 전문가에 주목하기도 한다. 모두 통합이 기능적 협력의 확대로 자연스럽게 이루어지는 과정이 아니라 이들 특정 행위자가 적극적인 역할을 수행하면서 전략적 선택으로 통합을 지향할 때 가능한 것임을 강조하고 있다.

둘째, 통합과정에서 경제적 이해와 시장의 역할은 물론 지역적 정체성의 형성이 중요함을 시사한다. 경제적 이해와 시장의 필요가 지역협력의 주요 동인이 되는 것은 사실이다. 하지만 어떤 국가들로 지역을 묶을 것인지 어떤 방식으로 통합을 진전시킬지에 대한 비전과 전략이 지역협력을 지속적으로 추동해 가는 핵심적인 요소이다. 지역협력이 진행되는 속에서 다양한 비전과 전략이 제시되며, 이들이 경합하고 세력화하는 과정에서 구체적인 지역협력의 모습과 성과가 드러나게 된다.

셋째, 지역협력이나 통합이 점진적으로 이루어짐을 알 수 있다. 그러나 점진적 과정이 유럽에서 나타나듯 다른 지역에서도 반드시 자유무역지대, 관세동맹, 공동시장, 경제동맹이 순차적으로 진행될지에 대해서는 논쟁의 여지가 있다. 지역의 특성과 국가 간 관계 양상에 따라 구체적인 협력의 점진적 발전이 어떻게 달라질 수 있는지도 중요한 관전 포인트 가운데 하나이다.

지역협력의 주체나 지역협력에 대한 비전 및 전략과 지역정체성, 지역협력의 단계 등의 관점에서 보았을 때 유럽과 아시아 지역은 현저한 차이를 드러내고 있다. 이는 아시아공동체의 형성과 지역협력의 심화가 유럽과 유사한 여정을 통해 진행되기보다 아시아의 독특한 상황을 반영하면서 진행될 수밖에 없음을 시사한다.

4. 아시아공동체의 발전과 전략

이제까지 유럽통합 과정과 주요 기구들, 지역협력 단계와 이론들을 간략히 살펴보았다. 이를 통해 아시아공동체 형성을 위해 각 국가들이 가지고 있는 지역협력 비전과 전략, 아시아 정체성 형성, 아시아의 구체적인 지역협력 단계 등을 중점적으로 살펴보는 것이 중요함을 인식하게 되었다. 아시아공동체는 유럽과는 다른 방식으로 진화해 갈 것이며 진행과정에서 여러 가지 새로운 문제들을 드러낼 것이다. 여기서는 아시아 정체성이 어떻게 형성되어 왔는지, 아시아 국가들의 상이한 지역협력 비전과 전략을 살펴보고, 현재 아시아 지역협력은 어떤 수준에서 진행되고 있는지 간략히 검토해 보고 한국의 아시아공동체 전략을 생각해 본다.

아시아 지역의 범위와 정체성의 사회적 구성

'아시아(Asia)'라는 표현은 그리스어 'Ἀσία'에서 나왔으며, 기원전 440년경 헤로도토스가 페르시아 전쟁에서 그리스와 이집트에 대비되는 지역 개념으로 페르시아 제국(현재의 이란)을 비롯한 중근동 지역을 지칭하는 말로 '아시아'를 처음으로 썼다고 전해지고 있다. 동아시아 사람들이 자신들이 사는 지역을 유럽 사람들이 아시아라고 부르는 것을 접한 것은 17세기 초 마테오리치(Matteo Ricci)의 곤여만국전도(坤與萬國全圖, 1602)나 구일리오알레니(GuilioAleni)의 만국전도(萬國全圖, 1623)에서 사용하고 있는 아세아(亞細亞)를 통해서였다.(하영선 외, 2008) 현재 우리가 아시아라고 인식하는 지역의 이름이 서양에서 유래했고 이후 이 지역을 부르는 공식적인 명칭으로 인식되어 온 것은 근대 서구에서 발생한 근대국제정치 질서 확장의 역사와 조응하는 것이다. 이 지역에 거주하던 사람들이 이 지역을 묶어서 공통적으로 부르는 이름이 있었는지, 이 지역을 묶어서 생각하는 사유 자체가 존재하였는지는 더 탐구해 보아야 할 중요한 주제이다.

동아시아에 초점을 맞추어 볼 때, 이 지역은 역사적으로 오랫동안 '천하질서(天下秩序)'라는 관념으로 이해되어 왔다.(하영선, 2015) 19세기 중반 서구의 근대 국제질서와 본격적으로 부딪칠 때까지 굳건하게 자리잡고 있었던 천하질서의 기원은 서주(1046~BC 771)가 은나라를 무너뜨리고 천명을 기반으로 한 천하국가의 명분체계를 시도하는 전진(前秦)시대까지 거슬러 올라간다. 중국의 중원이 처음으로 통일된 진나라(221~BC 206)와 한나라(BC 206~AD 220)를 거치면서 조공朝貢과 기미羈縻를 기반으로 한 포괄적 위계 질서의 천하질서는 명실상부하게 중국 전역을 포함하였으며, 원(1271~1368) 제국의 부상으로 힘의 균형에 기초한 '다국질서 속의 중국(China among equals)'을 유지하는 동시에 전통적인 조공제도를 유지하고자 했다. 천하질서는 명(1368~1644)과 청(1644~1911) 시기에 더욱 확장되어 구체적으로 18세기 청조의 건륭제는 북쪽의 중가르 제국을 정복해서 지구상에서 사라지게 만들었으며, 한국과는 전형적인 조공 관계를 유지했다.

동아시아에서 천하질서가 공고화하는 과정에서 천하질서의 안과 밖이 유동적으로 규정되어 왔지만, 지금 우리가 인식하는 아시아라고 부르는 지역에 대한 인식이나 정체성이 뚜렷하게 형성되지는 않았다. 대항해 시대 이후 간행된 세계지도를 통해, 당시 중국은 유럽이 자신들을 아시아로 묶여 분류하고 있다는 사실을 알았지만 아시아라는 지역명을 수용하지는 않았다. 천하질서를 중심으로 대외관계를 규율했던 중국은 개항 전까지 중국의 상위 개념으로서 아시아를 상상할 수 없었다.(김한규, 2005) 아편전쟁의 패배 이후 청나라가 몰락하고 서구 열강들이 아시아로 몰려오면서 자연스럽게 이 지역을 아시아로 부르는 것이 보편화되어 왔다.

실제로 아시아라는 지역은 어디에서 어디까지를 포함하는 것일까? 이 질문은 답하기 쉽지 않다. 예컨대 소련은 아시아 국가인가 아닌가? 터키는? 사우디아라비아는? 호주는? 미국은? 많은 학자들에 의해 일정한 공간을 하나의 지역으로 묶을 수 있는 공동의 척도들, 예컨대 지리적 인접성, 긴밀한 상호작용, 공동의 문화 및 정체성 등이 제시되어 왔으나 이 척도들 자체가 절대적이고 명료한 개념이라기보다는 모호하고 상대적이어서 지역을 명확히 구분하는 객관적 척도로 활용하기 어렵다. 동아시아 지역의 경우 영국의 제국주의 시절에는 극동(Far East)아시아로 불리다가 제2차 세계대전 이후 동북아(Northeast Asia), 동아시아(East Asia) 등으로 불리게 되었다. 특정한 지리적 공간이 실제로 존재하는 것은 사실이지만 지역을 지칭하는 개념과 범위는 인식주체의 이해관계나 관심에 따라 달라진다. 이러한 관점에서 보았을 때 지역(region)은 실체가 있고 고정불변의 특정된 공간이라기보다는 인식주체의 관심, 경쟁 등을 통해 사회적으로 구성된다고 보는 것이 적절하다. 예컨대 영국의 경우 아시아를 인도를 포함하여 홍콩을 거쳐 일본에 이르는 지역으로 규정해 온 반면, 미국은 아시아 지역을 규정할 때 아시아-태평양을 같이 붙여서 자국은 물론 칠레 · 페루 · 멕시코는 물론 호주 · 뉴질랜드를 포함하고 일본 · 한국 · 중국을 아우르는 지역으로 범위를 설정하는 경우가 많다. 인식주체의 관심에 따라 구체적으로 지역 설정 범위가 조금씩 달라진다. 미국을 과연 아시아 국가로 볼 수 있을 것인가? 자연 지리적인 관점에서 이야기한다면 미국은 아시아 국가라고 보기 어렵다. 그러나 제2차 세계대전 이후 아시아의 정치 · 경제를 논의할 때 미국의 영향력이 막대하기 때문에 이런 의미에서 미국을 정치 지리적 관점에서 아시아 국가로 포함시킬 수도 있다. 지역 관념의 형성과 발전이 객관적인 요인들에만 의거하는 것이 아니라 지역을 구성하고자 하는 인식주체의 관심에 따라 사회적으로 결정된다.

주요국 아시아공동체 비전 및 전략의 경합

역사적으로 볼 때 근대 이후 아시아 지역협력에 가장 적극적이었던 국가는 일본이었다. 한국과 중국에 비해 빠르게 근대국가에로의 변환의 길을 선택한 일본은 구체적으로 1880년대에 흥아론(興亞論)과 탈아론(脫亞論)을 제기한 바 있다.(하영선, 2008) 흥아론은 피상적으로 보면 아시아 지역론의 첫출발로 볼 수 있으나, 그 밑바닥을 내려가 보면 일본 아시아 맹주론의 다른 표현임을 알게 된다. 청일전쟁과 러일전쟁을 거치면서 일본이 제기한 3국동맹론과 동양평화론 같은 아시아 연대론도 일본의 자국중심주의를 벗어나지 못함으로써 명실상부한 아시아 지역주의로서 성장할 수 없었다. 일본의 자국 중심 아시아 연대론은 20세기 상반기 '동아협력체'를 거쳐 '대동아공영권'이라는 지역제국주의 모습으로서 추구되었고 이는 제2차 세계대전의 패배로 비극적 종말을 맞게 되었다.

일본은 1990년대에 잃어버린 10년의 어려움을 겪은 후 21세기에 들어서서 동아시아에서 새로운 위상 설정을 모색해 왔는데 소위 미국과 함께 가는 미일 신동맹강화를 선택하고 이의 보완책으로서 동아시아공동체론을 활발하게 논의하고 있다. 일본의 아시아공동체론의 내용은 미국, 호주 등을 포함하여 한국, 아세안 등 아시아태평양 국가들과의 경제협력 강화를 통해 특히 아시아 지역에서 일본의 주도권을 확보하는 것으로 해석된다. 그러나 동아시아 지역에 남은 일본 제국주의의 흔적, 아직도 계속 논란이 되고 있는 한일관계, 중일관계 등으로 일본이 제시하는 아시아공동체론은 지역 내 역사전쟁 영토전쟁과 맞물리면서 일본이 자국 중심성을 넘는 아시아 공동의 발전이라는 비전을 진정으로 추구하고 있는 것인지에 대한 의심으로부터 자유롭지 못하다.

수천 년 동안 동아시아 중심국가였던 중국이 아편전쟁의 패배와 서구열강의 침입으로 성공적인 근대화를 이루지 못한 채 표류하다가 1949년 공산당 주도의 사회주의 국가를 설립하였으나 지속적인 경제침체와 문화혁명 등의 영향으로 동아시아 중심 무대에서 밀려나 있었다. 1970년대 후반 이후 시도된 개혁개방의 성과가 21세기 들어 가시화되기 시작하고 경제성장이 궤도에 오르면서 중국은 다시 동아시아의 중심국가로 부상하고 있다. 경제성장 초기인 2007년 10월 공산당 제17차 전국 대표자회의에서 중국 정치 지도부는 21세기 중국의 목표를 '소강(小康)' 사회를 최우선적으로 건설하는 것이라고 밝힌 바 있다. 소강은 중국 고전 『예기(禮記)』의 공자와 제자 자유의 대화에 나오는 말로,

공자가 제시한 사회발전 단계의 두 번째다. 첫 번째인 '온포(溫飽)'는 백성들이 먹는 문제가 해결된 사회고, 소강사회는 인간답게 살 수 있는 삶의 질이 보장된 사회다. 마지막 '대동(大同)'은 요순시대의 이상향을 말한다. 등소평은 대동을 타인의 부모를 자신의 부모로 여기며 도둑이나 불량배가 없고 문단속을 하지 않는 사회라 표현한 바 있다. 중국이 아시아공동체를 건설하려는 기본적인 이유는 아시아공동체 건설과정이 역내 리더십을 확보하면서 전략적 목표인 '조화세계(和諧世界)'를 이루는 데 유리하다고 여기기 때문이다.(한석희, 2009) 중국 아시아공동체 비전은 중국이 추구하고 있는 일대일로 전략과도 조응한다. 중국의 부상에 따라 확산되고 있는 중국위협론을 불식시키고, 이웃국가와의 신뢰를 증대시켜 국제사회에 중국의 긍정적 이미지를 제고하고자 한다. 중국은 역내 국가들이 중국에 대하여 갖고 있는 의구심을 완화시키기 위해 자국의 시장을 개방하고 역내 다자 기구에 참여함으로써 중국이 국제사회에 위협이 되지 않으며 좋은 이웃(睦隣), 안정된 이웃(安隣), 부유한 이웃(富隣)이 자국 전략의 중요한 부분임을 지속적으로 홍보하고 있다. 아시아에서 중국의 위상을 논의할 때 빠트릴 수 없는 부분은 동남아에 광범위하게 형성되어 있는 화교(華僑)네트워크이다. 「화교화인(華僑華人)연구보고서」(2016)에 따르면 전 세계에 분포한 화교는 6,000만 명이며, 이 중 동남아 화교가 4,264만 명으로 전체 화교의 73.5%를 차지하고 있다. 세계 화상(華商) 500대 기업 중 3분의 1이 동남아에 분포하고 있으며 동남아 화교 자본만 1조 달러를 훌쩍 넘는다. 동남아 화교네트워크가 중국의 아시아공동체론의 현실화를 위한 소중한 자산임을 부인할 수 없다. 중국이 기본적으로 구상하고 있는 아시아공동체 모델은 ASEAN+3 국가들이 중국의 주도하에 경제적 협력을 통해 점진적으로 발전해 나가는 방식이라고 할 수 있다. 중국이 아시아공동체를 주도하기 위해서는 중국 경제가 당면하고 있는 실업, 계층 및 지역 불평등, 국영기업의 비효율성 등을 성공적으로 해결해야 하고 정치적 개혁도 필요하다고 논의된다.

미국은 자연 지리적으로는 동아시아 국가가 아니지만 제2차 세계대전 이후 정치 지리적으로는 가장 중요한 동아시아 국가에 속해왔다. 미국은 한 축으로는 양자동맹관계를 통해 다른 축으로는 세계 자본주의 경제 질서의 3대 중심 가운데 하나인 동아시아 경제 질서를 주도적으로 이끌어가려는 노력을 지속해 왔다.(임유진 외, 2015) 클린턴 행정부가 APEC을 정상급 회의체로 승격시킨 것도 미국이 주도한 아시아 지역협력의 장을 마련하려는 맥락에서 나온 것으로 해석할 수 있다. 오바마 대통령 취임 후 아시아 재균형 전략 추진으로 미국의 아시아 지역에 대한 관심은 더욱 증대된다. 미국은 전통적으로 동아시아에서 다자적 지역질서 구축에 회의적이었고, 동아시아 지역협력을 주로 일본을 경유하여 시행하는 의도를 가졌었음에 비해 오바마 행정부 시기 미국은 환태평양경제협력 파트너십(Trans-Pacific Partnership, TPP) 추진 등 아시아 지역협력에 대해 적극적으로 관심을 보이기 시작했다. 트럼프 행정부의 인도태평양전략 역시 아시아의 중요성을 이어받아 관심 지역범위를 확장하였다.

아시아 지역에 대한 관심의 제고에도 불구하고 미국의 아시아에 대한 정책목표는 다자 지역협력 자체보다는 일본과 중국 등 지역 강대국간 패권경쟁 또는 지역패권의 등장을 방지하는 것이고 양자적 동맹관계에 기반하고 있다. 아시아태평양 지역에 민주주의와 시장경제를 확산시키고 이 지역에서 미국의 국가이익을 보장받는 것이다. 따라서 미국은 자국을 배제한 아시아 지역협력의 제도화와 정체성의 형성을 견제하고 있으며 아시아태평양을 같이 묶는 지역협력체의 발전을 선호하고 있다. 아시아에서 미중경쟁이 치열해지는 상황에서 미국의 아시아 지역협력 비전과 전략이 어떻게 진화해 갈지 주목된다.

동아시아 지역협력 단계

유럽과 미주에서 지역주의가 전개되는 흐름 속에서 한중일을 포함한 동아시아 지역은 1990년대 이전에는 지역협력의 불모지였다.(황기식 외, 2010) 1960년대 중반 동남아국가연합(Association of South-East Asian Nations, ASEAN)이라는 지역 기구가 발전되어온 동남아와 달리 동아시아 지역에는 이 지역 국가들을 대상으로 하는 공식적인 지역 기구가 부재했다. 1989년 아태 공동체의 달성이라는 비전과 아태 지역의 경제성장과 번영을 목표로 하는 아시아태평양 경제협력체(Asia Pacific Economic Co-operation, APEC)가 호주 캔버라에서 한국을 포함한 12개국 간 각료회의로 출범하였고 미국의 클린턴 대통령의 제안으로 1993년부터 정상회의로 격상되었다. 그러나 APEC이 아시아 지역 국가들을 위한 지역 기구 역할을 하는 것에는 명백한 한계가 있었다.

아시아공동체 구상은 1990년 말레이시아 마하티르(Mahathir) 수상이 아세안을 중심으로 동아시아 국가들을 포괄하는 경제공동체를 목표로 동아시아 경제그룹(East Asia Economic Group), 동아시아 경제협의회(East Asia Economic Caucus)를 제시하면서 시작되었다. 1990년 말레이시아의 마하티르 총리가 EAEG를 제안한 배경에는 당시 GATT로 대변되는 기존의 다자간 무역질서의 동요 등 국제 경제질서의 불확실성과 점증하는 지역주의 추세가 자리잡고 있다. 유럽에서 유럽연합이, 북미에서는 NAFTA가 결성되는 가운데 아시아에서도 지역경제 협력이 가시화될 필요성이 제기되었고 여기서는 역외세력, 즉 미국은 배제되었다. 이러한 구상들은 미국을 위시하여 한국, 일본 등의 반대와 말레이시아의 독주를 경계한 인도네시아의 반발로 인해 발전되지 못했다.

1997년 동아시아 금융위기 이후 지역 내 협력 논의가 활발해지기 시작하였다. 1997년 마하티르 수상이 아세안(ASEAN) 창설 30주년을 맞아 한중일 동북아 3국의 정상들을 초청함으로써 ASEAN+3가 시작되었고 현재까지 가장 중요한 지역기구 가운데 하나로 발전하였다. ASEAN+3 이외 동아시아 정상회의(East Asia Community, EAS) 치앙마이 협정(Chiang Mai Initiative, CMI), CPTPP, RCEP 등 역내 다자 자유무역협정 체결 등 다양한 수준의 경제협력이 진행되었다.

동아시아에서 다자간 지역협력에서 아세안(ASEAN)이 주목받아 왔다.(윤지희, 2013) 아세안 창설 국가들은 경제협력 이상의 전략적 지역협력체를 지향하며 시장과 민주주의를 강화하려는 동기를 가지고 있었다. 1997년 동아시아 경제위기를 계기로 지역협력 논의가 급물살을 타면서 동남아 국가들의 연합에서 시작된 지역협력 논의가 한중일을 포괄하는 ASEAN+3으로 확장되면서 ASEAN+3이 아시아공동체 발전의 중심축으로 부상하여 왔다. 아세안은 자신들의 경제력이 한중일과 비교해 상대적으로 취약함을 인정하고 위기 극복과 장기적 경제발전을 위해서 외부의 지원이 뒷받침되어야만 한다는 인식을 공유하면서 지역협력의 확대를 위해 노력해 왔다. 아세안이 지속적으로 아시아공동체 형성의 중심축이 되기 위해서는 풀어야 할 몇 가지 과제가 놓여 있다. 아세안 국가들뿐 아니라 아시아의 다른 국가들이 왜 아세안을 포함한 지역협력을 해야 하는지에 대한 동기가 지속되려면 아세안 국가들의 정치경제적·문화적 역량이 향상되면서 매력적인 협력 파트너로 존재해야 한다. 아시아 경제협력의 가장 대표적인 성과로 꼽히는 CMI를 포함하여 현재 추진되고 있는 경제협력 조치들이 동남아 국가들 간의 발전격차 및 경제규모의 차이, 수혜국(동남아)과 지원국(동북아)이 이분화되는 구조 등으로 인해 실질적인 협력 성과 창출에 어려움이 있음을 인정하고 개선해야 한다. 아울러 이 지역에서 유사한 지역협력체들이 경쟁적으로 생겨나고 있을 뿐 아니라 양자 혹은 소다자 FTA가 난립하고 있으며 아세안을 둘러싼 미중경쟁이 치열해지는 외적 도전들 속에서 아세안이 어떻게 중심을 잡아가며 독자성을 유지할 수 있을지 방안을 모색해야 한다.

아시아 지역의 주요 지역협력 제도들 가운데 미국이 주도하는 APEC, 중국이 주도하는 RCEP, 일본이 주도하는 CPTPP, 아세안과 중국이 주도하는 ASEAN+3 등이 주목되고 있음을 확인할 수 있었고 현재 자유무역지역 단계 수준의 지역협력이 이루어지고 있음도 보았다. 아시아 지역협력 노력이 다양한 제도들 안에서 중첩되고 있지만, 주요 협력 과정이나 성과들 안에 주도 국가들이 존재하고 이들이 추구하는 지역협력의 범위와 비전이 조금씩 상이함을 엿볼 수 있다.

아시아공동체의 도전과 한국

21세기 세계정치의 최대 화두는 미중 패권 경쟁이다. 트럼프 행정부에서 미중 무역 갈등과 기술 경쟁이 가시화되기 시작하였고 미중 경쟁은 바이든 행정부에서도 지속될 예정이다. 미중 경쟁은 단지 군사안보나 경제 부문에 그치지 않고 새로운 문명, 가치, 정체성 부문이 맞물려 진행되면서 보다 넓은 영역에서 보다 깊게 진행되어 갈 것이다. 아시아는 전통적으로 중국의 영향을 압도적으로 받는 지역이었으나, 제2차 세계대전 이후 미국이 주도하는 군사안보 및 경제질서는 물론 민주주의 인권 등 가치에 영향받는 지역으로 재편되어 왔다. 21세기에 중국이 다시 부상하면서 아시아 지역에서 미중 갈등은 보다 치열하고 전면적으로 진행될 것으로 예측해 볼 수 있다. 위에서 간략히 살펴보았듯이 미국과 중국은 아시아공동체에 대해 서로 다르게 이해하고 있다. 설정하는 지역 범위가 다를 뿐 아니라 접근하는 방식도 다르고 아시아 정체성을 서로 다르게 받아들이고 있다. 양국이 그리는 아시아공동체가 과연 공존할 수 있을지, 아니면 어느 시점에서 전면적인 갈등으로 치닫게 될지 예측하기 쉽지 않다. 아시아 지역이 미국과 중국 모두와 긴밀한 상호의존관계를 형성하고 있는 상황에서 아시아 국가들은 미국과 중국 중 누군가를 선택해야 하는 상황에 직면하게 될 수도 있다. 미국과 중국,

양국의 아시아공동체 비전과 전략 가운데 어느 것이 더 설득력 있고 이익을 가져다줄 것인가? 아시아 국가들에게 선택은 불가피한 것인가? 선택 이외의 다른 대안은 없는가? 미중 경쟁이 치열해질수록 이러한 물음들은 개별 국가 차원에서 그리고 아시아 차원에서 첨예하게 다가올 것이다.

미중 경쟁의 와중에 아시아공동체의 발전을 더욱 어렵게 만들고 있는 요소는 동아시아 지역에서 강하게 드러나고 있는 민족주의적 성향이다. 유럽이 제1, 2차 세계대전을 거치면서 근대국가의 파국을 경험하고 이를 지역협력으로 극복하기 위한 노력을 지속적으로 기울여왔음에 반해 아시아 지역 내 국가들은 현재까지도 민족주의의 충돌로 인한 갈등을 벌이고 있다. 20세기에 이 지역에서 진행되었던 제국주의 식민 전쟁의 경험은 지역 내에 적대감으로 가라앉아 있고 이것이 때때로 영토나 역사 갈등의 형태로 수면 위로 올라와 충돌을 빚기도 한다.

아시아공동체의 미래를 낙관하기 어렵게 만드는 여러 가지 도전에도 불구하고 아시아공동체론이 폐기되기보다는 지속적으로 주요한 아젠다로 살아남는 것이 아시아 지역에 이롭다고 판단된다. 아시아공동체의 형성과 발전에서 주목할 만한 것은 아시아 지역주의가 반드시 유럽연합과 같은 초국적 정치단위체의 수립을 지향하지 않을 가능성이 높다는 점이다. 즉 유럽에서와 같이 지역 협력 과정에서 초국적 국제기구나 공식적 정부간 협력보다는 미국 및 일본 기업, 중국 및 화교 자본 등을 중심으로 형성된 중첩된 네트워크에 기반한 협력에 토대를 둔 지역주의로 발전할 수 있다. 이 경우에도 국가의 역할을 여전히 중요할 것이며 각 국가들이 그리고 있는 지역협력의 비전과 전략이 공유되는 지점에 뿌리를 내리고 발전해 갈 것이다.

미국, 중국, 일본, 아세안이 각각 아시아공동체에 관한 비전과 전략을 내놓고 물밑에서 치열한 경쟁을 벌이고 있는 상황에서 한국의 아시아공동체론은 어떤 내용으로 추진되고 왔는지 살펴볼 필요가 있다. 현재까지 한국 외교정책의 핵심 이슈는 북핵, 한미동맹, 대중외교, 대일외교 등등으로 구성되어 왔다. 아시아를 묶는 외교는 상대적으로 소홀하였으며, 최근 신남방정책 이후 아세안 지역과의 협력이 강화되어 왔지만 여전히 한국 외교의 중심 어젠다(agenda)는 아니다. 미중경쟁이 치열해지고 미중 양국의 압력이 거세어지는 상황에서 한국은 아시아태평양에 위치한 동류국(likeminded countries)들 — 호주, 싱가포르, 뉴질랜드 등과의 협력을 강화하며 이에 대응해야 하는 상황이다. 아세안 국가들과의 협력도 한국의 경제적 번영과 군사적 안보, 문화적 영향력을 확장해 나가는 데 있어 점점 중요해지고 있다.

이제까지 한국에서도 다양한 형태의 아시아공동체론이 제시되어 왔다.(최은미, 2020) 노태우 정부는 동북아 내 6개국이 참여하는 '동북아평화협의회(Consultative Conference for Peace in Northeast Asia)' 구성을 제안했고, 김영삼 정부는 '동북아안보대화(Northeast Asia Security Dialogue)'를, 김대중 정부에서는 동북아 6개국이 참여하는 '동북아다자안보대화'를, 노무현 정부는 '평화와 번영의 동북아시대구상(The Northeast Asian Cooperation Initiative)'을, 이명박 정부는 '신아시아구상(New Asia Initiative)'을 제안하였다. 박근혜 정부에서는 아시아 국가들 간 경제협력의 심화에도 불구하고 안보갈등을 지속하는 현상, 아시아 패러독스(Asian Paradox)를 해결하기 위한 방안으로 '동북아평화협력구상(Northeast Asia Peace and Cooperation Initiative)'을 제안하였다. 문재인 정부에서는 '동북아플러스책임공동체(Northeast Asia Plus Community of Responsibility)' 구상을 제안하였다.

이처럼 각 정권은 다양한 구상들을 제시해 왔지만, 한국이 진정으로 아시아공동체에 관심을 가지고 치열한 고민 끝에 비전과 전략을 만들고 이를 실현하기 위해 노력해 왔다고 평가하기는 어렵다. 정권이 바뀌면 관행적으로 아시아공동체의 이름을 바꾸어 제시하였고 주도적으로 한국의 비전을 설득하고 구체화하기 위한 노력을 진전시키지 못했다. 한국의 아시아공동체의 비전이 미국, 중국, 일본, 아세안(ASEAN)의 그것과 어떻게 다른지, 왜 다를 수밖에 없는지에 대한 깊이 있는 고민이 시작되어야 한다. 중견국 한국이 당면하고 있는 많은 과제들의 해결 과정에서 아시아 지역의 평화와 번영 확보가 중요하다. 한국은 북핵 위험으로부터 평화를 확보해야 하며 미중경쟁의 험한 파고 속에서 중심을 잡으며 대응해야 하고, 민족주의 고양으로 빚어질 수 있는 외교적 충돌을 막기 위해 노력해야 하고, 지속적인 경제성장을 추구해야 하며 민주주의와 인권 환경보호 등이 증진되는 새로운 문명을 주도적으로 창출해야 하는 상황에 놓여 있다. 한국이 추구하는 아시아공동체가 이러한 과제들을 풀어나가는 과정에서 어떻게 기여할 수 있는지 모색하는 가운데 미국, 중국, 일본, 아세안과 합의 가능하고 공유할 수 있는 기반이 담긴 아시아공동체론이 발굴되고 제시되어야 한다. 동아시아의 역사 및 정치적 갈등, 안보 문제 등을 해소하기 위한 노력과 경제적 이익을 증대시킬 수 있는 협력이 아시아 공동의 정체성을 형성하는 과정과 어우러질 수 있는 비전과 전략이 마련되어야 한다. 스스로 아시아공동체의 주체가 되어 물적인 공동이해에서 출발한 지역협력의 필요가 이념적 · 제도적 차원의 진전으로 나아가며 어우러질 수 있도록 실질적인 노력을 기울여야 한다.

참고문헌

김미경. 2018. "브렉시트(Brexit)와 유럽통합 이론: 통합 과정의 가역성(reversibility)을 중심으로." 『현대정치연구』 11(3). 서강대학교 현대정치연구소.

김한규. 2005. "역사상의 중국과 중국사의 범주." 『동아시아 민족주의의 장벽을 넘어』. 성균관대학교출판부.

신순옥, 구갑우. 2004. "모라브칙(A. Moravcsik)의 모델 검토." 『사회과학연구논총』. 이화사회과학원. 이화여자대학교.

윤지희. 2013. 『동아시아 지역협력과 아세안의 리더십』. 서강대학교 공공정책대학원 석사 논문.

임유진, 정지훈. 2015."미국과 동아시아 지역협력의 진화." 『21세기정치학회보』 25(4).

조홍식. 2012. "지역통합과 전략적 구성주의: 이론 및 비판적 고찰." 『유럽연구』 30(3).

최은미. 2020. "신(新)안보시대의 한국외교: 동북아지역협력질서 구축을 위한 제언." 『이슈브리프』. 아산정책연구원.

황기식 유재의. 2010. "동아시아 지역협력의 도전과 좌절: 지역패권경쟁을 위한 지역협력의 역설." 『신아세아』 17(4).

하영선. 2008. 『동아시아 공동체:신화와 현실』. 동아시아연구원.

______. 2015. "복합화 시대의 동아시아 신질서 건축." EAI 하영선 칼럼.

한석희, 강택구. 2009. "동아시아 공동체 형성과 중국의 인식: EAS에 대한 정책적 함의." 『한국정치학회보』 43(1).

Balassa, Bela. 1961. *Theory Of Economic Integration*. George Allen & Unwin.

Haas, Ernst B. 2004. *The Uniting of Europe*. University of Notre Dame Press.

Moravcsik, A. 1998. *The Choice for Europe. Social Purpose and State Power from Messina to Maastricht*. Cornell University Press.

11장 미국과 동아시아공동체

박인휘(이화여자대학교)

11장

미국과 동아시아공동체

1. 들어가며

지역에 대한 학문적 및 정책적 관심이 점점 높아지고 있다. 국제사회에 존재하는 각각의 개별 지역은 정치, 경제, 사회 및 문화적으로 하나의 완결성을 가지면서 개별 지역 국가들 간 고유한 관계를 가지게 마련이다.(Buzan and Weaver, 2004)1) 아시아는 지리적으로는 물론 인구 규모, 경제 성장, 안보 상황, 종교적 배경 등에서 매우 복잡하고 독특한 문화권을 형성하고 있는데, 통상 동아시아, 중앙아시아, 서남아시아, 중동, 이렇게 네 개 지역으로 구성된다. 냉전기와 탈냉전기 상당기간 동안 이들 네 개 지역 간의 구분이 비교적 분명했던 적이 있지만, 최근에 와서는 여러 가지 이유에 의해서 아시아를 구성하는 네 개 지역의 구분이 점점 무의미해지는 것이 사실이다. 이 중에서도 동아시아는 한반도가 속한 지역으로, 미중 간 첨예한 대결이 전개되고, 한중일 삼국의 GDP가 세계

1) 서유럽, 중동, 북아프리카, 서남아시아, 중앙아메리카 등과 같이 국제사회를 구성하는 독자성을 가진 지역은 대략 13개로 알려져 있으며, 이들 지역은 각자 독자적인 정체성을 가지면서 서로 간에 고유한 정치적 · 경제적인 외교관계를 가지고 있다.

전체 GDP의 25%를 넘어서고 있으며, 특히 동남아시아 지역은 향후 세계 경제 성장을 견인할 주역으로 평가되고 있다. 더욱이 북한 문제로 인해 동북아는 세계 평화와 안보의 리트머스와 같은 지역으로 인식되고 있는 상황이다.[2)]

국제정치학에서 '공동체'라는 표현은 다양한 의미로 해석되는 경우가 많은데, '지역주의' '지역통합' '지역공동체' '지역기구' '상호의존' 등과 같은 표현들과 혼용되어 쓰이는 경우가 많다. 이 글은 이들 개념 각각에 대한 각각의 정의를 내리지는 않을 것인데, 그 이유는 각각의 표현들이 가지는 고유한 개념정의가 무엇인가와 무관하게, 이러한 표현들은 지역 내에 존재하는 국가들 간의 상호의존을 증대시켜, 궁극적으로 보다 나은 안보를 유지하고 경제적으로 공동의 번영을 지향한다는 의지를 담고 있기 때문이다. 따라서 지역 '공동체'는 이론적으로 매우 어렵고 복잡한 표현이지만, 본 글에서는 동아시아 지역 안에 위치하는 구성 국가들이 상호의존적인 관계를 정착시켜, 동아시아 국가로서의 일체감을 가지고, 궁극적으로 동아시아 전체의 운명을 함께 건설해 나가고자 하는 노력으로 정의하고자 한다.

그런데 특정 지역을 대상으로 한 지역 공동체에 대한 연구는 통상 '글로벌'한 차원에서 진행되는 국제질서 작동 원칙들과 매우 밀접하게 연계되어 있다. 한마디로 동아시아 국가들 간 국제관계 및 지역공동체 건설 과정은 국제정치 전반에 걸친 국가들 간 외교관계 및 행동양식으로부터 자유롭지 않다는 뜻이다. 좀 더 구체적으로 이야기해서, 동아시아의 경우 글로벌 패권국가인 미국의 지역 내 영향력, 세계 자본주의

---

2) 동북아시아와 동남아시아는 동아시아를 구성하는 핵심 두 개 지역으로, 학문적 혹은 정책적 차원에서 때로는 분리되기도 하고, 또 때로는 동아시아라는 큰 틀 안에서 통합적으로 다루어지기도 한다. 과거 동아시아 금융위기 이후 'ASEAN Plus Three'와 같은 협의체가 생겨났고, 또 최근에 와서는 우리 정부의 '신남방정책'과 미국의 '인도태평양전략' 등으로 인해, 두 지역이 동아시아라는 하나의 분석 단위 안에서 통합되는 경향이 더욱 강해지고 있다.

성장의 기능적 분화, 그리고 국제 체계적인 수준과 다양하게 얽혀 있는 군사네트워크 등과 매우 밀접하게 연동되어 있다. 동아시아가 미국으로부터 받는 영향은 국제사회에 존재하는 어떤 다른 지역과 비교해도 크다는 점은 잘 알려져 있다. 미국은 지리적인 역외 국가임에도 불구하고 제2차 세계대전 이후 국제질서 발전과정에서 동아시아 국가로서의 정체성을 상당 부분 확보하였고 미국의 개입과 국가이익 실현은 동아시아 지역 정형화의 중요한 요인이 되었다. 냉전기, 탈냉전기, 그리고 소위 세계화 시기를 거치면서 미국이 가지고 있는 동아시아 국가로서의 정체성은 축소되거나 사라지지 않고 있다. 동아시아 지역 국가들의 필요에 의해서든 혹은 미국의 전략적 선택과 기술에 의해서든 결과적으로 미국은 동아시아공동체 이미지 안에 공고한 기반을 확보하고 있다.

이러한 배경에서 본 연구는 동아시아 지역에서 미국이 확보하고 있는 동아시아적 정체성과 국가이익을 바탕으로, 동아시아 지역의 핵심국가가 된 미국의 개입은 언제부터이고 또한 개입의 과정은 어땠는지, 그리고 이 지역의 공동체 및 지역주의 논의에 대한 미국의 입장 및 대응전략은 무엇인지를 살펴보는 데에 그 목적이 있다. 또한 동아시아 공동체라는 관점에서 미국의 존재와 관련하여 어떤 문제점들을 생각해 보아야 하는지 대해서도 설명하고자 한다.

2. 미국과 동아시아: 기원과 발전

미국 개입의 기원

미국의 패권적 확장이 시작된 19세기 후반, 미국은 유럽이 아닌 아시아·태평양 지역을 세력 팽창의 주요 대상으로 삼게 된다. 이러한 전환의 배경에는 소위 '문호개방원칙'이라는 외교정책적 담론이 자리 잡고 있는데, 이는 미국적 '도덕주의'와 '법률주의'가 대외정책적 차원에서 결합된 형태라고 설명할 수 있다. 문호개방정책으로 표출된 당시 미국 사회의 국내적 특징은 남북전쟁 이후 급속히 진행된 산업화가 1890년대에 들어 절정에 다다르게 되었다는 점이다. 산업화의 진전은 결과적으로 외교정책 결정과정에서 경제적 이해관계를 둘러싼 행위자들의 영향력을 증대시키게 되었다. 특히 지식인들에 의한 '적극적 팽창주의 정신'은 미서(미국-스페인)전쟁을 계기로 국민들의 지지를 통해 재생산되기 시작하였는데, 대표적으로 테오도르 루스벨트(Theodore Roosevelt) 등과 같은 정치지도자들은 이러한 미국적 정황을 구체적인 대외팽창정책으로 연결시키게 되었다.(Rosenberg, 1982) 여기에는 물리적으로 표현되는 국력 자체에 대한 자신감, 경제적 팽창의 필요성, 도덕적 우월성, 그리고 미국 사회 특유의 숙명적 자기 정당화가 복합적으로 작용한 것으로 풀이된다.

한편 후세 전략가들의 해석에 의하면 미국인들에게 태평양과 동아시아는 영국을 중심으로 한 유럽과의 단절을 통해 세계 정치 무대에서 진정한 강대국가로 성장하는 필연적인 선택을 의미했다.(Kennan, 1985; Immerman, 1998) 한마디로 영국으로부터의 완전한 자유를 확보하기 위한 전략적 구원의 대상이었던 것이다. 이상과 같은 배경에서 미국의 국제주의로의 전환 과정에서 아시아는 당연한 선택이었다는 해석이 가능하다.

구체적으로 미국의 대중국 진출의 역사적 시작과 관련하여 1898년 미서전쟁과 관련하여 미국 내 국제주의자들에게(대표적으로 T. Roosevelt) 필리핀은 중국 시장 개척의 교두보로 인식되었고 이는 "국제정치적 개입"과 "문호개방의 경제적 동기" 모두를 충족시키는 필연적인 선택으로 설명된다.(김기정, 2003) 미국은 1895년 중일전쟁을 전후로 만주와 중국 북부 지역에 대한 경제적 소외감—다른 열강들과의 비교적 관점에서—을 우려하게 된다. 문호개방정책은 이러한 역사적 배경에서 1899년 존 헤이(John Hay) 국무장관이 천명한 '중국 시장 관리 원칙'의 성격을 가지게 되었다. 사전적으로 이해하면 미국의 진출은 외연적으로 중국의 독립을 전제로 한 영토를 보전할 것을 강조하고 있는데 이는 중국에 진출한 해외 세력들에 의한 경제적 이득의 배타적 향유 철폐를 주장한 것이다.

미국은 대동아시아 정책에서 지역별로 차별적인 입장을 보였는데 이는 소위 "동아시아 중심부-주변부 관계의 이원화"로 표현될 수 있다. 즉, 중국(중심부)은 강대국간 공동 관리의 대상이라는 원칙을 통해 상대적으로 중국의 주권을 인정하려 한 경향을 보인 반면, 주변부(일본 제외 동아시아)는 분할 지배 추구에 암묵적인 동의를 하였다는 점이다. 한편, 초기 문호개방정책은 소위 미국적 진화 과정을 거치게 되는데, 구체적으로 미국은 동아시아 정책의 제도화를 추구하였고 1900년 2차 문호개방 원칙의 세부 시행 규칙들이 공표되는데 이는 미국의 현실적 이익에 대한 객관적 검증 결여라는 비판에 직면하게 되었다.

특히, 1930년대 이후 미일 갈등에 대한 해석 차이는 수정주의 학자들의 설명력을 다분히 강화시켜주고 있다. 이들의 주장을 확장시켜보면 19세기 말 이후 미국의 초기 대동아시아 정책은 경제적 이득을 토대로 한 문호개방원칙의 정신이 어떻게 단계별 국면에서 계승되고 있는지를 강조하고 있다. 즉, 필리핀 진출은 결과적으로 중국 진출의 발판이었고, 일본과의 제2차 세계대전은 문호개방 원칙 고수를 위한 경쟁국 제거라는 성격을 가지고, 마지막으로 한국전쟁과 인도차이나 정책은 문호개방 원칙의 패권을 유지하기 위해 혁명 세력 제거라는 차원에서 설명할 수 있다는 것이다.(Cumings, 1998)

냉전적 형성과 발전

제2차 세계대전 직후 일본 내 공산주의의 근본적인 제거는 물론 동북아에서 이외 지역으로의 확산 방지가 미국의 핵심적인 동아시아 정책으로 자라 잡게 된다. 여기에는 동아시아에서 만약 유럽과 같은 대결이 전개된다면 미국에 상당한 부담으로 작용할 것이고, 이에 대한 현실적인 정책은 결국 일본의 성장을 통한 부담 공유에 있다는 판단이 작용하고 있었다. 즉, 미국의 글로벌 전략이 대일본 정책의 궤도 수정을 견인한 셈이다.(Christensen, 1996)

구체적으로 제2차 세계대전 종전 후 미국은 태평양과 대서양을 넘어서 아시아와 유럽 양 대륙에 걸친 다양한 안보전략을 구사하게 된다. 서유럽 국가들을 중심으로 다자주의적 안보제도화를 추구한 유럽과는 달리 동아시아의 경우 개별적인 양자동맹의 복층적 구조를 형성했다. 1950년대 초반 무렵 이러한 유럽과 아시아 사이의 차별적인 안보구조는 각 지역의 정형화된 안보장치로 자리 잡았다. 유럽의 경우 최초 12개 회원국을 중심으로 1949년에 형성된 NATO는 다양한 협의체와 공동정책 개발 · 실행을 통해 제도화의 실천을 펴나가는 한편, 한 해 전인 1948년 6개 서유럽 국가들을 중심으로 태동된 서유럽연합(Western Union)은 이러한 NATO 창설의 제도적 거름이 되었고, 비록 성공적인 결실로 이어지지는 못했지만 유럽방위공동체(European Defense Community)와의 제도적 결합을 통해 유럽 안보공동체의 지역주의적 완성도를 높이고자 노력하였다.

반면 냉전기 동아시아는 주지하는바 미국과 단일 동맹당사자국간의 양자동맹이 정착되었다. 미-필리핀동맹(1951), 미일동맹(1951), 한미동맹(1953), 그리고 대만과의 동맹(1954) 등으로 이어지는 일련의 양자동맹군이 형성되었다. 유럽지역의 NATO와 비교해 본다면 이들 동아시아 양자동맹은 상호 구속력을 가지는 안보확약이 이루어지지 않은 상태에서 양국

공동의 정책운영기구가 부재하고, 상호 통합된 지휘기구 및 통합된 군사 인프라를 찾아볼 수 없다. 미국과 동아시아 국가들간 양자동맹에서 한 가지 의미 있는 사실은 미국이 주도한 이러한 다양한 양자적 군사관계는 모두 한국전 발발 이후에 이루어진다는 점이다. 물론 동아시아 양자동맹의 중층적 형성에는 동아시아 수준 이외의 몇몇 주요 설명변수들이 자리잡고 있다. 대표적으로 1948년을 전후 한 미국의 대통령 선거에서 민주당의 공세적 입장이 유럽과 아세아에 차별적으로 표현된 점, 대중국 및 대일본 전략 수립 과정에서 미국 정책결정자 내부의 논쟁 등은 결과적으로 동아시아 양자주의의 주요 변수로 작용하였지만 결과적으로 근대적 국제관계의 일천함을 계기로 중국내전, 한국전쟁 등을 경험하면서 아시아 국가들의 반공주의 공감대가 미국과의 양자동맹을 선택하게 만들었다고 볼 수 있다.(Powaski, 1998; LaFeber, 1997)

특히 1951년의 미일동맹은 여러 가지 의미에서 동아시아 안보 구조가 미국의 영향력하에 놓이는 데에 있어서 선도적인 역할을 하게 된다. 약술하면 냉전기 동아시아 안보 구조가 가진 소위 '샌프란시스코 시스템'은 다음과 같은 특징을 가진다. 첫째, 동아시아 양자동맹은 미국의 압도적인 비대칭적 힘의 불균형을 전제로 한다. 둘째, 동아시아의 동맹 파트너국가들은 미국에 해외 군사기지를 제공한다. 셋째, 동아시아 국가들은 미국 시장에 손쉽게 접근하는 기회를 얻는데, 이에 상응하는 미국 기업들의 동아시아 진입은 이루어지지 않는다는 점이다. 마지막으로 이들 동맹 파트너 국가들은 미국의 선택적 적대세력은 구소련과 중국에 대한 군사적 반감을 미국과 공유하였다는 점을 들 수 있다.(Calder, 2004) 냉전기 안보 연구자들은 1950년대 초반 덜레스Dulles 국무장관은 동아시아 지역에도 미국 주도의 지역안보기구가 형성되기를 희망하였지만 한국의 이승만과 일본의 요시다에 의해 이루어지지 못했던 것으로 설명하고 있다.(Cha, 2010)

사후적으로 평가해보면 냉전의 종식을 맞이하면서 제2차 세계대전 이후 동아시아 안보구조에서 확보한 미국의 국가적 이익은 적어도 미국의 관점에서는 성공적인 양자동맹 구축이었다고 평가할 수 있다. 여기에는 몇 가지 중요한 요인이 자리 잡고 있다. 우선, 상대적으로 양자동맹이 성공적으로 운영된 동북아의 경우 미국의 대일, 대한국과의 양자적 군사관계는 지역경제성장과 상호 의존 관계를 통해 더욱 안정적으로 운영되었다는 점이다. 또한 일본에 대한 안보보장은 역내 국가들에게 과거의 기억에서 유래하는 안보위협을 제거해 주면서 동아시아 지역에서 발생 가능한 '안보딜레마'를 상당 부분 해소해 주는 데 성공하였다는 점에 주목하여야 한다. 부연하자면 구소련에 대한 효율적인 억지력을 가진다는 관점에서 중국조차도 미일동맹을 필요악으로 인식하였다.(Krauss & Pempel, 2004)

탈냉전적 전환과 계승

냉전기 동안 동아시아 국가들은 괄목할만한 사회안정과 경제성장을 경험하게 된다. 그럼에도 불구하고 동아시아 지역에는 소위 칸트적 관점에서 평화의 조건이라고 할 수 있는 '자유민주주의(liberal democracy)', '경제적 상호의존(economic interdependence)' 그리고 '다자적 제도(multilateral institution)'가 존재하지 않는다. 여기에는 여러 가지 이유가 있겠지만 가장 중요하게는 유럽문명 국가들과는 비교할 수 없을 정도로 근대 국제질서 편입의 역사가 짧다는 점에 주목할 필요가 있다. 결과적으로 이 지역은 아직도 '안보딜레마(security dilemma)'가 상존하고 있는데, 구체적으로 전근대적 · 근대적 성격이 혼재하고 있는 대만 및 한반도 문제를 포함하여 동남아시아의 다양한 정치 · 사회 문제들이 이러한 특징을 단적으로 보여주고 있다. 이 지역 국가들 간 관계의 제도적 저발전은 근본적으로 이런 문제들에 대한 대처방안을 빈약하게 만들고 있는 것이다.

탈냉전기 미국의 동아시아적 이익을 압축적으로 표현하자면 미국이 견인하는 자본주의 발전의 핵심 에너지원으로서, 그리고 안보적으로 거대한 유라시아 대륙의 효과적인 관리 및 중국의 부상에 맞서기 위한 필수불가결한 전략적 요충지로서의 의미를 갖는다. 국제정치를 구성하는 힘의 요소는 그 변수들마다 나름대로 차별성을 갖기 마련인 바, 동아시아 안보구조의 가장 중요한 독립변수는 미국의 국가이익이 직접적으로 반영되는 서구 중심적 작동원리와 미국적 '보편화 프로젝트'에 스며들 수 없는 '지역적 규모 정치' 간의 간격에 있다. 그렇다면 향후에도 국제정치의 하위단위로서의 동아시아 정치와 글로벌 메커니즘과는 독립적으로 운영되는 동아시아적 독자 단위 간 차별성을 어떻게 성공적으로 관리하느냐가 문제인 셈이다.

미국의 동아시아적 국가이익을 보다 구체적으로 표현하자면 미국의 글로벌 전략과의 연계 속에서 동 지역에서 미국의 패권에 도전할만한 경쟁 상대국이 등장하는 것을 효과적으로 저지하는 동시에 기존의 동맹관계를 축으로 미국에 우호적인 환경을 유지하는 것이라 할 수 있다. 동아시아에서 중국의 급격한 성장과 부상은 일본과의 경쟁을 초래하고, 더 나아가 대만문제의 무력해결 가능성과도 연결되므로, 중국의 성장은 미국의 동아시아 정책의 핵심으로 다뤄지고 있다. 이런 관점에서 본다면 동아시아 지역안정은 압축적으로 미 · 중 · 일 삼국 간 세력관계의 종속변수라는 분석이 가능하다. 이들 삼국관계에는 일정한 수준의 관계의 불균형성이 존재하는 데 미국 주도하에 일본의 대중국 정책은 아직까지 미일관계에 상당 부분 종속되어 있는 경향을 보인다. 일본은 대중국 외교에서 과거에 비해 독자 영역을 일정 부분 구축하였지만, 여전히 의도적으로 중국과 일정한 거리를 두고자 노력하고 있다.

현재 미국은 동북아, 중앙아시아, 동남아시아 등 유라시아 전역에 군사적 교두보를 확보한 상태로서 한국, 일본, 호주 등의 동맹 파트너들과의 네트워크 강화로 동아시아의 mini NATO화를 계획하고 있다. 특히 미국은 이 지역에서 군사적인 문제와 경제적 · 사회적인 문제를 철저히 분리하고자 하는 노력을 기울이고 있는데, 이러한 두 영역 간 차별화 전략은 동맹국들로부터 미국의 지지를 확보하는 데에 더욱 용이하다고 판단하고 있다. 이런 차원에서 본다면, 미국의 관점에서 동아시아 지역 공동체는 어떤 형태로든 미국의 참여를 전제로 한 지역협력이 되어야 한다는 생각을 강하게 하고 있을 것이다.

3. 미국의 동아시아 이익과 전략

미국은 동아시아에서 무엇을 원하는가?

앞에서와 같이 미국이 동아시아 지역에 개입한 역사적 기원 및 발달 과정을 살펴봤다. 다음으로는 과연 동아시아 지역 안에서 미국이 추구하는 이익은 무엇인지, 그리고 그러한 이익을 실현하기 위한 대표적인 전략은 무엇인지 생각해 보기로 하자. 이와 관련해서는 탈냉전기(1990년대) 이후의 시기로 논의의 범위를 좁혀보자 한다. 한마디로 동아시아에서의 미국의 이해관계는 이 지역에서 과거 냉전기 동안 확보하였던 미국의 안보이익, 경제이익 및 이를 위한 적극적인 '지역균형자'로서의 역할을 지속하는 것이다. 좀 더 구체적으로 살펴보면 우선 미국이 추구하는 일반적인 이익은 '대량살상무기 확산 방지,' '지역패권국가의 출현 저지,' '유라시아에서 강대국들 간의 안정 확보,' '중동지역의 평화와 지역 내 영향력 확보,' '미국 중심의 경제성장,' '민주주의와 자유주의의 전파' 등으로 알려져 있다.(Nye, 1999; Nye, 2012) 이러한 국가이익을 동아시아 지역에 포괄적으로 적용할 수 있는데 '중국 성장에 대한 안정적인 관리', '일본,

한국 등을 중심으로 한 역내 동맹국가와의 관계 강화', '대만문제, 북한문제 등으로 대표되는 지역분쟁 해결', '세계경제의 심장으로서의 지속적인 역할', '역내 국가들에 대한 적극적인 민주주의 확산' 등으로 이해된다.

탈냉전기 이후 미국이 실현한 동아시아적 국가이익을 이해한다는 차원에서 과거 탈냉전기 직후인 1990년대 초 미국 내에서 전개된 동아시아 전략에 대한 다양한 논의를 살펴보는 것은 의미가 크다. 당시 대표적으로 세 가지 차원의 전략이 논의되었다고 볼 수 있다. 첫 번째 그룹으로는 소위 '동아시아적 다자외교'를 전제로 한 미국의 개입전략이다. 냉전의 종식으로 동아시아 내에 새로운 안보질서가 생겨날 것으로 예상하지만 이러한 질서는 근본적으로 기존의 미국과 역내 동맹 국가들과의 관계 지속을 전제로 하여야 한다는 전략적 구상이었다. 또한 이 전략은 기본적으로 당시 많은 미국의 동아시아 전문가들이 예상하고 있었던 미일동맹의 강조와 일본의 지속적인 미국 편향적인 정책에 대한 기대와 맞물려 있다. 둘째, 동아시아 국가들의 독자적인 목소를 전제로 한 미국의 전면적인 불개입정책이다. 냉전의 종식은 동아시아를 충분히 안정적인 지역으로 만들었으며 글로벌 수준에서 '통합'과 '분열'이 전면적으로 재조정될 탈냉전기를 맞아 미국은 동아시아에 대해서 전혀 새로운 차원의 관여정책을 생각해 보아야 한다는 주장이었다. 이러한 시각은 한편으로 미국과 동아시아 간 경제적 및 사회적인 상호 유인 요인을 무시하면서 여전히 냉전 중심적인 관점을 견지하고 있다는 비판을 면하기 어려웠다. 세 번째 주장으로, 미국은 전통적인 의미의 '세력균형자(balance of power)'로서의 역할을 담당하여야 한다는 주장이다. 과거 19세기 영국이 담당하였던 세력균형자적 역할을 고려하면서 동아시아가 특정 세력(중국, 일본, 러시아 등)의 영향력하에 놓이지 않도록 외교적 균형자 역할을 담당하는 데에만 충실하여야 한다는 주장이었다.

많은 시간이 흘렀지만, 지금의 관점에서 평가해 보면 탈냉전기 미국의 동아시아 정책은 대체로 첫 번째 주장과 세 번째 주장 사이에서 수립되고 실천되었다고 볼 수 있겠다. 날이 갈수록 미중갈등이 악화되는 것은 다소 예외적인 결과라고 볼 수 있지만, 동아시아 국가들만의 지역주의에 반대하면서 미국을 포함한 광의의 공동체 창출에 노력하고 있는 모습은 '동아시아 지역주의'와 '미국의 세력균형을 전제로 한 동아시아' 사이에서 정책이 조율되고 있음을 잘 보여주고 있다.(Kurlantzick 2007)[3]

미국의 동아시아 정책을 평가하는 대부분의 사람들은 탈냉전기 미국의 전략이 대체적으로 성공적이었다는 평가와 그렇지 못하였다는 이분법적 구분으로 나눠지는 경향을 보인다.[4] 이러한 두 가지 시각의 근원에는 대표적으로 동아시아 경제의 역동성(통합), 역내 다자주의 외교의 발달, 외교관계의 제도화 움직임 등 한 마디로 동아시아 국가들 간의 다양한 통합 현상을 어떻게 평가할 것인가 하는 고민이 자리 잡고 있다. 즉, 미국의 대동아시아 정책이 성공적이었다는 평가와 관련하여서는 탈냉전기 동아시아 지역에서 발견되는 이러한 움직임이 한편으로는 미국의 지속적인 개입의 결과이고 따라서 미국이 추구하는 보편적인 세계전략과 잘 부합한다고 보는 긍정적인 시각이 자리 잡고 있는 것이다. 이와는 상반되게 동아시아 역내 국가들의 이러한 시도와 부분적인 성공은 궁극적으로 이 지역에서 미국의 영향력을 무력화시키게 될 것이라는 부정적인 시각이 동시에 존재하고 있는 것이다. 한편 이러한 이분법적 구분이 무의미하다는 주장도 있다. 왜냐하면 긍정적, 부정적 평가

3) 동아시아 지역주의에 대한 미국 전략가들의 입장은 논쟁적인 이슈를 담고 있다. 이러한 점을 고려한 가장 대표적인 설명으로는 참고, Joshua Kurlantzick, "Pax Asia-Pacifica: Asia's Emerging Identity and Implications for U.S. Policy," Pacific Council on International Policy and USC Center for Public Diplomacy.

4) 이러한 설명 역시 매우 포괄적인 이슈들을 다루면서 논쟁을 이어가고 있는데, 대표적인 설명은 중국의 부상에 대해 효과적으로 대응했는가를 둘러싼 분석인 경우가 많다.

모두 결과적으로 미국에 우호적인 동아시아 질서로 유도하기 때문이라는 것이다. 다시 말해, 미국 개입의 결과이든 혹은 동아시아 역내 세력들 간의 자발적인 협력의 결과이든 궁극적으로 동아시아 지역의 변화는 미국이 주도하는 세계 보편적인 작동 원리를 보다 적극적으로 받아들이는 결과로 이어질 것이라는 설명이다.

영역별 실천전략: 안보와 경제

그렇다면 미국의 동아시아적 이해관계는 어떤 방식으로 실천되었을까? 탈냉전기 미국의 동아시아적 이익 실천을 대표적으로 두 가지 차원—안보, 경제—으로 구분하여 간략하게 살펴보기로 한다. 우선 안보 영역의 경우 미국의 군사동맹외교는 미국의 물리적 능력이 국가이익과 결합하여 글로벌 수준에서 구현된 가장 대표적인 외교정책이다. 미국은 탈냉전기에 들어 '냉전형 동맹체제'로 알려진 대규모 군사기지를 과감하게 축소하고 대신 전략적 요충지를 집중적으로 배치하여, 결과적으로 세계적 규모의 전략적 요충지 모두에 신속하게 접근 가능한 '기동성' '정밀성' '타격능력'에 중심을 둔 군사 운용의 유연성을 추구하고 있다.(이상현, 2014) 하지만 동아시아 지역의 경우 스스로의 지역안보 특성으로 인해 다른 지역—특히 중동, 동유럽—과 비교하면 이러한 미래지향적 동맹전략의 적용가능성이 상대적으로 낮은 특징을 보인다. 또한 동아시아 지역은 다른 지역과 비교해서 여전히 전통적 안보위협 요인에 대한 대처능력이 긴요히 요구되는 지역이므로, 미국의 입장에서 보자면 냉전적 전통의 군사네트워크를 탈냉전적 방식으로 변환하는 데에 더욱 용이하다고 볼 수 있다.

미국은 군사안보적으로 동아시아 전역은 물론 태평양 및 유라시아 대륙에 걸쳐 군사적 교두보를 확보한 상태로 한국, 일본, 호주 등의 동맹 파트너들과의 네트워크 강화를 중심으로 기존 동맹강화는 물론 동시에 동아시아의 미니 나토(mini-NATO)화를 계획하고 있는 것으로 평가된다. 특히 미국은 이 지역에서 군사적인 문제와 경제·사회적인 문제를 가능한 한 분리시켜 전 지구적 군사 투사 능력은 유지한 채 다른 영역의 문제들은 사안별로 해결해 나가는 입장을 취하고 있다. 한 마디로 한국 및 일본과 같은 기존 동맹국과의 관계는 물론 호주, 싱가포르, 필리핀 등과의 새로운 군사협조체제 구축을 통해 동아시아 지역에서 지속적으로 군사력 투사에 의한 개입전략을 유지하겠다는 생각이다.

이 경우 미국은 역내 안보 위협요인이 과거와 같이 일관된 형태로 존재하지 않으므로 개별 동맹단위를 서로 연결하여 과거 냉전기와 같은 미국 중심의 동심원적 지역안보구조(hub and spoke)를 유지하는 것은 불가능해 보인다. 대신 이를 대체할 만한 '미국-동아시아 안보파트너십' 개발이 우선되어야 할 것이다. 이를 위해서는 소규모 해외 전진 기지에 고도의 신속성, 정밀성, 타격 능력을 견지한 군사력 투사를 전제로 동아시아 개별국가와의 공동 군사 운용 능력이 필요하다. 또한 이러한 능력은 군사적 수준의 협조체제는 물론 정치제도, 이념, 가치 등 비군사적인 영역의 공유와 상호 이해를 동시에 요구하고 있다고 하는 점은 미국이 향후 동아시아 지역의 안보 균형자로서 남기 위한 중요한 핵심 과제로 이해된다.(이상현, 2014, Ch. 1, 2)

대표적으로 미국은 호주, 뉴질랜드, 인도 등의 국가들과 새로운 개념의 군사동맹 관계를 강화 혹은 체결함으로써 동아시아를 보다 거대한 군사네트워크 속에 편입시키고자 한다는 점이다. 태평양이라는 전략적 공간을 활용하여 뉴질랜드, 호주, 동남아시아, 동북아를 연결시키고, 동남아시아는 다시 인도로 이어지는 거대한 군사안보벨트를 형성함으로써 동아시아를 보다 광의의 안보구조 틀 속에 담고자 하는 전략적 구상을 꾀하고 있다.(Ford, 2020) 물론 이와 같은 전략은 중국을 목표로 하고 있는 것으로 보인다. 동북아, 동남아, 호주-뉴질랜드 등의 지역들이 '분절적인' 안보구조를 형성할 경우 특정 지역에서 중국의 지역패권화가 용이할 수 있다는 전략적 판단하에 중국의 영향력 확대의 외연을 차단할 수 있는 다양한 경로들을 연결하여 미국 중심의 군사네트워크가 작동될 수 있도록 계획하고 있는 것이다.

한편, 탈냉전기 동아시아 '안보공동체'에 대한 미국의 입장은 무엇인가? 미국은 여전히 양자동맹의 전략적 가치에 초점을 두면서, 동아시아 국가들과의 안보공동체 창설에 소극적인 것으로 알려져 있다. 왜 미국은 동아시아 안보 위협의 해소를 위해 다자주의적 노력보다는 기존의 미일 동맹 등과 같은 양자관계의 외연 확대가 더 효율적이라고 생각하는 것일까? 관련하여 이미 탈냉전기 동안 한 차례 경험하였던 미국의 대일본 정책 방향 선회와 관련하여 일본을 통한 안보 책임 강화는 결국 일본의 군사 역량 강화로 이어져 미국의 안보 이익에 반하는 결과가 빚어지지는 않을까? 여기에는 미국 나름대로 객관적인 이유가 존재하는데, 대표적으로 일본이 이룩한 시장경제, 민주정치, 시민사회, 고도성장, 국제사회에서의 책임 의식, 미국과 동아시아 질서에 대한 이해 공유 등으로 인해 미국의 이익을 충족시켜줄 가장 효율적인 정책대안으로 여기고 있다.

한편 경제 영역에서 전개되는 미국의 동아시아 전략은 두 가지로 나눠진다. 하나는 탈냉전기 이후 두드러지고 있는 동아시아 경제통합 현상에 대한 대응으로서의 전략이다. 미국은 동아시아의 경제통합 현상을 동아시아 특유의 지역통합 현상으로 이해하고 있으며 안보 영역에서는 여전히 상호 불신과 안보 부재가 작용하고 있지만, 경제 공동체 추진이 가속화될 경우 결과적으로 일정 수준의 안보 확보와 함께 미국의 역내 영향력을 떨어트릴 수도 있다고 생각한다. 동아시아 경제지역주의의 특징은 이념적 · 정치적 경계를 초월해서 진행되고 있다는 점인데, 이러한 통합은 상위정치에서의 선택이 아니라 시장의 힘에 의한 자율적 · 경제적 작동원리에서부터 기인하고 있다. 특히 한국, 일본, 중국, 대만 등을 통한 경제협력은 정부 차원의 전략적 선택이 선행된 것이 아니라 오히려 경제교류가 상당히 진행되고 난 후 정부 차원에서 정책적 대응을 뒷받침하고 있는 현실이다. 이러한 현상에 대한 미국의 전략은 한마디로 미국의 포함을 전제로 한 경제적 지역통합은 적극 참여하고 안보 영역에서의 지역주의는 반대한다는 입장이다.

동아시아 경제 영역에서 미국이 보이는 또 하나의 전략적 특징은 이 지역 국가들의 경제성장을 통한 국제적 규범의 확장이다. 탈냉전기 직후였던 클린턴 행정부의 개입과 확산 정책(Engagement & Enlargement)에서 알 수 있듯이 시장원리의 심화는 미국적 개입의 중요한 기초라고 판단하고 있다. 이러한 배경에서 미국은 탈냉전기 이후 십수 년 동안 동아시아 주요 국가들과의 무역 관계를 지속적으로 강화하고 있다. 미국과 동아시아 국가들 간의 교역량은 탈냉전기 이후 미국과 동아시아 경제 각각의 전체 교역량 20% 이상을 꾸준히 유지하고 있는 가운데 특히 직접투자 부분에 있어서는 일관된 규모를 보이고 있다. 이러한 규모는 미국의 대외 교역 수준에서 동아시아가 차지하는 중요성을 잘 보여주고 있다. 특히 미중 갈등이 빚어지는 현시점에도 중국에 대한 투자와 교역 증가는 동아시아 정책의 핵심으로 볼 수 있는데, 중국 경제는 세계경제 성장의 심장과 같은 역할을 담당하고 있으므로, 미국으로서는 이러한 전제 위에 중국의 성장이 궁극적으로 미국 중심의 세계질서에 더욱 깊숙이 편입되는 기제가 되길 희망한다. 경제교류의 심화를 발판으로 미국의 정치이념과 사회적 가치를 공유하게 된 한국이나 일본의 경우처럼 다른 동아시아 국가들도 경제성장이 결과적으로 미국에 우호적인 동아시아 환경을 만드는 데 도움이 된다고 판단하고 있는 것이다.

이상의 설명을 바탕으로 미국의 동아시아적 이익 구현을 하나의 포괄적인 틀 속에서 설명하고자 한 아이켄베리(J. G. Ikenberry)의 분석은 미국의 대동아시아 전략의 사상적 기초를 이해하는 데에 도움이 된다. 비록 미국 중심적인 혹은 교조주의적 세계관이라는 비난의 소지가 있지만, 미국의 정책결정자들이 추구하는 동아시아적 실천이 '사상-안보-경제-제도'로 이어지는 일련의 연계성을 지니고 있음을 효과적으로 설명하고 있다.(Ikenberry, 2004) 아이켄베리의 이러한 설명은 비록 십수 년 전의 분석에 의한 것이지만 현재까지도 유효한 것으로 판단된다. 그는 냉전기를 통해 정착된 미국 군사력에 의한 방어와 미국 시장으로의 경제적 의존은 탈냉전기에도 일정하게 유지되고 있다고 설명한다. 특히, 이러한 전통은 미국 대외관계 특유의 지적 전통(intellectual tradition)에 의해 지지를 받고 있다는 것이다. 구체적으로 현실주의적 사상과 자유주의적 사상이 정책 차원에서 효율적인 분업구조를 보여 냉전기는 물론 탈냉전기에도 각각 군사력에 있어서 양자주의적 안보 관계가 지속되고 있고, 또한 제도주의적 발전과 관련하여 다자주의적인 경제 관계가 유지되고 있다고 보고 있다. 미국의 이러한 정책이 어떻게 동아시아적 수준에서 전개되었나와 관련하여 냉전기 동안 동아시아는 전형적으로 미국의 견인에 의한 '산업적 민주주의(industrial democracies)'가 성공적으로 출현하였다고 설명한다. 아이켄베리는 미국과 동아시아 관계의 이러한 경험과 전통을 바탕으로 현재 이 지역에서는 탈냉전기인 현 시점에 경제적 상호의존(economic interdependence)이 심화되고, 다양한 제도적 협력이 이뤄지고 있으며, 이러한 결과는 동아시아 국가들의 국제질서에 대한 책임감 및 역할과 연결되고 있다고 분석하고 있다.

4. 미국과 동아시아공동체 및 지역주의

탈냉전기 동아시아 지역주의

미국이 동아시아 지역에서 발견되는 지역주의에 대해 어떻게 반응하였는지를 평가하는 일은 쉽지 않다. 왜냐하면 미국 스스로 다소 일관성이 결여된 반응을 보였기 때문이다. 동아시아 지역주의의 어떤 사례에 대해서는 적극 지지하는 입장을 보였던 반면, 어떤 사례에서는 부정적인 입장을 표명하곤 했기 때문이다. 여기에는 다양한 이유가 있지만 전반적으로 탈냉전기 동아시아 지역주의에 대한 미국의 반응은 '반작용(reactive)' 적이라고 표현할 수 있다. 미국은 냉전기에 정착, 발전된 동아시아의 전통적인 지역 구조가 미국의 국가이익을 더욱 충실히 실현할 수 있음은 물론 이 지역의 세력균형(balance-of-power) 정책추진에 더욱 용이하다고 판단하는 경향이 강하다. 구체적으로 미국은 왜 아세안(ASEAN)이 일부 학자들에게 있어서 동아시아 지역주의 시도의 전범으로 평가되고 있는지 이해하려 들지 않는다. 또한 아세안지역포럼(ASEAN Regional Forum, ARF)가 동아시아 안보를 증진하기 위한 효과적인 의사소통 채널이 될 수 있다는 일부의 지적에도 불구하고 성공적인 다자주의로 받아들이지 않고 있는 실정이다.

냉전 초기 이후 지속해서 소위 "Hub and Spoke"로 알려진 미국 중심의 동아시아 안보구조는 전술한바 "샌프란시스코 시스템을 통한 비대칭적 안보관계"를 특징으로 한다. 이러한 구조가 탈냉전기 및 세계화 시대에 경험하고 있는 변화를 축약하면, 미국이 현재 추구하고 있는 동아시아 지역주의에 대한 정책은 안보 영역에서의 "견고한 양자주의"와 경제영역에서의 "느슨한 다자주의"로 압축된다. 이러한 미국의 입장은 미국이 동아시아 역내 국가들과 맺고 있는 다양한 외교관계를 효과적으로 설명해주고 있는데, 일본과의 양자주의 강화, 중국과 협력과 갈등이 극단적으로 공조, 인도 및 동남아 국가들에 대한 전략적 접근 등은 미국의 다층적인 외교전략을 잘 보여주는 현실이다.(Sutter, 2017)

이러한 전통을 이론적으로 부연하자면 미국 외교가 가지는 현실주의 및 자유주의 간의 전통적인 지식체계의 노동분업 구조라고 볼 수 있다. 즉, 지적 수준에서 전개되는 미국 대외정책의 이론적 바탕은 현실주의적 세계관에 의존하지만, 정책적 수준에서 표현되는 실제 정책 수단은 자유주의적 수사와 정책으로 이루어진다는 논리이다. 탈냉전기 동아시아 지역주의 현실에 대한 미국의 입장을 이러한 미국 지식구조의 전통적인 분업구조로 이해하는 것은 용이한 분석수단인데, 특히 경제지역주의에 대한 미국의 입장은 아래와 같다.

미국과 동아시아 경제지역주의

미국은 기본적으로 안보 영역의 지역주의보다는 무역과 투자 부분에 있어서 동아시아 국가들 간 관계의 제도화에 부정적으로 반응한 것으로 이해된다. 한마디로 동아시아 국가들 간 경제적 상호의존을 넘어서는 제도주의적 결속은 이 지역에서의 미국의 경제적 이익을 침해하는 것으로 받아들인다. 이러한 입장을 대표적으로 보여주는 사례가 오래전 탈냉전기 직후를 전후하여 마하티르 당시 말레이시아 총리가 주창한 동아시아경제회의체(East Asian Economic Caucus)인데, 미국은 이러한 제안이 동아시아 수준에서 실현되지 못하도록 일본, 한국 등 안보파트너 국가들에 강력히 요청한 바 있다. 동아시아 내부의 차별적인 경제력 수준, 몇몇 국가들의 미국과의 특수한 안보동맹적 관계, 일본이 동남아 및 역내 국가들에 미치는 경제적 역할 등은 현실적으로 미국을 배제한 동아시아 지역주의 논의를 한계화 시키기에 충분하였다고 볼 수 있다.

동아시아 경제지역주의와 관련하여 한 가지 흥미로운 사실은 일본 역시 과거 미국이 제안한 NAFTA 형태의 APEC 블록화 계획에 반대의 뜻을 분명히 했던 적이 있다. 이와 동시에 일본은 아세안 국가들의 APEC으로의 접근을 적극 독려한 바 있는데, 일본은 후일 '개방적 지역주의(open regionalism)'로 불려진 어떤 경제 주체도 배제하지 않는 경제자유화를 주장하게 된다. 일본에게 개방적 지역주의는 두 가지 의미를 가진다. 하나는 일본은 물론 미국의 배제를 원치 않는다는 점이다. 이와 동시에 일본은 배타적인 경제블록화에도 반대를 분명히 한다. 기본적으로 개방적 지역주의는 일본이 태생적으로 추구하고 있는 '상업국가(Commercial State)'로서의 국가성을 구현하는 데에 보다 적합한 것으로 보인다. 다시 말해 상업국가로서의 일본은 자국 회사의 상품이 특정 국가나 지역이 추구하는 배타적인 경제지역주의로부터 차별적인 대우를 받지 않아야 할 것이다. 이러한 이유가 바로 일본이 비차별적이고 다자주의적 포괄성을 지향하는 자유무역질서 체제를 옹호하는 배경이다.

한편 탈냉전기 동아시아 무역의 가장 큰 변화의 하나로 자유무역협정(Free Trade Agreement)을 들 수 있다. FTA와 관련하여 싱가포르는 동아시아 국가 중에서 가장 적극적인 노력을 기울이고 있는 국가인데, 국가 특성상 자유무역을 중시하는 정체성을 가졌을 뿐만 아니라 자국이 가지고 있는 무역자유화의 특화된 경쟁력을 바탕으로 타 역내 국가들과 다양한 자유무역협정 체결을 시도하고 있다.

금융 부분의 자유화와 관련한 지역주의의 경우 무역 거래 및 이와 관련한 투자와 상당히 상호의존적인 성격을 가지지만 다소 독립적인 설명이 필요하다고 본다. 금융 부분의 경우 탈냉전기에 들어 주로 일본 은행들과 역내 여타 은행들 간의 협조체제가 확대되었다는 점이 두드러지게 발견된다. 무역 및 투자 부분과 마찬가지로 동아시아 국가들은 탈냉전기에 들어 금융 부분에 있어서의 자유화를 통한 역내 국가들과의 제도화 시도에 주저하지 않았다. 우선 일반적인 평가라는 차원에서 보자면 동아시아 금융통합의 경우 미국에 상당히 의존적인 현상을 보인다. 물론 1980년대 후반 이후 일본을 포함한 많은 동아시아 국가들이 실시한 규제 완화 및 금융 자유화를 통해 금융부분의 지역통합을 방해하고자 하는 국내정치적 변수들은 상당 부분 제거되었다. 무역부분의 지역주의 논의가 국가들 간 차별적인 이해관계로 인해 다양한 논쟁을 경험하고 있다면 금융 부분은 상대적으로 특정 세력의 주도적인 추동력이 부재한 상태에서 지역주의에 대한 자연스러운 합의가 이루어졌다고 볼 수 있다.

1966년 설립된 아시아개발은행(Asian Development Bank)은 이 지역 최초의 금융 국제기구이다. 비록 설립과 관련한 상당 부분의 자금이 미국, 캐나다 등 비아시아권 국가들로부터 유래하였다고 하더라도 아시아 국가들이 직면한 금융 문제를 초국가적 국제기구를 통해 해결하고자 시도하였다는 차원에서 의미 있는 기구였다고 볼 수 있다. 탈냉전기 이후의 시간으로 건너와 보면 일본은 2000년대 이후 일본 주도의 동아시아 금융기구를 만들려고 시도하고 있다. 과거 미국은 이러한 일본의 시도에 반대 의사를 분명히 밝힌 바 있다. 동아시아 지역 금융통합과 관련한 미국의 입장을 가장 효과적으로 가늠해 볼 수 있는 사례는 역시 동아시아 외환위기 이후 일본의 동아시아통화기금(Asian Monetary Fund) 안을 내놓은 이후 여기에 대한 미국의 입장일 것이다. 결론적으로 얘기하면 1997년 9월 일본은 동아시아통화기금 창설을 발표하였고 미국은 이에 적극 반대하였다. 주지하는바 여기에는 다양한 차원의 이유가 있는데, 기존 IMF의 영향력 감소 우려, 동아시아 자본주의에 대한 미국의 지배력 약화, 일본 중심의 동아시아 경제 재편 등이 주된 요인으로 작용하게 된다.[5] 외환위기 이후 시간이 경과하면서 동아시아 경제 개선을 위한 IMF 대처방식에 대한 비난의 여론이 높아지자 미국은 일본의 AMF 제안 이외의

---

5) 참고로 중국 역시 일본의 이러한 제의에 반대 의사를 분명히 했었다.

방안들, 즉 마야자와 구상이라든가 치앙마이 구상 등에 대해서는 찬성의 입장을 보인 바 있다.

5. 미국과 동아시아 지역주의의 주요 문제

중국의 부상과 동아시아 지역주의

미국의 동아시아 지역주의 정책이 결국은 미국의 국가이익을 동아시아적 수준에서 확보하는 것이라고 말할 수 있고, 그렇다면 이러한 이익의 현실적인 표현은 상당 부분 중국의 부상과 관련한 것이라는 설명이 가능하다. 이런 배경에서 중국은 동아시아 지역주의를 자국의 국가이익과 관련하여 어떻게 이해하고 있는지 살펴보고 다시 이러한 중국의 이해 방식에 따른 미국의 전략방식은 무엇인지 살펴볼 필요가 있다. 기본적으로 중국은 안보, 경제 영역 등에서 지역주의의 발달 즉 역내 국가들간의 제도화를 촉진하는 것은 여러 가지 관점에서 국가들간 관계의 투명성 보장 및 신뢰 구축을 통해 지역 안정성을 고취한다는 취지에는 동의하는 것으로 보인다.

그럼에도 불구하고 중국은 동아시아 지역주의에 대한 일정한 수준의 의구심을 떨쳐버리지 못하고 있다. 의구심의 근거는 다음과 같다. 무엇보다도 중국이 점증하는 동아시아 지역주의의 구체적인 기구들에 참여하게 된다면, 이러한 참여는 한편으로 대외관계의 투명성을 전제로 한 것이므로, 이는 결과적으로 중국의 성장을 봉쇄하고자 하는 세력들에게 더욱 유리한 이득을 가져다줄 것이라는 것이다. 중국의 성장을 봉쇄하고자 하는 세력은 물론 미국과 일본을 지칭하는 것이고 이러한 중국의 우려는 특히 대만해협에서 발생 가능한 만일의 사태 시 중국의 다자주의 참여가 중국의 국가이익에 아무런 도움이 되지 못할 것이라고 전망하고 있다.(Liao and Lin, 2015)

중국이 동아시아 지역주의 발전에 근본적으로 부정적인 입장은 아니라고 주장하는 사람들은 1994년 이래 ARF 참여, 1997년 ARF 신뢰구축과 관련한 부속회의 개최, 그리고 2000년대 이후 중국이 보여준 지역주의 협조 노력에 대한 긍정적인 평가를 전제로 한다. 이들은 이러한 사례들을 제시하면서 다자주의가 중국의 국가이익에 부합하느냐 그렇지 못하느냐의 문제이지 중국은 동아시아 지역주의에 누구보다도 긍정적이라고 설명한다. 실제로 중국은 냉전 종식 이후 지금까지 약 30여 년 동안 영토 분쟁 등 다양한 문제들을 국제기구를 통해 해결하고자 하는 노력을 기울이고 있다.

중국의 관점에서 보자면 동아시아 안보는 지역주의와 관련한 두 가지 중요한 현상이 공존하고 있다. 탈냉전 이후 동남아 지역에서(특히 남중국해) 미국과의 세력균형이 일정한 수준으로 균형점을 찾아가고 있으며 결과적으로 이들 국가의 중국에 대한 반감은 점차 사라지고 있다. 하지만 이와 동시에 미국이 동아시아 지역에서 운영하는 양자동맹적 외교정책의 위상은 더욱 가중되고 있다. 미국이 양자동맹 외교를 여전히 유효한 대동아시아 외교로 활용하고 있는 현실에서 중국이 다자주의적 지역주의 외교에 적극 참여하라고 요구하는 것은 논리적으로 일관성이 없어 보인다. 더욱이 현실적으로 중국은 미국이 주도하고 있는 동아시아-태평양 지역의 양자동맹 및 '인도-태평양 구상 전략'에 아무런 영향력이나 외교수단을 행사할 수 없는 처지이다.

미국은 중국이 적어도 표면적으로는 반미연대를 적극 주장하지 않고 있다는 사실에 주목하면서, 아직 중국의 국력이 반미연대를 주도할 만큼 충분치 못하다는 점에 착안하여 일본을 중심으로 한 중국의 영향력 한계화에 많은 관심을 기울인다. 지금의 시점에서 미국은 중국으로 하여금 미국 주도의 다양한 국제기구에 참여하도록 적극 권유함은 물론 특히 중국 경제성장의 방향성이 미국 중심의 자본주의 질서에 철저히 의존하도록 다양한 전략을 구사하고 있는 것으로 이해된다.

중국과 경제지역주의와 관련한 미국의 입장은 중국이 처한 대내외적 경제적 현실에서 출발한다. 무엇보다도 중국이 추구하고 있는 최대의 국가이익은 세계 자본주의 시장과 세계 최고 기술시장으로의 접근성을 보장하는 것일 것이다. 아울러 중국이 향유하고 있는 고도성장의 파급효과는 당분간 지속될 것으로 전망된다. 즉, 세계 자본주의 발전의 심장으로서의 중국을 활용하는 것은 미국의 중요한 국가적 이해관계임은 자명할 것이다. 그렇다면 미국은 중국의 성장을 제도주의적 수준에서 관리하고 이러한 과정에서 중국의 특정 영역에 있어서 '상대적 힘(relative power)'을 확보하지 못하도록 적극 대처하는 것이다. 이를 위해서는 몇 가지 구체적인 '현실주의적 포용전략(realistic engagement)'이 필요한데, 우선 미국은 중국이 무역 등을 통해 특정 영역에서의 우위를 점유하여 이를 바탕으로 국제정치적 영향력 확산을 꾀하지 못하도록 하여야 할 것이다. 둘째, 미국은 경제적으로 중국이 다양한 다자주의로의 참여를 통해 장기적인 이익을 확보할 수 있도록 도와주어야 한다. 중국이 자유무역질서를 주장하는 논리에는 이러한 배경이 작용하고 있는 것으로 판단된다. 마지막으로 경제성장이 중국의 군사적 역량 및 억지력과 어떠한 관계를 가지는지에 대한 미묘한 상호작용에 대해 파악하여야 한다.

아시아적 경로에 대한 미국의 입장

마지막으로 만약 미국이 차별적인 지역적 특성에 따라 차별적인 외교전략을 추구한다면 동아시아공동체 및 지역주의 발전과 관련한 미국의 대응 전략은 상당 부분 이 지역 제도주의가 추구하는 '아시아적 경로(Asian Way)'에 집중되어야 할 것이다. 물론 동아시아 지역주의가 포함하는 모든 제도주의적 시도들을 아시아적 경로로 연결시키는 데에는 무리가 있다. 하지만 가장 대표적인 역내 지역주의인 ASEAN, ARF, CSCAP 등의 경우 아시아적 경로에 대한 이해 없이는 설명이 어려운 현실이기 때문이다.

국제관계의 제도화에서 야기하는 역내 국가들간 안정적인 상호 관계를 '협력의 수준'과 '제도화의 수준'이라는 두 변수로 설명해 보면 EU로 대표되는 유럽 국가들의 경우 두 가지 기준에서 모두 상당히 앞서 있는 반면, 동아시아의 지역 공동체는 협력의 실질적인 수준은 상당히 진행되어 있지만 이러한 현상이 제도화의 차원으로 발전하지 못하고 있음을 발견하게 된다.(Johnston, 2003) 즉, 경제적 상호의존 및 사회적 교류의 진전은 이루어지고 있지만 이러한 현실이 규범적 성격의 제도적 굴레로 표현되지 못하고 있다는 설명이다. 국가들 간 관계를 하나의 독특한 '사회화(Socilaization)'라는 차원에서 이해하고 있는 동남아 국가들은 일정한 수준에서 규범적 규칙성과 이에 따른 구속력이 동반하는 제도화의 발전에 대해 서구 문명과 상이한 이해 방식을 채택하고 있는 것으로 알려져 있다.

전통적인 국제정치 이론에 의하면 국가행위자의 대외적 행위를 규정하는 방식은 편의상 두 가지로 설명할 수 있다. 하나는 대외적 행위를 체계 수준에서 관리하는 방식으로서 특정 이해관계나 선호도에 따른 반응에 물질적 보상 혹은 처벌을 가함으로써 긍정적 및 부정적인 인식과 교훈을 동시에 터득하게 하고 이러한 경험의 축적이 제도주의적 행동양식의 기초가 된다는 것이다. 또 다른 방식은 국내 집단들 간의 권력관계의 변화가 대외적 행위의 선호도를 바꾸어놓는다는 설명이다. 선거, 정치적 연합 등의 국내적 변수가 작용하여서 통합된 국가행위자의 대외 행동 방식을 규정한다는 것이다. 아시아적 경로(Asian Way)는 이와 같은 전통적인 국가 행위 설명방식과 사뭇 차별적이다. 아시아적 경로의 특징은 제도주의적 완결성이 낮은 '비정형화'의 상호작용을 뜻하는데, 대표적으로 합의 도달 과정, 자문(consultation), 비강제적 참여, 규제적 해결방식의 회피 등의 방식으로 구체화된다. 이런 의미에서 현실적으로 유럽에서 발견되는 '규칙 견인적 통합'과는 사뭇 차별적이다. ARF를 주요 사례로 참고하면 협력의 습성을 쌓아나가는 과정으로 설명될 수 있는데, 여기서 '습성(habits)'을 베버식으로 이해하자면 무의식적으로 체득된 행위 양식으로 이해할 수 있을 것이다.

동남아시아 국가들의 경우 '갈등의 부재' 자체를 중시하는 전통이 있는데 이러한 전통은 대표적으로 ARF의 의제설정과 회의 방식에서 빈번히 발견되고 있다. 유럽 국가들에게서 발견되는 국가들 간 상호 통합된 노력에 의해 관리되는 공동 안보보다는 비정규적인 '협의(consultation),' '자문(advice),' '공동체의식(community identity)' 등의 계발을 통해 지역의 안보를 확보할 수 있다는 것이다.(Weatherbee, 2019) 소위 이러한 아시아적 경로(Asian Way)를 중심으로 동아시아 지역주의와 관련하여 과거 한때 동남아지역 국가들과 동북아지역 국가들 사이에는 미묘한 갈등과 주도권 다툼이 존재하고 있다. 특히 냉전 종식 이후 중국이 동남아 국가들을 상대한 한 광범위한 외교력을 강화하면서 이를 탈미국 중심적인 역내 질서 구축의 기반으로 삼고자 하고 있다. 이러한 중국의 노력은 중국의 경제성장 동력과 함께 아시아적 경로에 대한 불가피한 확산으로 이어질 수 있을 것이다.

미국의 대동아시아 지역주의 외교를 안보 영역과 경제 영역으로 나누어서 생각해 보면 미국은 지금까지 경제 분야에서 발견되는 아시아적 경로에 대해서는 분명한 반대 입장을 밝힌 반면 안보 분야에서의 아시아적 경로에 대해서는 명확한 입장이 발견되지 않고 있다. 경제적 이익과 달리 안보적 이익의 경우 아시아적 경로가 미국의 동아시아적 이익을 구체적으로 침해한다고 보기 어렵기 때문인 것으로 풀이된다. 향후 동아시아 정상회담이 정례화되고 ARF의 성과가 가시화된다면 동아시아적 관계의 정례화에 익숙해지기 위한 노력과 동시에 미국적 국가이익을 실현하는 전략적 대안을 찾고자 노력할 것이다.

6. 나가며

미국은 동아시아 국가이다. 여기에는 두 가지 차원의 이유가 있는데 우선 소위 탈근대적 제국 논쟁이 등장하고 전통적인 패권 지배력 행사의 수단이 더 이상 무의미한 시점에서 엄격한 의미에서 지역 패권이라는 개념은 있을 수 없다. 따라서 글로벌 패권은 곧 동아시아 국가이다. 둘째, 동아시아 지역은 21세기 세계 정치의 핵심 사안들을 관통하는 대단히 유의미한 지역이다. 중국 문제, 경제적 역동성, 거대 문명, 지역, 인구 등의 관점에서 그러하다. 미국의 동아시아적 정체성은 물론 하루아침에 형성된 것이 아니고 역사적 기원과 고유한 발전 경로를 가지고 있기 때문이다.

냉전 종식 이후 지금까지 30여 년의 시간 동안 동아시아 지역에서 발견되는 공동체 및 지역주의는 미일동맹, 안보 · 경제 영역에서의 상관관계, 동아시아 역내 국가들 간의 상이한 입장, 중국 문제에 대한 예비적 대응, 지역주의가 야기하는 제한적인 정치적 안정 등의 요인들이 상호작용하면서 구체적으로 표출되고 있고, 미국의 대응전략은 이러한 관점에서 설명될 수 있을 것이다. 기본적으로 미국은 동아시아 지역주의 논의에 대해 부정적인 입장을 견지하고 있다. 물론 시기적으로 또 사안별로 차별적인 대응전략이 대두되고 있지만, 여전히 미일동맹을 작동의 축으로 동아시아 지역 관리는 미국의 핵심 균형자 역할을 전제로 하고 있다. 즉, 이 지역에서 진행되는 역내 국가들간의 제도화 역시 미국을 핵심 행위자로 포함시켜야 한다고 이해하고 있다.

크게 보면 동아시아는 대양세력과 대륙세력이 만나는 완충지대로서, 또한 서구문명과 비서구문명이 만나는 문명적 경계선으로서, 그리고 지역 국가들의 다양한 이해가 결집되는 전략적 요충지로서 이 지역의 평화와 번영은 세계평화의 핵심적인 전제조건으로 이해되고 있다. 1945년 이후의 동아시아 국제관계는 세력균형자로서의 미국의 역할, 미중을 축으로 한 패권 대결의 가능성, 문화적 차별성을 극복한 미 · 일간 동맹 규범의 형성, 역내 주요 국가들의 정변에 대한 성공적인 해법 찾기 등의 갈등 요인들이 집합적으로 존재하는 안보 복합구조라는 사실을 발견하게 된다. 이러한 현안들을 해결하는 과정에서 지역주의에 대한 필요성은 지속적으로 그리고 더욱 심도 있게 논의될 것이다. 이에 대한 미국의 전략 역시 세계적 수준과 지역적 수준에서 상호작용하면서 구체화될 것이다.

참고문헌

김기정. 2003.『미국의 동아시아 개입의 원형과 20세기 초 한미관계 연구』. 서울: 문학과지성사.

박인휘. 2010. "안보와 지역: 안보개념의 정립과 동북아안보공동체의 가능성."『국가전략』16권 4호.

이상현. 2014. 미국의 아태재균형정책과 한국의 안보(세종정책연구총서). 성남: 세종연구소

전재성. 2006. "동아시아 지역주의와 안보협력의 미래: 유럽과의 비교." 손열 외 편.『동아시아 지역주의: 지역의 인식, 구상, 전략』. 서울: 지식마당.

한국동북아지식연대 편. 2004.『동북아공동체를 향하여: 아시아 지역통합의 꿈과 현실』. 서울: 동아일보사.

Adler, Emanuel and Michael Barnett. 1998. *Security Communities*. Cambridge: Cambridge University Press.

Buzan, Barry and Ole Weaver. 2004. *Regions and Power: The Structure of International Security*. Cambridge: Cambridge University Press.

Calder, Kent E. 2004. "U.S. Foreign Policy in Northeast Asia," in Samuel S. Kim (ed.). *The International Relations of Northeast Asia*. Lanham, MD: Rowman & Littlefield.

Christensen, Thomas J. 2006. "Fostering Stability or Creating Monster?: The Rise of China and U.S. Policy toward Eats Asia." *International Security* 31:1

Cumings, Bruce. 1999. *Parallax Visions: Making Sense of American-East Asian Relations*. Durham: Duke University Press.

Ford, Lindsey. 2020. "Trump Administration and Free & Open Indo-Pacific." *Brookings Foreign Policy Paper*.

Green, Michael and Zack Cooper. 2014. *Assessing Asia-Pacific Rebalance, CSIS Report*.

Ikenberry, John & Michael Mastanduno. 2003. *International Relations Theory and the Asia-Pacific*. Columbia: Columbia University Press.

Immerman, Richard H. 1998. *John Foster Dulles: Piety, Pragmatism, and Power in U.S. Foreign Policy.* N.Y.: SR Books.

Johnston, Alastair Iain. 2004. "Socialization in International institutions." Edited by G. John Ikenberry and Michael Mastanduno. *International Relations Theory and the Asia-Pacific.* Stanford, CA: Stanford University Press.

Kenan, George. 1985. *American Diplomacy.* Chicago: University of Chicago Press.

Krauss, Ellis S. & T. J. Pempel. 2004. *Beyond Bilateralism: US-Japan Relations in the New Asia-Pacific.* Stanford: Stanford University Press.

Kurlantzick, Joshua. 2007. "Pax Asia-Pacifica? East Asian Integration and Its Implications for the United States." *The Washington Quarterly* 30:3.

Lafeber, Walter. 1997. *America, Russia, and the Cold War* 1945~1990. New York: McGraw-Hill.

Liao, Nien-chung Chang, Dalton Kuen-da Lin. 2015. "Rebalancing US-Taiwan Relations." *Survival* 57:6.

Lieber, Robert J. 2012. *Power and Willpower of in the American Future: Why the United States is not destined to decline.* Cambridge: Cambridge University Press.

Mandelbaum, Michael. 2002. *The Ideas That Conquered the World: Peace, Democracy, and Free Markets in the Twenty-first Century.* New York: Public Affairs.

Nye, Joseph, Jr. 2015. "The American Century: RIP?" *National Interest.* Jan 2015.

________. 1999. "Redefining National Interest." *Foreign Affairs* 78:4.

Park, Ihn-hwi. 2014. "Sino-Japanese Relations and Diversifying Korea's National Interests." in Victor Teo and Geun Lee, eds. *The Koreas Between China and Japan.* Cambridge: Cambridge Scholars

Publishing.

Powaski, Ronald E. 1998. *The Cold War: The United States and the Soviet Union*, 1917~1991. Oxford: Oxford University Press.

Rosenberg, Emily S. 1982. *Spreading the American Dream: American Economic and Cultural Expansion* 1890~1945. New York: Hill & Wang.

Rozman, Gilbert. 2004. *Stunned Regionalism*. Cambridge: Cambridge University Press.

Sutter, Robert. 2017. *US-China Relations: Perilous Past, Uncertain Present*. Baltimore, MD: Rowman & Littlefield Publishers.

Weatherbee, Donald E. 2019. *ASEAN's Half Century: A Political History of the Association of the Southeast Asian Nations*. Baltimore, MD: Rowman & Littlefield Publishers.

Wendt, Alexander. 1994. "Collective Identity Formation and the International State." *American Political Science Review* 88: 2.

찾아보기

ㅇ

ㅈ

ㅊ

ㅋ

ㅌ

ㅍ

ㅎ
